Gaby Kepper

Qualitative Marktforschung

Gaby Kepper

Qualitative Marktforschung

Methoden, Einsatzmöglichkeiten und Beurteilungskriterien

2., überarbeitete Auflage

DUV Springer Fachmedien Wiesbaden GmbH

Die Deutsche Bibliothek — CIP-Einheitsaufnahme

Kepper, Gaby:
Qualitative Marktforschung : Methoden, Einsatzmöglichkeiten und Beurteilungskriterien / Gaby Kepper. — 2., überarb.Aufl. — Wiesbaden : DUV, Dt. Univ.-Verl., 1996
(DUV: Wirtschaftswissenschaft)
Zugl.: Köln, Univ., Diss., 1993

ISBN 978-3-8244-0292-2 ISBN 978-3-663-08895-0 (eBook)
DOI 10.1007/978-3-663-08895-0

Ursprünglich erschienen bei Deutscher Universitäts-Verlag GmbH, Wiesbaden 1996.

Lektorat: Monika Mülhausen

GELEITWORT

Zu Recht geht die Autorin dieses Buches von der Feststellung aus, daß es an umfassend und systematisch angelegten Schriften über qualitative Marktforschung mangelt. Mit ihrem eigenen, beachtenswerten Beitrag versucht Frau Dr. Kepper diese Lücke zu schließen. Es kommt ihr darauf an, die besonderen Merkmale der qualitativen (im Vergleich zur quantitativen) Marktforschung klar zu kennzeichnen, die vielfältigen Einsatzmöglichkeiten zur Unterstützung von Marketing-Entscheidungen aufzuzeigen, aber auch kritisch auf Kriterien zur Beurteilung der Methodengüte einzugehen. Nicht zuletzt will die Verfasserin verdeutlichen, daß qualitative Marktforschungsansätze nicht nur eine "Vorstufe" in Erhebungsprojekten sind, sondern ihren eigenständigen Stellenwert zur Gewinnung von Marktkenntnissen besitzen.

Als Hauptmerkmale der qualitativen Marktforschung werden hervorgehoben:

- Die O f f e n h e i t im Sinne des Verzichts auf eine vorweg getroffene theoretische Festlegung, so daß der Forscher und seine Untersuchungskonzeption ohne Einengungen auf die Gewinnung von Hypothesen ausgerichtet sind.

- Die K o m m u n i k a t i v i t ä t , was bedeutet, daß die Erhebungsarbeiten nicht starren Fragenstandards folgen, sondern situativ auf die jeweiligen Auskunftspersonen und deren kommunikative Fähigkeiten eingehen.

- Die T y p i s i e r u n g , womit die Verfasserin zum Ausdruck bringen will, daß bei qualitativen Studien nicht das Streben nach statistisch repräsentativen Daten im Vordergrund steht, sondern der Versuch einer verstehenden Zuordnung der Untersuchungseinheiten zu aussagefähigen Kategorien.

Das 3. Kapitel ("Qualitative Marktforschungsmethoden") enthält eine ausführliche Erläuterung von Untersuchungsverfahren, die diesen Begriffsmerkmalen entsprechen. Frau Dr. Kepper geht zunächst auf verschiedene Formen des qualitativen (Einzel-) Interviews ein, aber auch auf die qualitative Inhaltsanalyse als anschließendes Auswertungsverfahren. Sodann werden mehrere Varianten der Gruppendiskussion sowie weitere Formen der Erhebung in Gruppen (gelenkte Kreativ-Gruppe, Delphi-Befragung) erörtert. Die geläufigen projektiven und assoziativen Verfahren werden ebenso in das Gebiet der qualitativen Marktforschung eingeordnet wie nicht vorstrukturierte, aber systematische Feldbeobachtungen.

Im 4. Abschnitt ihrer Arbeit verknüpft Frau Dr. Kepper die Methodengesichtspunkte mit den inhaltlichen Aufgaben einer entscheidungsbezogenen Marktforschung. Dabei werden mit Bezug auf die strategische Marketing-Planung die Einsatzmöglichkeiten qualitativer Prognosen, Strukturierungshilfen beim "Defining the Business", Ansätze zur Ideengenerierung und zum Screening für Innovationsvorhaben sowie qualitative Ursachenforschungen im Zusammenhang mit Imageanalysen erörtert.

Mit der schwierigen Frage, welche Beurteilungs- bzw. Gütekriterien für qualitative Marktforschungsmethoden geeignet erscheinen, befaßt sich die Verfasserin eingehend im 5. Kapitel. Sie entwickelt dabei durchaus originäre Vorschläge, die sie an konkreten Verfahrensbeispielen anschaulich erläutert.
Auch mit der Repräsentativität von Ergebnissen qualitativer Marktforschung setzt sich Frau Dr. Kepper kritisch auseinander. Sie macht - etwa am Beispiel der Ideengenerierung - klar, daß es hierbei von der Sache her oft gar nicht auf eine statistisch repräsentative Samplebildung ankommt, sondern auf eine zweckmäßige, dem Untersuchungsinhalt angemessene Zusammensetzung von Teilgesamtheiten. Die Verfasserin stellt mehrere Auswahlverfahren vor, die diesem Gesichtspunkt besser entsprechen als zum Beispiel Random-Stichproben.

Das vorliegende Buch trägt insgesamt ganz erheblich zur Vertiefung eines bisher nur sporadisch behandelten Gebiets der Marktforschung bei. Es wird zweifellos die Diskussion über den sinnvollen Einsatz unterschiedlicher Marktforschungsmethoden anregen und zur stärkeren Verknüpfung qualitativer und quantitativer Verfahren beitragen.

Prof. Dr. Richard Köhler

VORWORT ZUR 2. AUFLAGE

Überrascht und erfreut habe ich zur Kenntnis genommen, daß die erste Auflage meines Buches schon nach anderthalb Jahren vergriffen war. Dies hat mich denn auch dazu bewogen, eine zweite Auflage in Angriff zu nehmen.

Um die Gelegenheit nicht ungenutzt zu lassen, habe ich den Text nochmals durchgesehen und einige (wenige) inhaltliche Überarbeitungen sowie etliche redaktionelle Änderungen vorgenommen. Die grundsätzliche Aussage des Buches ist hiervon unberührt geblieben. Die höhere Seitenzahl ist maßgeblich auf das etwas lesefreundlichere Layout zurückzuführen.

Die Anregung und tatkräftige Unterstützung bei diesem Projekt erhielt ich, wie schon so oft, von Herrn Dr. Frank Wermeyer, dem mein herzlicher Dank gilt. Ohne ihn hätte ich mich wohl für den unveränderten Nachdruck entschieden. Jetzt aber bin ich froh über das vorliegende Ergebnis.

Ich hoffe, auch weiterhin auf ein so reges Interesse in Sachen qualitativer Marktforschung zu stoßen. Das Thema ist unverändert aktuell und wird auch in Zukunft noch genügend Stoff für fachliche Diskussionen in Wissenschaft und Praxis bieten.

Gaby Kepper

VORWORT ZUR 1. AUFLAGE

Obwohl die qualitative Marktforschung heute zunehmend an Bedeutung gewinnt, überwiegen in der entsprechenden Fachliteratur doch eher Beiträge, die sich vor allem methodischen Spezialproblemen zuwenden. Eine umfassende und zugleich tiefergehende Analyse des qualitativen Untersuchungsansatzes und seines Nutzungspotentials für die betriebliche Marktforschung liegt erstaunlicherweise bislang nicht vor. Aus diesem Grund widmet sich die vorliegende Arbeit einer in sich geschlossenen, konzeptionellen Betrachtung qualitativer Marktforschung.

Ziel der Untersuchung ist es dabei insbesondere, die Leistungsfähigkeit der qualitativen Marktforschung als eigenständigen Forschungsansatz herauszuarbeiten. Damit soll Interessierten in Wissenschaft und Praxis neben einer systematischen und übersichtlichen Darstellung qualitativer Methoden die Möglichkeit eröffnet werden, Besonderheiten, Ziele sowie Einsatzmöglichkeiten qualitativer Marktforschung besser nachvollziehen und auch fundiert beurteilen zu können.

Für die Betreuung meiner Arbeit und die dabei gewährten Freiräume möchte ich ganz besonders meinem Doktorvater, Herrn Prof. Dr. Richard Köhler, danken. Einen Dank auch an Herrn Prof. Dr. Udo Koppelmann für die freundliche Übernahme des Korreferats.

Ganz herzlich möchte ich mich auch bei all denjenigen bedanken, die durch ihre Unterstützung wesentlich zum Gelingen meiner Arbeit beigetragen haben. In besonderem Maße betrifft dies Frau Dr. Carina Sieler, Herrn Dr. Walter Görgen und Herrn Dr. Frank Wermeyer, die mir bereitwillig ihre Zeit und ihr Fachwissen zur Verfügung gestellt haben. Ein offenes Ohr für verschiedenste Probleme fand ich ebenfalls bei allen anderen Kollegen, v.a. aber bei Herrn Axel Faix, Frau Dr. Susanne Schwamborn und Herrn Dr. Hans Hüttemann. Auch bei der Fertigstellung meiner Arbeit konnte ich auf hilfreiche Hände zurückgreifen, mein Dank gilt hier besonders Frau Christine Toetzke, Frau Barbara Möllemann und Frau Andrea Riedel.

Da gerade in der Schlußphase der Promotion nicht allzu viele Stunden für soziale Kontakte bleiben, danke ich all meinen Freunden und meiner Familie für das Verständnis, das sie mir in dieser Zeit entgegengebracht haben. Insbesondere meinen Eltern möchte ich schließlich meinen aufrichtigen Dank dafür aussprechen, daß sie mir durch ihre Unterstützung diesen Weg überhaupt erst ermöglicht haben.

Gaby Kepper

INHALTSVERZEICHNIS

ABBILDUNGSVERZEICHNIS

1. Einführung

Die betriebliche Marktforschung stellt eine wichtige Informationsgrundlage für die absatzpolitische Ziel- und Maßnahmenplanung dar.[1] Hierzu standen lange Zeit nahezu ausschließlich Methoden der "klassischen" quantitativen Marktforschung im Vordergrund. Die zunehmende Komplexität der Unternehmensumwelt, verbunden mit Stagnationstendenzen auf vielen Absatzmärkten, macht jedoch in steigendem Maße differenziertere Überlegungen und Aktivitäten der Unternehmen erforderlich, um im Wettbewerb bestehen zu können.[2] So kann es bspw. notwendig werden, die potentielle Verwenderzahl durch die Schaffung zusätzlicher Verwendungszwecke für die eigenen Produkte oder durch das Angebot einer geeigneten Komplementärausstattung zu erhöhen bzw. innerhalb der bestehenden Nachfragergruppen eine positive Stimulierung der Kaufmengen und/oder der Kauffrequenz vorzunehmen.[3] Hierzu werden genaue Analysen über Bedürfnisse, Orientierungs- und Entscheidungsstrukturen sowie Verhaltensweisen der interessierenden Marktteilnehmer benötigt.[4] Damit rücken besonders verhaltenswissenschaftliche Problemstellungen in den Vordergrund, für die im Rahmen einer interdisziplinär ausgerichteten Forschung meist auf Erklärungsansätze der (Sozial-) Psychologie und Soziologie zurückgegriffen wird.[5] Zusätzlich zu den "klassischen" quantitativ orientierten Marktforschungsmethoden ist dabei vor allem in den letzten Jahren ein verstärktes Interesse an der sog. "qualitativen Marktforschung" zu verzeichnen.[6] Diese Entwicklung wird noch unterstützt durch die zunehmende Bedeutung einer strategischen Marketingplanung: Der hiermit einhergehende strategische Informationsbedarf erfordert in besonderem Maße ein flexibles Instrumentarium, um die notwendigen "weichen" Daten bereitzustellen.[7] Der Nutzen qualitativer Marktforschungsmethoden wird gerade in diesem Zusammenhang besonders betont.[8]

Dennoch ist die Beschäftigung mit dem Ansatz einer qualitativen Marktforschung in der einschlägigen Fachliteratur bzw. in Lehrbüchern zur betrieblichen Marktforschung erstaunlich gering.[9] Lediglich verschiedene Methoden werden hier und dort erwähnt. Dies verwundert umso mehr, als qualitative Methoden bereits seit vielen

1) Vgl. Köhler (1993b), Sp. 2783 und Böhler (1992), S. 17.
2) Siehe Koschnik (1989), S. 24 f. sowie Köhler (1993a), S. 84 f. und S. 98.
3) Siehe hierzu ausführlich Köhler (1993a), S. 94 ff.
4) Ähnlich auch Amstad (1991), S. 23.
5) Siehe Meffert (1992), S. 23 f.
6) Vgl. z.B. Tomczak (1992), Amstad (1991), Haase (1989) sowie Koschnik (1989), S. 25 f.
7) Siehe hierzu insbesondere Köhler (1993a), S. 67 f. und auch Koschnik (1989), S. 25 f.
8) Vgl. Köhler (1993b), Sp. 2798 sowie Kap. 4.3.1.
9) So auch Köhler (1993b), Sp. 2798.

Jahren einen mehr oder weniger festen Platz in der Marktforschungspraxis einnehmen.[10] Insbesondere in Frankreich gehören sie inzwischen zum Forschungsalltag.[11] Aber auch in Großbritannien und den USA läßt sich eine wachsende Bedeutung qualitativer Untersuchungen feststellen.[12] Lediglich für den deutschen Markt werden bezüglich der wirtschaftlichen Bedeutung qualitativer Marktforschung stagnierende Tendenzen auf niedrigem Niveau konstatiert.[13] Und in der Tat scheinen die Vorbehalte gegenüber qualitativer Marktforschung in Deutschland besonders ausgeprägt. "Im allgemeinen hat qualitative Forschung in Deutschland überwiegend Vorstufen-Charakter, die Ergebnisse werden als vorläufig angesehen und müssen durch quantitative Daten "abgesichert" werden. Daß qualitative Forschung einen eigenen Gegenstands- und Erkenntnisbereich hat, der sich von dem quantitativer Forschung unterscheidet, ist in Deutschland kein sehr weit verbreiteter marktwirksamer Standpunkt."[14]

Trotzdem ist, zumindest in den westlichen Industrienationen, eine insgesamt zunehmende Bedeutung qualitativer Marktforschung festzustellen.[15] Diese Entwicklung geht dabei mit einer in den verschiedenen Ländern unterschiedlich ausgeprägten Neigung einher, die Entwicklung und Modifikation qualitativer Methoden voranzutreiben, so daß einige Vertreter bereits von einer 'qualitativen Marktforschung der zweiten Generation' bzw. einer 'New Qualitative Research' sprechen.[16] Damit soll vor allem eine Abgrenzung zur ursprünglich stark von der Motivforschung beeinflußten qualitativen Marktforschung einerseits und von der kognitivistisch geprägten und eher oberflächlichen Nutzung qualitativer Methoden für Vorstudien andererseits geschaffen werden. Die "New Qualitative Research" zeichnet sich danach insbesondere durch eine hohe Innovationsfreudigkeit und Kreativität bei der Variation und Ausgestaltung einzelner Methoden für bestimmte Untersuchungszwecke aus.[17]

10) Siehe hierzu bspw. die Studie von Ketelsen-Sontag (1988), S. 51-60 und S. 105-142.

11) Siehe Fleury (1985) sowie Schillinger (1988), S. 369 ff. Schillinger weist dabei darauf hin, daß Frankreich schon immer als "Königreich der qualitativen Forschung" galt. Schillinger (1988), S. 371.

12) Verschiedene Autoren sprechen hier sogar von einer "qualitativen Explosion". Siehe die Anmerkung bei Amstad (1991), S. 23 sowie Schillinger (1988), S. 371.

13) Vgl. Schillinger (1988), S. 371 f. Bei in etwa vergleichbaren Gesamtmärkten bzgl. der Ausgaben für Marktforschungsuntersuchungen liegt der Anteil qualitativer Marktforschung in Deutschland um deutlich mehr als die Hälfte unter denen des französischen oder des britischen Marktes. Siehe Oostveen/Pilling (1990), S. 236 und Schillinger (1988), S. 371.

14) Schillinger (1988), S. 375.

15) Siehe McDaniel/Gates (1991), S. 171, Amstad (1991), S. 22, Sampson (1985), S. 163 f. sowie die verschiedenen Beiträge zur qualitativen Marktforschung im Rahmen des E.S.O.M.A.R.-Seminars von 1990 in Genf. Vgl. E.S.O.M.A.R. (Hrsg.) (1990).

16) Vgl. Sampson (1985), S. 164, Schillinger (1988), S. 380, Cooper (1989), S. 515 ff., Colwell (1990), S. 19 f.

17) Siehe auch die Beispiele bei Colwell (1990), S. 19 sowie Schillinger (1988), S. 380.

Weiterhin widmet sie sich vor allem emotionalen Aspekten und greift zu deren Erforschung nicht nur auf Erklärungsansätze der (Tiefen-) Psychologie zurück, sondern bedient sich zunehmend auch der Erkenntnisse anderer sozialwissenschaftlicher Disziplinen wie der Anthropologie, der Ethnologie, der Linguistik und auch der Soziobiologie.[18] Allerdings weisen diese Entwicklungen zwar auf die zunehmende Bedeutung qualitativer Forschung hin, sind jedoch in Zielsetzung und Anwendung nicht eindeutig von dem zu trennen, was schon bisher unter "qualitativer Marktforschung" verstanden wurde. Die Einführung des Begriffs einer "New Qualitative Research" erscheint hiernach nicht unbedingt erforderlich.[19]

Trotz dieser Entwicklungen ist der Einsatz qualitativer Methoden in der Marktforschungspraxis noch durch viele Fragen und Unsicherheiten gekennzeichnet. Aber auch die entsprechende Fachliteratur ist, wie bereits angedeutet, noch überraschend lückenhaft. Dabei ist eine mehr oder weniger kasuistische Aufzählung gängiger qualitativer Methoden wie der Gruppendiskussion oder verschiedener projektiver Verfahren in Lehrbüchern zur Marktforschung weit verbreitet.[20] Fachliteratur zur qualitativen Marktforschung ist eher rar und bleibt ebenfalls häufig auf die Betrachtung einzelner Methoden beschränkt. Eine methodenübergreifende, konzeptionelle Betrachtung qualitativer Marktforschung insgesamt ist nur in Ansätzen erkennbar.[21] Auch die Diskussion sinnvoller Einsatzgebiete und Anwendungsbereiche qualitativer Marktforschung ist geprägt durch beispielhafte Aufzählungen oder vage Umschreibungen.[22] Eine systematische und umfassende Darstellung liegt bislang nicht vor.[23] Allerdings ist eine hierfür notwendige Voraussetzung die ausreichende Kennzeichnung grundlegender Merkmale und Charakteristika qualitativer Marktforschung. Aber auch hier sind noch Defizite zu beklagen. So scheint es bspw. nahezu unmöglich, eine befriedigende Definition qualitativer Marktforschung aufzufinden.[24] Damit eng verbunden ist das Problem einer Beurteilung qualitativer Marktforschung anhand angemessener Gütekriterien, denn hier tritt das Definitionsproblem sehr

---

18) Vgl. Schillinger (1988), S. 381 f.
19) Siehe zu dieser Auffassung bereits Sampson (1985), S. 164 sowie Colwell (1990), S. 19 f.
20) Vgl. bspw. Meffert (1992), S. 229 ff., Berekoven/Eckert/Ellenrieder (1993), S. 90 ff., Tull/Hawkins (1990), S. 391 ff. sowie Zikmund (1989), S. 117 ff. Eine Ausnahme bilden hier z.B. McDaniel/Gates (1991), S. 169 ff.
21) So z.B. bei Gordon/Langmaid (1988) und Seymour (1988a). Anders ist dies v.a. in der Soziologie, wo dem Gesamtkonzept qualitativer Forschung fast ebensoviel Interesse entgegengebracht wird wie ihrer methodischen Betrachtung. Siehe z.B. Merton/Coleman/ Rossi (Hrsg.) (1979), Taylor/Bogdan (1984) und Lamnek (1988). Allerdings sind die dort gewonnenen Erkenntnisse nur teilweise auf die spezielle Problematik betrieblicher Marktforschung übertragbar.
22) Vgl. bspw. Wallace (1984), S. 182 f.
23) Ähnlich auch Grunert (1989), S. 154.
24) Siehe Scheffler (1992).

deutlich zutage: Ohne eine genaue Bestimmung der Ziele und Merkmale qualitativer Forschung muß ihre Beurteilung unvollständig bleiben. Das Spektrum solcher Beurteilungen reicht dabei von ungerechtfertigten Vorurteilen bis hin zu unkritischem Enthusiasmus.[25] Es wird bereits an dieser Stelle deutlich, daß es an einer umfassenden und zugleich in sich geschlossenen Betrachtung qualitativer Marktforschung mangelt. Die vorliegende Arbeit möchte einen Beitrag zur Lösung dieses Problems liefern.

Ziel ist es, die Bedeutung qualitativer Marktforschung als eigenständigem Forschungsansatz im Rahmen der betrieblichen Marktforschung herauszuarbeiten. Dazu muß in einem ersten Schritt eine genaue Kennzeichnung qualitativer Marktforschung vorgenommen werden, die auf deren wesentliche Charakteristika abstellt und ihre spezielle Zielsetzung offenlegt. Aufbauend auf den hierbei zutage tretenden Besonderheiten qualitativer Marktforschung erfolgt in einem weiteren Schritt eine Abgrenzung und Systematisierung relevanter qualitativer Methoden sowie deren Beschreibung in Hinblick auf ihre jeweilige spezifische Zielsetzung. Erst auf dieser Basis lassen sich die Aufgabenfelder und Einsatzmöglichkeiten qualitativer Marktforschung sinnvoll identifizieren, systematisieren und auch anhand ausgewählter Marketing-Entscheidungen konkretisieren. Schließlich bedarf es noch, wie oben bereits angedeutet, einer kritischen Diskussion angemessener Gütekriterien zur Beurteilung qualitativer Marktforschungsmethoden. Hierzu kann und muß auf die spezielle Zielsetzung qualitativer Marktforschung Bezug genommen werden. Aufbauend auf dem hier entwickelten Verständnis qualitativer Marktforschung werden zum Abschluß dieser Arbeit grundlegende Beziehungsalternativen zwischen quantitativer und qualitativer Marktforschung erörtert.

25) Vgl. auch die Ausführungen von Heylen (1990), S. 69-71.

2. Zur Kennzeichnung qualitativer Marktforschung

Die Meinungen darüber, was unter qualitativer Marktforschung zu verstehen sei und welchen Zwecken sie zu dienen habe, gehen weit auseinander. Eine erste wichtige Aufgabe dieser Arbeit muß es deshalb sein, das grundsätzliche Anliegen des qualitativen Forschungsansatzes zu verdeutlichen und seine Stellung im Rahmen der betrieblichen Marktforschung zu klären. Ziel dieses Kapitels ist es darüber hinaus, bestehende Gemeinsamkeiten *aller* qualitativen Methoden herauszuarbeiten, um bereits bei der Feststellung des Informationsbedarfs im Rahmen der Marktforschung Anhaltspunkte dafür zu bekommen, ob hier der Einsatz qualitativer Methoden angemessen ist. Damit unterscheidet sich diese Arbeit von all jenen Publikationen, die sich lediglich mit den Einsatzmöglichkeiten einer einzelnen Methode auseinandersetzen.[1] Es sollen vielmehr solche Merkmale erarbeitet werden, die die *Zielsetzung* qualitativer Marktforschung und die *Eigenständigkeit* dieses Ansatzes deutlich machen können.

2.1 Problemstellung

Bereits die Suche nach einer befriedigenden Definition qualitativer Marktforschung wirft erste Probleme auf. Sowohl in der Grundlagenliteratur zur Marktforschung als auch in der Fachliteratur zur qualitativen Marktforschung sind entweder gar keine oder nur erstaunlich unzureichende Begriffsabgrenzungen bzw. Definitionsversuche zu finden.[2] Dabei mangelt es vor allem an Ausführungen, die sich konkret mit dem *Gesamtkonzept* einer qualitativen Marktforschung befassen. Dies mag sowohl auf die Komplexität des Themas als auch auf die Heterogenität der hier vertretenen Ansichten zurückzuführen sein. Eine differenzierte Auseinandersetzung mit qualitativer Marktforschung setzt jedoch zumindest eine entsprechende Definition und Kennzeichnung dieses Ansatzes voraus.[3]

Der Blick in die Literatur aber macht deutlich, daß von dieser Seite keine zufriedenstellende Lösung des Definitionsproblems zu erwarten ist.[4] Wie die folgenden Zitate

---

1) Siehe z.B. Tull/Hawkins (1990), S. 391 ff., Churchill (1988), S. 204 ff., Kinnear/Taylor (1987), S. 380 ff.

2) Vgl. Scheffler (1992), S. 6.

3) Siehe zum Problem mangelnder Information über den qualitativen Ansatz auch Melchers (1993), S. 46.

4) Lediglich der Begriff der qualitativen Prognose konnte sich dort etablieren. Siehe hierzu z.B. Berekoven/Eckert/Ellenrieder (1993), S. 271 und 277 ff.; Hammann/Erichson (1990), S. 347 ff.; Umminger (1990), Hüttner (1986), S. 217 ff.

zeigen werden, finden sich hier nur vage Begriffsabgrenzungen; diffuse oder beispielhafte Umschreibungen des Begriffs der qualitativen Marktforschung herrschen vor:

Bellenger/Bernhardt/Goldstucker (1976): "Qualitative research, on the other hand, involves finding out what people think and how they feel - or at any rate, what they say they think and how they say they feel. This kind of information is subjective since it involves feelings and impressions, rather than numbers."[5)]

Sampson (1978): "Qualitative research is usually exploratory or diagnostic in nature. It involves small numbers of people who are not usually sampled on a probabilistic basis (...). In qualitative research no attempt is made to draw hard and fast conclusions. It is impressionistic rather than definitive."[6)]

Wallace (1984): "Qualitative research, on the other hand, is designed to understand the nature of a business situation, to grasp the "whys" and "hows" of market dynamics, and to explore the interrelationships of issues."[7)]

Chisnall (1986): "*The essence of qualitative research* is that it is diagnostic; it seeks to discover what may account for certain kinds of behaviour; for example, brand loyality. It seeks deeper understanding of factors, sometimes covert, which influence buying decisions. It is impressionistic rather than conclusive; it probes rather than counts."[8)]

Gordon/Langmaid (1988): "Qualitative research answers such questions as 'What', 'Why' or 'How' but it cannot answer the question 'How many?'."[9)]

Diese Auflistung macht bereits die Probleme im Umgang mit dem Begriff der qualitativen Marktforschung deutlich: Viele Autoren versuchen, den Begriff zu umschreiben, ohne jedoch auf konkrete Charakteristika einzugehen.[10)] Damit bleibt festzuhalten, daß die Begriffsabgrenzung und nähere Kennzeichnung der qualitativen

---

5) Bellenger/Bernhardt/Goldstucker (1976), S. 2.
6) Sampson (1978), S. 25.
7) Wallace (1984), S. 181.
8) Chisnall (1986), S. 146 f.
9) Gordon/Langmaid (1988), S. 1.
10) Vgl. zu dieser begrifflichen Problematik ausführlich Aschenbach/Billmann-Mahecha/Zitterbarth (1985), S. 33 ff. oder auch Reichardt/Cook (1979), S. 9 ff.

Marktforschung ein bislang unzureichend gelöstes Problem darstellen.[11] Die Gründe hierfür sind jedoch nicht ohne ihren wissenschaftshistorischen Kontext, der im folgenden kurz dargestellt wird, nachzuvollziehen. Trotz dieser Problematik hat sich der Begriff "qualitative Marktforschung" in Theorie und Praxis durchgesetzt, und es scheint ein intuitives Verständnis, eine informelle Absprache um seine Bedeutung zu bestehen. Für die vorliegende Arbeit ist es jedoch unumgänglich, sich neben der wissenschaftshistorischen Entwicklung auch mit den Möglichkeiten einer wissenschaftlich-systematischen Begriffsabgrenzung und Kennzeichnung qualitativer Marktforschung auseinandersetzen, um eine befriedigende begriffliche Klammer für die Vielzahl qualitativer Methoden zu erarbeiten.

2.2 Wissenschaftshistorische Hintergründe des qualitativen Untersuchungsansatzes

Viele Vorurteile und kategorische Ablehnungen gegenüber einer qualitativen Marktforschung sind geprägt durch eine schon Jahre andauernde, unterschiedlich heftig geführte Diskussion um die grundsätzlichen Positionen quantitativer und qualitativer Forschung. Dabei war die Kontroverse nicht auf die Sozialwissenschaften begrenzt, sondern fand ihren Ursprung auch in einer allgemeinen *wissenschaftstheoretischen Auseinandersetzung*. Obwohl an dieser Stelle keine umfassende Darstellung der verschiedenen Positionen folgen kann und soll, erscheint es doch wichtig, die historischen Zusammenhänge aufzuzeigen, die eine ganz wesentliche Entwicklung beider Ansätze mitbegründet haben: Die Auffassung quantitativer und qualitativer Forschung als zweier unvereinbarer oder doch konkurrierender Extrempositionen wissenschaftlichen Handelns. So ist es üblich geworden, beide Ansätze gegenüberstellend zu bewerten, obwohl in der Literatur immer wieder auch Hinweise auf ihr einander ergänzendes Potential zu finden sind.[12]

2.2.1 Qualitativ oder Quantitativ - erkenntnistheoretische Grundpositionen im Rahmen einer interdisziplinären Diskussion

Das 19. Jahrhundert war eine Epoche überwältigender Erfolge naturwissenschaftlicher Forschung. Die Naturwissenschaften waren zu dieser Zeit im wesentli-

---

11) Diese Begriffsverwirrung hat einige Autoren sogar dazu veranlaßt, die Abschaffung des Begriffs der "qualitativen Marktforschung" zu fordern. Vgl. z.B. Haupt (1987), S. 63 oder auch Berth (1968). Diese Auffassung kann hier jedoch nicht geteilt werden.

12) Vgl. z.B. Ianni/Orr (1979); Seymour (1988b).

chen durch das seit dem 17. Jahrhundert bestehende mechanistische Weltbild *Galileis*, *Descartes* und *Newtons* geprägt. Das naturwissenschaftliche Meßinstrumentarium, die strengen Prüfungsmechanismen und mathematischen Regeln bestachen durch ihre Logik; und so lag es auch nahe, daß sich das zu dieser Zeit verstärkt formierende Interesse an einer wissenschaftlichen Erforschung der sozialen Realität dieser Methoden zu bedienen suchte.[13)] Als Wegbereiter der Übernahme der naturwissenschaftlich geprägten empirisch-analytischen Forschung in die Gesellschaftswissenschaften gelten v.a. der englische Aufklärer *David Hume* (1711-1776) und der französische Philosoph *Auguste Comte* (1798-1857). *Comte*, der als erster den Begriff der "Soziologie" einführte, verstand seine neue Disziplin als *soziale Naturwissenschaft*. Als wichtigster Begründer des Positivismus plädierte er bereits dafür, die soziale Wirklichkeit als etwas Gegebenes, Tatsächliches (also "Positives") aufzufassen, welches mit Hilfe von Beobachtung und anderen Methoden sowie durch experimentelle Versuchsanordnungen vollständig erfaßbar und analysierbar wird. Die hinter sozialen Erscheinungen stehenden Ursachen hielt er im Hinblick auf die wissenschaftliche Betrachtung für vernachlässigbar.[14)] Durch den hiermit begründeten Einzug einer weitgehend positivistischen Grundhaltung wurde der Weg für die Übernahme der mathematisch-naturwissenschaftlichen Methodik in die Geisteswissenschaften geebnet. Die empirisch-analytische, also auf Erfahrungstatsachen und Beobachtungen beruhende und dann systematisch zergliedernde Vorgehensweise der Naturwissenschaftler wurde Vorbild für die Geisteswissenschaften.[15)]

Ziel war es, eine Beobachtungswissenschaft zu begründen, die frei ist von metaphysischen oder theologischen Spekulationen.[16)] Im Rahmen der damit verbundenen empirisch-analytischen Methodik wurden vor allem *allgemeine Gesetzmäßigkeiten* gesucht, sogenannte nomologische Aussagen, die neben Erklärungen und Prognosen auch technologische Anweisungen ermöglichen sollten.[17)] Diese enge Anlehnung an die naturwissenschaftliche Methodik hat zur Bezeichnung einer "quantitativen", in diesem Falle also einer auf Messungen beruhenden, Forschung

13) Siehe Kohli (1978), S. 21 und Kriz/Lück/Heidbrink (1990), S. 136.

14) Vgl. hierzu ausführlich Kriz/Lück/Heidbrink (1990), S. 136 f.

15) Als eine der ersten und in ihrer Anlehnung an die Naturwissenschaften sicherlich konsequentesten Publikationen gilt das 1835 erschienene Werk von *Quetelet* "Soziale Physik über die Entwicklung der Fähigkeiten des Menschen". *Quetelet* versucht darin, mittels statistischer Tabellen kausale Abhängigkeiten des gesellschaftlichen Menschen von bestimmten allgemeinen Faktoren nachzuweisen. Ausführlicher hierzu auch Atteslander (1984), S. 51 f.

16) Vgl. Maus (1973), S. 21. Als zusätzlicher Beweggrund dieser Quantifizierungsbemühungen in den Geisteswissenschaften wird auch das Bestreben vermutet, als voll anerkannte Wissenschaft Eingang in die Hochschulen zu finden. Siehe hierzu z.B. Haase (1989), S. 16.

17) Vgl. Lamnek (1988), S. 14.

geführt.[18] Quantitative Methoden werden somit gemeinhin verstanden als Verfahren, "bei welchen mit zahlenmässigen Berechnungsverfahren Entscheidungen gestützt oder Entscheidungen vorbereitet werden. Zur quantifizierten Methode gehören <<Grössen>> (in Zahlen und durch Masseinheiten definierte Fakten), Abhängigkeiten (in Formeln formuliert) und Algorithmen (Rechnungsverfahren)."[19] Mit der Suche nach allgemeinen Gesetzmäßigkeiten ist weiterhin das Ziel nach *Repräsentanz* verbunden: "Quantitativ heißt vielmehr: quantifizierbar. Es muß sich um Untersuchungsergebnisse handeln, die auf einer einwandfreien Stichprobe aus einer genau beschreibbaren Grundgesamtheit bestehen, so daß - im Rahmen der statistischen Fehlergrenzen - der Repräsentativitätsschluß vom Stichprobenergebnis auf die "wahren" Verhältnisse in der Grundgesamtheit möglich ist."[20]

Zugleich entstanden jedoch auch Bedenken, inwieweit eine naturwissenschaftlich-geprägte Methodik der Erfassung sozialer Phänomene angemessen sei. So warf *Windelband* (1848-1915) die Frage nach der grundsätzlichen Unterscheidung "objektiv"-naturwissenschaftlicher und gesellschaftlicher Phänomene auf und stellte die nomothetisch-erklärenden Naturwissenschaften den idiographisch-verstehenden Geisteswissenschaften gegenüber.[21] Es folgte eine allgemeine Diskussion um erkenntnistheoretische Positionen, in der sich das Wissen um die soziale Realität in einem quantitativen und einem qualitativen Paradigma gegenüberstanden.[22] Dabei lehnt sich das quantitative Paradigma an die eher mechanistischen und statischen Annahmen des positivistisch-naturwissenschaftlichen Modells an, während das qualitative Paradigma aus einer stärker idealistisch geprägten Position heraus von einer dynamischen, wandelbaren sozialen Welt ausgeht, die erst durch die gemeinsam geteilte Schaffenskraft seiner Individuen "objektiv" und erkennbar wird.[23] Die hieran anknüpfende ideologische Kontroverse läßt sich letztlich auf die Auseinandersetzung

---

18) Vgl. zu dieser Begriffsauffassung ausführlich Szyperski (1962), S. 51 f.
19) Weinhold-Stünzi (1985), S. 16.
20) Quitt (1976), S. 5.
21) Siehe Haase (1989), S. 16.
22) Ein Paradigma beinhaltet nach Kuhn eine bestimmte Theorie, Aussagen über deren praktische Anwendungsmöglichkeiten und häufig nicht näher erklärte Hintergrundannahmen. Es stellt darüber hinaus eine gemeinsam geteilte Sicht- und Interpretationsweise im Rahmen einer Wissenschaft dar. Vgl. Kuhn (1976).
23) Vgl. hierzu ausführlich Filstead (1979), S. 35 f.

zwischen den beiden erkenntnistheoretischen Grundpositionen des *Idealismus* und des *Realismus* zurückführen.[24]

2.2.2 Einflüsse auf die methodische Entwicklung der Marktforschung

Welche methodischen Konsequenzen lassen sich nun für die Marktforschung aus den oben angesprochenen Entwicklungen ableiten? Sieht man von der reinen, nur Markt- und Unternehmensdaten erfassenden Wirtschaftsforschung einmal ab, so ist die betriebliche Marktforschung als Teilbereich empirischer Sozialforschung zu verstehen, die sich ja der "Gewinnung von Erkenntnissen über gesellschaftliche Phänomene bzw. gesellschaftliche Gesetzmäßigkeiten"[25] widmet.

Im Rahmen der Soziologie ist der Streit um quantitative und qualitative Forschungsmethoden besonders heftig geführt worden und erreichte einen ersten Höhepunkt unter den amerikanischen Sozialwissenschaftlern in den 30er Jahren. Als einer der wichtigsten "Vermittler" konnte sich damals *Lazarsfeld* durchsetzen.[26] Jedoch gilt seither "die konventionelle empirische Sozialforschung, gekennzeichnet durch standardisierte Erhebungsinstrumente und statistische Auswertungsverfahren als Königsweg, während den qualitativen Verfahren ein Residualbereich an Forschungsaufgaben zugebilligt wird...".[27] Eine Weiterentwicklung der empirischen Sozialwissenschaften in Europa wurde durch den zweiten Weltkrieg weitgehend verhindert. Nach Kriegsende wurden viele aktuelle Erkenntnisse und Positionen *amerikanischer Sozialwissenschaftler* in Europa aufgegriffen und weiter diskutiert.[28] Erst in den 60er Jahren kam es, diesmal in der Bundesrepublik, erneut zu einer intensiven Kontroverse zwischen den Vertretern quantitativer und qualitativer Sozialforschung. Dieser "Methodenstreit" weitete sich aus zu einer erbitterten Auseinandersetzung zwischen den verschiedenen Vertretern der damals aufeinanderprallenden Strömungen in der Soziologie, die aus unterschiedlichen methodischen, theoretischen und politi-

24) Siehe Haase (1989), S. 16. Dabei läßt sich auch in den Naturwissenschaften eine Abkehr vom strengen positivistisch geprägten Modell feststellen. So beruht insbesondere auf den Erkenntnissen der *Heisenbergschen Unschärferelation* die Einsicht, daß jede Methode auf den Gegenstand, den sie eigentlich methodenneutral messen soll, Einfluß ausüben und ihn damit verändern kann. Die Distanz der Methode vom Gegenstand ist demnach längst nicht immer als gegeben vorauszusetzen. Vgl. Heisenberg (1965), S. 21.

25) Zentes (1992), S. 108. Vgl. hierzu auch Behrens (1966), S. 15 f.

26) Vgl. Lazarsfeld (1944).

27) Aschenbach/Billmann-Mahecha/Zitterbarth (1985), S. 30.

28) Vgl. Schnell/Hill/Esser (1988), S. 22 f. oder auch Albert (1973), S. 89.

schen Traditionen heraus argumentierten.[29] Die Diskussion blieb jedoch insoweit fruchtlos, als die vertretenen Standpunkte unvereinbar schienen. Schließlich kam es zu einer Annäherung dahingehend, daß das Problem nur auf einer *meta-soziologischen Ebene* betrachtet werden könnte.[30] *Atteslander* schreibt hierzu:" Rückblickend kann gesagt werden, daß nicht Erkenntnisvorgänge Hauptgegenstand der Diskussionen waren, sondern Bedingungen, unter denen Erkenntnis entsteht. Der aktuellen sozialen Wirklichkeit weitgehend enthoben haben viele nicht Soziales verhandelt, sondern Meta-Soziologie."[31]

Die Diskussion um die adäquate Methode blieb aufgrund der engen Berührungspunkte zwischen den Wirtschafts- und Sozialwissenschaften natürlich nicht ohne Einfluß auf die Marktforschung. Dabei wurde es für die europäische Wirtschaft zunehmend erforderlich, sich einer genaueren Analyse der verschiedenen Produkteigenschaften zuzuwenden und sich durch entsprechende Differenzierungsstrategien von einer wachsenden Konkurrenz abzuheben. Im Rahmen der Werbeforschung wurde dabei verstärkt auch auf Erkenntnisse der Psychologie und Soziologie zurückgegriffen, um gezieltere Verbraucheranalysen durchführen zu können.[32] Insbesondere die Tiefenpsychologie nach *Freud* konnte großen Einfluß gewinnen. *Ernest Dichter* entwickelte hieraus als einer der ersten die Grundzüge der Motivforschung und stellte seine für die Marktforschung entwickelten "weichen" und "psychologischen" Methoden den bisher etablierten Untersuchungsmethoden gegenüber.[33] Zugleich übte die Soziologie (und m.E. auch die Anthropologie bzw. Ethnologie) Einfluß auf die Marktforschung aus, da die individuenorientierte Betrachtungsweise der Psychologie nur begrenzt nutzbar erschien.[34] Die methodische Weiterentwicklung der Marktforschung war somit immer eng mit den übrigen empirischen Sozialwissenschaften, insbesondere aber mit der Soziologie und der (Sozial-) Psychologie, verknüpft. Aufgrund dieser Verflechtungen wurde auch in der Marktforschung eine Art "Methodenstreit" ausgetragen, der sich im wesentlichen zwischen

29) Siehe zum Überblick Hopf (1982), S. 308. In der Allgemeinen Betriebswirtschaftslehre geht die ebenfalls heftig geführte methodologische Diskussion v.a. auf die Angriffe Mellerowiczs auf die "Grundlagen der Betriebswirtschaftslehre" von *Gutenberg* (1951) zurück. Siehe Mellerowicz (1952). Hier konzentrierte sich der "Methodenstreit" zunächst auf die Frage, welcher Erkenntniswert einer exakten, auf mathematischen Modellannahmen beruhenden und deduktiven betriebswirtschaftlichen Theorie beigemessen werden soll. Vgl. auch Gutenberg (1953).

30) Vgl. Atteslander (1984), S. 326 ff.

31) Atteslander (1984), S. 329.

32) Siehe insbesondere Vershofen (1940), S. 116 ff., der die Grundlagen einer qualitativen Verbrauchsforschung auf Basis soziologischer Erkenntnisse schon früh vorantrieb. Etwa zur gleichen Zeit äußerte sich Proesler bereits "Zur Problematik des Verstehens". Vgl. Proesler (1939).

33) Vgl. Dichter (1960) sowie Sykes (1990), S.290 f.

34) Siehe Sykes (1990), S. 291.

den Vertretern der klassischen statistisch-repräsentativen Methoden und den von *Dichter* beeinflußten Verfechtern der Motivforschung abspielte.[35] Im Laufe dieser Diskussion wurde auch die Gegenüberstellung von "*quantitativen*" und "*qualitativen*" Methoden zunehmend gebräuchlicher, wobei die Motivforschung hierbei die Stellung einer "qualitativ orientierten Marktforschung" einnahm.[36]

Es kann festgehalten werden, daß die Begriffe "*quantitativ*" und "*qualitativ*" im Laufe der methodischen Entwicklung zu zwei Schlüsselworten in einer Diskussion um den angemessenen Forschungsansatz in den Sozialwissenschaften wurden. Dabei ist aufgrund der Erweiterung des Methodenspektrums in der Marktforschung durch solche psychologischen und soziologischen Untersuchungsmethoden auch die damit verbundene wissenschaftliche Auseinandersetzung Gegenstand marktforschungsbezogener Diskussionen geworden. Trotz der letztlich ergebnislosen Auseinandersetzung zu diesem Thema kam es dennoch bis heute zu zahlreichen methodischen Weiterentwicklungen sowohl bei den klassischen quantitativen Methoden als auch im Bereich qualitativer Forschung.[37]

Dabei sind qualitative Methoden wie bspw. die Gruppendiskussion mittlerweile zwar fester Bestandteil der Marktforschung geworden, die komplexe und mit verschiedenen sozialwissenschaftlichen Forschungstraditionen behaftete Geschichte beider Forschungsansätze zeigt sich jedoch auch heute noch im Umgang mit dem Begriff der qualitativen Marktforschung: Zum einen läßt sich so das offensichtliche Definitionsproblem, das in der Literatur vorherrscht, zumindest teilweise erklären, da jede nicht sehr pragmatisch ausgelegte Begriffsabgrenzung zwangsläufig Gefahr läuft, sich in der ausufernden Historie um die beiden erkenntnistheoretischen Positionen zu verlieren. Zum anderen wird auch Verständnis geweckt für die oft seltsam rigorose Ablehnung, die qualitative Marktforschung erfährt, obwohl sie in methodischer Hinsicht nicht mehr wegzudenken ist. Dennoch muß bedacht werden, daß im Gegensatz zu anderen sozialwissenschaftlichen Disziplinen das Ziel der Marktforschung nicht darin liegt, eher allgemein gesellschaftsbezogene Erkenntnisse über soziale Zusammenhänge zu gewinnen. Vielmehr dient sie der zweckgerichteten Informationsgewinnung für Marketing-Entscheidungen.[38] Eine Definition qualitativer Marktforschung sollte sich demnach weder völlig der soziologischen Problemdiskus-

35) Vgl. zum Methodenstreit z.B. Schreiber (1958) oder auch Geissler (1964).
36) Diese Auffassung ist aus heutiger Sicht eher problematisch. Siehe hierzu auch Kap. 2.1.3.
37) Siehe zu den neueren Entwicklungen in der Marktforschung allgemein Köhler (1993a), S. 59 ff. und zur Aktualität qualitativer Marktforschung im besonderen z.B. Haase (1989); Amstad (1991); E.S.O.M.A.R. (1990).
38) Vgl. Böhler (1992), S. 17.

sion unterwerfen, noch darf sie durch nichtssagende Umschreibungen zur leeren "Worthülse" in der Marktforschung werden. Es scheint vielmehr notwendig, die Rolle qualitativer Marktforschung für betriebswirtschaftliche Aufgabenstellungen neu zu diskutieren.

2.3 Konsequenzen für das Definitionsobjekt

Bevor nun eine Begriffsabgrenzung der qualitativen Marktforschung vorgenommen werden kann, sollen im folgenden zwei für diese Arbeit wichtige Aspekte betrachtet werden: Zum einen geht es um die heute *angemessene Relation* von quantitativer und qualitativer Forschung, zum anderen darum, welche Konsequenzen diese Relation für das *Definitionsobjekt* qualitativer Marktforschung besitzt. Das Extrem einer *rein quantitativen Marktforschung* durch das Streben nach einem auf streng formalisiertem Messen beruhenden Vorgehen mit Hilfe naturwissenschaftlich-exakter Zahlentransformationen[39] wird heute vielfach ergänzt durch eher "gemäßigt-quantitative", also problemadäquate Verfahrenskombinationen, die eine möglichst genaue Erfassung von Forschungsgegenständen der Marktforschung zu leisten vermögen.[40] Und auch die Aufgaben der *qualitativen Marktforschung* entsprechen nicht mehr so sehr dem klassischen Vorbild einer verstehend-interpretativen Annäherung an die soziale Wirklichkeit. So kann eine vollständig offene, den Untersuchungspersonen alle Freiheiten gewährende, qualitative Marktforschung bei gleichzeitig weitestgehender Unvoreingenommenheit und Hypothesenfreiheit der Forscher für die vergleichweisen konkreten Probleme in der Marktforschung nur wenig zweckmäßig sein.[41] Wie oben bereits angedeutet, werden qualitative Methoden in der Marktforschung jedoch sehr viel pragmatischer und problembezogener eingesetzt.[42] Insoweit erscheint eine vollständige Erfassung des methodischen Spektrums in der Marktforschung durch das Begriffspaar quantitativ/qualitativ nicht ausreichend gewährleistet.[43]

Vielmehr steht der (rein) qualitativen Marktforschung streng genommen die gesamte "nicht-qualitative" Marktforschung gegenüber. Die polarisierende Gegenüberstellung beider Begriffe ist ein nur ungenaues, aber durchaus übliches Vorgehen.[44] Quantita-

39) Siehe Sampson (1978), S. 25.
40) Siehe hierzu z.B. Berekoven/Eckert/Ellenrieder (1993), S. 31 ff.
41) Siehe hierzu die kritischen Anmerkungen bei Zikmund (1989), S. 129 f.
42) Siehe hierzu R&D sub-Committee (1979), S. 110.
43) Vgl. Colwell (1990), S.15.
44) Siehe zu dieser Problematik auch Heylen (1990), S. 69. Trotz dieser Tatsache soll im folgenden aus Gründen der Konvention dennoch von quantitativer und qualitativer Marktforschung gesprochen werden.

tive und qualitative Forschung stellen demnach bei einer konsequenten Betrachtung letztendlich nur *idealtypische Ausprägungen* zweier Forschungstraditionen dar, die in der Praxis einerseits an einer exakten Umsetzbarkeit scheitern müssen, andererseits aber in ihrer extremen Form auch nicht immer problemadäquat erscheinen. Die große Variationsbreite der in der Praxis verwendeten Marktforschungsmethoden weist bereits darauf hin, daß die Gegenüberstellung von quantitativer und qualitativer Forschung heute nur noch dem Aufzeigen zweier Extrempositionen auf einem methodischen Kontinuum gleichkommt.[45)]

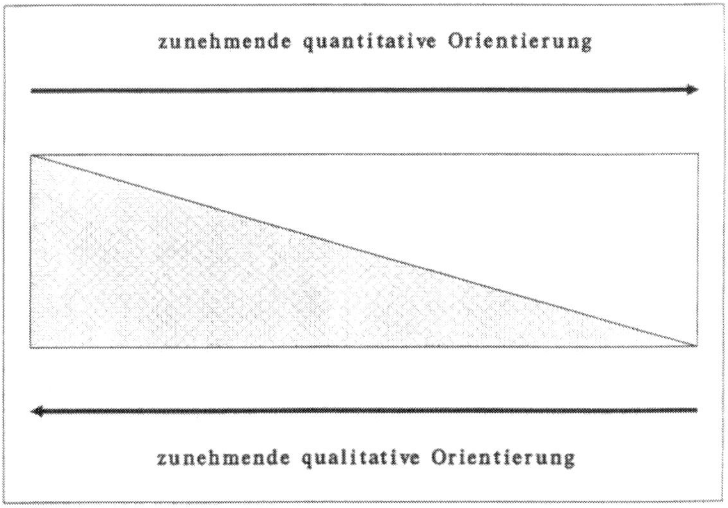

Abb. 1: Das Kontinuum qualitativer und quantitativer Forschung

Dabei wären auf der linken Seite des Kontinuums die Methoden einzuordnen, die, mehr oder weniger stark ausgeprägt, einer qualitativen Zielsetzung folgen. Auf der rechten Seite ist dann entsprechend die Zuordnung quantitativer Methoden vorzunehmen. Für ein an Marktforschungsproblemen orientiertes, zweckmäßiges Definitionsobjekt qualitativer Forschung ergeben sich aus den hier getroffenen Aussagen nun bestimmte Konsequenzen.[46)]

Zum einen kann die Möglichkeit, sich im Rahmen dieser Arbeit auf das qualitativ geprägte Weltbild, und damit auf das qualitative Forschungsparadigma zu konzen-

45) Siehe McDaniel/Gates (1991), S. 173 sowie Cooper/Branthwaite (1977), S. 191 f.
46) Vgl. hierzu Mohler (1981), S. 718.

trieren, aufgrund der bisher angestellten Überlegungen nicht als zweckmäßig angesehen werden.[47] Die kurze Analyse der historischen Entwicklung der qualitativen Forschung hat gezeigt, welche ideologischen Ausmaße die Diskussion über das sogenannte qualitative Forschungsparadigma umfaßt. Der Alleinanspruch, der mit jedem Paradigma verfolgt wurde, ist heute jedoch in methodischer Hinsicht längst überholt.[48] Es ist vielmehr Aufgabe, den betrieblichen Informationsbedarf in den Mittelpunkt der Betrachtung zu rücken, dessen Deckung schließlich Ziel von Marktforschungsmethoden sein sollte. Deshalb wird im weiteren nicht das Paradigma der qualitativen Forschung weiter Inhalt dieser Arbeit sein. Sinnvoller erscheint es, eine methodenübergreifende Betrachtung und Kennzeichnung qualitativer Marktforschung zum Gegenstand der Definition zu machen.[49]

Zum anderen soll jedoch eine zu starke *Konzentration* auf die Besonderheiten einzelner Methoden vermieden werden, um der Komplexität des Themas gerecht werden zu können. Denn viele Autoren beschränken sich im Rahmen ihrer Definitionsversuche auf die Darstellung einzelner qualitativer Methoden und stellen dabei fast ausschließlich methodisch-technische Merkmale und Aspekte in den Vordergrund.[50] Manchmal wird hierbei sogar die Behauptung aufgestellt, daß anhand nur einer Methode, die als "Synonym" für qualitative Marktforschung begriffen wird, deren Merkmale erschöpfend beschrieben werden könnten. So schreibt z.B. *Calder*[51]: "In practice, qualitative research has become almost synonymous with the focus group interview." Jedoch kann eine auf nur wenige Methoden bezogene Definition qualitativer Marktforschung nur lückenhaft bleiben, sie ersetzt keine Gesamtbetrachtung. Aus diesem Grund soll im folgenden zwar eine *grundsätzliche Orientierung* an den Möglichkeiten qualitativer Methoden erhalten werden, zugleich erscheint es jedoch ebenso wichtig, eine *übergreifende* und *systematische Kennzeichnung* qualitativer Marktforschung vorzunehmen, die das gemeinsame Anliegen aller qualitativen Methoden im Sinne eines eigenen Untersuchungsansatzes genügend berücksichtigt.

---

47) Siehe z.B. Morgan/Smircich (1980). Vgl. zur Beziehung von Forschungsparadigma und Forschungsmethode ausführlich Reichardt/Cook (1979), S. 11 ff.

48) Vgl. zu dieser Auffassung Reinecker (1984), S. 277.

49) Ähnlich argumentieren Reichardt/Cook (1979), S. 16.

50) Vgl. z.B. Seymour (1988b), S. 42 f. Eine ebenso rein methodisch orientierte Betrachtungsweise findet sich auch bei Walker (1985a), Calder (1977) oder Tull/Hawkins (1990).

51) Calder (1977), S. 353.

2.4 Konstituierende Merkmale qualitativer Marktforschung

Marktforschung bedeutet ganz allgemein die "systematische Sammlung, Aufbereitung, Analyse und Interpretation von Daten über Märkte und Marktbeeinflussungsmöglichkeiten zum Zweck der Informationsgewinnung für Marketing-Entscheidungen."[52] In Abgrenzung zur Marketing- bzw. Absatzforschung geht es hier nur um die Gewinnung *unternehmensexterner* Daten, die jedoch sowohl auf *Absatz-* als auch auf *Beschaffungsmärkten* erhoben werden können.[53]

Qualitative Marktforschung ist offensichtlich nur ein Teilbereich der betrieblichen Marktforschung. Sie umfaßt als eine Art Sammelbegriff die Gesamtheit aller hier einsetzbaren qualitativen Forschungsmethoden.[54] Um den Begriff der qualitativen Marktforschung näher einzugrenzen, müssen somit jene Merkmale, die qualitative Methoden von den übrigen Methoden unterscheiden und ihre grundsätzlichen Charakteristika darstellen, herausgearbeitet werden.

Bei der Analyse der relevanten Literatur lassen sich in diesem Zusammenhang zwei Betrachtungsdimensionen unterscheiden, die der Beschreibung qualitativer Marktforschungsmethoden dienen: Zum einen gilt es, das spezielle Forschungsobjekt (und den damit verbundenen Forschungsinhalt) qualitativer Marktforschung genauer zu benennen. Damit ist dann bereits das Einsatzgebiet qualitativer Methoden in groben Zügen umrissen. Als Teilbereich betrieblicher Marktforschung zeichnet sich qualitative Marktforschung jedoch vor allem durch gewisse Besonderheiten im Rahmen des Marktforschungsprozesses aus, die letztendlich eine "qualitative" Modifizierung bereits bekannter Methoden wie der Befragung oder Beobachtung sowie die Entwicklung oder Übernahme neuer qualitativer Methoden in die Marktforschung bedingen. So soll denn auch zum anderen diesen Besonderheiten im Forschungsprozeß, die für alle qualitativen Methoden konstituierend sind, besondere Aufmerksamkeit bei der Aufgabe gewidmet werden, eine geeignete Definition qualitativer Marktforschung zu erarbeiten.

---

52) Böhler (1992), S. 17.

53) Marketing- oder Absatzforschung liefert demgegenüber sowohl unternehmensexterne als auch innerbetriebliche Informationen, ist allerdings auf den Absatzmarkt beschränkt. Vgl. Böhler (1992), S. 17 f.

54) Vgl. zu dieser Auffassung Van Maanen, der dazu bemerkt: "The label qualitative methods has no precise meaning in any of the social sciences. It is at best an umbrella term covering an array of interpretive techniques which seek to describe, decode, translate, and otherwise come to terms with the meaning, not the frequency, of certain more or less naturally occuring phenomena in the social world." Van Maanen (1979), S. 520.

2.4.1 Forschungsobjekt und Forschungsinhalt

Forschungsobjekte sind alle die Elemente oder Gruppen von Elementen, die grundsätzlich zur Zielgruppe einer Marktforschungsuntersuchung gehören. Forschungsobjekte betrieblicher Marktforschung im allgemeinen sind damit laut der oben vorgestellten Definition prinzipiell Bestandteil der Absatz- und Beschaffungsmärkte (wie z.B. Kunden, Lieferanten, aber auch Branchenentwicklungen und andere Marktgrößen). *Qualitative Marktforschung* als Teilbereich der betrieblichen Marktforschung ist dabei grundsätzlich *subjektbezogen*, das heißt, sie beschäftigt sich mit personenbezogenen Sachverhalten über die verschiedenen Wirtschaftssubjekte in ihrer Funktion als Marktteilnehmer. Damit wäre sie nach *Behrens* (1966) der *demoskopischen Marktforschung* zuzurechnen.[55]

Alle qualitativen Methoden zielen auf die Erfassung und Auswertung menschlicher Äußerungen und Verhaltensweisen ab und sind demnach auf schriftliche, mündliche oder beobachtbare Äußerungen von Personen angewiesen. Der Begriff der qualitativen Marktforschung grenzt diesen Objektbereich auf solche Personen(-gruppen) ein, die Elemente der Beschaffungs- und Absatzmärkte sind und der Gewinnung von Informationen für Marketing-Entscheidungen dienen.

Der Forschungsinhalt betrifft die *Art* der Informationen, die erhoben und ausgewertet werden sollen. Aussagen über den Forschungsinhalt präzisieren somit den Charakter einer Untersuchung hinsichtlich ihres Forschungszweckes.

Qualitative Marktforschung stellt auf psychologische und soziologische Inhalte wie z.B. Einstellungen, Meinungen und Motive ab. Je nach Ziel der Untersuchung können hieraus kreative Ideen oder produktbezogene Problemlösungsmöglichkeiten entwickelt, Meinungen und Einschätzungen gesammelt sowie psychologische und soziologische Erklärungsmuster abgeleitet werden. Qualitative Marktforschung geht damit *inhaltlich* über die Motivforschung hinaus, die sich vor allem mit der Analyse von Bedürfnisstrukturen auseinandersetzt und dabei stark den verschiedenen psychologischen Motivationstheorien verbunden ist.[56] Qualitative Marktforschung dient vielmehr der Deskription und Erklärung aller problemrelevanten sozialen und psychologischen Zusammenhänge.

---

55) Vgl. Behrens (1960), S. 14 ff. Hiervon zu unterscheiden ist die ökoskopische Marktforschung, deren Gegenstand allgemeine Marktgrößen wie z.B. Güterumsätze und -preise (als Ergebnis marktbezogener Handlungen) darstellen. Siehe Behrens (1960), S. 13 f.

56) Vgl. hierzu Chisnall (1986), S. 147, Salcher (1978), S. 184 ff und Sampson (1978), S. 25.

Bis hierher stimmt der Begriff der qualitativen Marktforschung noch mit dem der sog. "psychologischen Marktforschung" weitgehend überein, die *Salcher* definiert als: "Analyse des Verbrauchers, die über die reine Verhaltensschilderung hinaus zur Erklärung von Ursachen und zur Aufdeckung von nur teilweise bewußten Wünschen, Vorstellungen und Bedürfnissen führt".[57] Im folgenden soll jedoch gezeigt werden, daß eine Abgrenzung qualitativer Marktforschung vom Begriff der "psychologischen Marktforschung" sowohl notwendig als auch wünschenswert erscheint.

Das eigentliche Forschungsziel qualitativer Marktforschung liegt im Erkennen, Beschreiben und Verstehen psychologischer und soziologischer Zusammenhänge, nicht aber in deren Messung. Qualitative Marktforschung zielt auf eine möglichst vollständige Erfassung und Interpretation problemrelevanter Themen ab, um Einblick in die verschiedenen Problemdimensionen aus Sicht der Untersuchungspersonen zu erlangen.

Sie strebt jedoch keine Aussagen über Häufigkeiten oder quantitativ bezifferbare Unterschiede an. Eine standardisierte und damit verkürzende bzw. einengende Zuordnung von Symbolen, Maßzahlen und sonstiger Größen zu den registrierten Merkmalsausprägungen nach festgelegten Regeln, wie es das Messen vorsieht[58], wird demnach nicht Ziel qualitativer Marktforschung sein. Insofern sind qualitative Marktforschungsmethoden auch nicht als Meßmethoden in diesem engen Sinne zu bezeichnen. Dies ändert sich dann, wenn mit dem Begriff "Meßinstrument" nur eine Technik zur Datenerhebung und die damit verbundenen Regeln für den Gebrauch dieser Daten umschrieben werden.[59]

Diese Abgrenzung von meßtechnischen Transformationen sieht die psychologische Marktforschung nicht vor. Zwar kommen auch in der Marktpsychologie zu einem großen Teil qualitative Methoden wie das Tiefeninterview oder die Gruppendiskussion zur Anwendung[60]. Dies ist jedoch vor allem in der Tatsache begründet, daß zur Erhebung gewisser psychologischer und soziologischer Inhalte eben diese Methoden gute Ergebnisse aufweisen können.[61] Insbesondere die Nutzung von Erkenntnissen aus der Tiefen- und Sozialpsychologie[62] in der psychologischen

57) Salcher (1978), S. 17 f.
58) Vgl. Böhler (1992), S. 99.
59) Siehe zu dieser Begriffsauffassung auch Selltiz/Jahoda/Deutsch et al. (1972a), S. 174.
60) Siehe hierzu Salcher (1978), S. 37 ff. und S. 53 ff. sowie Wyss (1991), S. 337 ff.
61) Vgl. Sampson (1978), S. 25; R&D sub-Committee (1979), S. 112.
62) Siehe zur Charakterisierung dieser Ansätze Wyss (1991), S. 336.

Marktforschung hat den Einsatz qualitativer Methoden begünstigt. Demgegenüber werden v.a. im Rahmen der Verhaltenspsychologie, z.T. auch in der Psychometrie, viele nicht-qualitative Methoden und Versuchsanordnungen (wie z.B. experimentelle und apparative Tests, multivariate Verfahren der Einstellungsmessung bzw. verschiedene Skalierungsverfahren) verwendet, die sich um eine stärkere Quantifizierung dieser Konstrukte bemühen.[63)]

Die Verwendung qualitativer Methoden ist demnach kein *konstituierendes Merkmal* psychologischer Marktforschung, sondern ergibt sich zum Teil aus dem Spezifikum der verfolgten Forschungsinhalte. Psychologische Marktforschung bedient sich demnach *sowohl* qualitativer *als auch* nicht-qualitativer Methoden. Hierbei widmet sie sich im Grunde allen mit (sozial-) psychologischen Methoden ermittelbaren problemrelevanten Informationen mit deutlichem Schwerpunkt auf dem Käuferverhalten.[64)]

Eine Abgrenzung der psychologischen Marktforschung erfolgt damit letztendlich nur über ihr *Anwendungsgebiet*. Da jedoch dieses Anwendungsgebiet einen Schwerpunkt in der allgemeinen Marktforschung ausmacht[65)], ist ihr *Forschungsziel* im Grunde nur wenig spezifiziert. Es kann somit festgehalten werden, daß die Leistung der psychologischen Marktforschung sicherlich in einer über die Jahre hinweg vorangetriebenen Integration (sozial-) psychologischer Erklärungsansätze und entsprechender Methoden in die Marktforschung zu sehen ist, daß sich jedoch heute die *Unterschiede* zur allgemeinen Marktforschung bereits verwischen.[66)]

Der Begriff der "qualitativen Marktforschung" ist demgegenüber wesentlich trennschärfer: Wie bereits angedeutet wurde und im folgenden noch ausführlicher dargelegt wird, vertritt die qualitative Marktforschung sehr ausgeprägte und eigenständige Forschungsziele, die sich ausschließlich mit *qualitativen Methoden* realisieren lassen. Aufgrund dieser Spezialisierung sind ihre Anwendungsbereiche allerdings auch wesentlich eingeschränkter als die der psychologischen Marktforschung, eine Abgrenzung zur herkömmlichen Marktforschung wird so jedoch erleichtert.[67)] Im folgenden sollen nun die konstituierenden Merkmale qualitativer Marktforschung unter Bezugnahme auf die verschiedenen Phasen im Forschungsprozeß erarbeitet werden.

---

63) Vgl. Wyss (1991), S. 336, Haupt (1987), S. 63, Salcher (1978), S. 117 ff., S. 304 ff. und S. 93 ff. sowie Sampson (1978), S. 25.

64) Siehe Salcher (1978), S. 16 ff. und Haupt (1987), S. 63.

65) Vgl. Meffert (1992), S. 22 ff., Haupt (1987), S. 63.

66) Siehe hierzu auch das Werk von Schub v. Bossiazky (1992) zur psychologischen Marketingforschung, das sich in Aufbau und Thematik nur unwesentlich von der herkömmlichen Marktforschungsliteratur unterscheidet.

67) Vgl. zu den Anwendungsbereichen qualitativer Marktforschung Kap. 4.

2.4.2 Konstituierende Merkmale im Forschungsprozeß

2.4.2.1 Zum Marktforschungsprozeß

Die bisher vorgenommene Eingrenzung reicht noch nicht aus, um eine begriffliche Klärung qualitativer Marktforschung zu gewährleisten. Qualitative Marktforschung, also eine nur auf qualitativen Methoden beruhende Marktforschung, zieht vielmehr auch Konsequenzen für die Forschungskonzeption nach sich. Diese Konsequenzen lassen sich am besten anhand der einzelnen Phasen im Forschungsprozeß aufzeigen. Der idealtypische Ablauf eines Marktforschungsprozesses kann vereinfacht anhand von fünf Phasen verdeutlicht werden[68]:

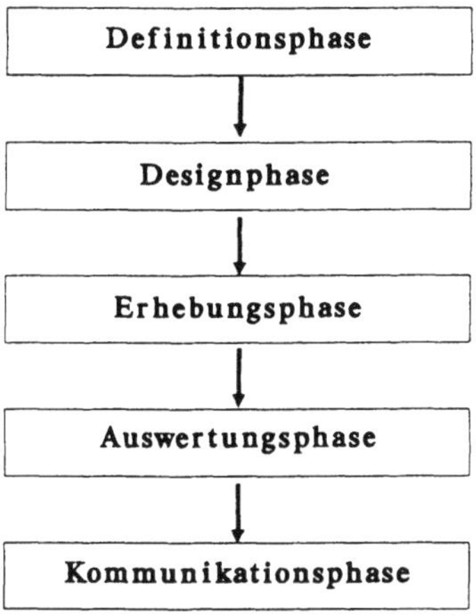

Abb. 2: Phasen des Marktforschungsprozesses

Dabei stellt die logische Anordnung dieser Phasen weniger eine strenge Reihenfolge dar, sondern dient vielmehr als Orientierungshilfe und systematisches Schema.[69]

- In der Definitionsphase geht es um die Umsetzung eines wahrgenommenen Entscheidungsproblems im Marketing in ein handhabbares Forschungsproblem für die anschließende Untersuchung und somit um die Festlegung der Untersuchungs-

68) In Anlehnung an Nieschlag/Dichtl/Hörschgen (1991), S.640 ff. Ähnlich auch Böhler (1992), S. 23 f., Berekoven/Eckert/Ellenrieder (1993), S. 31 ff.; Hammann/Erichson (1990), S. 54 ff; Meffert (1986), S. 19 f.

69) Siehe Böhler (1992), S. 23.

ziele.[70] Wichtig ist dabei, daß sich die gesamte nachfolgende Forschungskonzeption aus der Art des hier festgelegten Forschungsproblems ableitet.

- Im Rahmen der Designphase soll die darauf folgende Datenerhebung in *konzeptioneller* und *methodischer* Hinsicht vorbereitet und, soweit erwünscht, strukturiert werden. Das Forschungsdesign umfaßt somit die Bestimmung der Informationsquellen, die Auswahl von Methoden und die Festlegung von Verfahrensregeln, die der Beschaffung problemrelevanter Informationen dienen können.[71]

Konzeptionelle Fragen des *Forschungsdesigns* beziehen sich dabei auf die Beschreibung des Forschungsproblems: Je nach Grad des Informationsstandes ist zu entscheiden, ob es möglich ist, eine befriedigend gestützte Forschungshypothese zu formulieren oder ob die Untersuchung zunächst auf eine Hypothesenfindung abzielt.[72] Die Frage nach einer Hypothesenbildung ex ante ist eng mit der Wahl des adäquaten Forschungsansatzes verbunden. Üblicherweise werden hierbei der explorative, deskriptive und kausalanalytische Forschungsansatz unterschieden.[73] Die explorative Forschung konzentriert sich dabei vor allem auf die Untersuchung unstrukturierter bzw. wenig bekannter Tatsachen und Zusammenhänge, was ein entsprechend flexibles und kreatives Vorgehen erfordert. Die deskriptive Forschung dient dagegen mehr der reinen Beschreibung von Markttatbeständen und bemüht sich hierbei um einen hohen Genauigkeitsgrad der Ergebnisse, was einen eher detaillierten Marktforschungsplan erfordert. Der kausalanalytische Forschungsansatz schließlich untersucht Ursache-Wirkungszusammenhänge zwischen Variablen mit Hilfe experimenteller und quasi-experimenteller Versuchsanordnungen. Sowohl der deskriptive als auch der kausalanalytische Forschungsansatz gehen dabei von fest vorgegebenen Untersuchungszielen bzw. festgelegten Forschungshypothesen aus, während beim explorativen Vorgehen die Hypothesenfindung stärker im Vordergrund steht.[74]

Neben diesen mehr theoretischen Überlegungen zur konzeptionellen Gestaltung der Untersuchung geht es in der *Designphase* weiterhin auch um methodische Fragen: Entsprechend dem Forschungsproblem und dem Forschungsansatz gilt es, adäquate Erhebungs- und gegebenenfalls auch Auswertungsmethoden auszuwählen. Damit

70) Vgl. hierzu Churchill (1988), S. 28 ff. und Nieschlag/Dichtl/Hörschgen (1991), S. 638 ff.
71) Siehe Green/Tull (1982), S. 61.
72) Vgl. Hammann/Erichson (1990), S. 56.
73) Siehe hierzu und im folgenden Zikmund (1989), S. 36 ff. Ähnlich auch Green/Tull (1982), S. 61 ff.; Churchill (1988), S. 28 f. oder Böhler (1992), S. 30 ff.
74) Vgl. hierzu Kap. 4.1.

verbunden sind Überlegungen zur Bestimmung und zum Umfang der Erhebungseinheiten.[75] Schließlich können in diese Phase des Marktforschungs- prozesses auch eher technische Aspekte wie die Berücksichtigung des Zeit- oder Finanzbedarfs für das Projekt einfließen.[76]

- Die Erhebungsphase umfaßt die Organisation, Durchführung und Kontrolle der Datengewinnung.[77] Ziel muß es hier sein, die gewählte(n) Methode(n) gemäß ihren speziellen Anforderungsbedingungen möglichst fehlerfrei einzusetzen.

- Im Rahmen der Auswertungsphase geht es um die Aufbereitung und Analyse der gewonnenen Daten, um im Hinblick auf das Untersuchungsproblem möglichst aussagefähige Informationen zu erhalten, sowie um die Interpretation der Ergebnisse.[78]

- In der abschließenden Kommunikationsphase müssen die oben gewonnenen Informationen den Entscheidungsträgern vermittelt werden. Mit der Abfassung eines Forschungsberichtes und einer entsprechenden Ergebnispräsentation muß das Nachvollziehen der Untersuchung möglich und die Interpretation der Ergebnisse für den Entscheidungsträger verständlich werden.

2.4.2.2 Besonderheiten im qualitativen Forschungsprozeß

Die Besonderheiten bzw. charakteristischen Merkmale qualitativer Marktforschung sollen nun anhand dieser Forschungsphasen herausgearbeitet werden. Allerdings erscheinen für die nähere Kennzeichnung dieser Besonderheiten nicht alle Phasen gleich relevant.

So kommen in der Definitionsphase diese Besonderheiten nur insoweit zum Tragen, als daß hier die Art des zu lösenden Forschungsproblems bestimmt wird.[79] Da sich aber erst aufgrund des vorliegenden und definierten Forschungsproblems die Frage

75) Siehe Berekoven/Eckert/Ellenrieder (1993), S. 32 f.
76) Vgl. Nieschlag/Dichtl/Hörschgen (1991), S. 641.
77) Siehe z.B. Chisnall (1986), S. 25.
78) Vgl. Chisnall (1986), S. 25.
79) Vgl. hierzu R&D sub-Committee (1979), S. 115.

nach den hierfür adäquaten Methoden stellt, trägt die Definitionsphase zwar zur Wahl, nicht aber zur Kennzeichnung qualitativer Marktforschungsmethoden bei.[80)]

Auch die Aufgaben der Kommunikationsphase werden zwar von der Art der eingesetzten Methoden indirekt beeinflußt, sind hierbei jedoch stark von der Art der Analyseergebnisse abhängig und stellen letztendlich v.a. ein Präsentationsproblem dar. Zur Kennzeichnung qualitativer Marktforschung trägt auch diese Phase nur wenig bei.

Die Charakteristika, die für eine Definition qualitativer Marktforschung von Bedeutung sind, zeigen sich somit vorrangig in der *Design-, Erhebungs- und Auswertungsphase* des Marktforschungsprozesses. Ihrer Kennzeichnung dienen die grundlegenden Prinzipien qualitativer Forschung, wie sie vor allem in der Literatur zur empirischen Sozialforschung und Soziologie diskutiert werden. Danach zeichnet sich qualitative Forschung durch die zentralen Merkmale der *Offenheit*, *Typisierung* und *Kommunikativität* aus.[81)]

Das Merkmal der Offenheit bezieht sich dabei vor allem auf die möglichst geringe Prädeterminiertheit von Forscher und Untersuchungskonzeption[82)], so daß hier insbesondere Entscheidungen der *Designphase* angesprochen sind. Die Offenheit des Untersuchungsdesigns spiegelt sich allerdings dann auch in der Auswertung der erhobenen Daten wider (*Auswertungsphase*).

Das Merkmal der Typisierung umfaßt den Anspruch qualitativer Marktforschung, charakteristische oder eben "typisierende" Inhalte in bezug auf die Problemstellung herauszufiltern und weiteren Überlegungen zugänglich zu machen, ohne daß hierbei statistisch repräsentative Überlegungen im Vordergrund stehen.[83)] Dieser Anspruch wird in der *Designphase* durch eine entsprechende Sample-Bildung vorbereitet, dann aber im Analyseprozeß der *Auswertungsphase* erst tatsächlich realisiert.

Die Kommunikativität qualitativer Marktforschung ist Ausdruck einer konsequenten Ausrichtung der Untersuchung und ihrer Methoden an den Auskunftspersonen und

80) Allerdings wird die Frage, welche Forschungsprobleme typischerweise Aufgabengebiete qualitativer Marktforschung darstellen, in Kap. 4 noch ausführlich diskutiert.
81) Siehe hierzu ausführlich Lamnek (1988), S. 21 ff. und S. 180 ff. und Hoffmann-Riem (1980), S. 343 ff.
82) Vgl. Wallace (1984), S. 182.
83) Vgl. Hoffmann-Riem (1980), S. 343 f. sowie Kap. 5.2.1.

deren kommunikativen Fähigkeiten.[84] Das Prinzip der Kommunikativität erlangt somit größte Bedeutung v.a. in der *Erhebungsphase*.[85]

Die konstituierenden Merkmale besitzen offensichtlich in den einzelnen Untersuchungsphasen verschieden starke Bedeutung. Die nachfolgende Abb. 3 zeigt die oben vorgenommene Zuordnung der Merkmale zu den einzelnen Forschungsphasen im Überblick. Die zentralen Merkmale qualitativer Marktforschung lassen sich in ihrer Wirkung jedoch nicht streng auf eine Phase beschränken. Die vorgenommene Zuordnung ist ebenso nur als theoretische Trennung von in Wirklichkeit voneinander abhängigen und ineinander übergehenden Sachverhalten zu werten, wie auch die zugrundeliegende Phasentrennung vor allem der gedanklichen Strukturierung und Unterstützung dient.[86]

Phasen des Forschungsprozesses		**konstituierende Merkmale qualitativer Marktforschung**
(Definitionsphase)		**(-)**
Designphase	⟷	**Offenheit und Typisierung**
Erhebungsphase	⟷	**Kommunikativität**
Auswertungsphase	⟷	**Typisierung und Offenheit**
(Kommunikationsphase)		**(-)**

Abb. 3: Konstituierende Merkmale qualitativer Forschung im Marktforschungsprozeß

2.4.2.2.1 Offenheit und Typisierung als zentrale Prinzipien bei der Konzeption des Forschungsdesigns

<u>Offenheit</u> bezieht sich hier sowohl auf den bereits oben erwähnten *konzeptionellen* als auch *methodischen* Aufbau des Forschungsdesigns.[87] <u>Konzeptionelle Offenheit</u> bedeutet dabei den weitgehenden Verzicht auf eine theoretische Vorstrukturierung

84) Siehe Hoffmann-Riem (1980), S. 346 f.
85) Vgl. Kap. 2.4.1.
86) Siehe hierzu Böhler (1992), S. 23 f.
87) Siehe Kap. 2.4.2.1.

des Untersuchungsgegenstandes und damit auch den Verzicht auf eine frühzeitige Hypothesenbildung ex ante. Im Gegenteil soll eine Hypothesenbildung erst auf Basis der erhobenen Daten im Laufe der Untersuchung möglich werden.[88] Um dies erreichen zu können, muß bei der Konzeption der Untersuchung auf zu einengende Vorgaben verzichtet werden. Generelles Ziel qualitativer Marktforschung ist es, das vorliegende Untersuchungsproblem in seiner Gesamtheit zu erfassen und zu verstehen.[89] Dadurch wird vermieden, daß eine zu geringe Anzahl von Informationen durch *Selektionsmechanismen* wie die Standardisierung und eine vorangegangene Hypothesenbildung in die Untersuchung gelangt.[90] Durch dieses Vorgehen wird ein tieferer und eher unvoreingenommener Einblick in die Gefühls- und Erfahrungswelt der Auskunftspersonen möglich. Die umfassende Kenntnis der individuellen Kontexte erlaubt sodann eine Trennung zwischen individuell und überindividuell geprägten (typisierenden) Merkmalen, die Grundlage für die Formulierung allgemeiner Erkenntnisse darstellen. Im Gegensatz zu quantitativen Untersuchungen, die in der Regel eine bestimmte Anzahl von Items bzw. Sachverhalten vorgeben und diese dann v.a. auf ihr Vorhandensein und ihre Bedeutung hin messen bzw. überprüfen, liegt das Anliegen qualitativer Untersuchungen demnach darin, solche relevanten Faktoren zunächst einmal aufzudecken. Kurz gesagt, geht es also nicht um das *Messen* festgelegter Inhalte, sondern um die *Suche* nach relevanten Inhalten.[91] Dies aber kann nur durch entsprechend *offene* Untersuchungen gewährleistet werden, die nicht standardisiert, sondern flexibel und umfassend angelegt sind. Diese ausgeprägte Orientierung am *Untersuchungsgegenstand* wird so zum herausragenden Kennzeichen qualitativer Untersuchungen.[92]

An die konzeptionelle Offenheit schließt sich die Forderung nach einer stärkeren methodischen Offenheit an: Um eine weitestgehende Offenheit der Forschungskonzeption aufrechtzuerhalten, ist es notwendig, solche Methoden auszuwählen, die ein entsprechend *umfassendes* und *unstrukturiertes* Vorgehen ermöglichen. Alle qualitativen Methoden sind mehr oder weniger so angelegt, daß sie dem Untersuchungsobjekt zunächst unvoreingenommen gegenüberstehen und sich die Schwerpunkte der Untersuchung erst in ihrem Verlauf ergeben können. Sie sind also hypothesensuchend insofern, als daß sie eine möglichst geringe Informationsselektion anstre-

88) Vgl. Hoffmann-Riem (1980), S. 343 ff.; Glaser/Strauss (1979a), S. 10 ff.
89) In diesem Zusammenhang wird auch von einer "holistischen" (im Gegensatz zur "partikularistischen") Sichtweise qualitativer Forschung gesprochen. Vgl. hierzu bspw. Reichardt/Cook (1979), S. 9 f.
90) Siehe Lamnek (1988), S. 22.
91) Vgl. Gutjahr (1988), S. 218 f.
92) Siehe Lamnek (1988), S. 11 f.

ben.[93] Die Offenheit innerhalb einer Methode wird ergänzt durch ihre weitgehende *Flexibilität*: Ergeben sich während der Untersuchung unvermutet interessante Aspekte zum Untersuchungsproblem, so muß das Instrumentarium flexibel darauf reagieren können und unter Umständen um zusätzliche Fragen, Beobachtungsinhalte etc. ergänzt werden.[94] Eventuell ist es sogar sinnvoll und auch möglich, in bestimmten Untersuchungsphasen zusätzliche Methoden, z.B. ein Tiefeninterview, einzusetzen.[95] Diese Flexibilität, die notwendig ist, um zunächst einmal alle für das Untersuchungsobjekt wichtigen Informationen zu erfassen, verhindert eine vollständige Standardisierung der Methoden.

Diese Zwecksetzung qualitativer Methoden ist denn auch maßgeblicher Einflußfaktor für die Auswahl der zu untersuchenden Erhebungsobjekte. Neben dem Prinzip der *Offenheit* wird durch den Vorgang der "typischen" Sample-Bildung auch das Merkmal der Typisierung wichtig für die Designphase: Hier steht nicht die statistische Verteilung von Problemen im Vordergrund, sondern deren genaue Beschaffenheit.[96]

Qualitative und quantitative Marktforschung verfolgen unterschiedliche Untersuchungsziele, die sich in entsprechender Weise auch auf die jeweilige *Sample-Bildung* auswirken.[97] Die Auswahl der Auskunftspersonen richtet sich dabei nach ihrer Angemessenheit für die theoretische Fragestellung.[98] Das Bestreben quantitativer Marktforschung, möglichst standardisierbare Informationen zu erheben, um diese statistischen Berechnungen oder der Transformation in Kennzahlen zugänglich zu machen[99] und auf dieser Basis Aussagen über die wahre Verteilung aller Merkmalsträger geben zu können, fordert bei der Sample-Auswahl eine Strukturgleichheit mit der Grundgesamtheit (Isomorphie) und damit eine repräsentative Sample-Bildung.[100] Allerdings wird in der Praxis der quantitativen Marktforschung das anspruchsvollere "random-sampling" häufig bereits durch die preiswertere und leichter umzusetzende Quotenauswahl ersetzt.[101]

---

93) Vgl. Hoffmann-Riem (1980), S. 343 ff.
94) Vgl. Wallace (1984), S. 183 und Kap. 2.4.1.
95) Siehe Gordon/Langmaid (1988), S. 19 und Morton-Williams (1985), S. 28.
96) Vgl. Witzel (1979), S. 36.
97) Siehe hierzu ausführlich Kap. 5.2.
98) Vgl. Lamnek (1988), S. 177.
99) Siehe zur Bedeutung der Kennzahlen-Bildung im Marketing z.B. Schmitz-Dräger (1985), S. 35.
100) Natürlich nur unter der Voraussetzung, daß es sich um eine Teilerhebung handelt. Vgl. Böhler (1992), S. 126 sowie Nieschlag/Dichtl/ Hörschgen (1991), S. 684 f.
101) Vgl. Böhler (1992), S. 133. Siehe zur Quotenauswahl ausführlich Böhler (1992), S. 131 ff.; Berekoven/Eckert/Ellenrieder (1993), S. 53 ff.; Tull/Hawkins (1990), S. 473 ff. Die Random-Auswahl hat allerdings hierbei den Vorteil, daß sich der jeweilige Stichproben- bzw. Zufallsfehler mathematisch berechnen läßt. Vgl. Berekoven/Eckert/Ellenrieder (1993), S. 48.

Im Gegensatz zur quantitativen strebt die qualitative Marktforschung danach, zunächst einmal *relevante Problemdimensionen* zu erkennen, sie hinsichtlich des Untersuchungsziels in ihrer vollen Bedeutung und aus Sicht der Auskunftspersonen zu erfassen sowie entsprechend zu deuten bzw. zu verstehen.[102] Hierzu bedient sie sich solcher Methoden, die der individuellen und subjektiven *Ausdrucksfähigkeit* der Auskunftspersonen einen möglichst großen Spielraum gewähren. Die auf diese Weise erhobenen Informationen weisen meist jedoch nicht die Beschaffenheit auf, die Voraussetzung für eine statistische Auswertung wären. Dies ist auch nicht beabsichtigt. Die erhobenen Daten sollen vielmehr das *Typische* des jeweiligen Untersuchungsfalles erkennen lassen.[103] Auswahlkriterium ist also nicht generell eine bestimmte *Anzahl* zu untersuchender Fälle (und die damit verknüpfte Methodik), sondern der für die vorliegende Fragestellung *aufgrund stärker inhaltlicher Überlegungen relevante Fall*.[104]

Damit sind repräsentative Ergebnisse und die damit verbundene Zufallsauswahl zwar nicht grundsätzlich durch die qualitative Marktforschung ausgeschlossen, sie stellen jedoch keine notwendige Bedingung für die Sample-Auswahl dar. Anders formuliert steht im Rahmen qualitativer Marktforschung die ganzheitliche und problemorientierte Erfassung von Informationen über dem Anspruch einer repräsentativen Untersuchung und dem damit verbundenen einengenden und standardisierten Vorgehen. Die Auswahlkriterien für das qualitative Sample "bestimmen sich nach der inhaltlichen Problematik und der Absicht, eine Reichhaltigkeit, Tiefe und Breite der Daten zu gewährleisten."[105] Ausgehend von der vorliegenden inhaltlichen Problematik kann das Sample mit fortschreitender Theorienbildung während der Untersuchung erweitert und um verschiedene Vergleichsgruppen ergänzt werden.[106] In der qualitativen Marktforschung werden demnach die Untersuchungspersonen stärker nach inhaltlich-theoretischen Vorstellungen in die Untersuchung miteinbezogen.[107]

Während die Vorteile und Grenzen der bewußten Sample-Auswahl nach theoretisch-systematischen Kriterien (auch "purposive sampling" genannt) im Vergleich zum

---

102) Ähnlich auch Scheffler (1992), S. 6 f.

103) Vgl. hierzu auch Lamnek (1988), S. 177 f. Die Typenbildung ist dabei, allerdings in einem etwas allgemeineren Rahmen, als Methode der Betriebswirtschaftslehre bereits hinreichend diskutiert worden. Vgl. als Überblick hierzu Knoblich (1972).

104) Dabei ist nicht ausgeschlossen, daß aufgrund theoretischer Überlegungen durchaus auch eine Zufallsstichprobe ein aus qualitativer Sicht angemessen "typisches" Sample hervorbringt. Die in der Zufallstheorie geforderte Mindestanzahl der zu untersuchenden Fälle sprengt lediglich häufig den finanziellen und/oder zeitlichen Rahmen der Untersuchung. Vgl. auch Kap. 5.2.

105) Witzel (1982), S. 37.

106) Vgl. Glaser/Strauss (1979a), S. 45 ff. und Kap. 5.2.

107) Siehe Lamnek (1988), S. 178.

"statistical sampling" an späterer Stelle noch ausführlicher diskutiert werden[108], bleibt hier abschließend somit folgendes festzuhalten: Die *Typisierung* als Kennzeichen qualitativer Marktforschung schlägt sich in der Designphase v.a. im Rahmen der Sample-Bildung nieder. Es wird hier eine gezielte Auswahl bevorzugt, die sich mit steigendem Wissen um das Untersuchungsproblem verändern kann. Eine Vorab-Festlegung der Untersuchungsobjekte findet also nur insofern statt, als daß gewisse Vorstellungen über das auszuwählende "typische" Sample vorliegen müssen. Diese können jedoch im Laufe der Untersuchung korrigiert werden. Ein offener Untersuchungsansatz mit flexiblem Methodeneinsatz findet damit seine sinnvolle Entsprechung im "purposive sampling". Insofern kann das Merkmal der *Typisierung* als geeignete bzw. notwendige Ergänzung zur geforderten *Offenheit* in der Designphase gesehen werden.

2.4.2.2.2 Kommunikativität als konstituierendes Merkmal der Erhebungsphase

Qualitative Marktforschung betrachtet Kommunikations- und Interaktionsbeziehungen zwischen Forscher und zu Erforschendem nicht als *Störgrößen*, die es zu minimieren gilt, sondern als *konstitutive Bestandteile* des Forschungsprozesses.[109] Grundlage hierfür ist die Überlegung, daß sich Handlungsmuster und problemrelevante psychische Konstrukte kommunikativ vermitteln lassen und vor allem die von der Untersuchungsperson selbst geprägten Kommunikationsinhalte einen wissenschaftlichen Zugang zu dessen Sinn- und Bedeutungsmustern ermöglichen.[110] Der Forscher muß hierfür jedoch bereit sein, sich dem Darstellungsspielraum der Untersuchungsperson anzupassen und, z.B. im Interview, lediglich entsprechende kommunikative Anreize zu geben, um Zugang zu den Bedeutungsmustern des Einzelnen zu erlangen.[111] Im klassischen standardisierten Interview herrscht eher eine genau umgekehrte Situation vor: Hier muß sich die Untersuchungsperson an die sprachlichen und inhaltlichen Vorgaben des Forschers anpassen, wobei das Problem der mangelnden Anpassungsmöglichkeiten an den Befragten auch hier bekannt ist.[112]

108) Vgl. Kap. 5.2.
109) Vgl. Küchler (1983), S. 10 bzw. Lamnek (1988), S. 23.
110) Vgl. Lamnek (1989), S. 19.
111) Siehe Hoffmann-Riem (1980), S. 347.
112) Vgl. z.B. Berekoven/Eckert/Ellenrieder (1993), S. 94.

Das Streben nach Kommunikativität in der Erhebungsphase besitzt verschiedene Konsequenzen für die *Untersuchungsperson*, das zu sammelnde *Datenmaterial* und den *Forscher* selbst:

Um die Kommunikationsfähigkeit der Untersuchungsperson möglichst wenig einzuschränken, wird zunächst versucht, im Rahmen der Untersuchung eine weitgehend natürliche Kommunikationssituation zu schaffen bzw. beizubehalten.[113] Zusätzlich sollen der Untersuchungsperson eigene Ausdrucksformen bzw. die eigene Wortwahl ermöglicht und damit auf vorgegebene Antwortkategorien verzichtet werden.[114] Die dem entsprechenden qualitativen Methoden werden häufig auch als "offen" oder "weich" bezeichnet, da sie der Untersuchungsperson große Freiheitsgrade lassen, sich durch Wort, Bild oder Handlung auszudrücken.

Das Datenmaterial, das in qualitativen Studien auf diese Weise erhoben wird, stellt in der Regel eine Sammlung von ausführlichen, ganzheitlichen Beschreibungen der Kommunikationsinhalte und des Untersuchungsablaufes dar. Ziel ist es, nahe am Datenursprung zu bleiben, um keine evtl. problemrelevanten Informationen vorzeitig zu verlieren. Diese Datennähe impliziert zugleich ein eher niedriges Meßniveau (höchstens ordinalskalierte Daten). Diese Tatsache ist allerdings nicht als Schwäche oder Nachteil qualitativer Methoden zu verstehen: Vielmehr wird die mit höheren Meßniveaus verbundene statistische und mathematische Informationsreduktion komplexer sozialer Sachverhalte abgelehnt.[115] Die Forderung nach Kommunikativität in der Erhebungsphase beeinhaltet somit auch die Bereitschaft, mannigfaltige kommunikative Inhalte möglichst realitätsgetreu zu erfassen und, soweit möglich, auf formale, inhaltsreduzierende Transformationen zu verzichten.

Diese Ausführungen machen bereits deutlich, daß qualitative Methoden aufgrund ihrer Offenheit und ihres kommunikativen Charakters hohe Anforderungen an den Forscher stellen: Methodisch machen sie für ihren Einsatz entsprechende Vorkenntnisse und Erfahrungen des Forschers in den Bereichen der Psychologie und Soziologie erforderlich.[116] Darüber hinaus werden von dem Forscher stärker als in standardisierten Untersuchungen spezielle Kenntnisse über den jeweiligen Forschungsin-

---

113) Siehe hierzu ausführlich Hoffmann-Riem (1980), S. 348 ff.
114) Vgl. Girtler (1984), S. 39 f.
115) Vgl. z.B. Haase (1989), S. 14 oder auch Lamnek (1988), S. 227.
116) Siehe R&D sub-Committee (1979), S. 113 oder auch Bellenger/ Bernhardt/Goldstucker (1976), S. 47.

halt gefordert, so etwa in einem (Fach-)Gespräch mit Ingenieuren, um ein kommunikatives Verständnis der jeweiligen Sinnzusammenhänge entwickeln zu können.[117]

Zusammenfassend bleibt festzuhalten, daß das Merkmal der Kommunikativität in der Erhebungsphase v.a. dadurch besondere Bedeutung als Kennzeichen qualitativer Marktforschung erlangt, daß die angestrebten Kommunikations- und Interaktionsbeziehungen möglichst konsequent am Artikulationsvermögen der Untersuchungspersonen ausgerichtet werden. Ziel ist es hier, eine möglichst große Realitätshaltigkeit und Tiefe der Informationen zu erreichen.

2.4.2.2.3 Typisierung und Offenheit als Kennzeichen der Auswertungsphase

Neben der *systematischen* Auswertung, d.h. einer entsprechenden Transkription und Organisation der erhobenen Daten[118], steht hier v.a. die *konzeptionelle* Auswertung, also die Erklärung und Interpretation der Daten, im Mittelpunkt der Betrachtung.[119] Das konkrete Auswertungsverfahren ist im Rahmen qualitativer Marktforschung noch sehr viel stärker als in der quantitativen Forschung mit der gewählten Erhebungsmethode verknüpft, da hier sehr unterschiedliches Informationsmaterial produziert wird (wie bspw. Gesprächsprotokolle bei qualitativen Interviews, Zeichnungen beim Psychodrawing oder Videoaufzeichnungen beim Rollenspiel).[120] Zudem muß die weitere Verwendung der Daten beachtet werden. Dennoch können einige grundsätzliche Aussagen getroffen werden: So erfolgt die Aufbereitung und Auswertung der Daten im Rahmen qualitativer Marktforschung v.a. *offen* und *typisierend*.

Die Offenheit der qualitativen Auswertung bezieht sich dabei auf das Bemühen, auch bei der Auswertung des vorliegenden Datenmaterials die Vielzahl der erhobenen Informationen in ihrer gesamten Komplexität einer angemessenen Interpretation zugänglich zu machen. Während also die quantitative Marktforschung univariate sowie bi- und multivariate Analysen und statistische Maßzahlen zur Datenauswertung heranzieht[121], bemüht sich die qualitative Marktforschung um eine interpretative Datenauswertung mit Hilfe ausführlicher Analyseprotokolle, die faktisch eine neue

117) Vgl. Wallace (1984), S. 183.
118) Dieser Aspekt wird an dieser Stelle nicht weiter vertieft. Siehe hierzu ausführlich Watkins (1991), S. 242 f. sowie die Ausführungen zur qualitativen Inhaltsanalyse in Kap. 3.1.3.
119) Vgl. Robson/Hedges (1993), S. 30 und Dickens (1987), S. 25.
120) Siehe Kap. 3.
121) Vgl. z.B. Böhler (1992), S. 161 ff. und Köhler (1993b), Sp. 2793-2795.

Datenbasis bilden.[122] Damit sucht die quantitative Datenauswertung i.d.R. also einen Informationsgewinn durch *Datenreduktion* zu erreichen, die qualitative Forschung verfolgt eine eher *explikative Datenanalyse*[123], indem die erhobenen Informationen unter Berücksichtigung aller Details angereichert und interpretiert werden. Diese Ausführlichkeit dient zusätzlich einer Sicherung der Nachvollziehbarkeit der gewonnenen Ergebnisse.[124] Nun werden natürlich auch die in Zahlen transformierten Ergebnisse quantitativer Analysen letztendlich interpretiert, genau wie auch aus den ausführlichsten Auswertungsprotokollen häufig im Rahmen eines reduzierenden Vorgehens schließlich problemrelevante Schlußfolgerungen gezogen werden.[125] Dennoch liegt der Kern qualitativer Datenauswertung in der explikativen Analyse, die den vorliegenden Datenbestand eher noch erweitert.[126] Dieses Vorgehen stellt sicher, daß alle relevanten Informationen in das Forschungsergebnis mit einfließen und dabei nichts von ihrem subjektiven und personenbezogenen Kontext verlieren. Die Forderung nach *Offenheit* soll hier gewährleisten, daß die identifizierten kritischen oder noch unklaren Inhalte und Bedeutungszusammenhänge aus der Auswertungsphase herausgegriffen und einer weiteren Untersuchung unterzogen werden können.[127]

Für die Typisierung im Rahmen qualitativer Marktforschung ist es von entscheidender Wichtigkeit, daß die Typenbildung selbst nicht ausschließlich durch den Forscher in Form von festen Kategorien und Kriterien vorgegeben wird. Die Auswertungsschemata sollen vielmehr unter Einbeziehung der Untersuchungsergebnisse schrittweise entwickelt und präzisiert werden.[128] Das Prinzip der Offenheit in Design- und Auswertungsphase steht damit auch für die Möglichkeit einer schrittweisen Theorienbildung und -weiterentwicklung im Sinne einer "rolling hypo-

122) Siehe hierzu Mohler (1981), S. 728 ff. sowie Köhler (1993b), Sp. 2798.
123) Der Unterschied zwischen explikativer und reduktiver Datenanalyse kann einfach an deren Umgang mit einem Interaktionsprotokoll verdeutlicht werden: Die reduktive Analyse würde hier z.B. das Verhältnis zwischen Adjektiven und allen anderen Worten durch eine Maßzahl bestimmen, während durch ein explikatives Vorgehen auf Basis kleiner Interaktionssequenzen differenzierte und ausführliche Auswertungsprotokolle erarbeitet würden. Vgl. Lamnek (1988), S. 226 und Mohler (1981), S. 728.
124) Siehe zu diesem Aspekt auch Kap. 5.1.2.2.
125) Vgl. Aschenbach/Billmann-Mahecha/Zitterbarth (1985), S. 36.
126) Vgl. Lamnek (1988), S. 182 und S. 226.
127) Siehe Wallace (1984), S. 183; Miles/Huberman (1984), S. 37.
128) Vgl. Osterloh (1988), S. 143.

thesis".[129] Während das Merkmal der *Offenheit* in der Auswertungsphase somit eher in grundsätzlicher Weise zum Tragen kommt, bezieht sich das Prinzip der *Typisierung* konkret auf den tatsächlichen Auswertungsvorgang: Im Anschluß an die bereits oben erwähnte Transkription und formale Organisation der Daten wird i.d.R. zunächst eine Einzelanalyse eines jeden Untersuchungsfalles vorgenommen. Neben der Kennzeichnung von Nebensächlichkeiten und Wiederholungen geht es hierbei v.a. um eine erste Charakterisierung relevanter (inhaltlicher) Dimensionen. Darauf aufbauend wird eine Betrachtung dieser Inhalte über alle Untersuchungsfälle hinweg vorgenommen (generalisierende Analyse).[130] Die so erhaltenen Informationen dienen als Hintergrund zur Bildung eines Kategorienschemas.[131] Durch die konkrete Zuordnung der Detailinhalte zu den Kategorien können sich jedoch noch Änderungen in deren Benennung oder systematischer Aufgliederung ergeben. Die vorliegenden Kategorien dienen dabei letztendlich der Identifizierung von *Typen*.[132] Knoblich (1972) definiert: "Ein Typus ist der "Repräsentant" einer Reihe von Gegenständen, von Erscheinungen, die eine Anzahl gemeinsamer Merkmale aufweisen, wobei die Auswahl der den Typus kennzeichnenden Merkmale vom jeweiligen Untersuchungszweck abhängt. Insofern spiegelt der Typus das für einen bestimmten Untersuchungszweck Wesentliche, Charakteristische einer Anzahl von Objekten wider."[133] Das Prinzip der *Typisierung* besitzt somit v.a. in der Auswertungsphase qualitativer Marktforschung deutlichen Zielcharakter: Die Informationen werden derart systematisiert und klassifiziert, daß zuletzt ohne größeren inhaltlichen Informationsverlust (d.h. unter Vermeidung zu starker Verdichtungsmechanismen) charakteristische Inhalte der Interpretation offenstehen.[134]

---

129) Vgl. zu diesem Begriff Robson/Burns (1989), S. 10. Dabei ist der Ansatz zur schrittweisen Theorienbildung auch aus anderen Zusammenhängen bekannt: In der Diskussion über die Stellung empirischer Forschungsstrategien in der Betriebswirtschaftslehre sind in bezug auf verschiedene heuristische Ansätze bereits entsprechende Hinweise und Vorschläge gemacht worden. So bezeichnet bspw. Kubicek den Vorgang der zunehmenden Präzisierung und fortschreitenden Erkenntnisbildung im Laufe einer Untersuchung als "iterative Heuristik". Vgl. Kubicek (1977), S. 14.

130) Siehe auch Taylor/Bogdan (1984), S. 131 f. sowie Kap. 3.1.3.

131) Siehe Watkins (1991), S. 243 ff.; Pfaffenberger (1988), S. 28. Dieses Vorgehen entspricht im weitesten Sinne der retrograden oder analytischen Typenbildung nach Knoblich (1972), S. 145.

132) Vgl. Taylor/Bogdan (1984), S. 132 f.

133) Knoblich (1972), S. 143. Darüber hinaus erläutern Barton/Lazarsfeld (1979), S. 53: "In ihrer formalen Struktur können die durch den Forscher entwickelten deskriptiven Systeme von sehr groben Auflistungen von "Typen", wo jeder individuell ohne klaren logischen Bezug zu den anderen definiert ist, bis hin zu durchsystematisierten Typologien reichen, in denen jeder Typ eine logische Verknüpfung zwischen einer kleinen Zahl von Grundeigenschaften darstellt."

134) Ähnlich auch Taylor/Bogdan (1984), S. 132 f.

3. Qualitative Marktforschungsmethoden

Nach der Kennzeichnung des qualitativen Forschungsansatzes soll in diesem Kapitel auf Basis der oben erarbeiteten konstituierenden Merkmale eine Systematisierung und Erläuterung solcher qualitativen Untersuchungsmethoden vorgenommen werden, die Anwendung für typische Marktforschungsprobleme finden und somit der *qualitativen Marktforschung* zugerechnet werden können.[1)]

Im Prinzip handelt es sich hierbei um Methoden der Befragung und der Beobachtung. Im Rahmen der qualitativen Befragung sind dabei drei grundsätzliche Befragungsmethoden zu unterscheiden: Die direkte Befragung in Form eines Interviews, die indirekte Befragung mit Hilfe projektiver und assoziativer Techniken und die Gruppendiskussion. Darüber hinaus werden verschiedene Formen der *qualitativen Beobachtung* erläutert. Die Einzelfallstudie, die zwar keine Methode, sondern vielmehr einen Forschungsansatz darstellt, soll aufgrund ihrer besonderen Bedeutung für die qualitative Marktforschung zumindest in einem Exkurs berücksichtigt werden.

Insgesamt scheint mit diesem Spektrum die Bandbreite qualitativer Methoden gut abgedeckt. Im einzelnen wird auch auf solche *Methodenvarianten* der Soziologie und Psychologie zurückgegriffen, die für Marktforschungsaufgaben besonders relevant erscheinen und sich nicht ausschließlich soziologischen oder psychologischen Detailproblemen widmen. Ziel ist es, das grundsätzliche Anliegen der verschiedenen Methoden, ihre methodischtechnischen Besonderheiten sowie insbesondere ihren speziellen Nutzen für Marktforschungsprobleme herauszuarbeiten. Die Systematisierung der Methoden erfolgt dabei in enger Anlehnung an die oben dargestellten Ziele und Bedingungen qualitativer Marktforschung, die v.a. mit den Merkmalen der Offenheit, Kommunikativität und Typisierung verknüpft sind.[2)]

---

1) In Konsequenz zu den Ausführungen in Kap. 2 wird hier ausschließlich auf solche qualitativen Erhebungsmethoden (und Möglichkeiten ihrer Auswertung) Bezug genommen, die den oben beschriebenen Kennzeichen qualitativer Marktforschung entsprechen.

2) Siehe Kap. 2.4.

3.1 Das qualitative Interview

3.1.1 Allgemeine Kennzeichnung qualitativer Interviews

Dem qualitativen Interview, und hierbei insbesondere dem Tiefeninterview, wird im Rahmen qualitativer Marktforschung sehr viel Aufmerksamkeit gewidmet.[3] Dies liegt sicher nicht zuletzt an den *hohen Freiheitsgraden*, die dieses Instrument zur Erfassung problemrelevanter Informationen bietet. Das qualitative Interview kann zunächst als mündliche und persönliche Form der Befragung beschrieben werden, der es um eine unverzerrte, nicht prädeterminierte und möglichst vollständige Sammlung von Informationen zu dem interessierenden Untersuchungsgegenstand geht.[4] Zur weiteren Beschreibung soll auf die konstituierenden Merkmale qualitativer Forschung zurückgegriffen werden.

Das Merkmal der Typisierung kommt dabei vor allem im Zusammenhang mit der Sample-Auswahl und der Datenanalyse zum Tragen. Es wird aus diesem Grund zum bestimmenden Merkmal der *qualitativen Inhaltsanalyse*.[5] Eine nähere Kennzeichnung qualitativer Interviews läßt sich dagegen recht gut anhand der Merkmale "*Offenheit*" und "*Kommunikativität*" aufzeigen:[6]

Die Forderung nach Offenheit, die vor allem im Untersuchungsdesign deutlich wird, zeigt sich auch beim qualitativen Interview in einem weitestgehenden Verzicht auf einengende Vorgaben, um die inhaltliche Bandbreite der Auskunftsperson (im weiteren abgekürzt als: AP) möglichst wenig zu beschneiden. Qualitative Interviews sind in der Regel nicht oder nur teilweise standardisiert, d.h. einerseits ist der Interviewer nur an wenige oder keine Regeln bzgl. der Interviewdurchführung und konkreten Fragengestaltung gebunden, andererseits sind auch die Antwortmöglichkeiten der AP möglichst wenig oder gar nicht beschränkt.[7] Diese Offenheit der Gesprächsführung ermöglicht es der AP, eigene Themenschwerpunkte zu wählen (Relevanz der er-

---

3) Vgl. Ketelsen-Sontag (1988), S. 51 ff.
4) Vgl. Lamnek (1989), S. 59 f.
5) Siehe Kap. 3.1.3.
6) In Anlehnung an Merton/Fiske/Kendall (1956) formuliert Hopf (1978) vier Anforderungen bezüglich Reichweite, Spezifizität, Tiefe und personalem Kontext qualitativer Interviews. Die hierbei angesprochenen Sachverhalte lassen jedoch zu der oben gewählten Beschreibung durch die Merkmale "Offenheit" und "Kommunikativität" keine grundlegend neuen Erkenntnisse zu, so daß auf eine detaillierte Beschreibung hier verzichtet werden kann. Vgl. ausführlicher Merton/Fiske/Kendall (1956), S. 11 f. und S. 41 ff. sowie Hopf (1978), S. 99 f.
7) Vgl. Churchill (1988), S. 202 ff. oder auch Selltiz/Jahoda/Deutsch et al. (1972b), S. 42.

fragten Inhalte) und diese in eigener Wortwahl zu kommunizieren (Erfassung individueller Sinnzusammenhänge im sprachlichen Kontext).

Das Prinzip der Kommunikativität zeigt sich beim qualitativen Interview vor allem in dem Bemühen, sich einer alltäglichen Kommunikationssituation anzunähern. Dazu gehört zum einen eine deutliche Zurückhaltung des Interviewers im Gespräch sowie seine Möglichkeiten, jeweils individuell auf die AP eingehen zu können. Zum anderen steht die sprachliche Artikulationsfähigkeit und Wortwahl der AP, und nicht die der Forscher, im Mittelpunkt.[8] Gegebenenfalls wird die AP selber um Wiederholung gewisser Gesprächssequenzen gebeten, um ihre subjektiven Interpretationen in die Auswertung mit einfließen zu lassen.[9] Zusätzlich steigt die Wahrscheinlichkeit, dadurch wahre und vollständige Auskünfte zu erlangen, daß sich die AP stärker selbst in die Untersuchung miteinbringen und sich ihre Motivation und Auskunftsbereitschaft in der Regel erhöht.[10]

Zur Umsetzung dieser Ansprüche sind gewisse Vorgaben bzgl. der *Gesprächssituation* und der *Fragengestaltung* zu berücksichtigen. Anders als beim quantitativen Interview geht es bei der Gestaltung der Befragung jedoch nicht um die Schaffung einer möglichst neutralen Situation mit einem stereotypen Interviewerverhalten. Ziel ist vielmehr der Aufbau einer vertraulichen und entspannten Atmosphäre, die einer alltagsnahen Gesprächssituation nahekommt und die Erzählbereitschaft der AP fördert.[11]

Entsprechendes gilt auch für die Fragengestaltung, in der sich die nicht- oder nur teilstandardisierte Form qualitativer Interviews deutlich widerspiegelt: Feste Fragenformulierungen werden vermieden, um individuell auf die Bedürfnisse der AP eingehen zu können. Dadurch besteht die Möglichkeit, das verwendete Vokabular alltagssprachlich auszurichten und an die sprachlichen Fähigkeiten der AP anzupassen.[12] Konkret bedeutet dies die Verwendung offener Fragen, begleitet von einer offenen oder "weichen" Gesprächsführung, die ermunternd und zulassend auf die AP wirken soll, indem der Interviewer durch eher passives Verhalten eine Interaktion anstrebt, die vom Befragten bestimmt wird.[13] Ebensowenig wird eine feste Reihen-

---

8) Vgl. McCracken (1988), S. 21 f.
9) Vgl. Lamnek (1989), S. 55.
10) Siehe Girtler (1984), S. 152 bzw. McCracken (1988), S. 26 f.
11) Siehe Lamnek (1989), S. 67.
12) Vgl. hierzu Hoffmann-Riem (1980), S. 346 ff.
13) Siehe van Koolwijk (1974), S. 17. Vgl. zur Bedeutung offener Fragen im qualitativen und quantitativen Interview auch Kap. 3.1.2.

folge der Fragen vorgegeben, da das Setzen von Bedeutungsgewichten in erster Linie durch die AP geschehen soll. Der Interviewer versucht lediglich, bereits vorher festgelegte Untersuchungsinhalte zu passenden Zeitpunkten in das Interview zu integrieren.

Aus diesen Besonderheiten qualitativer Interviews lassen sich nun ganz spezielle Anforderungen an *Interviewer* und *Auskunftsperson* bei der Planung und Durchführung qualitativer Interviews ableiten:

Seitens der Auskunftsperson setzen qualitative Interviews zunächst die Bereitschaft voraus, sich *intensiv* mit dem Untersuchungsgegenstand auseinanderzusetzen und dafür auch entsprechend viel Zeit einzuplanen: Zwar kann es keine verbindlichen Vorgaben für die Dauer qualitativer Interviews geben, da dies letztlich von der AP selbst abhängt, ein Zeitraum von mehreren Stunden gilt jedoch durchaus als üblich.[14)]

Weiterhin wird von der AP in stärkerem Maße als bei quantitativen Interviews eine gewisse *kommunikative Kompetenz* und *Artikulationsfähigkeit* erwartet, da "der Interviewte in der Lage sein muß, eine längere Passage der Befragung mit Monologen selbst zu gestalten, die noch dazu aus dem Stegreif heraus formuliert werden müssen."[15)] Diese Anforderung ist jedoch auch zugleich der große Vorteil qualitativer Interviews: Die Planung und Gestaltung der Inhalte geschieht eben nicht über die Köpfe der AP hinweg, sondern ist auf ihre Mitarbeit in hohem Maße angewiesen.

Für den Interviewer bedeutet dies die Forderung nach einer *zurückhaltend-interessierten Haltung* während der Befragung, wobei gleichzeitig, je nach Interviewform, mehr oder weniger stimulierende Eingriffe geschickt plaziert werden müssen. Zusätzlich übernimmt der Interviewer nicht die Rolle des neutralen Abfragers von Informationen, sondern die des *interessierten Zuhörers*. Diese Rolle wird er jedoch nur dann glaubhaft vertreten können, wenn er im Gespräch auch eine entsprechende Sachkenntnis über das Untersuchungsobjekt vermitteln kann. Damit wird vom Interviewer im qualitativen Interview sowohl psychologisches Geschick bei der Gesprächsführung als auch eine gewisse Sachkenntnis bzgl. des Untersuchungsobjektes verlangt.[16)]

14) Siehe Lamnek (1989), S. 66.
15) Lamnek (1989), S. 66.
16) Vgl. hierzu die Auflistung von Anforderungen bei Colwell (1990), S. 22 ff.

Insgesamt wird zur Unterstützung eines solchen Vorgehens in vielen Fällen das Erarbeiten eines *Interviewerleitfadens* erforderlich, um den groben Ablauf des Gesprächs zu umreißen.[17] Zusätzlich werden zur vollständigen Erfassung des Interviews verschiedene Aufzeichnungsgeräte benötigt, um (in Absprache mit der AP) den Interviewer zu entlasten und eine lückenlose Auswertung der Informationen zu gewährleisten.[18] Üblicherweise werden hierfür Tonbandaufzeichnungen angefertigt. Teilweise wird heute auch die Aufnahme von Videofilmen vorgeschlagen, um zusätzliche Erkenntnisse durch die Erfassung auch nonverbaler Kommunikations-formen zu gewinnen.[19]

Nach dieser allgemeinen Kennzeichnung qualitativer Interviews sollen im folgenden nun verschiedene *Interviewformen* erläutert werden, die im Rahmen der Marktforschung unterschiedlichen Untersuchungszwecken dienen.

3.1.2 Verschiedene Interviewformen

In der Sozialforschung, und hier insbesondere in der Soziologie und Psychologie, hat sich eine Vielzahl unterschiedlicher Formen qualitativer Interviews herausgebildet, die zwar die oben beschriebenen qualitativen Merkmale aufweisen, im Detail jedoch unterschiedliche Gesichtspunkte berücksichtigen.[20] So wurden zum einen modifizierte Interviewformen aus anderen Disziplinen auf die Sozialwissenschaften übertragen (wie z.B. das psychoanalytische Tiefeninterview), andererseits sind, meist im Zusammenhang mit einem konkreten Forschungsprojekt, ganz neue Formen entwickelt und auf eine spezielle Problemstellung hin ausgerichtet worden.[21]

Nicht alle Formen qualitativer Interviews eignen sich dabei für die Marktforschung, da sie häufig zu eng den Spezialproblemen ihrer Disziplin verhaftet sind. Im folgen-

---

17) Vgl. z.B. Bureau of Applied Social Research (1972), S. 150 ff. oder auch Witzel (1982), S. 90 f. Allerdings birgt die Verwendung von Leitfäden in offenen Interviews bereits die Gefahr einer Einengung und Steuerung durch den Interviewer mit sich. Vgl. hierzu die kritischen Ausführungen von Hopf (1978), S. 101 ff. Der lenkende Einfluß des Leitfadens kann jedoch recht gut gesteuert werden durch den Grad der Intensität, mit dem er im Gespräch zum Einsatz kommt. Dies wird auch bei den verschiedenen Formen qualitativer Interviews deutlich. Vgl. Kap. 3.1.2.

18) Vgl. ausführlicher Salcher (1978), S. 50 f. sowie Witzel (1982), S. 91.

19) Während jedoch der Einsatz von Tonbandaufnahmen unproblematisch erscheint, ist der zusätzliche Nutzen der Aufzeichnung und Auswertung von Videobändern eher umstritten. Siehe Witzel (1982), S. 91.

20) Vgl. zum Problem der Begriffsvielfalt bereits Molinari (1971), S. 11 ff.

21) So das "narrative Interview" von Schütze (1978) oder das "collaborative interviewing" von Laslett/Rapoport (1975).

den sollen hier *drei grundsätzliche Formen* von Interviews im Rahmen der qualitativen Marktforschung unterschieden werden:

- Im Rahmen des sog. "explorativen Interviews" werden Wissen, Erfahrung, Einstellungen oder Know-how der AP erfragt, wobei v.a. das erzählerische Moment der AP in den Vordergrund rückt.[22] Zur Stimulierung dieser Erzählungen kann auf verschiedene Techniken der Gesprächsführung zurückgegriffen werden, wie sie bspw. im Rahmen des narrativen und des problemzentrierten Interviews entwickelt wurden.

- Beim psychologischen Tiefeninterview geht es dagegen um die Aufdeckung bestimmter vor- oder unbewußter Motivationsstrukturen und Sinnzusammenhänge, die erst durch die nachträgliche Interpretation des Gesagten Bedeutung erlangen.[23]

- Schließlich besteht darüber hinaus noch im Rahmen des fokussierten Interviews die Möglichkeit, qualitative Interviews mit der Präsentation bestimmter Stimuli zu kombinieren, um die im Prinzip offene Befragungstechnik zielgerichteter steuern zu können und dadurch die Gesprächsthematik stärker einzuengen.[24]

Die hier vorgenommene Dreiteilung ist so in der Literatur nicht zu finden. Sie erscheint jedoch sinnvoll, da die Grundzüge der einzelnen Interviewformen, d.h. das nichtpsychologisch angelegte explorative Interview, das Tiefeninterview und die mit Stimuli kombinierten Interviews in der Marktforschung durchaus bekannt sind. Auch in den Nachbardisziplinen der Soziologie und der Psychologie, in denen die Formenvielfalt noch sehr viel ausgeprägter ist, finden sich Hinweise auf die grundlegende Bedeutung dieser Unterscheidung.[25]

---

22) Explorative Interviews in Form von z.B. Expertengesprächen sind zwar bekannt, der Begriff in Abgrenzung zum Tiefeninterview ist jedoch weniger geläufig. So erwähnt bspw. Schub von Bossiazky das explorative Interview und spricht mit dem "Herauslocken" von zusätzlichen Informationen durch offenen Fragen das an, was später als "Stimulierung narrativer Erzählsequenzen" als typisches Kennzeichen explorativer Interviews beschrieben wird. Vgl. Schub von Bossiazky (1992), S. 93 sowie Kap. 3.1.2.1.

23) Vgl. zur Trennung von explorativen Interview und Tiefeninterview auch Green/Tull/ Albaum (1988), S. 159.

24) Vgl. Merton/Fiske/Kendall (1956), S. 3 f.

25) Siehe hierzu z.B. Selltiz/Jahoda/Deutsch et al. (1972b), S. 43 ff. Die Autoren beschreiben drei wichtige Formen des teil- bzw. nicht-standardisierten Interviews: Das zentrierte (fokussierte) Interview, das klinische Interview und das nicht gelenkte Interview. Die beiden letzten entsprechen dabei weitestgehend dem Tiefeninterview und dem explorativen Interview mit "narrativer" Gesprächstechnik.

Der Vollständigkeit halber soll nun in einem letzten Punkt noch geklärt werden, inwieweit das sog. "offene Interview", also die bloße Aneinanderreihung offener Fragen, der qualitativen Marktforschung zuzurechnen ist.[26)]

Offene Fragen zeichnen sich bekanntermaßen dadurch aus, daß sie keine Antwortvorgaben oder -kategorien liefern. Die AP soll die Antworten frei formulieren können. Im Gegensatz hierzu stellt die geschlossene Frage mehrere Antwortkategorien zur Auswahl.[27)] Nach *Salcher* sind im Prinzip beide Fragetypen sowohl in der quantitativen als auch in der qualitativen Marktforschung denkbar.[28)] Allerdings ist die Verwendung geschlossener Fragen in der qualitativen Marktforschung eher unüblich, es werden fast ausschließlich offene Fragen benutzt.[29)]

Der Einsatz offener Fragen ist eng mit dem Standardisierungsgrad des Interviews verknüpft. *Vollständig standardisierte Befragungen* sind in Formulierung, Anzahl und Reihenfolge der Fragen festgelegt, häufig wird auch eine Vorgabe von Antwortmöglichkeiten als Kennzeichen genannt.[30)] Offene Fragen werden hier demnach eher vermieden. *Teilstandardisierte* Befragungen bedienen sich offener Fragen und sind hinsichtlich der oben genannten Regelungen freier. *Nichtstandardisierte* Befragungen geben nur noch ein Rahmenthema vor, die weitere Abwicklung bleibt dem Interviewer überlassen.[31)]

Während sich nun die qualitative Marktforschung vorrangig der *nicht-standardisierten* Befragung bedient, auf die *voll-standardisierte* Befragung jedoch verzichtet, ist dies bei der quantitativen Marktforschung genau umgekehrt. Beide aber benutzen die *teilstandardisierte* Befragung und bedienen sich somit auch offener Fragen.[32)]
Abb. 4 faßt dies nochmals zusammen:

---

26) Siehe zum offenen Interview z.B. Schub von Bossiazky (1992), S. 92 f. und Salcher (1978), S. 41 ff.

27) Vgl. zu offenen und geschlossenen Fragen z.B. Berekoven/Eckert/ Ellenrieder (1991), S. 95; Salcher (1978), S. 42.

28) Siehe Salcher (1978), S. 43.

29) So arbeiten einige wenige projektive Techniken mit Antwortvorgaben. Hier wird dann allerdings der Übergang von qualitativer zu quantitativer Forschung fließend. Vgl. Kap. 3.3.

30) Siehe Schub von Bossiazky (1992), S. 94; Böhler (1992), S. 78.; Berekoven/Eckert/ Ellenrieder (1993), S. 94 f.

31) Vgl. Böhler (1992), S. 79.

32) Siehe auch die Abbildung bei Atteslander (1984), S. 105.

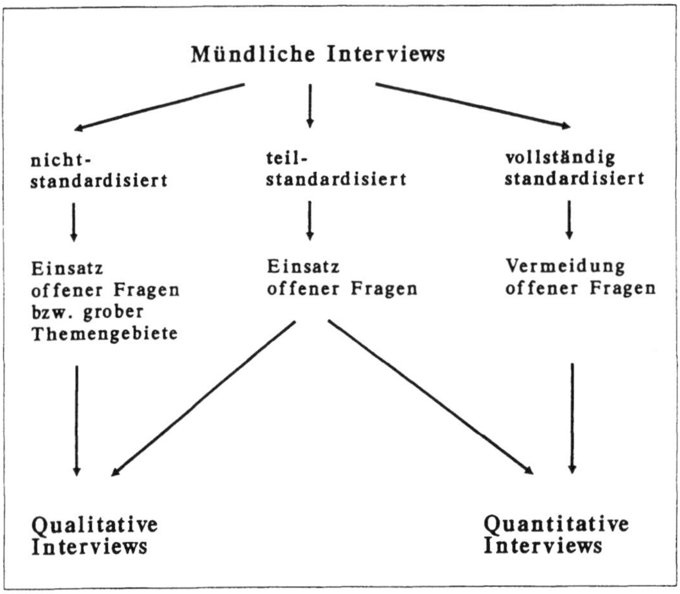

Abb. 4: Offene Fragen in quantitativen und qualitativen Interviews

Allerdings werden gerade beim Einsatz des teilstandardisierten Interviews die unterschiedlichen Ziele beider Forschungsansätze deutlich: Während ein teilstandardisiertes Interview im Rahmen *quantitativer* Forschung im Idealfall eine in Formulierung, Anzahl und Reihenfolge eher festgelegte Aneinanderreihung offener Fragen darstellt[33], strebt die *qualitative* Marktforschung einen in Anordnung und Formulierung eher freien Interviewerleitfaden an, der bestimmte untersuchungsrelevante Themenkomplexe vorgibt.[34] Der Umgang mit offenen Fragen und deren Einbau in die Untersuchung richtet sich also offensichtlich nach den jeweiligen Zielsetzungen der beiden Ansätze. Da der Begriff des "offenen Interviews" damit nur wenig zur Abgrenzung von quantitativen und qualitativen Interviews beitragen kann, soll auf ihn im weiteren verzichtet werden.

Es bleibt somit bei der oben vorgeschlagenen Dreiteilung qualitativer Interviews in das explorative Interview, das Tiefeninterview und das fokussierte Interview. Diese

33) Siehe hierzu das Bsp. bei Schub von Bossiazky (1992), S. 92.
34) Ein Beispiel für den Aufbau eines Leitfadens geben Green/Tull (1982), S. 135.

sollen im folgenden einer genaueren Betrachtung unterzogen werden. Zuvor faßt Abb. 5 die oben genannten Interviewformen nochmals zusammen:

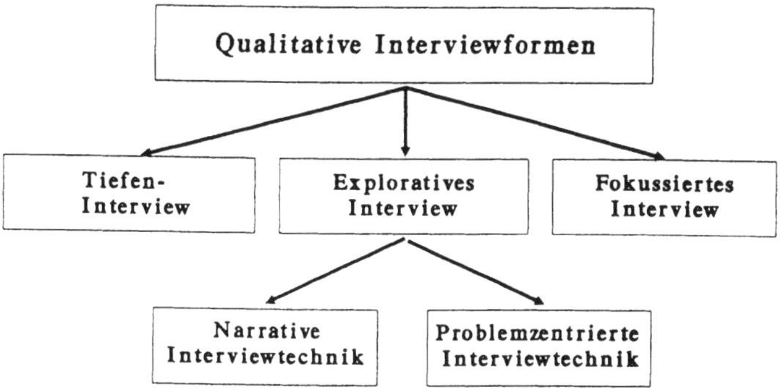

Abb. 5: Formen qualitativer Interviews

3.1.2.1 Das explorative Interview

Explorative oder auch freie Interviews sind offene und weitestgehend unstandardisierte Befragungsgespräche, bei denen "der Interviewer durch selbst formulierte Fragen mit jeweils freien Antwortmöglichkeiten den Ablauf der Informationsgewinnung steuern kann."[35] Das Spektrum der inhaltlichen Ausgestaltung kann dabei von scheinbar ganz zwanglosen Gesprächen[36] bis hin zum problemorientierten Expertengespräch reichen.[37] Wenn auch in der Literatur das *Tiefeninterview* häufig ebenfalls als *exploratives Interview* im weitesten Sinne bezeichnet wird, so soll hier doch im Hinblick auf den Untersuchungsinhalt zunächst eine Unterscheidung vorgenommen werden: Explorative Interviews ermitteln in erster Linie nicht den psychologischen Gehalt der erhobenen Kommunikationsbeiträge aufgrund nachträglicher, externer Bedeutungszuweisungen im Rahmen bestimmter Theorien (z.B. der Psychoanalyse), sondern konzentrieren sich auf eine möglichst umfassende und vollständige Sammlung themenbezogener Informationen.[38]

35) Nieschlag/Dichtl/Hörschgen (1991), S. 705.

36) Vgl. Berekoven/Eckert/Ellenrieder (1993), S. 91. Hierbei kann v.a. auf das von W. Vershofen in Deutschland erstmals eingeführte sog. "Nürnberger Befragungsgespräch" verwiesen werden. Siehe hierzu Vershofen (1940), S. 17 ff.

37) Siehe z.B. Witzel (1985), S. 230 f.

38) Auf den Unterschied zwischen dem "normalen" qualitativen Interview als Befragungsgespräch und dem psychologischen Tiefeninterview weist bereits Kropf (1960), S. 141 ff. hin.

Damit liegt die Aufgabe explorativer Interviews offensichtlich nicht in der Analyse tieferliegender Bewußtseinsstrukturen, sondern vielmehr in der Ermittlung subjektiv relevanter Informationen und Stellungnahmen der AP zum Untersuchungsproblem.[39] So werden z.B. *Expertengespräche* typischerweise im Rahmen explorativer Interviews angewendet. Unter "Experten" werden dabei gemeinhin solche Personen verstanden, die aufgrund ihres Fachwissens eine bestimmte fachliche Autorität innehaben.[40] Die im explorativen Interview angestrebte offene Gesprächsführung erlaubt es dabei, auch sehr komplexe Themenbereiche anzusprechen. So wird bspw. erfaßt, *welche* Themenbereiche die AP *wie*, in *welcher Reihenfolge* und mit *welcher Gewichtung* etc. ansprechen. Hieraus können Schlüsse über die Struktur der Erlebniswelt der AP gezogen werden, über die Art und Weise ihrer Informationsselektion, über ihre Vermutungen, Wünsche und Kritikpunkte.[41]

Methodische Hinweise für die Durchführung von explorativen Interviews sind leider eher selten. Meist erschöpfen sie sich in der Beschreibung einer offenen Gesprächsführung und der Konzeption von Interviewer-Leitfäden.[42] Da die gängige Marktforschungsliteratur demnach nur wenig Hilfe bei der Identifizierung und Kennzeichnung verschiedener qualitativer Interviewtechniken bietet, soll verstärkt auf methodische Konzeptionen der Soziologie zurückgegriffen werden.[43] Hierzu werden im folgenden zwei Interviewtechniken vorgestellt, die Hinweise für die methodische Konzeption explorativer Interviews liefern können.

3.1.2.1.1 Die narrative Interviewtechnik

Das narrative Interview wurde ursprünglich von F. *Schütze* im Rahmen der Erforschung kommunaler Machtstrukturen entwickelt.[44] Es hat große Bedeutung erlangt und gilt heute als das klassische Beispiel eines freien oder offenen Interviews.[45] Beim narrativen Interview geht es darum, die AP zum Erzählen eigener-

39) Eine ähnliche Trennung nehmen auch Green/Tull/Albaum (1988), S. 159 f. vor.

40) Siehe Götze (1991), S. 33 sowie Brockhoff (1979), S. 18 f. Vgl. zur Auswahl von Experten ausführlich Lender (1991), S. 225 ff.

41) Vgl. Gordon/Langmaid (1988), S. 73 f. Die Autoren beziehen sich zwar nicht explizit auf das explorative Interview, räumen jedoch ein, daß der Begriff "depth interview" heute für nahezu jedes individuelle, qualitative Interview verwendet wird. Siehe Gordon/Langmaid (1988), S. 15.

42) Vgl. z.B. Berekoven/Eckert/Ellenrieder (1993), S. 90 ff. oder Churchill (1988), S. 204 ff.

43) Dabei weist die Entstehungsgeschichte dieser Interviewformen z.T. bereits auf Übertragungsmöglichkeiten in der Marktforschung hin: So wurde z.B. das fokussierte Interview von dem Bureau of Applied Social Research zur Erforschung sozialer und psychologischer Wirkung von Massenkommunikationsmitteln entwickelt. Vgl. Merton/Kendall (1979), S. 171.

44) Vgl. v.a. Schütze (1978) und Schütze (1976).

45) Vgl. Girtler (1984), S. 155, Hron (1982), S. 130 oder auch Mühlfeld et al. (1981), S. 325.

lebter Erfahrungen zu bewegen, um dadurch die Orientierungsstrukturen ihres faktischen Handelns offenzulegen.[46] Durch das Berichten von bestimmten Ereignissen und Ereigniszusammenhängen macht die AP zugleich Aussagen über vergangene und gegenwärtige Einstellungen, Wertungen und Absichten.[47]

Schütze nimmt eine Zweiteilung des Interviews vor und unterscheidet die Phase der *Haupterzählung* und die Phase *narrativen Nachfragens*.[48] Eingeleitet wird das Gespräch immer durch eine "Rechtfertigung" des Forschers gegenüber der AP hinsichtlich seiner Untersuchungsziele, dies jedoch v.a. mit dem Zweck, das Forschungsinteresse und den Status des wissenschaftlichen Forschers durch die Zustimmung der AP zu legitimieren.[49]

Die Phase der Haupterzählung wird mit einer Eingangsfrage eingeleitet, die wegen ihres erzählgenerierenden Charakters große Bedeutung besitzt. Sie übernimmt zusätzlich die Aufgabe, eine zentrale "Anfangsthemenstellung" vorzugeben, um die Haupterzählung zu initiieren, ihr bereits wesentliche Dimensionen zuzuschreiben und somit auf den Untersuchungsgegenstand zu lenken.[50] In der Haupterzählphase bleibt die AP möglichst ungestört. Sie entwickelt den Ablauf der Erzählung, setzt Schwerpunkte und entscheidet eigenständig, mit welchen Aspekten ihre Ausführung endet.[51] Die Rolle des Interviewers ist in dieser Phase die des aufmerksamen und bestätigenden Zuhörers. Die Erzählbereitschaft der AP wird nach *Schütze* in dieser Phase v.a. durch das Wirksamwerden *narrativer Erzählzwänge* unterstützt:[52] Durch die selbst konzipierte Erzählung und deren innere Logik wird die AP zur Preisgabe immer neuer Details "gezwungen", um eine vollständige, verständliche und ausgewogene Darstellung liefern zu können. Zudem wird der AP durch die Aufgabe, im Rahmen der Geschichte auch auf kausale Zusammenhänge und motivationale Beweggründe einzugehen, die Möglichkeit einer nachträglichen Deutung der Inhalte gegeben. Die Erzählzwänge bewirken damit zum einen eine Reflexion der Erzählinhalte der AP und fördern so deren *retrospektive Interpretation*. Zum anderen können durch die Möglichkeit der freien und vollständigen Erzählung die *Orientierungsmuster* der AP hinsichtlich ihrer Entscheidungs- und Handlungsstrukturen noch am ehesten abgebildet werden.[53]

46) Vgl. Schütze (1978), S. 1.
47) Siehe Hron (1982), S. 130.
48) Siehe Schütze (1978), S. 4.
49) Siehe auch Girtler (1984), S. 156 f.
50) Vgl. Schütze (1978), S. 4 sowie Lamnek (1989), S. 71.
51) Siehe Hron (1982), S. 130.
52) Vgl. hierzu und im folgenden Schütze (1976), S. 224 f. und Hron (1982), S. 130.
53) Vgl. Witzel (1982), S. 47; Hron (1982), S. 130.

Im Anschluß an die Haupterzählphase setzt die Phase narrativer Nachfrage ein. Hier ist der Interviewer aufgefordert, Unklarheiten oder Widersprüche durch Nachfragen aufzudecken sowie weitere narrative Sequenzen über nur ungenügend oder gar nicht berührte, aber problemrelevante Themenbereiche auszulösen.[54] Das Interview klingt mit einer sog. "small-talk"-Phase nach der offiziellen Aufzeichnung aus.

Die narrative Interviewtechnik ist in ihrem Aufbau ein *maximal offenes Verfahren*, das für folgende Anwendungsbereiche besondere Relevanz besitzt:[55] Zum einen können problemrelevante Ereignisketten aus Sicht der AP rekonstruiert werden, um so komplexe Handlungs- und Entscheidungsmuster sichtbar zu machen. Diese Funktion erlangt insbesondere im Rahmen der allgemeinen *Konsumentenforschung* an Bedeutung. Zum anderen dient das narrative Interview der Analyse biographischer Strukturen, also dem Verständnis situationsspezifischer und kontextgebundener Erfahrungen und Erlebnisse. Diese Möglichkeit wird bspw. in der *Unternehmenskulturforschung* genutzt, wenn es darum geht, kulturbestimmende Werthaltungen und Grundannahmen in Unternehmen zu untersuchen.[56] Zusätzlich betont *Schütze* noch die Möglichkeit narrativer Experteninterviews.[57]

Kritisch anzumerken bleibt, daß die weitestgehende Offenheit der narrativen Interviewtechnik auf sehr breite und noch wenig konkretisierte Untersuchungsbereiche verweist. *Schütze* lehnt auch in der Phase des narrativen Nachfragens weitergehende Interventionen seitens des Interviewers ab. So sollen Fragen nach kausalen Zusammenhängen ("Warum?") sowie Einstellungs- und Meinungsfragen eher vermieden werden, da sie dem narrativen Erzählfluß abträglich seien.[58] *Witzel* schränkt jedoch ein, daß "Wertungen, Interessen und Urteile einerseits und der Handlungsablauf andererseits interdependente Elemente sind..."[59] Er hält die von *Schütze* eher als problematisch bewertete *direkte* Thematisierung von Kernkonflikten für unverzichtbar und läßt diese Überlegungen auch in die von ihm entwickelte *problemzentrierte Interviewtechnik* einfließen.

54) Siehe Hron (1982), S. 131.
55) Vgl. hierzu und im folgenden Schütze (1978), S. 2 f.
56) Siehe zum Einsatz narrativer Interviews in der Unternehmenskulturforschung z.B. Osterloh (1988), S. 142 f.
57) Siehe Schütze (1978), S. 2. Die Möglichkeit einer Analyse von Statuspassagen, die Schütze als vierte Anwendungsform narrativer Interviews beschreibt, ist im vorliegenden Kontext weniger relevant. Vgl. hierzu Schütze (1978), S. 2.
58) Siehe Schütze (1978), S. 30.
59) Witzel (1982), S. 49.

3.1.2.1.2 Die problemzentrierte Interviewtechnik

Auch bei der problemzentrierten Interviewtechnik steht das Erzählprinzip im Vordergrund, allerdings gestaltet sie sich weniger offen als die narrative Technik. *Witzel* entwickelte das Verfahren im Rahmen eines problemzentrierten Forschungsansatzes, der eine Methodenkombination aus qualitativem Interview, biographischer Methode, Fallanalyse, Gruppendiskussion und Inhaltsanalyse vorsieht.[60] Im vorliegenden Zusammenhang soll jedoch lediglich das problemzentrierte Interview näher betrachtet werden.

Mit dem Kriterium der Problemzentrierung stellt *Witzel* dabei auf eine stärkere Problemorientierung des Forschers und der AP ab, die sich vor allem in einer stärkeren Thematisierung kritischer Inhalte durch entsprechend provozierende Kommunikationsstrategien äußert.[61] In Anlehnung an seine Kritik an der geforderten Zurückhaltung im narrativen Interview versucht er damit, Begründungen, Erklärungen, Urteile und Meinungen der AP *explizit* in die Befragung miteinzubeziehen. Aus seiner Sicht besteht so weniger die Gefahr, den narrativen Erzählfluß zu unterbrechen als vielmehr die Notwendigkeit, auch kausale Zusammenhänge zu erfassen, um späteren Interpretationsschwierigkeiten vorzubeugen.[62]

Wie bei der narrativen Interviewtechnik beginnt auch das problemzentrierte Interview mit der gegenseitigen Verständigung von Interviewer und AP über das jeweilige Forschungsvorhaben.[63] Anschließend ist die Vorlage eines standardisierten Kurzfragebogens vorgesehen, der zwei wichtige Funktionen erfüllt: Zum einen können einige für das Untersuchungsproblem relevante, kennzeichnende Informationen über die AP erhoben werden, ohne im eigentlichen Interview den Erzählfluß durch entsprechendes Nachfragen zu beeinträchtigen. Zum anderen werden themenbezogene, meist offene Fragen formuliert, die bei den AP entsprechende Gedächtnisinhalte aktivieren sowie zu einer ersten Beschäftigung mit dem Untersuchungsproblem anregen sollen und damit zusätzliche Hinweise auf einen günstigen Gesprächseinstieg liefern können.[64]

Es folgt die Haupterzählphase, in der seitens des Interviewers eine "allgemeine Sondierung", d.h. eine Spezifizierung der untersuchungsrelevanten Themen und Zu-

60) Siehe Witzel (1982), S. 74 ff.
61) Vgl. Witzel (1982), S. 69.
62) Siehe Witzel (1982), S. 49 f.
63) Vgl. Witzel (1982), S. 94.
64) Siehe hierzu ausführlich Witzel (1982), S. 89 f. und Witzel (1985), S. 236.

sammenhänge, verfolgt wird. Hierbei soll der Interviewer den Erzählfluß gleichzeitig fördern und steuern.[65] "Allgemeine Sondierungen signalisieren damit den Befragten nicht nur immer wieder den gewünschten Detaillierungsgrad des Gesprächs, sondern verdeutlichen dessen inhaltliche Zielsetzung und stimulieren so den narrativen Fluß."[66] In der anschließenden Nachfragephase setzt die Kommunikationsstrategie der "spezifischen Sondierung" ein. Hier sollen durch verschiedene Techniken Erzählsequenzen, Darstellungsvarianten und stereotype Wendungen der AP nachvollziehbar und interpretierbar gemacht werden.[67] Dies geschieht zum einen durch die Technik der *Zurückspiegelung*, d.h. der Zusammenfassung bestimmter Erzählabschnitte durch den Interviewer, um der AP nachträglich Korrekturen zu ermöglichen. Weiterhin werden *Verständnisfragen* und, im Falle ausweichender oder widersprüchlicher Antworten, auch *Konfrontationen* eingesetzt.[68] Sind nach dieser Phase noch problemrelevante Themenbereiche nicht angesprochen, so können jetzt ad-hoc-Fragen, also direkte Fragen, zur Ergänzung gestellt werden.[69] Damit ist dann das Interview beendet. In einem Postskriptum werden schließlich noch die Eindrücke des Interviewers über die Befragungssituation aufgezeichnet und auch nonverbale Reaktionen der AP festgehalten.[70]

Mit dem explorativen Interview wurde hier eine Form des qualitativen Interviews vorgestellt, die sich insbesondere für eine intensive Beschäftigung mit noch relativ unstrukturierten bzw. sehr komplexen Themengebieten eignet. Die narrative und die problemzentrierte Interviewtechnik bieten dabei zwei hilfreiche Möglichkeiten für die Gesprächssteuerung an. Das explorative Interview ist insgesamt eine zwar nur wenig spezifizierte, dafür aber relativ unkomplizierte und vielseitige Befragungsform.

3.1.2.2 Das Tiefeninterview

Das Tiefeninterview ("depth interview") ist die sicherlich bekannteste Form qualitativer Interviews. Allerdings wird der Begriff teilweise auch sehr unkritisch verwen-

---

65) Beispiele entsprechender Fragemuster gibt Witzel (1985), S. 247 und Witzel (1982), S. 99 f.
66) Witzel (1982), S. 99.
67) Siehe hierzu und im folgenden Witzel (1982), S. 100 f.
68) Witzel betont allerdings, daß diese Techniken nicht die aggressive Haltung eines "mißtrauischen" Interviewers gegenüber einer "unwilligen" AP ausdrücken, wie dies Ziel des sog. "stress-interviews" ist. Sie sollen der AP lediglich das Interesse des Interviewers, den wahren Sachverhalt der Erzählung zu verstehen, deutlich machen. Siehe Witzel (1982), S. 101 f. Vgl. zum "stress-interview" Freeman/Manson/Katzoff et al. (1942).
69) Vgl. Witzel (1982), S. 106.
70) Siehe Witzel (1982), S. 91 f.

det, so daß der Eindruck entsteht, es gäbe nur diese eine qualitative Interviewform.[71] Das Tiefeninterview ist in seinen Grundzügen der klinischen Psychologie entliehen und fand über das wachsende Interesse an der Motivforschung Zugang zur betrieblichen Marktforschung. Es stellt ein Intensivgespräch zwischen zwei Gesprächspartnern dar und ist im Gegensatz zum explorativen Interview explizit darauf ausgerichtet, *unbewußte*, *verborgene* oder nur *schwer erfaßbare* Motive und Einstellungen zu untersuchen. Es wird also nicht nur versucht, das Gesagte aus dem Bedeutungszusammenhang der AP heraus nachvollziehen zu können, sondern es wird eine *nachträgliche Bedeutungszuweisung* aufgrund bestimmter Theorien vorgenommen.[72] Dazu wird auch hier ein eher zwangloses Gespräch geführt, wobei der psychologisch geschulte Interviewer das Thema unauffällig lenkt.[73]

Die *Anforderungen* an den Interviewer sind hier v.a. deshalb so groß, weil dieser während des Gesprächs auch tieferliegende Bewußtseinsebenen erreichen sollte und diese dann in ihrer Bedeutung für den weiteren Gesprächsverlauf einschätzen und evtl. konkretisieren muß. Tiefeninterviews werden in der Marktforschung häufig mit entsprechenden *Leitfäden* unterstützt. Unstrukturierte Tiefenbefragungen bieten sich immer dann an, wenn ein möglichst breites Spektrum an Motiven, Meinungen und Einstellungen erfragt werden soll. Mit steigender Konkretisierung des Untersuchungsbereiches wächst auch die Möglichkeit der Erstellung eines problemorientierten Leitfadens. Obwohl auch im Tiefeninterview narrative Sequenzen erzeugt werden sollen, nimmt der Interviewer hier, im Gegensatz zum Ansatz von *Schütze*, eine aktive Rolle in bezug auf kausales Nachfragen ("Warum") ein, macht es sogar zum zentralen Prinzip.[74] In der Diskussion um die methodische Durchführung von Tiefeninterviews werden einige Gesprächstechniken besonders hervorgehoben:[75]

---

71) Vgl. Molinari (1971), S. 11 ff., der über 50 verschiedene Bezeichnungen auflistet, die angeblich Synonyme zum Begriff des "Tiefeninterviews" darstellen. Allerdings sollte aufgrund der vorangegangenen Kapitel dieser Arbeit deutlich geworden sein, warum die Mehrzahl der angeblichen Synonyme (wie bspw. "unstrukturiertes", "nicht direktives", "formloses" oder "offenes" Interview) als zu vage bzw. unvollständig abzulehnen sind.

72) Vgl. Lamnek (1989), S. 80.

73) Siehe Salcher (1978), S. 38 f.

74) Vgl. hierzu z.B. Seymour (1988a), S. 142. Anders als bei der problemzentrierten Interviewtechnik wird allerdings noch stärker auf verborgene und damit interpretationsbedürftige Inhalte abgestellt.

75) Siehe zur allgemeinen Durchführung von Tiefeninterviews z.B. Tull/ Hawkins (1990), S. 392 ff.; McCracken (1988), S. 29 ff.; Salcher (1978), S. 46 ff.; Bellenger/Bernhardt/ Goldstucker (1976), S. 29 ff.

Zum einen stellt sich die Frage nach der Anordnung der einzelnen Gesprächsthemen. Hierbei besteht die Möglichkeit von "*Trichterfragen*", d.h. der Erhebung von zunächst eher allgemeinen Inhalten hin zu besonderen Fragestellungen. Dies besitzt den Vorteil, daß die Befragungsthematik nicht gleich zu Beginn des Interviews durch die Konzentration auf einen speziellen Aspekt eingeengt wird.[76)] Im Falle der "umgekehrten Trichterfrage" oder auch "*Tunnelfrage*" stellt der Interviewer erst auf ganz konkrete Inhalte ab und wird dann allgemeiner. Dieses Vorgehen hilft der AP, ihre Einstellungen, Standpunkte und Erkenntnisse über gewisse Zusammenhänge auf einer abstrakteren Ebene zu formulieren. Umgekehrte Trichterfragen werden aus diesem Grund auch besonders dann eingesetzt, wenn ein nur geringes Involvement der AP zum Untersuchungsgegenstand vermutet wird.[77)]

Zum anderen ist neben der Anordnung der Themen auch die konkrete Fragetechnik von Bedeutung. Immer wenn *indirekte* Fragestellungen erforderlich scheinen, wird gerne auf projektive Techniken zurückgegriffen.[78)] Darüber hinaus gibt es jedoch auch einige Hinweise auf solche Techniken, die *konkret* auf Probleme des Tiefeninterviews abstellen.[79)] So verweisen *Durgee* (1985) und *Reynolds/Gutman* (1984) in diesem Zusammenhang auf drei spezielle Interviewtechniken: Das "Hidden-issue questioning", das "Laddering" und die "Symbolic analysis". Diese unterstützen in besonderer Weise die Zielsetzung von Tiefeninterviews, nämlich die Stimulierung unbewußter und verborgener Kontexte und Motive.[80)]

Das "Hidden-issue-questioning" stellt hierbei auf die Ermittlung grundlegender Werthaltungen und Wünsche der AP ab. Dazu werden recht generelle Fragen zu wichtigen Lebensbereichen der AP gestellt (wie z.B. zum sozialen Umfeld oder zum Arbeitsumfeld), die Rückschlüsse auf solche verborgenen Grundhaltungen zulassen. Diese hochsensiblen Inhalte stellen meist wichtige Anknüpfungspunkte für die emotionale Zielgruppenansprache dar.[81)] Abb. 6 zeigt beispielhaft "hidden issues" männlicher AP aus dem mittleren Management auf.

76) Vgl. hierzu auch Seymour (1988a), S. 146 f. und Goldman/McDonald (1987), S. 96.
77) Siehe Seymour (1988a), S. 147; Goldman/McDonald (1987), S. 96. Vgl. zum Involvement Kroeber-Riel (1992), S. 375 ff.
78) Vgl. auch Kap. 3.3.
79) Siehe hierzu bspw. Patton (1987), S. 115 ff. oder auch Seymour (1988a), S. 141 ff.
80) Vgl. hierzu und im folgenden Durgee (1985) und Reynolds/Gutman (1984), S. 31 ff.
81) Beispiele zur konkreten Fragengestaltung finden sich bei Durgee (1985), S. 33 f.

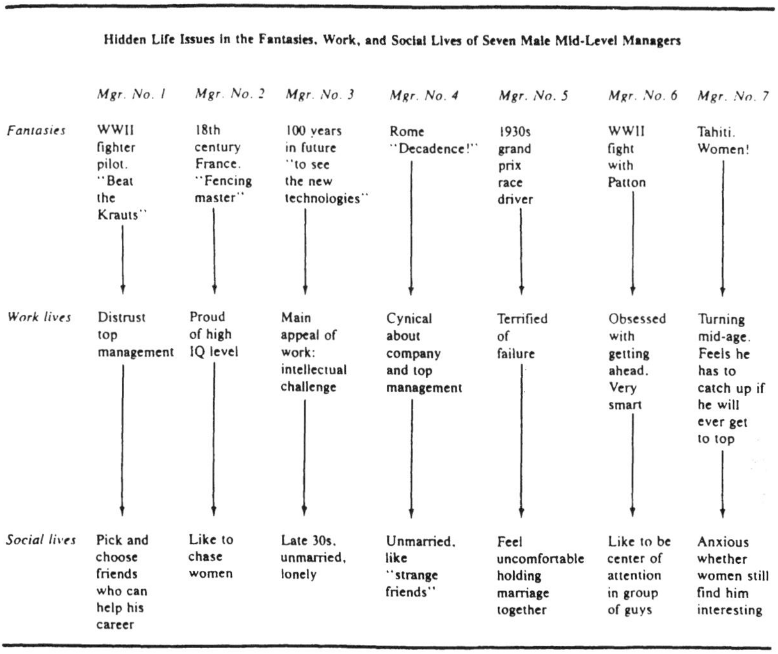

Abb. 6: Ergebnisse des "hidden-issue questioning"
(Quelle: Durgee (1985), S. 35.)

"Laddering" bedeutet das konkrete Nachfragen nach Attributen, hinsichtlich derer sich bestimmte Produkte, Ereignisse oder Sachverhalte unterscheiden.[82] Die so erhobenen Attribute werden dann auf ihre Bedeutung hin untersucht. Dazu wird v.a. immer wieder nach den Gründen verschiedener Einschätzungen, Urteile oder Wünschen gefragt.[83] Ziel ist es, auf diese Weise von z.B. der reinen Produktbeurteilung zu persönlicheren Werten zu gelangen und so ein Netzwerk von Meinungen zu erstellen, die alle mit dem interessierenden Sachverhalt verknüpft sind.[84] Abb. 7 zeigt anhand des Beispiels einer fiktiven Fluggesellschaft, wie ein solches Netzwerk als Ergebnis einer solchen Befragung aussehen könnte.

82) Grundlage ist hierbei die Idee des "repertory grid" nach Kelly (1955). Vgl. Reynolds/ Gutman (1984), S. 30 f. Das Repertory Grid kann als Form des Ähnlichkeitsvergleiches zu den Ordnungstechniken gezählt werden. Vgl. in diesem Zusammenhang auch die Ausführungen in Kap. 3.3.

83) Siehe hierzu das Bsp. bei Durgee (1985), S. 31.

84) Vgl. Reynolds/Gutman (1984), S. 33 f. und auch Durgee (1985), S. 31 f.

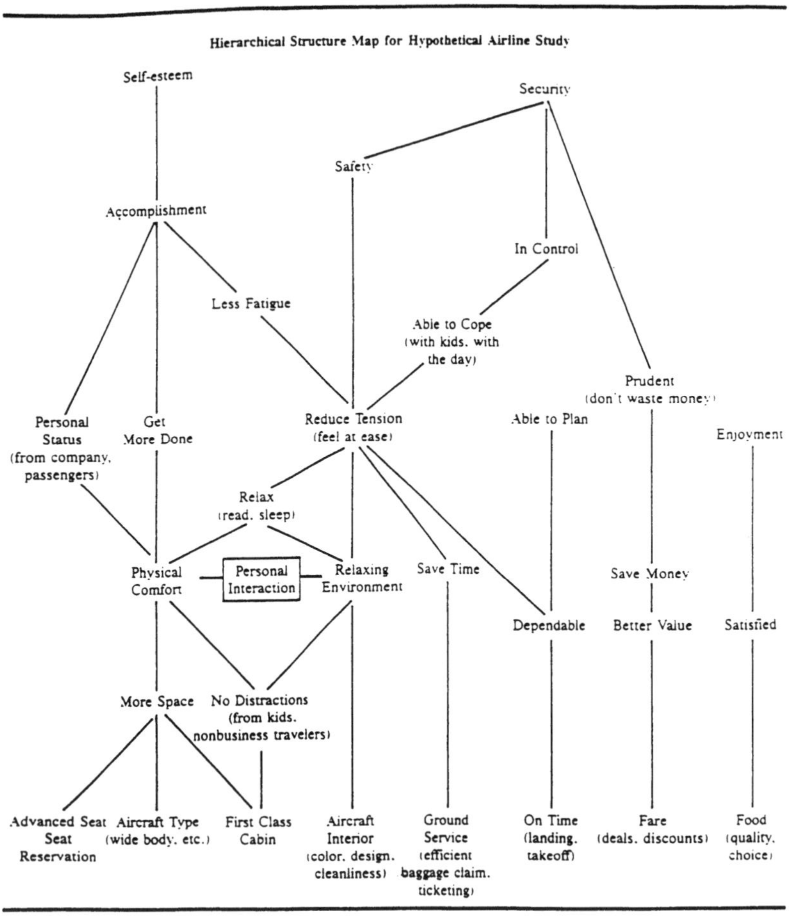

Abb. 7: Netzwerk (Hierarchical Structure Map)
(Quelle: Reynolds/Gutman (1984), S. 34.)

Auch die "Symbolic analysis" arbeitet mit der symbolischen Erklärungskraft von Attributen und versucht, den wahren Bedeutungen, Beurteilungen und Einschätzungen von Produkten oder, allgemeiner, Sachverhalten durch die *Beschreibung ihrer Gegensätze* näher zu kommen. Abb. 8 zeigt Möglichkeiten einer solchen Fragengestaltung und ihrer Deutung auf.

Sample Answers to Questions about Logical Opposites of Business Flights and Implications of These Answers for Airlines Advertising

Question	*Answers*	*Advertising Implication*
What would you do if you couldn't fly?	rely on phones, letters	stress advantages of flying and *being there* vs. phone calls, letters
Who would never go on business flights?	someone who isn't very important	tap feelings of self-importance among fliers
What would a "non-flight" be like?	taking off, circling, then landing at same airport	show actual cities as departure points and destinations
What would be opposite products from a business flight? Why?	vacation flight/fun	stress *purposefulness* of business flights, no-nonsense attitude

Abb. 8: Symbolic Analysis
(Quelle: Durgee (1985), S. 36.)

Diesem aus der symbolischen Anthropologie stammenden Vorgehen liegt die Idee zugrunde, daß ein Gegenstand seine symbolische Bedeutung erst bzw. vor allem durch die Abgrenzung von seinem Gegenteil erhält: "In order to learn what something *is*, they learn what it is *not*."[85)]

Die Verschiedenartigkeit der hier vorgestellten Fragetechniken weist bereits auf die vielfältigen Einsatz- und Auswertungsmöglichkeiten des Tiefeninterviews hin. Durch die nachträgliche Bedeutungszuweisung stellt es jedoch wesentlich höhere Anforderungen an den Interviewer als dies beim explorativen Interview der Fall ist, sowohl im Hinblick auf die Gesprächsführung als auch bei der anschließenden Interpretation.

Abschließend sollen nun noch einmal wesentliche Einsatzbereiche des Tiefeninterviews aufgezeigt werden. Grundsätzlich geht es hierbei um die Erfassung und Untersuchung *psychischer Konstrukte* wie Motive, Einstellungen, Bedürfnisse und Wünsche. Durch die angestrebte Offenheit und die vertraute, kommunikative Atmosphäre ist diese Interviewform besonders geeignet, sowohl sehr breite als auch zugleich *tief-*

85) Durgee (1985), S. 34. Siehe hierzu auch die Studie von Levy (1981) zur Untersuchung amerikanischer Eßgewohnheiten.

gehende Informationen zu erheben. Dadurch werden zusätzlich auch die Erfassung sehr *komplexer* Zusammenhänge und die Untersuchung eher *emotionaler* und *konfliktträchtiger* Themen erleichtert.[86] Dies eröffnet die Möglichkeit, die Breite und Tiefe von bisher noch unbekannten Untersuchungsfeldern erst einmal auszuloten bzw. entscheidungs- oder handlungsrelevante Ursachen zu erforschen.

3.1.2.3 Das fokussierte Interview als stimulusgeleitete Interviewform

Von dem explorativen Interview und dem Tiefeninterview ist noch eine dritte Möglichkeit qualitativer Befragung zu unterscheiden: Wie bei vielen Marktforschungsmethoden besteht auch beim qualitativen Interview die Möglichkeit, das eigentliche Interview mit einer vorausgehenden Präsentation bestimmter Stimuli zu verknüpfen.[87]

Eine Alternative hierzu stellt das *fokussierte Interview* dar, das in den 40er Jahren im Zusammenhang mit der Massenkommunikationsforschung in den USA entstanden ist.[88] Der Begriff der "*Fokussierung*" stellt dabei auf das Ziel dieser Interviewform ab, das Gespräch auf vorab festgelegte Themen oder Problembereiche zu beschränken. "In der Interview-Situation wird eine Konzentration auf ganz spezifische Stimulus-Konstellationen (...) angestrebt, deren Wirkung auf den Befragten analysiert werden soll; und zwar nicht im Sinne eines einfachen stimulus-response-Modells, sondern im Sinne einer Exploration subjektiver Deutungen und Betroffenheiten."[89] Solche Stimuli können z.B. Filme, Zeitungsartikel, Werbeanzeigen oder ähnliches sein.

Der Ablauf des fokussierten Interviews gestaltet sich wie folgt: Die interessierenden Stimuli werden den AP präsentiert. Der Forscher unterzieht die Elemente und Strukturen der Stimuli einer *Inhaltsanalyse* und läßt darin Annahmen und Beobachtungen aus der Präsentationssituation miteinfließen. Auf Basis der im Rahmen der Inhaltsanalyse eruierten Vermutungen und Hypothesen wird ein *Interview-Leitfaden* erstellt. Anschließend werden die AP zu den so vorab grob festgelegten Themen über ihre Eindrücke in bezug auf den Stimulus interviewt.[90] "Eigentliches Ziel des Interviews sind die *subjektiven Erfahrungen* der Personen, die sich in der vorweg

86) Vgl. hierzu Tull/Hawkins (1990), S. 393.
87) Dies ist bspw. im Rahmen von Pretests in der Werbewirkungsforschung üblich. Vgl. zu verschiedenen Pretest-Verfahren Hossinger (1982), S. 61 ff.
88) Siehe Merton/Kendall (1946); Merton/Fiske/Kendall (1990).
89) Hopf (1978), S. 98.
90) Siehe Merton/Kendall (1979), S. 171.

analysierten Situation befinden. Die Vielfalt der von ihnen beschriebenen Reaktionen gibt dem Forscher die Möglichkeit,

a) die Validität der aus der Inhaltsanalyse und der sozialpsychologischen Theorie abgeleiteten Hypothesen zu testen und

b) nicht antizipierte Reaktionen auf die Situation festzustellen und sie zum Anlaß für die Bildung neuer Hypothesen zu nehmen."[91)]

Dieses Vorgehen soll v.a. zwei Punkte sicherstellen: Zum einen erleichtert die stimulusbezogene Inhaltsanalyse das Herausarbeiten konkreter und detaillierter Äußerungen von Befragtenreaktionen. Der Interviewer kennt hier, im Gegensatz zu solchen Befragungen, die sich größtenteils auf z.B. erinnerte Produkterfahrungen beziehen, die interessierenden Details der vorangegangenen Präsentation. Zum anderen kann aufgrund der Inhaltsanalyse eine deutlichere Trennung "objektiver" Sachverhalte (Stimulusinhalte) und der durch die AP vorgenommenen Selektionen realisiert werden.[92)] Dadurch können die aufgrund bestimmter Überlegungen vorgefaßten Hypothesen über die Wirkung der Stimuli auf ihre Gültigkeit hin überprüft und auf diese Weise gezieltere Aussagen über die tatsächliche Wirkung der Stimuli gemacht werden.[93)] Die Inhaltsanalyse selber kann sich dabei verschiedener theoretischer Interpretationsansätze bedienen: *Pendry/Holmes* (1986) beschreiben ein Beispiel aus der Anzeigenforschung, in dem die betreffenden Anzeigenalternativen mit Hilfe der Semiotik auf ihren symbolischen Gehalt hin analysiert wurden.[94)]

Von quantitativen Werbewirkungsuntersuchungen unterscheidet sich das fokussierte Interview letztlich dadurch, daß der Stimuluspräsentation ein darauf bezogenes qualitatives Interview folgt. In Abgrenzung zu den projektiven Techniken, die in der Regel auch mit Stimuli arbeiten, handelt es sich außerdem um eine direkte Befragung und um die für das Interview typische *Gesprächs*situation.[95)] Im Vergleich zum oben beschriebenen Tiefeninterview ist das fokussierte Interview stärker gelenkt und themenzentriert. In der Vorab-Analyse der Stimuluspräsentation werden bereits erste Hypothesen gebildet und im Laufe des Interviews überprüft bzw. gegebenenfalls korrigiert. Enger als beim Tiefeninterview geht es hier ausschließlich um die Untersuchung der individuellen Reaktionen und der Gründe hierfür. Für die konkrete Durchführung des Interviews werden offene Fragen empfohlen, um die AP in ein lockeres Gespräch zu verwickeln. Die Fragen sollen

---

91) Merton/Kendall (1979), S. 171 f. Siehe zum Begriff der Validität auch Kap. 5.
92) Vgl. Merton/Kendall (1979), S. 172.
93) Siehe Lamnek (1989), S. 79.
94) Vgl. Pendry/Holmes (1986), S. 143 f.
95) Vgl. Kap. 3.3.

dabei den folgenden vier Zielkriterien genügen: *Reichweite*, *Spezifizierung*, *Tiefgründigkeit* und *personaler Kontext*.[96)]

Dabei ist mit dem Kriterium der Reichweite gemeint, daß der AP möglichst große *Freiheitsgrade* gewährt werden, auf den Stimulus reagieren zu können. Die Antworten sollen dabei sowohl bereits im Leitfaden antizipierte Reaktionen enthalten als auch Querverbindungen zwischen den Reaktionen herstellen und schließlich v.a. auch nicht-antizipierte Reaktionen fördern.[97)] Die Reichweite betrifft damit sowohl das Problem, sich nicht genügend vom Leitfaden zu lösen, als auch die Schwierigkeit, zu abschweifende Themen zu identifizieren und das Gespräch wieder auf die zentralen Themen zurückzuleiten.[98)]

Mit Spezifizierung wird die Forderung erhoben, die Antworten der AP durch entsprechendes Nachfragen ausreichend zu präzisieren. Dadurch sollen die Wirkung einzelner Faktoren und die Gründe für diese Wirkung derart offengelegt werden, daß die subjektiven Deutungen der AP im Detail nachvollziehbar sind.[99)] Dazu wird auf die sog. "retrospektive Introspektion" verwiesen, d.h. der Interviewer vergegenwärtigt der AP nochmals die präsentierten Stimuli, um eine gesteigerte Konzentration zu erreichen.[100)] Im bereits oben angesprochenen Beispiel von *Pendry/Holmes* wurde dem Problem der Spezifizierung mit einer besonderen Interviewvariante begegnet: dem "*triangular interview*".[101)] Hierbei führen nicht nur Interviewer und AP ein Gespräch über das dargebotene Werbematerial, sondern die AP ist anschließend angehalten, die Inhalte des Stimulusmaterials einer dritten Person zu erläutern. Die hierbei evtl. auftauchenden Schwierigkeiten werden in einer weiteren Gesprächsrunde nochmals aufgegriffen und auf mögliche Ursachen hin diskutiert. Das "triangular interview" bietet demnach die Möglichkeit, die AP zur konkreten Beschäftigung mit dem Erlebten zu bewegen, sie zu motivieren, dies auch zu artikulieren und somit das

96) Siehe hierzu ausführlich Merton/Fiske/Kendall (1990), S. 41 ff. Die Autoren betonen hierbei auch, daß diese Anforderungen nicht voneinander unabhängig sind. Vgl. dazu bereits Merton/Fiske/Kendall (1956), S. 12. Nach der Meinung von Hopf (1978), S. 100 sind diese vier Kriterien nicht nur für das fokussierte Interview von großer Bedeutung, sondern könnten auch auf die anderen Formen qualitativer Interviews übertragen werden.

97) Siehe Merton/Fiske/Kendall (1990), S. 41.

98) Vgl. hierzu die Beispiele zu entsprechenden Überleitungen, zurückführenden Übergängen und mutierenden Fragen bei Hron (1982), S. 134-136.

99) Vgl. Hron (1982), S. 129 und Merton/Fiske/Kendall (1990), S. 65 f. Beispiele zur Spezifizierung finden sich bei Merton/Fiske/Kendall (1990), S. 70-93.

100) Vgl. das Beispiel bei Hron (1982), S. 134.

101) Siehe hierzu ausführlich Pendry/Holmes (1986), S. 145.

tatsächliche Verständnis der Werbestimuli auf unkomplizierte Art und Weise thematisieren und erfassen zu können.[102)]

Die Forderung nach genügend Tiefe beinhaltet die Aufhellung verdeckter affektiver Bedeutungen durch eine bewußte *Fokussierung auf Gefühle*: "Die Fragen sollten Schlüsselworte enthalten, die sich auf einen bestimmten Gefühlszusammenhang beziehen."[103)] Dadurch soll vermieden werden, daß die Fragen in Form eines "Berichtes" abgegeben werden und ihre subjektiv-emotionale Bedeutung verlieren. Der Interviewer ist demnach dazu angehalten, die jeweilige Tiefe der gegebenen Antworten auszuloten und gegebenenfalls nachzuhaken bzw. den Befragten bei einer affektiven Konkretisierung zu unterstützen. Die Einsatzgebiete des fokussierten Interviews sind durch die Integration der Stimulusvorgabe bereits recht genau vorgegeben. In der Werbewirkungsforschung und ebenso im Rahmen der Neuproduktplanung eröffnen sich hiermit interessante Ergänzungsmöglichkeiten zur herkömmlichen quantitativen Forschung.

Damit ist die Systematisierung und Charakterisierung der verschiedenen qualitativen Interviewformen abgeschlossen. Das bereits in Kap. 2 eingeführte Kontinuum quantitativer und qualitativer Forschung soll nun nochmals dazu herangezogen werden, den Grad der qualitativen Orientierung der drei hier vorgestellten qualitativen Interviewformen anzudeuten.[104)] Diese qualitative Orientierung läßt sich danach bestimmen, wie gut die einzelnen Methoden den Zielkriterien und Merkmalen qualitativer Marktforschung entsprechen. In diesem Fall kann sowohl beim explorativen Interview wie auch beim Tiefeninterview eine ausgeprägte qualitative Orientierung konstatiert werden, während das fokussierte Interview hier mit gewissen Einschränkungen verbunden ist (vgl. Abb. 9).

---

102) Vgl. Pendry/Holmes (1986), S. 145.

103) Hron (1982), S. 136. Merton/Fiske/Kendall weisen in diesem Zusammenhang z.B. auf den Unterschied zwischen eher neutralen Fragen wie "Do you remember ...?" oder "What about ...?" zu der deutlich gefühlsbezogeneren Frage "How did it make you feel when you saw...?" hin. Siehe Merton/Fiske/Kendall (1990), S. 102 f.

104) Diese Einordnung kann dabei natürlich nur als Tendenzaussage gewertet werden. Eine ähnliche Einordnung wird von hier ab sukzessive nach jedem Methodenkapitel erfolgen.

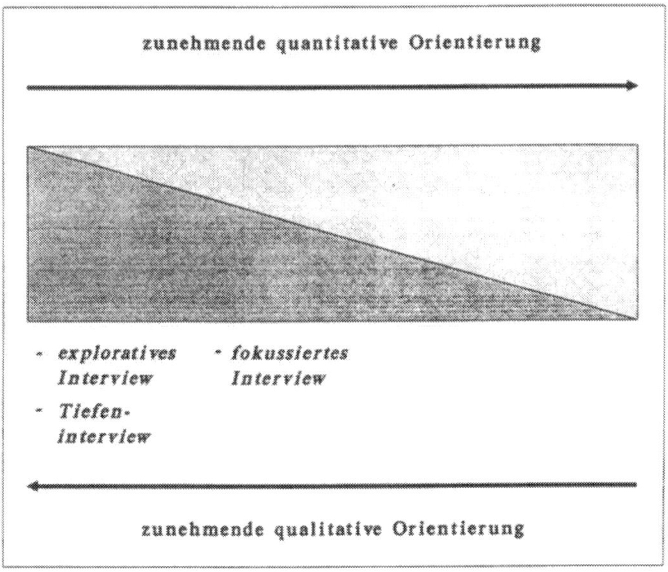

Abb. 9: Qualitative Erhebungsmethoden im Kontinuum quantitativer und qualitativer Forschung (Teil I)

Bei der Darstellung der qualitativen Interviewformen sind zwar bereits verschiedene Ansatzpunkte zur Auswertung der erhobenen Informationen deutlich geworden, eine genauere Betrachtung möglicher Verfahrensweisen ist jedoch unterblieben. Nun soll mit der qualitativen Inhaltsanalyse ein Verfahren vorgestellt werden, daß sich dem gesamten Auswertungsprozeß widmet.

3.1.3 Die qualitative Inhaltsanalyse als Verfahren zur Auswertung qualitativer Interviews

In der Diskussion um den Nutzen qualitativer Marktforschung wird häufig auf die Schwierigkeit der Auswertung qualitativ erhobener Daten hingewiesen. Insbesondere die Auswertung qualitativer Interviews wird als problematisch angesehen.[105] Die "klassischen" Analyseschritte für qualitative Daten, von der Transkription über die Einzelanalyse, die generalisierende Analyse bis zur Auswertung des so entstandenen

105) Vgl. Mühlfeld et al. (1981).

typisierenden Kategoriensystems[106], finden ihre methodische Entsprechung in der qualitativen Inhaltsanalyse, die im folgenden kurz skizziert werden soll.

3.1.3.1 Die Inhaltsanalyse in der quantitativen und qualitativen Forschung

Die Inhaltsanalyse ist als Methode zur Auswertung kommunikativer Inhalte zu Beginn dieses Jahrhunderts entstanden. Die ersten Arbeiten zur Inhaltsanalyse wurden im journalistischen Bereich veröffentlicht, wenig später erlangte sie auch in der Soziologie zunehmend an Bedeutung.[107] Nach Berelson (1952) wurde sie in den Sozialwissenschaften zur "research technique for the objective, systematic and quantitative description of the manifest content of communications."[108] Diese Definition verweist denn auch direkt auf den *quantitativen* Charakter, der dieser Methode zu Anfang ausschließlich zugeschrieben wurde.

Vor allem im Rahmen der Publizistik und der Geschichtswissenschaft wurde eine Vielzahl (quantitativ-orientierter) inhaltsanalytischer Techniken im Rahmen der *deskriptiven Inhaltsanalyse* entwickelt, wie bspw. die *Frequenzanalyse*, die *Wertanalyse* oder die *Symbolanalyse*.[109] Mit der Entwicklung der *kommunikativen Inhaltsanalyse* für die Psychologie, Soziologie sowie für die allgemeine Gesellschaftsforschung rückte die Analyse realer Kommunikationssituationen in den Vordergrund. Die Zusammenhänge von Textbestandteilen wurden hier v.a. mit der *Bedeutungsfeldanalyse* oder der *Kontingenzanalyse* näher untersucht.[110] Jedoch ließ die nur beschränkte Aussagefähigkeit der so erhaltenen Analyseergebnisse insbesondere für Problemstellungen in den Sozialwissenschaften recht bald Zweifel am Nutzen der Inhaltsanalyse für diese Zwecke aufkommen.[111] Sinnvolle Anwendungsmöglichkeiten der quantitativen Inhaltsanalyse beschränken sich in der Marktforschung fast ausschließlich auf die Werbemittelanalyse.[112]

---

106) Siehe zur Analyse qualitativer Daten auch Kap. 2.4.2.

107) Zur geschichtlichen Entwicklung der Inhaltsanalyse vgl. ausführlich Lisch/Kriz (1978), S. 17 ff.

108) Berelson (1952), S. 18.

109) Siehe zu diesen Techniken z.B. Atteslander (1984), S. 58 ff.; Lisch/Kriz (1978), S. 124 ff.; Mayring (1983), S. 11 ff.

110) Vgl. Atteslander (1984), S. 68 ff.; Lisch/Kriz (1978), S. 165 ff.

111) In diesen Zusammenhang paßt das amerikanische Wortspiel, das aus der "content analysis" recht bald eine "discontent analysis" machte. Siehe hierzu Mayring (1985), S. 189.

112) Vgl. z.B. Nieschlag/Dichtl/Hörschgen (1991), S. 549 f.; McDaniel/Gates (1991), S. 256.

Hinzu kommt, daß in der quantitativen Forschung die Inhaltsanalyse als eigenständige Erhebungsmethode angesehen wird. Für die Auswertung verbaler Daten, die durch Befragung oder Beobachtung gewonnen werden, erscheint dieser Ansatz jedoch wenig angemessen. Es wurde denn auch schon früh die Forderung nach einer mehr *qualitativen*, d.h. in diesem Fall einer mehr interpretativ ausgerichteten Analysemethode kommunikativer Texte laut.[113] An diese sind mehrere Bedingungen zu stellen: So sollte eine qualitative Inhaltsanalyse Rücksicht auf den *individuellen Kontext* von Textbestandteilen nehmen, *verborgene Sinnstrukturen* interpretieren können, sowohl *Präsenz* als auch *Absenz* von Textbestandteilen beachten und schließlich auch *Einzelfälle* in ihrer Bedeutung erkennen.[114] Inwieweit diesen Anforderungen genügt werden konnte, soll Gegenstand der weiteren Betrachtungen sein.

3.1.3.2 Methodische Grundlagen der qualitativen Inhaltsanalyse

Hinweise zum Aufbau und zur Anwendung qualitativer Inhaltsanalysen reichen von sehr allgemeinen, wissenschaftstheoretisch geprägten Denkmodellen[115] bis hin zu sehr speziellen, fallbezogenen Analysevarianten, deren inhaltlicher Schwerpunkt meist auch in der Soziologie oder Psychologie liegt.[116]

Einen vielversprechenden Ansatz zur qualitativen Inhaltsanalyse bietet Mayring (1983), der drei Grundformen zur Auswertung und Interpretation verbaler Daten vorschlägt: Die *Zusammenfassung*, die *Explikation* und die *Strukturierung*.[117] Diese Auswertungs- und Interpretationsmöglichkeiten sind dabei zum einen so präzise, daß die Methodik nachvollziehbar bleibt, zum anderen sind sie doch so allgemein bzw. disziplinenübergreifend, daß sie auch auf typische Probleme der Marktforschung übertragbar zu sein scheinen. Im Prinzip lassen sich alle bekannten Ansätze qualitativer Analyse mehr oder weniger auf diese drei Grundformen zurückführen.[118] *Mayring* selbst stellt seinen Ausführungen eine kleine Parabel voran, die den grundsätzlichen Charakter der Zusammenfassung, Explikation und Strukturierung auf bildhafte Weise illustriert:

---

113) Als Kritiker an den quantitativen Postulaten Berelsons und als einer der ersten Befürworter einer qualitativ ausgerichteten Inhaltsanalyse gilt Kracauer (1952).

114) Vgl. Ritsert (1972), S. 28 f.

115) Dies gilt bspw. für das Verfahren der objektiven Hermeneutik nach Oevermann et al. (1983).

116) Beispiele hierfür sind Hermanns/Tkocz/Winkler (1984) sowie Rust (1980).

117) Vgl. Mayring (1983), S. 51 ff.

118) Vgl. zu dieser Auffassung auch Mayring (1985), S. 194.

"Man stelle sich vor, auf einer Wanderung plötzlich vor einem gigantischen Felsbrocken (vielleicht ein Meteorit) zu stehen. Ich möchte wissen, was ich da vor mir habe. Wie kann ich dabei vorgehen?

Zunächst würde ich zurücktreten, auf eine nahe Anhöhe steigen, von wo ich einen Überblick über den Felsbrocken bekomme. Aus der Entfernung sehe ich zwar nicht mehr die Details, aber ich habe das 'Ding' als Ganzes in groben Umrissen im Blickfeld, praktisch in einer verkleinerten Form (*Zusammenfassung*).

Dann würde ich wieder herantreten und mir bestimmte besonders interessant erscheinende Stücke genauer ansehen. Ich würde mir Stück für Stück einzelne Teile herausbrechen und untersuchen (*Explikation*).

Schließlich würde ich versuchen, den Felsbrocken aufzubrechen, um einen Eindruck von seiner inneren Struktur zu bekommen. Ich würde versuchen, einzelne Bestandteile zu erkennen, den Brocken zu vermessen, seine Größe, seine Härte, sein Gewicht durch verschiedene Meßoperationen festzustellen (*Strukturierung*)."[119)]

Im folgenden sollen diese drei Techniken nun etwas ausführlicher betrachtet werden.

3.1.3.2.1 Die systematische Zusammenfassung

Die Strategie der *zusammenfassenden Interpretation* hat zum Ziel, den vorliegenden Text so zu reduzieren, daß einerseits die Inhalte in eine überschaubare, verkürzte Form gebracht werden, zum anderen aber immer noch ein Abbild des ursprünglichen Grundmaterials vorliegt.[120)] Dazu wird zunächst die Technik der Paraphrasierung vorgeschlagen.[121)] Die Paraphrasierung übernimmt es, alle nichtinhaltstragenden und ausschmückenden Wendungen zu identifizieren und zu streichen, während der restliche Text auf eine einheitliche Sprachebene gebracht und in einer grammatikalischen Kurzform festgehalten werden soll.[122)] Durch eine anschließende Generalisierung werden die gebildeten Paraphrasen umformuliert, um sie auf eine vorab festgelegte Abstraktionsebene zu heben und vergleichbare

119) Mayring (1985), S. 193.
120) Vgl. Mayring (1983), S. 53.
121) Die Technik der Paraphrasierung entstammt ursprünglich der Literaturwissenschaft. Vgl. hierzu z.B. Arnold/Sinemus (1974).
122) Siehe die entsprechenden Interpretationsregeln bei Mayring (1983), S. 57.

Aussagenmuster zu erhalten. Mit Hilfe der nun folgenden <u>Reduktionen</u> werden bedeutungsgleiche Paraphrasen gestrichen, zentrale Aussagen dagegen übernommen. In einem letzten Reduktionsschritt kann dann versucht werden, eine größtmögliche Bündelung ähnlicher Paraphrasen herbeizuführen und so zu grundlegenden Aussagen zu gelangen. Abb. 10 verdeutlicht dies an einem Beispiel:

Nr.	Paraphrase	Generalisierung	Nr.	Reduktion
1	Es geht mir eine Menge ab, jetzt nicht mehr Lehrer zu sein	Es geht einem eine Menge ab		
2	Lehrertätigkeit in Referendarzeit war befriedigend	Befriedigung durch Beruf fehlt		
3	Arbeitslosigkeit für mich zunächst als Art Urlaub	Zunächst nur eine Art Urlaub	1	Verlust der Befriedigung durch den Beruf (1,2,4)
4	Andererseits möchte ich jetzt gerne Lehrer sein	Der Beruf geht einem ab	2	Positive Bewertung (Urlaub) nur am Anfang (3)
5	Habe Angst, die Arbeitslosigkeit der Umwelt einzugestehen	Angst, die Arbeitslosigkeit der Umwelt einzugestehen	3	Angst, die Arbeitslosigkeit der Umwelt einzugestehen (Versteckspiel) (5,6,7,8)
6	Versuche, Arbeitslosigkeit vor den anderen zu verbergen	Versuch, die Arbeitslosigkeit verbergen als Folge	4	Diffuse Zwischenphase, da nur als Übergangssituation angesehen (9,10,11,17)
7	Versuche den Eindruck zu erwecken, normal zu arbeiten	~~Versuch, die Arbeitslosigkeit zu verbergen, als Folge~~	5	Wegen Arbeitslosigkeit ist freie Zeit nicht richtig nutzbar, werden Probleme verschoben (12,13,14,15,16)
8	Dieses Versteckspiel belastet ein bißchen	Versuch, die Arbeitslosigkeit zu verbergen, belastet		
9	Habe mich noch nicht ganz abgefunden	Man findet sich nicht ab		
10	Sehe es noch als Übergangssituation	Man sieht es als Übergangssituation		
11	Glaube in der nächsten Woche wird es wieder normal, wie Ferien	~~Man sieht es als Übergangssituation~~		

Abb. 10: Paraphrasierung, Generalisierung und Reduktion im Rahmen der systematischen Zusammenfassung von Gesprächsprotokollen (Quelle: Mayring (1985), S. 202.)[123)]

Diese fallbezogenen Aussagen bilden dann die Basis für eine *fallübergreifende Sammlung* und *Kategorisierung*, die durch die bereits vorgenommenen Reduzierungen deutlich erleichtert wird.[124)] Die Strategie der Zusammenfassung zielt demnach auf eine Komprimierung der vorliegenden Inhalte durch eine möglichst sinngemäße Paraphrasierung ab. Das Ergebnis bleibt dadurch nahe am Ursprungsmaterial und erscheint deshalb sehr verständlich und illustrativ.[125)]

123) Wie die Abbildung deutlich macht, sind nach Abschluß der Generalisierung bedeutungsgleiche Phrasen gestrichen worden. In der Spalte "Reduktion" verbleiben die zusammengefaßten Paraphrasen, wobei in Klammern die Nummern der ursprünglichen Paraphrase (erste Spalte) aufgelistet sind. Dies ermöglicht eine Überprüfung ihrer Vollständigkeit. Vgl. Mayring (1985), S. 204.

124) Siehe Mayring (1985), S. 194-196.

125) Siehe Mayring (1985), S. 207.

3.1.3.2.2 Die Explikation oder Kontextanalyse

Die Explikation wird v.a. dann hinzugezogen, wenn sich dem Forscher Sinn und Bedeutung des Textes nicht unmittelbar erschließen und eine weitergehende Interpretationsarbeit erforderlich machen. Die Explikation sucht hierfür nach weiteren Informationen, um die unverständlichen Stellen in ihrem besonderen Kontext zu begreifen. Sie wird somit zur *Kontextanalyse*.[126)] Dabei können die zusätzlichen Informationen sowohl im engen Textkontext, also im vorliegenden Textumfeld, als auch im weiten Textkontext, d.h. in über den Text hinausgehenden Informationsquellen, gesucht werden.[127)] Durch diese kontextbezogene Vorgehensweise eignet sich die Explikation insbesondere für interpretationsbedürftige Texte wie sie bspw. bei einem Tiefeninterview vorliegen können.

Im Rahmen der *explikativen Analyse* werden zunächst einmal alle Textstellen auf ihre lexikalische und grammatikalische Bedeutung hin untersucht und in erklärte bzw. klärungsbedürftige Stellen getrennt. Zur weiteren Explikation der noch unklaren Textstellen soll zunächst beim engeren und schrittweise dann im weiteren Umfeld nach zusätzlichen erklärenden Informationen gesucht werden.[128)] Unter Bezugnahme auf das zusätzliche Informationsmaterial soll nun die kritische Textstelle durch eine bzw. mehrere alternative explizierende Paraphrasen ersetzt werden. Bei sehr umfangreichem Material kann nun noch die Strategie der Zusammenfassung verfolgt werden.[129)]

3.1.3.2.3 Die Strukturierung

Im Rahmen der Strukturierung werden inhaltliche Aspekte nach bestimmten *Ordnungskriterien* herausgefiltert und systematisiert. Ziel ist die Erstellung eines *Kodierleitfadens*, der eine entsprechende Strukturierung und Systematisierung der relevanten Textstellen erlaubt.

---

126) Vgl. Mayring (1983), S. 68 f.

127) Siehe hierzu ausführlich Volmert (1979), S. 107 ff.

128) Solche erklärenden Textstellen im engen Textkontext können z.B. beschreibenden, definierenden, beispielgebenden, korrigierenden, modifizierenden oder auch antithetischen Charakter aufweisen. In der weiteren Kontextanalyse kann bspw. mit Hilfe der Entstehungssituation des Textes, weiterer Informationen über die AP oder aufgrund eines gewissen theoretischen Vorverständnisses expliziert werden. Vgl. Mayring (1983), S. 71 und auch Volmert (1979), S. 109 f.

129) Siehe Mayring (1983), S. 71. Ein ausführliches Beispiel zur Explikation gibt Mayring (1983), S. 72 ff.

Dazu muß zunächst eine Definition der Kategorien vorgenommen werden, die eine möglichst eindeutige Zuordnung der einzelnen Textstellen festlegen. Die Strukturierungsdimensionen, die der Kategorienbildung dienen, werden hierbei einerseits aus der untersuchungsspezifischen Fragestellung und dem theoretischen Vorverständnis abgeleitet, andererseits durch einen ersten Materialdurchgang bestätigt oder modifiziert.[130] Anschließend werden für jede Kategorie konkrete Textstellen ausgewählt, sog. Ankerbeispiele, die eine prototypische Funktion übernehmen und die Zuordnung weiterer Textstellen erleichtern sollen. Außerdem werden bei Abgrenzungsproblemen zwischen Kategorien Kodierregeln festgelegt, die ebenfalls der Entscheidungsunterstützung dienen. Während des Materialdurchlaufs können nun die passenden Fundstellen gekennzeichnet und in den Kodierleitfaden übernommen werden.[131] Abbildung 11 verdeutlicht anhand eines Kodierleitfadens das Ziel der strukturierenden Analyse.

Code+ Ausprägung	Definition	Ankerbeispiele	Kodierregeln
1 belastend	*Beruflicher Bereich: Belastungseinschätzung* Subjektive Einschätzung von Bedrohung, Herausforderung, Schaden, Verlust in der momentanen Lebenssituation im beruflichen Bereich	„Der Beruf hat mir wirklich Spaß gemacht; es ist schlimm, daß ich ihn jetzt nicht mehr ausüben kann" „Ich habe Angst, daß ich nichts entsprechendes finden werde "	
2 entlastend	Subjektive Einschätzung der Lebenssituation im beruflichen Bereich als positiv, günstig, wohltuend	„Als Lehrer an staatlichen bayerischen Schulen steht man so unter Aufsicht und Druck, daß ich froh bin, da erst mal raus zu sein" „Die letzte Zeit war für mich so anstrengend, daß ich jetzt erstmal einen Nachholbedarf an Erholung habe"	
3 ambivalent	Einzelne Faktoren bzw. Aspekte der Lebenssituation im beruflichen Bereich werden als belastend, andere als entlastend eingeschätzt	„Einerseits freue ich mich auf eine kleine Erholungspause, andererseits bin ich wirlich besorgt, wie es jetzt langfristig weitergehen soll"	Auch wenn Be- und Entlastung überwiegt
4 irrelevant	Die Lebenssituation im beruflichen Bereich hat keinen Einfluß (weder belastend noch entlastend) auf das subjektive Befinden)	„Mir ist der Beruf nicht so wichtig, Hauptsache ich habe genug Geld" „Ich wollte sowieso raus aus dem Beruf und mich ganz um die Kinder kümmern; das ist mir viel wichtiger"	Wenn einzelnen Be- und Entlastungsfaktoren genannt werden, die aber subjektiv als völlig bedeutungslos geschildert werden, darf auch ‚irrelevant' kodiert werden

Abb. 11: Kodierleitfaden und Strukturierung
(Quelle: Mayring (1985), S. 205.)

Ergebnis ist ein recht unproblematisch und rasch einzusetzendes *Strukturierungsraster*, das zwar formaler als die beiden anderen Strategien vorgeht, sich aber insbesondere zur Bearbeitung größerer Textmengen eignet und zusätzlich gute

130) Vgl. Mayring (1985), S. 198.
131) Siehe Mayring (1985), S. 198 f.

fallübergreifende Vergleichsmöglichkeiten bietet.[132] Die Definition und konkrete Ausarbeitung des Kodierleitfadens erlaubt schließlich auch eine Konzentration auf solche ausgewählten Problemdimensionen, wie sie es bspw. das fokussierte Interview vorsieht.

Abschließend bleibt festzuhalten, daß die qualitative Inhaltsanalyse einen guten Ansatz zur inhaltlich-systematischen Auswertung qualitativ erhobener Daten darstellt. Welche Erklärungs- und Deutungsansätze letztendlich zur Interpretation der so aufbereiteten Daten herangezogen werden, ist von deren weiterer Erklärungsbedürftigkeit einerseits und von der Präferenz des Forschers für verschiedene theoretische Ansätze andererseits abhängig.[133] Eine erschöpfende Darstellung der vielen möglichen Erklärungsansätze, wie bspw. der Semiotik oder der Neuro-Linguistischen Programmierung im Hinblick auf ihre Nutzungsmöglichkeiten als Interpretationshilfe qualitativ erhobener Daten ist im Rahmen dieser Arbeit nicht möglich.

Damit sind die Ausführungen zum qualitativen Interview zunächst einmal abgeschlossen. Auf die hier vorgestellten unterschiedlichen Interviewformen wird bei der Diskussion über Einsatzmöglichkeiten qualitativer Methoden in konkreten Untersuchungsfällen wieder zurückgegriffen werden.[134] Auf die Nutzung der qualitativen Inhaltsanalyse für die folgenden qualitativen Erhebungsmethoden wird an entsprechender Stelle hingewiesen.

3.2 Die Gruppendiskussion

Die Gruppendiskussion ist die sicherlich am weitesten verbreitete Methode qualitativer Marktforschung.[135] Dementsprechend zahlreich sind auch die Veröffentlichungen zu diesem Thema, so daß aus diesem Grund im vorliegenden Kapitel weniger eine Vertiefung methodisch-praktischer Aspekte erfolgen soll, sondern vielmehr eine Diskussion dieser Methode im Hinblick auf ihre Besonderheiten aus Sicht der qualitativen Marktforschung. Neben einer allgemeinen Kennzeichnung ihrer methodischen Eigenheiten und der Darstellung verschiedener Organisationsformen einer *Gruppendiskussion* sollen hierbei insbesondere ihre Anwendungsmöglichkeiten

---

132) Vgl. Mayring (1985), S. 207.
133) Siehe auch Kap. 2.4.2.2.3.
134) Siehe Kap. 4.
135) Vgl. Robson (1989), S. 25; Zikmund (1989), S. 117; Calder (1977), S. 353.

und Nutzungspotentiale beurteilt werden. Anschließend folgt noch eine Abgrenzung und weiterführende Betrachtung alternativer Formen der *Gruppenerhebung*.

3.2.1 Allgemeine Kennzeichen der Gruppendiskussion

Die Gruppendiskussion kann im weitesten Sinne als eine in der Regel ein- bis anderthalbstündige Diskussion im Rahmen einer Kleingruppe unter der Leitung eines entsprechend geschulten Diskussionsleiters (Moderators) beschrieben werden.[136] Ähnlich wie das Tiefeninterview ist auch die Idee der Diskussion in Kleingruppen der klinischen Psychologie, genauer der Gruppentherapie im Rahmen der Psychiatrie, entliehen und wurde etwa ab den 50er Jahren auch in der Marktforschung verstärkt eingesetzt.[137] Bevor nun Aufbau und Organisation der Gruppendiskussion näher beschrieben werden, folgt zunächst eine Abgrenzung von den Begriffen "*Gruppenbefragung*" und "*Focus Group Interview*".[138]

Die Gruppenbefragung ist trotz ihrer sprachlichen Ähnlichkeit keine Form der Gruppendiskussion, sondern ein Spezialfall des Einzelinterviews, bei dem mehrere AP am selben Ort und zur selben Zeit um ein im Aufbau gleiches Interview gebeten werden. Es handelt sich hier nicht um eine qualitative Methode, sondern um die Ausnutzung gewisser *Rationalisierungseffekte* bei standardisierten Interviews und um die Möglichkeit, Reaktionen auf bestimmte Stimuli unter gleichen situativen Bedingungen im Rahmen eines Interviews zu erfassen.[139]

Das sog. "Focus Group Interview" scheint auf den ersten Blick eine Sonderform jenes "Focused Interview" von *Merton/Kendall* (1946) bzw. *Merton/Fiske/Kendall* (1956) darzustellen, das bereits im letzten Kapitel angesprochen wurde.[140] Streng genommen müßte es sich hierbei also um eine "fokussierte" bzw. "gezielte" Gruppendiskussion handeln.[141] Dies bedeutet, daß analog zum fokussierten Interview auch hier mit einer Kombination aus Stimuluspräsentation, Inhaltsanalyse, Leitfadenerstellung und darauf aufbauender Diskussion gearbeitet wird. Erstaunlicherweise

136) Ähnlich auch Groening (1981), S. 53. Zur Dauer von Gruppendiskussionen siehe auch Robson (1989), S. 25.
137) Vgl. McDaniels/Gates (1991), S. 174 und Bellenger/Bernhardt/ Goldstucker (1976), S. 7.
138) Siehe hierzu auch die Abgrenzung von Mendes de Almeida (1980), S. 114.
139) Vgl. Schub von Bossiazky (1992), S. 71 und S. 84 ff.; Gutjahr (1988), S. 218; Mendes de Almeida (1980), S. 114.
140) Diese Parallele ziehen zumindest Bellenger/Bernhardt/Goldstucker (1976), S. 8 und Morgan (1988), S. 11 ff. Siehe zum fokussierten Interview auch Kap. 3.1.2.3.
141) Siehe zu diesen Bezeichnungen auch Green/Tull (1982), S. 129 und Friedrichs (1985), S. 224.

entspricht diese spezielle (stimulusgebundene) Variante der Gruppendiskussion jedoch nicht dem, was üblicherweise unter den Definitionen zum "Focus Group Interview" in der Literatur zu finden ist. Hier wird die "Focus Group" fast immer der hinlänglich bekannten, allgemeinen Form der "Gruppendiskussion" (also einer Diskussionsrunde in Kleingruppen zu einem bestimmten Thema) gleichgesetzt.[142)] Die genaue Bedeutung des Begriffs "Focus Group Interview" bleibt damit, solange nicht die "normale" Gruppendiskussion gemeint ist, zunächst einmal unklar.

Merton selbst weist schließlich in einem Aufsatz von 1987 entschieden darauf hin, daß die Übertragung seiner Überlegungen zum "Focussed Interview" auf die Diskussion in Kleingruppen, wie sie u.a. von *Bellenger/Bernhardt/Goldstucker* (1976) vorgenommen wurde, von ihm und seinen Mitautoren *weder vorgesehen, noch ohne weiteres zulässig* sei[143)]: "Here you will note a diagnostic conflating of the focussed interview and the focus group, at least a terminological conflation. We never used the term "focus group" - at least, not as I recall - but apparently these authors on marketing research saw the focus group as so fully derivative as to have us setting down criteria for focus groups."[144)] Der Begriff des "Focus Group Interviews" muß demnach trotz seiner weiten Verbreitung in der englischsprachigen Literatur als streng genommen nicht korrekt bezeichnet werden, wenn es sich hierbei nur um die allgemeine Form der Gruppendiskussion handelt und nicht um eine entsprechende Kombination aus Stimuluspräsentation, Inhaltsanalyse und darauf aufbauender Diskussion. Bogart (1984) bemerkt demnach zu Recht: "The term *focus group* is a barbarism that confused sociologist Robert K. Merton's technique of an unstructured but "focused" interview - in which a skillful interrogator keeps the respondent's attention from wandering off the subject at hand - and the traditional sociological technique of talking to a homogeneous or related group of people who stimulate each other under the interviewer's practiced guidance."[145)] Vor diesem Hintergrund soll im folgenden das "Focus Group Interview" als Synonym zur Gruppendiskussion aufgefaßt werden.

---

142) Vgl. die Definitionen zu "Focus Group Interviews" bzw. "Focus Groups" z.B. bei Morgan (1988), S. 9 f.; Welch (1985), S. 245; Zikmund (1989), S. 117. Die Variante von Merton/Kendall (1946) bzw. Merton/Fiske/ Kendall (1956) wird dabei meist als "historischer Ursprung" bezeichnet. Vgl. z.B. Morgan (1988), S. 11. In der deutschsprachigen Literatur überwiegt jedoch die Bezeichnung "Gruppendiskussion" oder "Gruppengespräch", nicht das "fokussierte Gruppeninterview". Siehe Berekoven/Eckert/ Ellenrieder (1993), S. 92; Dreher/Dreher (1982), S. 141; Gutjahr (1988), S. 218.

143) Im folgenden Zitat bezieht sich Merton auf eine entsprechende Textstelle bei Bellenger/ Bernhardt/Goldstucker (1976), S. 8.

144) Merton (1987), S. 563.

145) Bogart (1984), S. 82.

Zur Organisation und Durchführung von Gruppendiskussionen gibt es, wie oben angedeutet, eine Fülle von Veröffentlichungen.[146)] Aus diesem Grund sollen hierzu jetzt lediglich die wichtigsten Aspekte aufgegriffen werden.

3.2.1.1 Die Vorbereitung

Bei der Vorbereitung von Gruppendiskussionen geht es neben den mehr technischen Problemen (Ort, Ausstattung, Aufzeichnungsgeräte etc.)[147)] vor allem um den Aufbau der Diskussionsgruppen und damit um die notwendige *Anzahl* von Teilnehmern und die *Zusammensetzung* (Homogenität) der Gruppe insgesamt.

Die angemessene Anzahl der Teilnehmer hängt von verschiedenen Faktoren ab. Generell variiert die Bandbreite der Vorschläge zur Gruppengröße zwischen mindestens 2 bis maximal 20 Personen. Als ideale Größe wird gemeinhin eine Anzahl von 6-10 Teilnehmern angenommen.[148)] Präzisierende Faktoren sind sowohl die Beschaffenheit des Untersuchungsproblems als auch die Art der Teilnehmer. Verlangt das Untersuchungsproblem eine eher intensive Auseinandersetzung mit dem Thema oder handelt es sich um sehr komplexe bzw. emotionsbeladene Inhalte, so werden i.d.R. kleinere Gruppen empfohlen (5-6 AP).[149)] Dagegen konnte in empirischen Untersuchungen nachgewiesen werden, daß größere Gruppen signifikant mehr Ideen entwickeln als kleinere Gruppen.[150)] Wird in der Untersuchung demnach die Generierung möglichst vieler Ideen oder die Erfassung eines breiten Meinungsspektrums beabsichtigt, so erscheinen größere Gruppen vorteilhafter.[151)] Im Hinblick auf die Art der Gruppenteilnehmer empfiehlt sich bei Experten bzw. sehr gut informierten Personen, die entsprechend selbstsicher und redegewandt auftreten, durchaus eine kleine Gruppe. Auch bei Gruppendiskussionen mit Kindern bleibt wegen der besonderen Aufmerksamkeit, die diesen gewidmet werden muß, die Zahl der Teilnehmer eher gering.[152)]

---

146) Siehe bspw. Hayes/Tatham (Hrsg.) (1989), Greenbaum (1988), oder auch Morgan (1988).
147) Vgl. zu diesen mehr technischen Hinweisen ausführlich Greenbaum (1988).
148) Siehe zu dieser Problematik z.B. Schub von Bossiazky (1992), S. 70; Berekoven/Eckert/Ellenrieder (1993), S. 92; Robson (1989), S. 25; Morgan (1988), S. 43 f.; Fern (1982), S. 2; Groening (1981), S. 60.
149) Vgl. Robson (1989), S. 25; Lautman (1982), S. 54; Mendes de Almeida (1980), S. 118.
150) Siehe dazu die Untersuchung von Fern (1982), S. 9. Hier wurden Gruppen mit 4 bzw. 8 Teilnehmern betrachtet.
151) Ähnlich auch Dreher/Dreher (1982), S.150.
152) Greenbaum (1988), S. 156; Robson (1989), S. 25. Vgl. hierzu auch Kap. 3.2.3.3 zu den sog. "Mini-Groups".

Die Zusammensetzung oder Homogenität der Gruppe ist der zweite wichtige Aspekt bei der Organisation von Gruppendiskussionen. In der Regel werden möglichst *homogene* Gruppen empfohlen, um der Gefahr der Hierarchisierung und Polarisierung in heterogenen Gruppen und den damit verbundenen Positions- und Machtkämpfen zu entgehen.[153] *Salcher* fordert in diesem Zusammenhang allerdings eine bewußt *heterogene* Zusammensetzung der Gruppe zur Stimulierung emotionaler Konfrontationen, weil erst hierdurch die wahren Hintergründe bestimmter Einstellungs- und Handlungsmuster erkennbar seien.[154] Diese Forderung erscheint jedoch zu einseitig: Zu entscheiden ist nämlich, in bezug auf *welche Kriterien* die Gruppe homogen sein soll. Im vorliegenden Zusammenhang zielt *Homogenität* immer nur auf eine ausgewogene Zusammensetzung der AP bzgl. deren Stellung als Gesprächspartner in der Diskussion ab. Dabei können bspw. sozio-demographische Kriterien wie Alter, Geschlecht, Bildung oder Einkommen eine wichtige Rolle spielen, aber auch psychographische Kriterien wie Life-style oder der jeweilige Wissensstand der AP im Hinblick auf das Thema.[155] Dagegen können in einer solchen Gruppe nahezu gleichwertiger Gesprächspartner durchaus ganz unterschiedliche Meinungen zum Untersuchungsgegenstand vertreten oder durch den Moderator provoziert werden. Wichtig ist jedoch, daß alle Teilnehmer ähnliche Chancen haben, ihre Meinung auch ungehemmt äußern zu können.[156]

Vor diesem Hintergrund wird dann auch klar, warum das Beispiel von *Salcher*, in dem er in einer Untersuchung von Säuglingsnahrung mehrere Diskussionsrunden mit "homogener" und "heterogener" Zusammensetzung vorschlägt, mit der Forderung nach Homogenität i.o.S. durchaus vereinbar ist[157]: Eine homogene Gruppe zeichnet sich hiernach bspw. dadurch aus, daß alle Teilnehmerinnen Fertigbabykost für ihre Säuglinge verwenden oder alle eben nicht, eine heterogene Gruppe enthält Vertreterinnen beider Seiten. Die oben angesprochene Homogenität läßt das "heterogene" Einstellungsspektrum der zweiten Gruppe jedoch durchaus zu, wenn nur die sozialen Positionen der teilnehmenden Mütter einen offenen und ungehemmten Meinungsaustausch erlauben. Ob und inwieweit also bestimmte Zielgruppen getrennt

153) Vgl. Groening (1981), S. 57 oder auch Dreher/Dreher (1982), S. 150. Die Ergebnisse einer Gruppendiskussion sollen ja nicht nur als Folge der Beteiligung mehrerer Individuen gewertet werden, sondern auch als in sich geschlossener Gruppenprozeß, so daß nicht der Einzelne, sondern die Gruppe insgesamt als Untersuchungseinheit betrachtet wird. Vgl. hierzu Mendes de Almeida (1980), S. 117.

154) Vgl. Salcher (1978), S. 56.

155) Siehe Groening (1981), S. 57 f; Dreher/Dreher (1982), S. 150.

156) Ähnlich auch Morton-Williams (1985), S. 30.

157) Vgl. Salcher (1978), S.56 f.

oder zusammen in Gruppen untersucht werden, hängt v.a. von dem jeweiligen Untersuchungsproblem ab.

Neben diesen grundsätzlichen Überlegungen müssen zur konkreten Vorbereitung der Gruppendiskussion noch Überlegungen zur angestrebten Zielgruppe angestellt werden, bevor dann mit der Planung der Rekrutierungsphase begonnen werden kann.[158] Inhaltlich wird die Diskussion meist mit Hilfe eines entsprechenden Leitfadens vorbereitet, der die anzusprechenden Themenbereiche enthält und Beispiele für unterschiedliche stimulierende Fragen bereitstellt.[159]

3.2.1.2 Der Diskussionsverlauf

In der Eröffnungsphase der Gruppendiskussion gilt es zunächst einmal, anfängliche Hemmungen abzubauen und eine vertraute Atmosphäre herzustellen. Dies wird erreicht durch

- eine individuelle Begrüßung,
- Hinweise auf benutzte Beobachtungs- und Aufzeichnungsverfahren (Abbau von Mißtrauen),
- gegenseitiges Vorstellen der Teilnehmer (Eisbrecher- und Informationsfunktion),
- kurze Aufklärung über den eigentlichen Untersuchungszweck (Einstimmung in das Thema) und
- Motivation zu ernsthaftem Arbeiten (Verhinderung einer zu lockeren "Kaffeeklatsch-Atmosphäre")[160]

Die eigentliche Diskussion sollte zunächst mit einigen leicht zu beantwortenden Fragen (z.B. über eigene Erfahrungen mit dem interessierenden Produkt) eingeleitet werden. Auch hier kann der Moderator, wie im Einzelinterview, seine Fragen mehr an der "*Trichterstruktur*" (von allgemeinen zu besonderen Fragen) oder an der "*Tunnelstruktur*" (von besonderen zu allgemeinen Fragen) ausrichten.[161] Erste Wortbeiträge der AP sind dabei in dieser Phase besonders positiv zu verstärken.[162] Um eine Vielzahl von Wortbeiträgen zu stimulieren und möglichst alle AP an der

158) Vgl. zur Bedeutung der Zielgruppe in der Gruppendiskussion das Beispiel bei Tull/ Hawkins (1990), S. 397 ff. Zur Rekrutierung siehe ausführlich z.B. Downs/Smeyak/ Martin (1980), S. 399 f. oder Morgan (1988), S. 44 ff.

159) Vgl. zur Konzeption von Leitfäden für Gruppendiskussionen McDaniel/ Gates (1991), S. 182 f. sowie das Bsp. S. 183-185; siehe auch Payne (1989), S. 49 f.

160) Siehe Welch (1985), S. 248; Greenbaum (1988), S. 86; Groening (1981), S. 61.

161) Siehe Goldman/McDonald (1987), S. 96 und Kap. 3.1.

162) Vgl. Robson (1989), S. 31 f.

Diskussion zu beteiligen, ist der Moderator aufgefordert, neue Themenaspekte aufzugreifen, Kritik anzuregen, Gesagtes zu resümieren, divergierende Meinungen bestehen zu lassen, auf weitere Themen überzuleiten und dabei noch den spontanen Gesprächsverlauf möglichst wenig zu beeinflussen.163) Diese Auflistung hebt zugleich die zentrale Bedeutung des Moderators für die Diskussion hervor.

Je nach Untersuchungsziel können Gruppendiskussionen zu verschiedenen Zwecken eingesetzt werden, so bspw. um eine Vielzahl von Argumenten zu sammeln, auf ihre Angreifbarkeit hin zu überprüfen bzw. ihre Gewichtung kennenzulernen. Dabei muß der Gefahr begegnet werden, daß eine zu schnelle Konsensfindung die kreative Spannung einer Gruppe zerstört. Hier ist es Aufgabe des Moderators, entsprechend provozierende Argumente zu äußern, die diesen Konsens in Frage stellen. Dieses Vorgehen gewinnt mit der *Konfrontationstechnik* im Rahmen der sog. "kontradiktorischen" Gruppendiskussion besondere Bedeutung:164) Bei dieser Technik wird ein zusätzlicher Mitarbeiter als angebliche AP in die Diskussionsrunde mit der Aufgabe eingeschleust, im Falle einer zu schnellen Einigung der übrigen Teilnehmer provozierende Äußerungen oder neue Aspekte in das Gespräch einzubringen.

Entscheidend für den Diskussionsablauf ist auf jeden Fall, daß der Moderator den Charakter des Gesprächs bereits zu Anfang entsprechend beeinflussen muß, noch bevor sich Gruppenstruktur und Rollenverteilungen verfestigen. Diesen Prozeßcharakter einer Gruppendiskussion betonen auch Gordon/Langmaid, wenn sie schlagwortartig verschiedene Stufen des Diskussionsprozesses beschreiben, die von der Aufwärmphase über die Entwicklung und Festigung von Rollenstrukturen bis hin zum Ausklingen der Diskussion reichen.165) Abbildung 12 faßt diesen Prozeß zusammen:

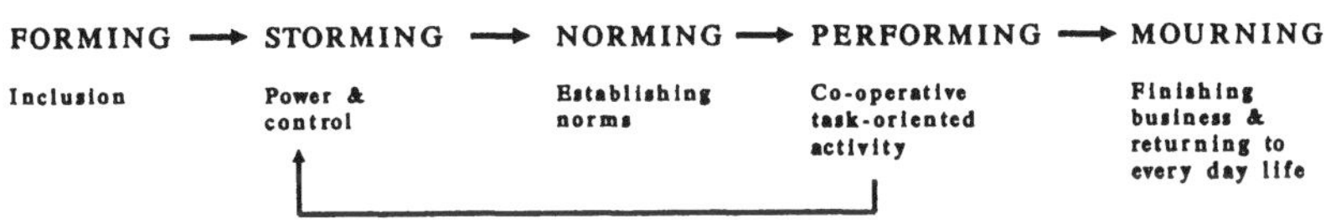

Abb. 12: Ablauf einer Gruppendiskussion
(Quelle: Gordon/Langmaid (1988), S. 41.)

163) Siehe Downs/Smeyak/Martin (1980), S. 407 f. und Groening (1981), S. 63 f.
164) Vgl. hierzu und im folgenden Salcher (1978), S. 64 f.
165) Siehe Gordon/Langmaid (1988), S. 38 ff.

Wie die bisherigen Ausführungen deutlich machen, ist die Qualität der Diskussion stark von den *Fähigkeiten* und der *Erfahrung* des Moderators abhängig.[166)] Neben den oben angedeuteten Regeln der allgemeinen Gesprächsführung muß sich die Aufmerksamkeit des Moderators auch auf die Entwicklung der *Gruppenstruktur* und die damit verbundene *Rollenverteilung* richten.

So wird insbesondere auf die Gefahr hingewiesen, daß sich sehr dominante Persönlichkeiten innerhalb einer Gruppe als Gruppenführer hervortun. Diese sog. "opinion leader" oder "Meinungsführer"[167)] können in der Diskussion so dominant werden, daß sie das Ergebnis der Runde ernsthaft gefährden: Zum einen kann die angestrebte Meinungsvielfalt darunter leiden, daß evtl. sehr rasch ein Meinungskonsens entsteht und sich die Gruppe zu schnell der Auffassung des "opinion leaders" anschließt. Zum anderen kann die steuernde Funktion des Moderators in Gefahr geraten, wenn sich der Rest der Gruppe mit dem Meinungsführer solidarisiert und Stellung gegen den Diskussionsleiter bezieht.[168)] Wichtig ist es demnach, potentielle Meinungsführer rasch zu identifizieren und entsprechende Gegenmaßnahmen einzuleiten. Der "opinion leader" sollte keine oder eine nur geringe Verstärkung seiner Wortbeiträge erfahren. Weiterhin kann der Moderator den Äußerungen des Meinungsführers mit Skepsis oder Mißbilligung begegnen, sie als Stimuli an die anderen Teilnehmer weiterreichen ("Glauben Sie das auch?" oder "Sie scheinen nicht hiermit einverstanden...?) oder schließlich die entsprechende Person als "Experten" hervorheben und ihn aus diesem Grund um eine gewisse Zurückhaltung bitten.[169)] Alle Maßnahmen in dieser Richtung müssen dabei sehr früh und zunächst sehr vorsichtig umgesetzt werden, um keine Solidarität der restlichen AP mit dem Meinungsführer zu provozieren.

Neben der Rolle des "opinion leaders" wird mit dem sog. "Schweiger" die gegenteilige Position angesprochen[170)]: "Schweiger" werden die Teilnehmer genannt, die sich nur wenig an der Diskussion beteiligen und eher die Rolle des passiven Zuhörers einnehmen. Die Gründe hierfür können in der Person des Schweigers selbst lie-

166) Anforderungen an die Person des Moderators beschreibt ausführlich Morgan (1988), S. 48-53.

167) Diese Begriffe sind v.a. aus der Medien- bzw. Kommunikationsforschung bekannt. Vgl. z.B. Schmalen (1992), S. 33 f. Während der Meinungsführer jedoch dort in seiner Funktion genutzt und damit als positiv gewertet wird, stellt er in der Gruppendiskussion einen Störfaktor dar.

168) Vgl. Groening (1981), S. 64 und Downs/Smeyak/Martin (1980), S. 405.

169) Siehe Greenbaum (1988), S. 65, Downs/Smeyak/Martin (1980), S. 405 sowie Groening (1981), S. 64 f.

170) Weitere typischen Gruppenrollen unterscheiden Downs/Smeyak/Martin (1980), S. 406 f.

gen oder in mehr externen Faktoren wie z.B. einer zu großen Gruppe.[171] Hier ist der Moderator aufgefordert, Wortbeiträge auch durch direkte Ansprache zu stimulieren und intensiv positiv zu verstärken. Günstig erscheint diese direkte Ansprache v.a. bei leichten "Einstiegsfragen" und in Form offener und indirekter Formulierungen.[172] Natürlich besitzt auch die Kontrolle der dominanten Meinungsführer einen direkten Einfluß auf das Verhalten potentieller Schweiger.

Die beiden hier angesprochenen problematischen Rollen treten verstärkt in eher *heterogenen* Gruppen auf, so daß die oben aufgestellte Forderung nach (merkmalsspezifischer) Gruppenhomogenität zusätzliche Bedeutung erlangt.[173] Doch trotz aller Notwendigkeit, in den Gesprächsverlauf einzugreifen, muß es das vorrangige Ziel des Moderators bleiben, die Spontaneität der Gruppe zu erhalten und damit eine alltagsnahe Kommunikationsform anzustreben.

3.2.1.3 Die Auswertung

Die Auswertung von Gruppendiskussionen entspricht im wesentlichen der qualitativer Interviews, da auch hier Gesprächsprotokolle, Tonband- und Videoaufzeichnungen vorliegen. Ziel ist es, den getroffenen Äußerungen Kategorien zuzuordnen und durch Abstrahierung und Umformung zu grundsätzlichen bzw. typischen Aussagen zu gelangen.[174] Der Durchführung einer qualitativen Inhaltsanalyse steht somit nichts im Wege. Der Diskussionscharakter und die Gruppenstruktur machen jedoch einige zusätzliche Modifikationen notwendig. Dies betrifft v.a. die Frage nach der relevanten Untersuchungseinheit, die Erfassungsmöglichkeit dynamischer Meinungsänderungsprozesse und schließlich die Bedeutung nonverbaler Kommunikationsformen.

Bei der Auswertung von Gruppendiskussionen können in bezug auf die Untersuchungseinheit die Aussagen erst *fallspezifisch*, dann *fallübergreifend* analysiert werden. Die fallspezifische Analyse bedeutet hierbei die Betrachtung einer Gruppe, nicht einer einzelnen Person.[175] Da es im Rahmen der Diskussion zunächst einmal jedem Teilnehmer freigestellt ist, sich zu diesem oder jenem Aspekt zu Wort zu melden (da der Moderator durch bestimmte Steuerungsmechanismen lediglich Ex-

171) Siehe Mangold (1973), S. 232 f.
172) Vgl. Greenbaum (1988), S. 66.
173) Vgl. Groening (1981), S. 64 und Mangold (1973), S. 233.
174) Siehe z.B. Griggs (1987), S. 20 ff; Groening (1981), S. 66.
175) Vgl. Mangold (1973), S. 230.

tremfälle zu vermeiden sucht), ist nicht gewährleistet, daß von jeder einzelnen AP wenigstens eine Stellungnahme zu jedem Thema vorhanden ist. Eine individuelle Analyse pro Person wie im qualitativen Interview scheint deshalb wenig sinnvoll.[176]

Lediglich das Phänomen der Meinungsbildung und -änderung kann anhand einzelner Teilnehmer nachvollzogen werden. Aber auch hierbei sind weniger die individuellen Entwicklungen von Interesse, als vielmehr der dynamische Prozeß der Meinungsbildung in Abhängigkeit von den ganz speziellen Gruppeneinflüssen, die zu diesem Ergebnis geführt haben (so bspw. die Art der Gegenargumente, die eine Meinungsänderung bewirkt hat).[177] Davon zu unterscheiden ist allerdings die Wirkung, die die Teilnahme an der Diskussion im Hinblick auf die Ehrlichkeit und Spontaneität seiner Aussagen für den Einzelnen bewirkt.

Bei der *fallspezifischen* Analyse steht demnach das gesamte Aussagenspektrum der Gruppe im Mittelpunkt. Bei mehreren Diskussionsrunden kann zusätzlich eine *fallübergreifende* Analyse vorgenommen werden. Das bietet sich insbesondere dann an, wenn die verschiedenen Gruppen bewußt anders zusammengesetzt wurden, so bspw. nach Verwendern und Nicht-Verwendern eines Produktes. Hierbei können zentrale Unterschiede zwischen bestimmten Segmenten besser erfaßt und nachvollzogen werden.[178]

Eine weitere Besonderheit der Analyse von Gruppendiskussionen stellt die Erfassung und Interpretation der nonverbalen Kommunikation dar.[179] Gerade im Rahmen einer solchen Diskussion gewinnen Mimik, Gestik, der Tonfall und das Verhalten in der Gruppe für die Interpretation des Gesagten an Bedeutung und können Vermutungen über bestimmte Verhaltensweisen einzelner AP stützen. Bei der Auswertung können solche nonverbalen Kommunikationselemente also der zusätzlichen Erläuterung des Diskussionsinhaltes dienen.[180]

176) Vgl. Schub von Bossiazky (1992), S. 74; Mangold (1973), S. 230.
177) Siehe Schub von Bossiazky (1992), S. 74.
178) Siehe hierzu das Beispiel von Tull/Hawkins (1990), S. 397 ff., die den vollkommen unterschiedlichen Gesprächsverlauf zweier verschiedener Gruppen demonstrieren.
179) Vgl. zum Begriff der "nonverbalen Kommunikation" z.B. Bekmeier (1992).
180) Vgl. Downs/Smeyak/Martin (1980), S. 408.

3.2.2 Alternative Organisationsformen der Gruppendiskussion

In der Marktforschungspraxis haben sich einige alternative Organisationsformen der Gruppendiskussion durchsetzen können, die unter bestimmten Umständen für spezielle Untersuchungsprobleme angemessener erscheinen. Die organisatorischen Besonderheiten beziehen sich dabei sowohl auf die Konzipierung der Gruppe (Anzahl der AP bzw. der Sitzungen) als auch auf die konkrete Durchführung der Diskussion.

3.2.2.1 Die kumulative Gruppendiskussion

Die kumulative Gruppendiskussion stellt insoweit eine *Erweiterung* der einfachen Gruppendiskussion dar, als daß mehrere, aufeinander aufbauende Gesprächsrunden durchgeführt werden.[181] Dazu finden etwa 3-5 Sitzungen mit unterschiedlichen AP zum jeweils gleichen Thema im Abstand von mindestens einem Tag statt. Die Grundidee besteht darin, daß das Gedankengut der vorhergehenden Gruppe von der folgenden Diskussionsrunde aufgegriffen und fortgeführt wird (Abb. 13 verdeutlicht den Ablauf).

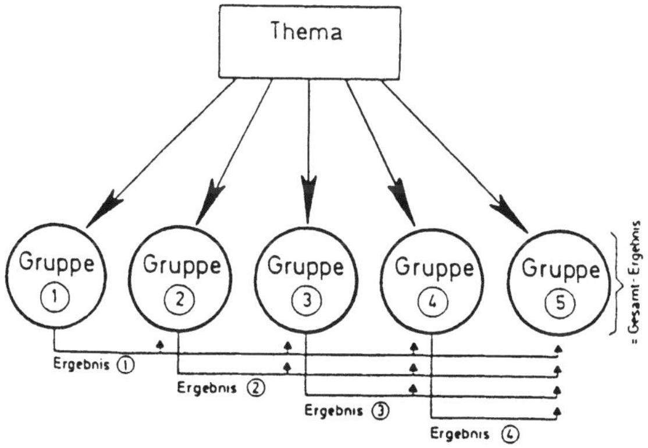

Abb. 13: Ablauf der kumulativen Gruppendiskussion
(Quelle: Salcher (1978), S. 60.)

Das kann so organisiert werden, daß Gruppe 1 in bekannter Weise über das Untersuchungsproblem diskutiert und die Ergebnisse anschließend aufbereitet werden.

181) Siehe hierzu und im folgenden Salcher (1978), S. 59-61.

Gruppe 2 wird auch zunächst zur freien Diskussion angeregt, abschließend jedoch zusätzlich mit den Ideen und Meinungen der ersten Gruppe konfrontiert und aufgefordert, dazu Stellung zu beziehen. Auch in den folgenden Gruppen werden im Anschluß an die freie Diskussion jeweils die Ergebnisse aller vorhergehenden Gruppen präsentiert mit der Bitte, diese ausführlich zu kritisieren, zu erweitern und zu modifizieren.

Es ist verständlich, daß durch den zusätzlichen Diskussionsstoff die Zahl der Gesprächsrunden begrenzt wird, da der zeitliche Rahmen nicht beliebig erweitert werden sollte. *Salcher* schlägt aus diesem Grund eine maximale Anzahl von fünf Gruppen und eine Dauer von höchstens zweieinhalb Stunden vor.[182)]

Die kumulierte Gruppendiskussion besitzt zwei wichtige Vorteile: Zum einen kann durch die Konfrontation mit den Ergebnissen der vorangegangenen Gruppen ein zusätzlicher *Auseinandersetzungsprozeß* mit dem Untersuchungsproblem stimuliert werden, so daß evtl. ein weiteres Meinungsspektrum erhoben wird. Zum anderen kann die *Tragfähigkeit*, *Attraktivität* und *Durchsetzungsfähigkeit* der einzelnen Argumente und Ideen besser überprüft werden.[183)] Im Prinzip berücksichtigt die kumulative Gruppendiskussion jene Prozesse explizit, die im Rahmen einer einfachen Gruppendiskussion mit mehreren Diskussionsrunden zumindest ansatzweise schon vorhanden sind, nämlich die Tendenz des Forschers, Erkenntnisse oder kritische Aspekte vorangegangener Gruppen mit in das aktuelle Gespräch einzubringen. Die Offenheit qualitativer Verfahren im Sinne einer "rolling hypothesis" wird hierbei besonders deutlich.[184)]

3.2.2.2 Mini-Groups

Gruppendiskussionen mit einer nur geringen Teilnehmerzahl, etwa 4-6 AP, werden Mini-Groups genannt. Diese Form der Gruppendiskussion ist besonders schnell zu organisieren und ermöglicht es dem Moderator, sich intensiv mit den einzelnen Teilnehmern auseinanderzusetzen. Mini-Groups werden immer dann möglich, wenn gewisse Besonderheiten der AP oder der Untersuchungsthemen eine solch kleine Gruppe zulassen bzw. sogar erforderlich machen.

182) Siehe Salcher (1978), S. 61.
183) Vgl. Salcher (1978), S. 61.
184) Siehe hierzu Robson/Burns (1989), S. 10 und auch Kap. 2.4.2.

Bei besonders sensiblen und tabuisierten Themen haben sich in der Praxis "normale" Gruppendiskussionen wegen der größeren Zuhörerschaft und mangelnden Intimität, Einzelinterviews dagegen wegen der eher exponierten Position des Befragten nicht immer als zufriedenstellend erwiesen.[185)] In Kleingruppen scheint die Vertrautheit in der Gruppe und die Möglichkeit des Moderators, auf jeden einzelnen entsprechend behutsam einzugehen, eine größere Ausgewogenheit zu erreichen.[186)]

Auch bei Gruppendiskussionen mit Experten werden häufig Mini-Groups eingesetzt. Zum einen sind Experten i.d.R. offener und selbstbewußter im Umgang mit dem Diskussionsthema, so daß ein Meinungsführer- oder Schweigerproblem weniger zu befürchten ist. Zum anderen machen es z.B. organisatorische oder finanzielle Restriktionen oft unmöglich, einen größeren Expertenkreis zu versammeln.[187)]

Bei Gruppendiskussionen mit Kindern werden fast ausschließlich Mini-Groups eingesetzt, da Kinder besondere Kommunikationsstrukturen entwickeln, eine von Erwachsenen verschiedene Konzentrationsfähigkeit aufweisen und dadurch eine besonders intensive und individuelle Zuwendung und Führung durch den Moderator benötigen.[188)]

3.2.2.3 Two-Way Focus Groups[189)]

Two-Way Focus Groups stellen einen Grenzbereich qualitativer Marktforschung dar, da sie der informationssuchenden Seite nicht nur das Ergebnis der Gruppendiskussion mitteilen, sondern sie mit in die Untersuchung einbeziehen.[190)] Dazu erhalten die Auftraggeber zunächst die Möglichkeit, eine Gruppendiskussion mit den sie interessierenden AP beobachten zu können. Anschließend sollen sie jedoch in einer weiteren Runde selbst an einer Gruppendiskussion teilnehmen und die Eindrücke der vorangegangenen Sitzung als Stimulus miteinfließen lassen.[191)] Hier entwickelt sich die Gruppendiskussion vom reinen Marktforschungsinstrument hin zu einem Verfahren der Entscheidungsunterstützung in Unternehmen. Da dieser Spezialfall bereits

---

185) Aus diesem Grund werden in solchen Fällen häufig auch projektive Techniken als Möglichkeit der indirekten Befragung herangezogen. Vgl. hierzu Kap. 3.3.

186) Siehe hierzu auch das Beispiel von Tull/Hawkins (1990), S. 401.

187) Vgl. Simon (1987), S. 21; Donath (1986), S. 69.

188) Siehe Greenbaum (1988), S. 151 f.

189) Der Begriff "Focus Group" wird hier in Anlehnung an die Literatur verwendet, stellt jedoch, wie oben bereits diskutiert, ein Synonym für den Begriff "Gruppendiskussion" dar.

190) Siehe Silverstein (1988), S. 31.

191) Vgl. Silverstein (1988), S. 31.

auf eine über die eigentliche Marktforschung hinausgehende Nutzungsmöglichkeit von Gruppendiskussionen verweist, soll dieser Aspekt hier nicht weiter vertieft werden.

3.2.3 Der Nutzen von Gruppendiskussionen in der Marktforschung

Der Nutzen von Gruppendiskussionen soll im folgenden zunächst anhand der konstituierenden Merkmale der Offenheit und Kommunikativität nochmals zusammengefaßt und anschließend um Hinweise auf besondere Einsatzgebiete ergänzt werden.
Die Offenheit von Gruppendiskussionen zeigt sich nicht nur bereits darin, daß es sich hier um teil- bzw. nicht-standardisierte Interviews mit begleitendem Gesprächsleitfaden handelt, sondern v.a. in der großen *Flexibilität* dieser Methode. Durch die Teilnahme mehrerer AP an dem Gespräch können, anders als beim Einzelinterview, mehr Themenschwerpunkte zur Sprache kommen. "Im Gegensatz zu einer fragegeleiteten Verknüpfung von Äußerungen ist das konstituierende Moment der Diskussion der intersubjektive Austausch, in dessen Verlauf die Gesprächspartner in Bezug aufeinander und in Bezug auf einen Gegenstand (Thema) Standpunkte entwickeln, argumentieren, sich Sachverhalte bewußt machen, reflektieren und klären, akzeptieren oder ablehnen."[192] Diese Meinungsvielfalt ermöglicht es denn auch, ein möglichst breites Spektrum an Meinungen, Ideen und Ansichten zu erheben.[193] Dies setzt natürlich voraus, daß der Moderator zum einen spontane Wortbeiträge der einzelnen Teilnehmer stimuliert, zum anderen aber den Gesprächsverlauf soweit steuern kann, daß die Informationen zur Lösung bzw. Erhellung des Untersuchungsproblems beitragen. Die Offenheit von Gruppendiskussionen liegt demnach v.a. in dem gewollten Abgeben von Kontrolle über den konkreten Gesprächsverlauf, da die Teilnehmer in weiten Teilen der Diskussion miteinander kommunizieren bzw. aufeinander reagieren sollen und die Befragung im engeren Sinn hier eigentlich verlassen wird.

Im Hinblick auf die Kommunikativität kommt im Rahmen der Gruppendiskussion neben den bereits in Kapitel 2 angesprochenen Aspekten hier v.a. der Effekt der *Gruppendynamik* zum Tragen. Dies bedeutet, daß die Kommunikationsstruktur in einer Gruppe ganz spezifische Ausprägungen aufweist, die eine besonders vielschichtige und intensive Themenanalyse begünstigen. So ist es aus der Sozialpsychologie

192) Dreher/Dreher (1982), S. 141.
193) Siehe auch Berekoven/Eckert/Ellenrieder (1993), S. 92; Zikmund (1989), S. 117.

bekannt, daß in Gruppengesprächen Themen und Ideen wechselseitig aufgegriffen und weitergedacht werden, d.h. Antworten von Gesprächspartnern fungieren als Stimuli für den nächsten Teilnehmer ("Schneeballeffekt").[194] Die alltagsnahe Gesprächssituation und die damit verbundene Geborgenheit in der Gruppe fördern hierbei eher spontane und unkontrollierte Reaktionen, Hemmungen können (bei entsprechender Organisation der Gruppe) besser abgebaut werden.[195]

Neben der Unterstützung eines breiten Meinungsspektrums läßt die Gruppendynamik zusätzlich Rückschlüsse auf den Prozeß der *Meinungsbildung* zu: Durch die Beeinflussung des Individualverhaltens hin zu einem kohärenten Gruppenverhalten aller Teilnehmer wird durch den Austausch von Argumenten und sozialer Sanktionierung in der Gruppe eine Art "öffentlicher Meinung" geprägt. Der Einsatz von Gruppendiskussionen macht den Prozeß dieser Meinungsbildung sichtbar und vermittelt damit neben der individuellen Meinungsvielfalt auch Einblick in solche überindividuellen Verhaltenskonzepte.[196]

Die Leistung der Gruppendiskussion im Hinblick auf das Merkmal der Kommunikativität liegt demnach v.a. darin, daß sie eine möglichst *alltagsnahe Kommunikationsform* zuläßt und sich die (in der quantitativen Forschung als unkontrollierbar eingeschätzten und damit störenden) Einflüsse der Gruppendynamik zunutze macht. Die Vorteile der Gruppendiskussion gegenüber dem Einzelinterview lassen sich nach Hess auch auf die Kurzformen "Synergism", "Snowballing", "Stimulation", "Security", und "Spontaneity" zurückführen.[197] Die damit verbundenen Nutzungsmöglichkeiten von Gruppendiskussionen lassen sich im Überblick drei grundsätzlichen Problemschwerpunkten zuordnen:

Erstens liefern Gruppendiskussionen einen Überblick bzw. einen Einblick in bisher unbekannte oder nur schlecht strukturierte Untersuchungsgebiete. Durch die gegenseitige Stimulation der Teilnehmer besteht die Möglichkeit, viele relevante Elemente und Einflußfaktoren zu sammeln.[198] Darüber hinaus werden so auch grundlegende Werte und Ziele offensichtlich, die durch den Gruppenkonsens auf ihre allgemeine Gültigkeit hin geprüft werden.[199]

194) Siehe hierzu Schub von Bossiazky (1992), S. 70 und McDaniels/Gates (1991), S. 174.
195) Vgl. Downs/Smeyak/Martin (1980), S. 395 f.
196) Siehe Gutjahr (1988), S. 218.
197) Vgl. Hess (1971), S. 231-233 und Churchill (1988), S. 208.
198) Siehe Bellenger/Bernhardt/Goldstucker (1976), S. 20 ff.
199) Vgl. Gutjahr (1988), S. 218; Dreher/Dreher (1982), S. 149.

Zweitens besitzen Diskussionen in der Gruppe ein sehr hohes Kreativitätspotential. Neue Ideen werden nicht nur durch gegenseitige Stimulation generiert, sondern auch direkt auf ihre Tragfähigkeit hin kritisch analysiert und bewertet.[200)]

Drittens schließlich kann die Gruppendiskussion durch die Möglichkeit der spontanen Einsichtnahme in das Verbraucherdenken Entscheidungsabläufe sowie Prozesse der Meinungsbildung bzw. -änderung sichtbar machen und damit Ursachenforschung bzw. Interpretationshilfe leisten.[201)] Allerdings ist dies nur eingeschränkt möglich, da individuelles Nachfragen und eine Konzentration auf subjektive Details einzelner Personen nur bedingt realisierbar sind.[202)]

Insgesamt kann durch Gruppendiskussionen schnell und unkompliziert ein breites Spektrum an Informationen erhoben werden.[203)] Sie tragen damit v.a. zur umfassenden Betrachtung eines Untersuchungsproblems und weniger zu dessen tieferer Analyse bei. Tiefe und intensive Gespräche wie im Einzelinterview sind nicht möglich. Auch die individuelle Sichtweise jedes einzelnen kommt in der Diskussion meist zu kurz. Damit wird deutlich, daß Gruppendiskussionen eher nicht der Untersuchung persönlichkeitsrelevanter und individueller Verhaltenskonzepte dienen können.[204)] Zur Strukturierung neuer Gebiete, Sammlung grundlegender Werte im Gruppenkonsens, zur Stimulierung von Kreativität und Bewertung sowie m.E. auch zur Ursachenforschung kann die Methode der Gruppendiskussion jedoch wertvolle Beiträge liefern.

3.2.4 Andere Formen der Gruppenerhebung

Gruppendiskussionen werden häufig mit anderen Erhebungsmethoden bzw. Befragungstechniken kombiniert. Ergebnis ist dann eine Mischform, die teilweise nur noch mit gewissen Einschränkungen als Gruppendiskussion im oben beschriebenen Sinne bezeichnet werden kann. Im folgenden sollen zunächst potentielle Verknüpfungen mit anderen qualitativen Methoden betrachtet werden.[205)]

200) Siehe Dreher/Dreher (1982), S. 149; Welch (1985), S. 250; Bellenger/Bernhardt/ Goldstucker (1976), S. 22 ff.
201) Vgl. z.B. Bellenger/Bernhardt/Goldstucker (1976), S. 25 f.; Welch (1985), S. 250.
202) Dies liegt v.a. daran, daß die Wortbeiträge der einzelnen Teilnehmer in Quantität und Qualität sehr unterschiedlich ausfallen können.
203) Siehe Schub von Bossiazky (1992), S. 74 f.
204) Siehe Gutjahr (1988), S. 218.
205) Siehe zur Verknüpfung mit quantitativen Methoden Kap. 6.

Mit dem qualitativen Einzelinterview wird die Gruppendiskussion v.a. deshalb kombiniert, um die Vorzüge beider Methoden nutzen zu können. Dabei ist es einmal möglich, Einzelinterviews auf Gruppendiskussionen aufbauen zu lassen. Dies kann den Zweck verfolgen, in der Gruppendiskussion Anregungen für die Konzipierung eines Interviewleitfadens zu gewinnen und den kreativen bzw. stimulierenden Einfluß der Gruppendynamik hierfür zu verwenden.[206] Auf der anderen Seite können der Gruppendiskussion auch Einzelinterviews vorangehen. Dies hat *Salcher* in der sog. "*kombinierten Gruppendiskussion*" beschrieben:[207] Hier wird in einem kurzen Einzelinterview zunächst die individuelle Meinung jeder AP zum Untersuchungsgegenstand (z.B. Produktbeurteilung) erhoben. In der folgenden Gruppendiskussion werden zum gleichen Thema alle Argumente, die zur Meinungs- oder Entscheidungsbildung beitragen könnten, erfaßt und mögliche Meinungsänderungen bei den einzelnen Teilnehmern genau nachvollzogen. In abschließenden Einzelinterviews wird der tatsächliche Einfluß der Diskussion auf die persönliche Meinung nochmals überprüft.[208] Die Kombination aus Einzelinterview und Gruppendiskussion dient hier also nicht der Vorbereitung einer der beiden Methoden, sondern ist Bestandteil einer *gemeinsamen Forschungsstrategie*: Durch die unterschiedliche Erfassung individueller und gruppengeprägter Meinungen können Gruppeneinflüsse auf die Meinungsbildung, Meinungsänderungsprozesse und die Stabilität von Argumenten besser überprüft werden.[209]

Neben der Kombination mit Einzelinterviews erlaubt die große Flexibilität der Gruppendiskussion die Integration einer Vielzahl unterschiedlichster Techniken, die dem Gespräch zusätzliche Anregungen geben sollen bzw. weitere Erkenntnisse über die Diskussion hinaus erlauben. Dabei finden insbesondere *Assoziationstechniken* (z.B. in der Warming-Up-Phase) oder *projektive Techniken* (so z.B. in Form von Rollenspielen) in der Diskussion häufig Anwendung.[210] Auch die Kombination mit Kreativitätstechniken wird häufig praktiziert, insbesondere um die Effektivität solcher Gruppen zu fördern.[211]

Es muß allerdings bei der Verknüpfung mit Einzelinterviews und auch bei der Integration der oben beschriebenen Techniken berücksichtigt werden, daß der eigentliche

206) Vgl. Morgan (1988), S. 30 f.
207) Siehe hierzu und im folgenden Salcher (1978), S. 62 ff.
208) Vgl. ausführlich Salcher (1978), S. 62 ff.
209) Siehe hierzu auch die Untersuchung von Greenway/de Groot (1983), S. 154 ff. sowie Kap. 6.
210) Vgl. Frink (1992), S. 13 f.; Robson (1989), S. 30. Vgl. zu den projektiven Techniken Kap. 3.3.
211) Vgl. Gutjahr (1988), S. 219 sowie Kap. 3.2.4.1.

Charakter von Gruppendiskussionen verlorengehen kann. Die Ursachen hierfür liegen v.a. darin, daß die Diskussionsrunde hier mehr die Form einer Arbeitsgruppe annimmt, die entweder durch Einübung entsprechender Techniken auf die Aufgaben vorbereitet wurde oder die besonderen, festgelegten Regeln der Durchführung unterworfen ist. Im folgenden sollen nun solche methodischen Varianten erläutert werden, die sich bei ihrer Anwendung auch der Gruppe bedienen, jedoch keine Diskussion i.o.S. darstellen. Allgemein könnten sie als *gelenkte Gruppenerhebungen* bezeichnet werden.

3.2.4.1 Die gelenkte Kreativ-Gruppe

Neben der Kombination der Gruppenerhebung mit Einzelinterviews und projektiven Techniken[212] wurde weiter oben bereits auf die Möglichkeit der Integration von Kreativitätstechniken hingewiesen. Solche Kreativ-Gruppen erfreuen sich in der Praxis zunehmender Beliebtheit.[213] Die Gruppenmitglieder werden hierbei in der Nutzung verschiedener Techniken geübt (wobei neben den Kreativitätstechniken häufig auch allgemeine Diskussions- und Kommunikationstechniken, manchmal auch noch projektive Techniken, vermittelt werden), um ihre *inhaltliche Leistung* und *methodischen Fertigkeiten* zu steigern: So soll die methodisch-technische Fähigkeit der AP, sich produktiv an Problemlösungen zu beteiligen, strukturierter und damit ergiebiger werden. Darüber hinaus trägt der Einsatz von Kreativitätstechniken (und projektiver Techniken) noch zur zusätzlichen Stimulierung des kreativen Potentials der Gruppe bei.[214] Allerdings erfährt das Gespräch in der Gruppe durch diese Techniken eine deutliche Lenkung bzw. Problemfokussierung.

Es folgt nun zunächst ein kurzer Überblick über die wichtigsten Kreativitätstechniken, bevor anhand einiger Beispiele konkrete Organisations- und Einsatzmöglichkeiten solcher Kreativ-Gruppen in der Praxis aufgezeigt werden. Abschließend erfolgt eine zusammenfassende Beurteilung dieser Form der Gruppenerhebung in Abgrenzung zur normalen Gruppendiskussion.

212) Siehe zu den projektiven Techniken auch das folgende Kapitel 3.3.
213) Vgl. auch Gutjahr (1988), S. 219.
214) Ähnlich auch Holmes/Keegan (1983), S. 98; Schlackman (1984), S. 194.

3.2.4.1.1 Kreativitätstechniken

Kreativität ist die Fähigkeit "Wissens- und Erfahrungselemente aus verschiedenen Bereichen unter Überwindung verfestigter Strukturen und Denkmuster zu neuen Ideen (Problemlösungsansätzen) zu verschmelzen".[215] Mit Hilfe von Kreativitätstechniken wird versucht, dem kreativen Prozeß eine gewisse Struktur zu geben.[216] Diese Techniken lehnen sich dabei an individuelle heuristische Prinzipien der Ideenfindung an. Zu unterscheiden sind solche Techniken, die das intuitiv-kreative Hervorbringen von Ideen fördern und solche, die sich dem Problem in mehr systematisch-analytischer Weise nähern.[217]

Für alle Kreativitätstechniken gilt jedoch, daß sie erst in der (Klein-) Gruppe, meist 5-7 Personen, ihre volle Wirksamkeit entfalten können, da sie auf offenen Meinungsaustausch und das Kombinieren bzw. Berücksichtigen verschiedener Wissens- und Erfahrungshorizonte aufbauen.[218]

3.2.4.1.1.1 Intuitive Verfahren der Assoziation und Konfrontation

Intuitive Kreativitätstechniken schaffen durch gegenseitige Anregungen den entsprechenden Rahmen, um die Intuition (den Einfallsreichtum) in der Gruppe zu fördern. Dabei können die Ideen entweder durch Abwandlung bestehender Lösungsansätze (*Assoziation*) oder durch *Konfrontation* mit problemfremden Themen und Aspekten stimuliert werden.[219] Bekannte Methoden der intuitiven Assoziation sind das *Brainstorming* und *Brainwriting*.

Ziel des Brainstorming ist es, zu dem vorliegenden Problem eine große Anzahl von Ideen und Assoziationsketten zu entwickeln, die neue und unvorhergesehene Lösungsmöglichkeiten produzieren können. Dabei sollen eigene Vorschläge möglichst spontan und unreflektiert in die Runde eingebracht sowie Äußerungen anderer Teilnehmer aufgegriffen und weitergedacht werden.[220] Die Qualität der Ideen ist dabei zunächst von untergeordneter Bedeutung, die gegenseitige Anregung und das Bilden

215) Geschka (1986), S. 148.
216) Siehe zur praktischen Bedeutung und Verbreitung von Kreativitätstechniken Uebele (1988), S. 780 ff. sowie die Studie von Köhler/Tebbe/ Uebele (1983).
217) Vgl. hierzu Schlicksupp (1980), S. 35; Geschka (1986), S. 148.
218) Siehe Geschka (1986), S. 148 f.
219) Vgl. Geschka (1986), S. 149.
220) Siehe Uebele (1988), S. 778.

von Assoziationsketten stehen im Vordergrund. Aus diesem Grund sind auch alle wertenden und kritisierenden Äußerungen zunächst untersagt.[221] Ohne dies hier weiter zu vertiefen, sei darauf hingewiesen, daß in der Praxis im Hinblick auf die unterschiedlichen Problemstellungen etliche Varianten des Brainstorming entwickelt worden sind, so z.B. das Negativ-Brainstorming[222], das Zwei-Stufen-Brainstorming[223] oder das Schwachstellen-Brainstorming.[224]

Eine Abwandlung des Brainstorming stellt das Brainwriting dar. Auch hier werden durch wechselseitige Anregungen Assoziationsketten gebildet, lediglich die Form der Meinungsäußerung erfolgt nicht mündlich, sondern in diesem Fall schriftlich.[225] Die Ideen werden also niedergeschrieben und in der Gruppe weitergegeben, so daß der nächste dazu Stellung nehmen kann.[226] Dieses Vorgehen ist anonymer dadurch, daß sich die Teilnehmer zunächst lediglich mit den schriftlichen Äußerungen der anderen AP auseinandersetzen müssen.[227]

Bei der intuitiven Konfrontation wird versucht, durch die Verfremdung des vorliegenden Untersuchungsgebietes und die Ableitung von Ideen und Lösungsansätzen aus ganz anderen Bereichen den kreativen Prozeß für das konkrete Problem zu stimulieren. So werden bspw. bei der Reizwortanalyse und, in komplexerer Form, bei der Synektik sachlich unzusammenhängende Wissenselemente zunächst generiert und dann miteinander kombiniert.[228] Ziel ist es somit, bereits bestehende Lösungsprinzipien aus anderen Bereichen auf das vorliegende Problem zu übertragen.[229]

---

221) Vgl. zum Brainstorming ausführlich Umminger (1990), S. 53 f.; Geschka (1986), S. 149 f.; Schlicksupp (1980), S. 61 ff.

222) Siehe Umminger (1990), S. 55.

223) Vgl. Umminger (1990), S. 54 f.

224) Vgl. Geschka (1986), S. 150 f. Siehe zu weiteren Varianten des Brainstorming z.B. Schlicksupp (1977), S. 216 ff.

225) Eine sehr bekannte Form des Brainwriting ist dabei die Methode 635, bei der 6 Teilnehmer jeweils 3 Ideen in 5 Minuten niederschreiben sollen. Anschließend werden die Zettel an den Nächsten weitergegeben. Auf diese Weise ist es möglich, nach 30 Minuten 108 (= 6x3x6) Ideen und Lösungsvorschläge zu produzieren. Vgl. auch Schlicksupp (1977), S. 218 f.

226) Auch im Rahmen des Brainwriting haben sich spezielle Vorgehensweisen und Methodenvarianten gebildet, so z.B. neben der Methode 635 auch das Ideenkarten-Brainwriting, die Galeriemethode oder die Collective-Notebook-Methode. Siehe hierzu Umminger (1990), S. 55 ff. Vgl. weitere Varianten bei Schlicksupp (1977), S. 218 ff.

227) Geschka bemerkt hierzu, daß diese Form der intuitiven Assoziation dem Kommunikationsverhalten der Europäer auch eher entspricht, während die in ihrer Kommunikation offeneren Amerikaner das Brainstorming bevorzugen. Vgl. Geschka (1986), S. 151.

228) Die Synektik umfasst dabei im wesentlichen drei Phasen: Die Vorstellung des zu lösenden Problems, die Verfremdung des Probleminhaltes und die Bildung von Lösungsansätzen durch die Konfrontation der Ergebnisse mit dem ursprünglichen Problem. Vgl. auch Schlicksupp (1977), S. 225.

229) Vgl. zur Synektik ausführlich Schlicksupp (1980), S. 72 ff. und zur Reizwortanalyse Geschka (1986), S. 152 f.

3.2.4.1.1.2 Systematisch-analytische Methoden

Während die *intuitiv-kreativen Methoden* in eher ungerichteter Art und Weise nach Ideen suchen, bemühen sich die *systematisch-analytischen* Methoden um eine mehr strukturierte, vollständige und systematische Sammlung aller denkbaren Lösungsrichtungen.[230] Auch hier können zur Ideenfindung die Prinzipien der Abwandlung und der Konfrontation eingesetzt werden. In beiden Fällen spielt allerdings die Morphologie bzw. die morphologische Methode eine herausragende Rolle.[231] Die morphologische Methode zerlegt systematisch komplexe Sachverhalte in abgrenzbare Teile oder Parameter und kombiniert diese anschließend zu neuen Ganzheiten oder Gesamtlösungen.[232] Dabei bedient sie sich zur besseren visuellen Darstellung einer Matrix oder eines Tableaus.[233] Die so gewonnenen theoretischen Problemlösungen können dann auf ihre Verwertbarkeit hin systematisch geprüft werden.

Dieser kurze Überblick mag ausreichen, um die grundsätzliche Zielsetzung von Kreativitätstechniken darzustellen. Die Konzentration dieser Methoden auf den (intuitiven oder systematisch-analytischen) Austausch von Ideen und Problemlösungen macht jedoch bereits deutlich, daß die Anwendung solcher Kreativitätstechniken in der Gruppe nur wenig mit dem gemein hat, was weiter oben als Ziel einer freien Gruppendiskussion beschrieben wurde. Die im folgenden beschriebenen Formen der kreativen Gruppe stellen diese Unterschiede nochmals heraus.

3.2.4.1.2 Beispiele zur Durchführung kreativer Gruppensitzungen

Die Ausgestaltung kreativer Gruppensitzungen ist nicht festgelegt. In der Literatur läßt sich dementsprechend eine Vielzahl von Vorschlägen zum Aufbau solcher Gruppensitzungen finden. Im Prinzip zielen sie alle jedoch darauf ab, den Einstieg in die Sitzung zu erleichtern, problemorientiertes Arbeiten zu fördern und die Atmo-

230) Siehe Schlicksupp (1980), S. 47.

231) Wird dem Prinzip der Abwandlung gefolgt, erlangen die Verfahren der mehrdimensionalen Morphologie an Bedeutung, bei der Konfrontation wird die morphologische Matrix eingesetzt. Vgl. hierzu Umminger (1990), S. 60 ff.

232) Dazu wird das Problem zunächst zweckmäßig umschrieben, dann werden alle Parameter des Problems möglichst vollständig bestimmt und alle denkbaren Ausprägungen ermittelt. Diese werden miteinander kombiniert. Hiernach kommt es zur Analyse der so erhaltenen Lösungen und zur Auswahl der relativ besten Lösung. Siehe Schlicksupp (1977), S. 229 f. und Schlicksupp (1980), S. 48.

233) Vgl. z.B. die Darstellungen bei Umminger (1990), S. 61 und Geschka (1986), S. 154 und S. 156.

sphäre flexibel und kreativ zu gestalten. Zusätzlich sollen gruppendynamische Rollenprobleme unterbunden werden.[234]

Ein Beispiel für die gelenkte Kreativ-Gruppe ist die von der GfK, Nürnberg, entwickelte "Moderierte Kreativsitzung", die insbesondere zur Generierung von alternativen Ideen im Rahmen von produkt- und kommunikationspolitischen Fragestellungen entwickelt wurde.[235]

Die Kreativsitzung setzt sich dabei aus mehreren Elementen zusammen: Zunächst werden sog. "*Visualisierungstechniken*" (Formen des Brainstorming und Brainwriting) zur ersten Ideengenerierung eingesetzt und später um *Verfremdungstechniken* wie die Morphologie und die Reizwortanalyse ergänzt.[236] Neben dem intensiven Einsatz von Kreativitätstechniken werden zu bestimmten, abgegrenzten Themenbereichen Kleingruppen gebildet, die Teillösungen erarbeiten und später zur Diskussion stellen sollen.[237] Zusätzlich werden im Verlauf der Sitzung einzelne *projektive Techniken* integriert, häufig Zuordnungsverfahren auf der Grundlage von Bildvorlagen, die jedoch nicht als rein indirektes Befragungsinstrument (d.h. mit dem Ziel, den Zweck der Untersuchung möglichst zu verbergen) verwendet werden, sondern als Technik zur Überwindung hergebrachter Denkschemata.[238] Den Abschluß der Sitzung bildet eine freie Diskussion ("*Plenumsdiskussion*"), die die Möglichkeit gibt, noch offene Fragen aufzugreifen, bestimmte Themen zu vertiefen und erarbeitete Ergebnisse zusammenfassend zu bewerten.[239] Die moderierte Kreativsitzung kann als klassische Form der Kreativ-Gruppe gelten. Mögliche Besonderheiten wie die Kleingruppenarbeit oder der von der GfK vorgeschlagene Einsatz von zwei Moderatoren[240] machen lediglich die Flexibilität der Kreativ-Gruppe als Methode deutlich.[241]

Eine Variante der gelenkten Kreativ-Gruppe schlagen *Fuller* (1984) und *Schlackman* (1984) vor: das Sensitivity-Panel. Hierbei wird eine zeitlich begrenzte Diskussionsrunde gebildet, die sich in regelmäßigen Abständen trifft. In Abgrenzung zur kumulativen Gruppendiskussion (verschiedene Gruppen zum gleichen Thema) wird hier

---

234) Siehe z.B. Bolliger/Schaer (1985), S. 45.
235) Vgl. hierzu und im folgenden den unveröffentlichten Informationsdruck der GfK (o.J.).
236) Vgl. GfK (o.J.), S. 9 ff. und S. 15.
237) Siehe GfK (o.J.), S. 12.
238) Vgl. GfK (o.J.), S. 13 f. und zu den projektiven Techniken auch Kap. 3.3.
239) Siehe GfK (o.J.), S. 16.
240) Vgl. GfK (o.J.), S. 7 f.
241) Die GfK selbst weist in ihrem Informationsdruck darauf hin, daß der konkrete Ablauf der Sitzung von dem vorliegenden Untersuchungsproblem abhängt. Siehe GfK (o.J.), S. 3.

also dieselbe Gruppe von AP zu wechselnden Themen befragt.[242] Die Grundidee dieser Methode basiert auf zwei Überlegungen:

Ein großes Problem einmaliger Gruppenerhebungen liegt darin, daß die Teilnehmer sich im Normalfall nicht kennen und erst einmal gewisse *Hemmungen* vor der Gruppe verlieren müssen bzw. ihre Position in der Gruppe ausloten. Dagegen hat eine Gruppe, die sich mehrmals trifft, diese Prozesse nach der ersten Sitzung bereits vollzogen und ein gewisses Vertrauensverhältnis aufgebaut. Dadurch kann sie sich in den folgenden Sitzungen intensiver mit dem eigentlichen Untersuchungsproblem auseinandersetzen.[243]

Die zweite Überlegung betrifft die oft *mangelnde Übung* der Diskussionsteilnehmer, sich an einer solchen Runde konstruktiv zu beteiligen. Bei einer Gruppe, die mehrmals zusammenkommt, besteht dabei die Möglichkeit, mit den AP verschiedene Diskussions- und Kommunikationstechniken wie z.B. Brainstorming, Assoziationstechniken, Grundzüge der Analogiebildung oder auch projektive Techniken wie Psychodrawing oder das Rollenspiel einzuüben.[244] Der Ablauf der Sitzungen entspricht somit weitestgehend der oben beschriebenen moderierten Kreativsitzung. Allerdings existiert durch das mehrmalige Treffen ein großer Vorteil: Das zeitaufwendige Einüben der Kreativitätstechniken und der anderen Diskussionshilfen wird auf das erste Treffen verlegt. Das Wissen der so geschulten Teilnehmer kann daraufhin für mehrere unterschiedliche Themen genutzt werden. Die dabei aufgebaute Vertrauensbasis fördert zusätzlich ein schnelles und ergebnisorientiertes Arbeiten.[245] Insgesamt werden die Teilnehmer somit stärker für das eigentliche Untersuchungsthema "sensibilisiert".[246]

Den Vorteilen einer solchen festen Gruppe stehen allerdings auch einige Nachteile gegenüber: Die Bildung einer solchen Gruppe setzt zunächst einmal eine entsprechend große *Teilnahmebereitschaft* der AP voraus und ist mit einem relativ *hohen organisatorischen Aufwand* verbunden. Darüber hinaus ist ja nicht gewährleistet, daß das "Panel" die jeweils anvisierte *Zielgruppe* enthält und somit für alle oder doch die

242) Damit wird auch der Bezug zum Panel deutlich: Ein Panel zeichnet sich dadurch aus, daß eine ausgesuchte Personengruppe mehrfach und in regelmäßigen Abständen, nicht aber unbedingt dauerhaft, zu bestimmten Sachverhalten befragt wird. Vgl. zur Panelerhebung z.B. Nieschlag/Dichtl/Hörschgen (1991), S. 730 ff. Eine ähnliche Form der Gruppenerhebung schlagen Holmes/Keegan (1983), S. 94 f., mit dem sog. "creativity panel" vor.

243) Siehe Schlackman (1984), S. 192 ff.

244) Vgl. Schlackman (1984), S. 194 f.

245) Siehe Holmes/Keegan (1983), S. 94.

246) Zum konkreten Aufbau eines sensitivity panels siehe ausführlich Fuller (1984), S. 210 f.

meisten Untersuchungsthemen, die in einer Periode anfallen, sinnvoll einzusetzen ist. Die Nutzungsmöglichkeiten solcher Sensitivity-Panels sind dementsprechend eingeschränkt.

Eine weitere Variante der gelenkten Kreativ-Gruppe liegt mit der sog. "brainstorming group" vor. Diese Form der Gruppenerhebung zielt explizit auf die *Generierung von Neuproduktideen* ab.[247] Dazu werden zunächst aus der Gruppe potentieller Teilnehmer diejenigen ausgewählt, die aufgrund der Ergebnisse einer zuvor gestellten "kreativitätstestenden" Frage ein wahrscheinlich hohes Kreativitätspotential aufweisen. Danach wird der gesamten Gruppe (im vorliegenden Beispiel sind es 9 Personen) zunächst das Untersuchungsproblem geschildert. Danach wird die Gruppe in Untergruppen aufgeteilt, die nun im Hinblick auf bestimmte Neuproduktideen kreativ tätig werden sollen. Den Abschluß bildet die Präsentation und Bewertung im Rahmen der gesamten Gruppe.[248]

3.2.4.1.3 Zur Beurteilung von gelenkten Kreativ-Gruppen

Der Begriff der "gelenkten Kreativ-Gruppe" scheint v.a. deshalb angemessen, weil durch die Einübung der oben beschriebenen Techniken auf typische Kennzeichen der Gruppendiskussion bewußt verzichtet wird. So findet durch den gezielten Einsatz der Kreativitätstechniken *keine alltagsnahe Gesprächssituation* mit dem ihr eigenen spontanen Verlauf mehr statt. Dieser Vorteil wird zugunsten einer stärker problemorientiert ausgerichteten Diskussion aufgegeben.

Dadurch ist allerdings auch die Erfassung von *Prozessen der Meinungsbildung und Meinungsbeeinflussung*, die in der ursprünglichen Gruppendiskussion das Ergebnis der natürlichen Gesprächssituation darstellen, weitgehend unmöglich gemacht. Zusätzlich kann die Konzentration auf diskussionsleitende Techniken ein *verändertes Selbstverständnis* der Teilnehmer bewirken. So werden die Teilnehmer aus ihrer "normalen" Konsumenten- bzw. Käuferrolle herausgenommen und in die Position eines Kritikers mit Expertenwissen versetzt. Diese Distanz kann wahre und reale subjektive Entscheidungs- und Handlungsstrukturen überdecken.

Insgesamt eignen sich solche gelenkten Kreativ-Gruppen demnach nicht für all jene Einsatzgebiete, die der oben beschriebenen Gruppendiskussion zugerechnet wurden,

247) Vgl. Sampson (1970), S. 43 und S. 45.
248) Vgl. ausführlich Sampson (1970), S. 43 ff.

sondern nur für ganz ausgewählte Untersuchungsprobleme. So kann diese Form der Gruppenerhebung sicherlich wichtige Beiträge für die Ideengenerierung, die Generierung von Problemlösungen und die Alternativensuche leisten. Auch zu Prognosezwecken sind bestimmte Kreativ-Gruppen denkbar. Erkenntnisse zur Analyse von Einstellungen, Aufdeckung von Motivations- und Handlungsstrukturen etc. müssen aus den oben genannten Gründen eher fragwürdig bleiben.

3.2.4.2 Die Delphi-Befragung

Die Delphi-Befragung ist methodisch gesehen eine Mischung aus anonymisierter Gruppenbefragung und standardisierter Einzelbefragung. Sie wurde in den 50er Jahren von *Dalkey/Helmer*[249] zu Prognosezwecken im technologischen Bereich entwickelt.[250]

Für eine Delphi-Befragung wird zunächst eine Gruppe von Experten zusammengestellt.[251] Diese werden schriftlich um ihre jeweils individuelle Einschätzung eines Sachverhalts gebeten. Der Einzelne bleibt hierbei dem Rest der Gruppe unbekannt, um mögliche Beeinflussungen durch die Gruppe zu verhindern.[252] Die Versendung der Fragebögen trägt dabei v.a. dem Problem der eher schlechten Erreichbarkeit von Experten Rechnung.[253] Bei der anschließenden Auswertung aller Meinungen werden die Vertreter besonders extremer Ansichten zu einer erläuternden Stellungnahme aufgefordert.

Alle abgegebenen Einschätzungen sowie die erläuternden Stellungnahmen werden anschließend der gesamten Gruppe bekannt gemacht. Aufgrund der hierdurch erhaltenen zusätzlichen Informationen soll die eigene Meinung nochmals überdacht und ggf. korrigiert werden. Es wird um eine weitere schriftliche Antwort gebeten, mit der wie oben beschrieben verfahren wird. Ziel ist es, bei den Experten nach mehreren Befragungsrunden aufgrund der gegebenen Zusatzinformationen und durch die Erzielung gewisser Lernprozesse eine *Kongruenz* ihrer Einschätzungen dahingehend herbeizuführen, daß sich eine möglichst stabile Gruppenmeinung herausbildet.[254]

249) Vgl. Dalkey/Helmer (1963).
250) Siehe Götze (1991), S. 72 f. sowie Hüttner (1986), S. 220.
251) Neben Experten können jedoch auch besonders interessierte Verbraucher an Delphibefragungen beteiligt werden. Vgl. hierzu auch Hüttner (1986), S. 222.
252) In der sog. "Delphi-Kurzform Typ I" wird die gesamte Kommunikation aus Zeitgründen telephonisch abgewickelt. Vgl. hierzu Umminger (1990), S. 96.
253) Siehe auch Götze (1991), S. 250 bzw. Unger (1989), S. 37.
254) Vgl. hierzu z.B. Götze (1991), S. 243; Umminger (1990), S. 82 ff.; Hüttner (1986), S. 220.

Diese kurze Skizzierung der Methode macht bereits deutlich, daß die Delphi-Befragung nur noch einige wenige Elemente einer *qualitativen* Methode im Sinne dieser Arbeit beinhaltet. Methodisch lehnt sie sich zum Teil an die Gruppendiskussion an: Die gruppendynamischen Prozesse zur Bildung eines Gruppenkonsenses werden insofern genutzt, als daß anonymisierte Informationen über die Meinung der anderen Experten zur eigenen Meinungsbildung herangezogen werden.[255] Der, allerdings nur indirekte, Austausch von Meinungen zum Thema fließt also in das Ergebnis mit ein. Ausgeklammert werden sollen jedoch alle sozio-psychologischen Gruppeneffekte, die zu Meinungsänderungen führen könnten. Hierzu zählen bspw. die bereits beschriebenen Rollenkonflikte der Diskussionsteilnehmer oder auch ein evtl. Konkurrenzdenken zwischen den Teilnehmern.[256] Zusätzlich ist es von Bedeutung, daß die Meinung aller Experten mit gleicher Gewichtung in die Untersuchung eingehen kann.[257]

Anders als in der freien Gruppendiskussion zielt die Delphi-Befragung also auf eine lediglich durch "neutralen" Informationsaustausch entstandene Gruppenmeinung ab und stellt somit weniger individual- oder sozialpsychologische Aspekte, sondern vielmehr *Wissens- und Erfahrungstatsachen* in den Mittelpunkt. Begründet wird dies mit der Erkenntnis, daß ein Delphi-Gruppenurteil üblicherweise einem Prognosewert näher kommt als der Durchschnitt mehrerer Einzelurteile oder das Urteil von Brainstorming-Gruppen.[258] Der qualitativen Forderung nach Offenheit und Kommunikativität widerspricht natürlich die Verwendung standardisierter Fragebögen bei der Einzelbefragung.

In der ursprünglichen Form der Delphi-Befragung, die sich fast ausschließlich auf eine zahlenmäßige Angabe bzw. Einschätzung von Wahrscheinlichkeiten oder auch Eintrittszeitpunkten bestimmter Ereignisse beschränkt, ist eine Auswertung der Ergebnisse mit Hilfe der statistischen Analyse durchaus üblich.[259]: So werden bspw. auf Basis der abgegebenen Expertenmeinungen statistische Reihen gebildet, um Aussagen über den Median und die Quartilsspanne der entsprechenden Werte treffen zu

255) Vgl. Unger (1989), S. 37.
256) Siehe Götze (1991), S. 239 f.
257) Vgl. Götze (1991), S. 249.
258) Vgl. Umminger (1990), S. 91 und ausführlich hierzu auch Köhler (1978), S. 53 ff.
259) Vgl. Götze (1991), S. 246 f.

können.[260] Diese geben dann Aufschluß darüber, welche Urteile als "extrem" eingestuft werden und einer näheren Begründung durch den Verfasser bedürfen.[261]

Diese sehr formalisierte Art der Auswertung, die eher ergebnisorientierte Beschränkung der Befragungsinhalte auf ganz eng abgegrenzte Antworten sowie deren Reduktion auf numerische Größen entfernen sich offensichtlich von den Ansprüchen qualitativer Marktforschung. Obwohl sich die Delphi-Befragung also einerseits zwar der *meinungsbildenden* und *meinungsbeeinflussenden* Prozesse der Gruppendiskussion bedient, soll auf der anderen Seite eine möglichst große *Standardisierbarkeit* und *Vergleichbarkeit* der Ergebnisse erzielt werden.[262] Genau genommen handelt es sich bei der klassischen Form der Delphi-Befragung also weniger um ein qualitatives Befragungsverfahren, sondern vielmehr um eine schon stärker formalisierte Expertenbefragung mit "leichtem" Gruppendiskussionscharakter.[263] Insofern kann diese Methode als typischer Fall der gelenkten Gruppenerhebung mit nur schwacher Anlehnung an den qualitativen Forschungsansatz bezeichnet werden.

Mittlerweile sind jedoch verschiedene Varianten der klassischen Delphi-Befragung entwickelt worden, die sich verstärkt auch qualitativen Zielen annähern.[264] Im folgenden sollen einige dieser Varianten vorgestellt werden, die sich von der ursprünglich vorgesehenen Formalisierung v.a. dadurch entfernen, daß der Befragungsprozeß deutlich offener gehandhabt und eine persönliche, direkte Diskussion zugelassen wird:

So arbeitet das sog. Ideen-Delphi organisatorisch wie oben beschrieben, jedoch nicht mit standardisierten Fragebögen und vorgegebenen Antwortalternativen, sondern mit der Aufforderung, zu der vorgegebenen Problemstellung Lösungsvorschläge frei zu formulieren. In den folgenden Befragungsrunden soll nach der Präsentation aller

---

260) Siehe Umminger (1990), S. 86 f.; Götze (1991), S. 244.

261) Als erklärungsbedürftig gelten gemeinhin das obere und untere Quartil, während der Quartilabstand als das Ausmaß der Übereinstimmung zwischen den Befragten verstanden werden kann. Vgl. Hüttner (1986), S. 221.

262) Vgl. zur Bedeutung der Ziele "Standardisierung" und "Vergleichbarkeit" für die qualitative Marktforschung auch Kap. 5.

263) Siehe auch Hüttner (1986), S. 220. Problematisch hierbei ist allerdings die Tatsache, daß die Delphi-Befragung in der Literatur als qualitatives Prognoseverfahren gilt. Auf diese begriffliche Problematik soll allerdings in Kap. 4.2 noch näher eingegangen werden.

264) Siehe zu verschiedenen Verfahrensmodifikationen der Delphi-Befragung auch Umminger (1990), S. 97 ff.

Vorschläge die individuelle Meinung überdacht und so jeder Einzelne zu weiteren Verbesserungen angeregt werden.[265]

Demgegenüber besteht das sog. Mini-Delphi aus einer individuellen Befragung, anschließender Gruppendiskussion und abschließender Einzelbefragung. Es ähnelt im Ablauf damit der weiter oben angesprochenen kombinierten Gruppendiskussion nach *Salcher*.[266] Hier wird, zumindest in einer Phase, die direkte Diskussion wieder zugelassen.

Eine weitere Variante stellt die Delphi-Conference dar, die die gesamte Kommunikation über einen zentralen Computer koordiniert, auf den alle Teilnehmer jederzeit Zugriff haben. So ist zwar ein anonymisierter, jedoch flexiblerer (und zeitsparender) Meinungsaustausch möglich.[267] Diese Beispiele mögen genügen, um das "qualitative Potential" der Delphi-Methode aufzuzeigen, das durch gewisse Modifikationen erreicht werden kann.

Damit sind die Ausführungen zur Gruppendiskussion und (ergänzend dazu) zur gelenkten Gruppenerhebung abgeschlossen. Auch an dieser Stelle soll das Kontinuum quantitativer und qualitativer Forschung dazu herangezogen werden, die oben begonnene Einordnung qualitativer Methoden nach dem Grad ihrer qualitativen Orientierung um die hinzugekommenen Methoden der Gruppendiskussion und der Gruppenerhebung zu ergänzen. Während hierbei die Gruppendiskussion ein im Sinne qualitativer Zielsetzung günstig zu beurteilendes Verfahren darstellt, gelten für die gelenkte Kreativgruppe und die Delphi-Befragung die oben gemachten Einschränkungen (vgl. Abb. 14).

265) Vgl. zum Ideen-Delphi Schlicksupp (1977), S. 220 f. Das Ideen-Delphi rückt damit in die Nähe der kreativen Gruppenerhebung. Vgl. Umminger (1990), S. 56 f.

266) Vgl. auch Salcher (1978), S. 62 ff.

267) Siehe Linstone/Turoff (1975), S. 5 sowie Umminger (1990), S. 99.

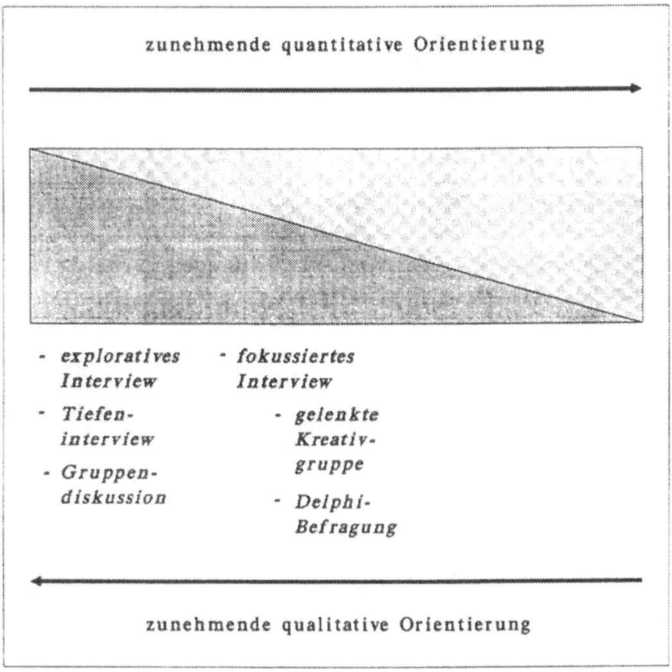

Abb. 14: Qualitative Erhebungsmethoden im Kontinuum quantitativer und qualitativer Forschung (Teil II)

Es folgt nun die Betrachtung einer dritten qualitativen Erhebungsmethode, die der indirekten Befragung mittels projektiver und assoziativer Techniken.

3.3 Die indirekte Befragung mit Hilfe projektiver und assoziativer Verfahren

Eine weitere Form der qualitativen Befragung sind projektive und assoziative Verfahren.[268] Sie stellen beide Möglichkeiten der indirekten Befragung dar, d.h. einer Präsentation der interessierenden Fragen derart, daß der zu erfragende Sachverhalt durch eine entsprechend geschickte Fragestellung "auf Umwegen" ermittelt werden kann.[269] Diese Form der Befragung ist entwickelt worden, um den Wahrheitsgehalt von Antworten zu steigern. Insbesondere bei tabuisierten, gesellschaftlich einseitig

268) In der Literatur werden diese Verfahren als projektive und assoziative *Techniken* oder auch *Methoden* bezeichnet. Diese Begriffe werden im folgenden als Synonyme aufgefaßt.

269) Siehe Böhler (1992), S. 80; Hüttner (1989), S. 57 f.

besetzten, aus persönlichen Gründen problematischen oder sonstigen "kritischen" Themen und Inhalten sind die Grenzen direkter Befragung schnell erkennbar. Dies gilt ebenfalls für nur schwer verbalisierbare Sachverhalte.[270)]

Die indirekte Befragung nähert sich dem interessierenden Untersuchungsproblem mittels ablenkender Fragestellungen und z.T. mit größerem Spielraum bei den Antworten, der auch tendenzielle Aussagen zuläßt.[271)] Der wahre Zweck der Fragen soll für die AP nicht oder nur schwer durchschaubar sein.[272)] Die indirekte Befragung kann sowohl in der qualitativen als auch der quantitativen Marktforschung eingesetzt werden, es existieren hier stärker und weniger stark strukturierte Ansätze.[273)] Im Rahmen quantitativer Marktforschung handelt es sich dabei v.a. um standardisierte psychologische Meßverfahren (z.B. der Einstellungsmessung).[274)] Der qualitativen Marktforschung werden dagegen die sog. "psychologischen Tests" und hier v.a. die projektiven und assoziativen Verfahren zugeordnet.[275)] Nur diese werden denn auch im weiteren näher betrachtet.

In der Literatur werden sowohl *projektive* als auch *assoziative Verfahren* häufig unter dem Begriff der projektiven Methoden zusammengefaßt.[276)] Hierbei ist jedoch zu bedenken, daß die Projektion und die Assoziation zwei unterschiedlichen psychologischen Funktionsmechanismen folgen. Während bei der Projektion dadurch, daß die Person innere Vorgänge auf äußere Projektionssubjekte und -objekte übertragen kann, psychische Kontrollprozesse umgangen werden, handelt es sich bei der Assoziation um die Verknüpfung mehrerer psychischer Gedächtnis- und Gefühlsinhalte, die beim Abruf des einen Verbindungselementes auch die psychische Aktivierung bzw. Bewußtwerdung der jeweils dazugehörigen Elemente auslöst.[277)] Aus diesem Grund erscheint es eher verwirrend und deshalb nur wenig sinnvoll, beide Ansätze

270) Vgl. Böhler (1992), S. 81; Hammann/Erichson (1990), S. 78 f.
271) Siehe Hammann/Erichson (1990), S. 78 f.
272) Vgl. Selltiz/Wrightsman/Cook (1981), S. 229.
273) Vgl. Hammann/Erichson (1990), S. 79 f. sowie Selltiz/Wrightsman/Cook (1981), S. 230 ff.
274) Siehe die Beispiele bei Peter (1991), S. 209 f. und Hammann/Erichson (1990), S. 80; Vgl. auch Selltiz/Wrightsman/Cook (1981), S. 241 ff.
275) Siehe z.B. Hüttner (1989), S. 57 ff.; Böhler (1992), S. 81 ff.; Hammann/Erichson (1990), S. 81 ff. Da es durchaus eine Reihe vollstrukturierter und standardisierter indirekter Fragetechniken und Tests gibt, ist eine Austauschbarkeit der Begriffe "indirekte Methoden" und "projektive Methoden", wie sie z.B. von Unger (1989), S. 43 vorgenommen wird, nicht gegeben.
276) So z.B. bei Böhler (1992), S. 81; McDaniel/Gates (1991), S. 190 f.; Berekoven/Eckert/Ellenrieder (1993), S. 189 f.; Hammann/Erichson (1990), S. 81 f.; Hüttner (1989), S. 61; Gordon/Langmaid (1988), S. 95 f.; Seymour (1988a), S. 183; Churchill (1988), S. 212.
277) Vgl. Salcher (1978), S. 74.

unter dem Begriff der projektiven Technik gemeinsam abzuhandeln. Projektive und assoziative Verfahren sollen denn im folgenden auch getrennt besprochen werden.[278)]

Problematisch erscheint weiterhin auch die Zuordnung der sog. Ordnungstechniken zu den projektiven Techniken im Rahmen der *qualitativen* Marktforschung.[279)] Hiermit sind alle die Verfahren angesprochen, bei denen die AP gewisse Zuordnungen von bspw. verbalen oder bildlichen Stimuli zu den zu erklärenden Objekten, z.B. zu einem Produkt oder typischen Produktverwender, vornehmen soll.[280)] Wichtig ist, daß es sich dabei um vorgefertigte und damit festgelegte Wahlalternativen handelt, für die sich die AP entscheiden kann.[281)] Die Art der Zuordnung und deren Bedeutung beinhaltet zwar projektive (und auch assoziative) Elemente, die Ordnungstechniken selber lassen sich jedoch aufgrund der festgelegten Antwortvorgaben und des (erklärten) Bemühens um Standardisierung und Vergleichbarkeit nur schwer der qualitativen Marktforschung im Sinne dieser Arbeit zurechnen.[282)] Da jedoch qualitative Elemente zumindest im Ansatz erkennbar sind und Ordnungstechniken somit als Grenzfall qualitativer Methoden bezeichnet werden könnten, sollen sie (insbesondere unter diesem Aspekt) am Schluß dieses Kapitels kurz erläutert werden.

3.3.1 Projektive Verfahren

3.3.1.1 Wesentliche Merkmale projektiver Verfahren

Projektive Verfahren gelten gemeinhin als eine Form der indirekten Befragung mit einem testähnlichen Charakter.[283)] Ursprünglich im Rahmen der klinischen Psycho-

278) Eine ähnliche Trennung nehmen Schub von Bossiazky (1992), S. 101 ff. und Meffert (1992), S. 230 ff. vor.

279) Vgl. Gordon/Langmaid (1988), S. 95 und S. 111 f. Die Einordnung der "choice or ordering techniques" zu den projektiven Verfahren geht v.a. auf Lindzey (1959), S. 164 zurück.

280) Vgl. hierzu Peter (1991), S. 209 sowie Schub von Bossiazky (1992), S. 110.

281) Siehe hierzu die Beispiele bei Schub von Bossiazky (1992), S. 111, S. 112 und S. 114.

282) Vgl. zur Trennung von projektiven Verfahren und Zuordnungsverfahren auch Schub von Bossiazky (1992), S. 101.

283) Siehe Zentes (1992), S. 355 f. In der Literatur werden projektive Verfahren deshalb häufig als "psychologischer Test" bezeichnet. Vgl. z.B. Meffert (1992), S. 230-232. Dies erscheint insofern irreführend, als unter einem Test vorwiegend Untersuchungsformen der quantitativen Marktforschung verstanden werden, verbunden mit den entsprechenden quantitativen Anforderungen und dem Ziel, quantitative Aussagen treffen zu können. Siehe hierzu Gordon/Langmaid (1988), S. 93. Vgl. zur Kennzeichnung und zu den Gütekriterien eines Testes Lienert (1969), S. 7 und S. 12 ff.

logie (v.a. von *Freud*) entwickelt, erlangten sie über die allgemeine psychologische Persönlichkeitsforschung in modifizierter und angepaßter Form auch in der psychologischen Marktforschung Bedeutung.[284]

Projektive Verfahren arbeiten im allgemeinen mit der Präsentation mehrdeutiger, nicht fest umgrenzter Stimuli oder neuartiger bzw. ungewohnter Aufgaben, deren Bedeutung für die AP nicht unmittelbar einsichtig ist. Durch geschickte Fragen- oder Aufgabenstellung soll sich die AP zu einem Themenbereich äußern, ohne das Gefühl zu haben, hierzu selbst befragt worden zu sein bzw. eigene Gedanken oder Meinungen geäußert zu haben.[285]

Um das zu erreichen, bedienen sich diese Verfahren des Mechanismus der Projektion, die (ähnlich wie das Streben nach Rationalisierung oder Verdrängung) einen Abwehrmechanismus des "Ego" gegen mögliche Bedrohungen, Dissonanzen etc. darstellt.[286] "Die projektiven Verfahren bauen auf dem menschlichen Verhaltensmechanismus auf, eigene, unangenehme und widerspruchsvolle Regungen oder affektgeladene, innere Wahrnehmungen nach außen bzw. auf andere Personen zu verlagern (zu projizieren)."[287] Durch die Mehrdeutigkeit der Stimuli werden die AP also über den Zweck der Untersuchung im Unklaren gelassen und zugleich zur Projektion angeregt. Indem die subjektive Verantwortlichkeit der AP so umgangen und einer rationalen Kontrolle weitestgehend entzogen wird, können psychische Inhalte wie Einstellungen, Meinungen, Vorurteile, Erwartungen, Denk- und Handlungsschemata durch die Externalisierung auf entsprechende Projektionsträger erfaßt werden.[288]

Um diesen Effekt herbeizuführen, muß den AP ein entsprechendes *Reizmaterial* vorgelegt werden, auf das sie in oben beschriebener Weise reagieren sollen. Die Beschaffenheit dieses Reizmaterials ist dabei von großer Bedeutung: Zum einen ist es durch eine gewisse Unbestimmtheit gekennzeichnet.[289] Die Beschreibung unklarer Situationen oder die Lösung nur vage gestellter Aufgaben erfordern eine selbständige Interpretationsleistung der AP. Dies ist jedoch nur auf Basis eigener Erfahrungen, Einstellungen und Werte möglich. Die AP können die mehrdeutigen Stimuli somit nur aufgrund ihres individuellen Denkschemas strukturieren und interpretieren. Das

---

284) Vgl. Zentes (1992), S. 355 f.; Seymour (1988a), S. 180 ff.; Salcher (1978), S. 65-68.
285) Vgl. Meffert (1992), S. 230 f.; McDaniel/Gates (1991), S. 190; Hüttner (1989), S. 58.
286) Siehe Kassarjian (1974), S. 3-86.
287) Meffert (1992), S. 230.
288) Vgl. Bellenger/Bernhardt/Goldstucker (1976), S. 34.
289) Vgl. auch Semeonoff (1973), S. 95 f.

führt (im Idealfall) dazu, daß dem Stimulus, ob Person, Objekt oder Situation, eigene subjektive Dispositionen zugeschrieben werden.[290] Neben dieser Unbestimmtheit enthält das Reizmaterial zum anderen in den meisten Fällen eine neuartige, ungewohnte bzw. spielerische Komponente. Damit wird eine gewisse Motivierung und zugleich Ablenkung der AP bezweckt, so daß psychische Kontrollprozesse und Rationalisierungen besser umgangen werden können.[291]

Inwieweit die projektiven Verfahren der qualitativen Marktforschung zugerechnet werden können, soll nun anhand der qualitativen Merkmale der *Offenheit*, *Kommunikativität* und *Typisierung* verdeutlicht werden.

Projektive Methoden streben nach dem Merkmal der Offenheit dadurch, daß sie (in allerdings unterschiedlicher Intensität) den AP in ihrer Reaktion auf die präsentierten Stimuli bzw. der Lösung der gestellten Aufgaben recht große Freiheitsgrade lassen. Jede AP hat die Möglichkeit, sich gemäß ihren eigenen Fähigkeiten und Wünschen zu äußern.[292] Die offene Frage und die Stimulierung ausführlicher Antworten herrschen vor. Dadurch, daß der Zweck der Befragung nicht ersichtlich wird, soll die Wiedergabe stereotyper oder sozial erwünschter Antworten verhindert werden. Die Mehrdeutigkeit der Stimuli schließt auch die Existenz "richtiger" oder "falscher" Antworten aus.[293] Die Fragen und Vorgaben bleiben dabei nach Möglichkeit offen genug, um eine Antwortvielfalt zu produzieren und somit die ganze Bandbreite potentiell relevanter Informationen zuzulassen.[294] Der suchende Charakter projektiver Methoden wird hier besonders deutlich. Die Aufzeichnung der Reaktionen erfolgt umfassend und in vielfältiger Weise: Es werden verbale, nonverbale und zeichnerische Reaktionen erfaßt. Zudem sind diese Verfahren flexibel genug, um neue Erkenntnisse in die Untersuchung miteinfließen zu lassen und, je nach Untersuchungsproblem, entsprechend variiert werden zu können.

Auch dem Prinzip der Kommunikativität werden projektive Verfahren gerecht. Die großen Freiheitsgrade, die den AP in ihrer Reaktion zugestanden werden, schränken sie in ihrem Artikulationsvermögen nur wenig ein. Es wird bewußt auf die befragerzentrierte, asymmetrische Kommunikationssituation standardisierter Interviews verzichtet. Neben der verbalen Beantwortung von offenen Fragen wurden zusätzliche Verfahren und Techniken entwickelt bzw. in die Marktforschung übertragen, die es

290) Siehe McDaniel/Gates (1991), S. 190; Nieschlag/Dichtl/Hörschgen (1991), S. 705.
291) Vgl. Branthwaite/Lunn (1985), S. 102 f. sowie McDaniel/Gates (1991), S. 190.
292) Vgl. Seymour (1988a), S. 179.
293) Siehe Lindzey (1961), S. 45.
294) Vgl. Seymour (1988a), S. 178 f.

der AP bei nur schwer verbalisierbaren Sachverhalten ermöglichen sollen, sich auf z.B. zeichnerische, gestalterische oder schauspielerische Art und Weise auszudrücken.[295] Anders als beim Einzelinterview oder bei der Gruppendiskussion wird die Kommunikation bei den projektiven Verfahren weniger durch das Streben nach einer möglichst natürlichen Gesprächssituation geprägt, sondern vielmehr der Versuch gemacht, durch neuartige und spielerische Elemente von der Künstlichkeit der Befragung abzulenken und so gesprächshemmende Einflüsse abzubauen. Die durch projektive Verfahren erhobenen Informationen müssen i.d.R. durch einen psychologisch geschulten Mitarbeiter ausgewertet und interpretiert werden. Da Antwortmöglichkeiten praktisch nicht vorgegeben werden, die Antwortvielfalt also recht groß ist und zudem die von den AP vorgenommenen Projektionen erkannt und richtig gedeutet werden müssen, erfordert die Auswertung der Informationen entsprechende Fachkenntnisse.[296]

Bestimmt durch die Art der vorliegenden Daten wird in den meisten Fällen projektiver Erhebungen eine typisierende Analyse angestrebt. So kommt es bei der Interpretation der vorliegenden Daten insbesondere auf die Identifikation sich wiederholender Elemente und deren Interpretation an.[297] Hilfestellung kann hier die qualitative Inhaltsanalyse bieten.[298]

Es kann festgehalten werden, daß projektive Verfahren (in der hier vorgenommenen Einschränkung) offensichtlich den qualitativen Methoden zugerechnet werden können. Es folgt nun eine kurze Charakterisierung der wichtigsten Verfahren und Techniken.

3.3.1.2 Formen projektiver Verfahren

Es existiert eine Vielzahl projektiver Verfahren, die z.T. auf ganz unterschiedliche Art und Weise den oben beschriebenen Vorgang der Projektion herbeiführen möchten. Dabei ist es möglich, die Verfahren nach bestimmten charakteristischen Merkmalen in verschiedene Gruppen zusammenzufassen.[299] Aufgrund z.T. unumgänglicher Überschneidungen wird diese Einteilung in der Literatur jedoch nicht einheitlich vorgenommen.[300] Manche Autoren verzichten deshalb ganz auf eine solche zusätz-

---

295) Siehe Gordon/Langmaid (1988), S. 106; Kerlinger (1973), S. 518.
296) Vgl. Hammann/Erichson (1990), S. 81; Salcher (1978), S. 68.
297) Siehe auch Tull/Hawkins (1990), S. 409.
298) Vgl. hierzu Kap. 3.1.
299) So z.B. Seymour (1988a), S. 183 ff. sowie Gordon/Langmaid (1988), S. 95.
300) Auf einige Überschneidungen wird in den folgenden Abschnitten hingewiesen.

liche Abgrenzung zugunsten einer beispielhaften Aufzählung der wichtigsten Verfahren.[301)]

Allerdings können mit Hilfe einer solchen zu entwickelnden Systematik Unterschiede und Gemeinsamkeiten sowie methodische Entwicklungen einzelner Verfahren übersichtlicher dargestellt werden, so daß aus diesem Grund im folgenden *Ergänzungs-*, *Konstruktions-* und *expressive* Verfahren unterschieden werden sollen. Diese Reihenfolge deutet gleichzeitig die methodische Weiterentwicklung projektiver Verfahren im Zeitablauf an.[302)]

3.3.1.2.1 Ergänzungsverfahren

Die Ergänzungstechniken stellen eine sehr frühe Form projektiver Verfahren dar, die sich auf die reine Ergänzung von vorgegebenen Textbestandteilen beschränkt, d.h. für die AP besteht die Aufgabe darin, Anfänge oder Teilstücke von Sätzen bzw. Geschichten zu vervollständigen.[303)]

Beim Satzergänzungs-Test werden hierfür Satzanfänge oder -teile präsentiert, die bereits in bestimmter Art und Weise auf das Untersuchungsobjekt abstellen (z.B. "Alle Leute, die Sportwagen besitzen, sind ...").[304)] Die AP wird dann zur Ergänzung dieser Aussage aufgefordert. Die Vorgabe eines unvollständigen Satzes soll bei der AP dabei den Eindruck erwecken, daß es hier um die Meinung eines Dritten und nicht um ihre eigene geht.[305)] Dieser Anspruch erscheint jedoch nicht unproblematisch. Zum einen sind einzelne Sätze bzw. Satzfragmente sowohl in bezug auf ihre inhaltliche Zielsetzung als auch in bezug auf ihren "ablenkenden" Charakter recht einfach zu durchschauen.[306)]

Aus diesem Grund sind denn auch etwas komplexere Techniken wie der *Geschichtenergänzungstest* und die *Ballonfrage* entwickelt worden.[307)] Zum anderen

---

301) So verfahren z.B. Schub von Bossiazky (1992), S. 103 ff., Nieschlag/Dichtl/Hörschgen (1991), S. 705 f.; Hammann/Erichson (1990), S. 81 ff.; Unger (1989), S. 43 f.

302) Vgl. zu dieser Einteilung auch Gordon/Langmaid (1988), S. 95 und Seymour (1988a), S. 183 ff.

303) Vgl. Hüttner (1989), S. 60.

304) Vgl. Nieschlag/Dichtl/Hörschgen (1991), S. 706.

305) Siehe Hüttner (1989), S. 60.

306) Ähnlich kritisch äußern sich hierzu bereits Allport (1965), S. 39 sowie Stephan (1961), S. 121.

307) Vgl. zum Geschichtenergänzungstest Tull/Hawkins (1990), S. 404. Zur Ballonfrage als methodische Weiterentwicklung des Satzergänzungstests siehe auch Hüttner (1989), S. 60 sowie Kap. 3.3.1.2.2 über die Konstruktionstechniken.

wird beim Satzergänzungs-Test häufig auf die Spontaneität der gegebenen Antwort abgehoben.[308] Damit wird jedoch weniger eine *Projektion*, als vielmehr eine *Assoziation* stimuliert.[309] Das wird noch dadurch unterstützt, daß oft nur ein einziges Wort einzufügen bleibt.[310] Zusammen mit den nur geringen Projektionsmöglichkeiten, die er bietet, rückt der Satzergänzungs-Test damit deutlich in die Nähe der Assoziationstechniken, die an späterer Stelle noch beschrieben werden.[311]

Der Ansatz der Ergänzung als Möglichkeit projektiver Verfahren findet im Geschichtenergänzungs-Test seine bessere Entsprechung. Hier wird der Beginn einer ganzen Geschichte vorgegeben, die dann von der AP beendet werden soll.[312] Diese Variante besitzt gegenüber der einfachen Satzergänzung den Vorteil, daß der AP mehr inhaltliche Gestaltungsmöglichkeiten offenstehen, der Zweck der Geschichte weniger durchschaubar ist und somit durch die Vervollständigung der Geschichte hier tatsächlich eigene Meinungen und Einstellungen hineinprojiziert werden können.[313] Durch diese Aufgabe, den Schluß einer Geschichte zu konstruieren, nähert sich der Geschichtenergänzungs-Test bzgl. seiner Anforderungen bereits den *Konstruktionstechniken*.[314]

Die Ergänzungstechniken gelten gemeinhin als sehr unproblematisch zu verwendende Verfahren.[315] Als projektive Methoden im Rahmen qualitativer Marktforschung sind sie jedoch eher kritisch zu beurteilen. Durch die Vorgabe von Satz- bzw. Geschichtenfragmenten besteht durchaus die Gefahr, daß sich die AP vorrangig darum bemühen, sich der gewählten sprachlichen Form anzupassen, da die Festlegung bestimmter Satzkonstruktionen auch eine entsprechende Berücksichtigung syntaktischer Regeln verlangt. Je nach Bildungs- und Wissensstand der AP können hier Konzentration und Unbefangenheit deutlich beeinträchtigt werden. Hinzu kommt, daß die Unvollständigkeit der Sätze bzw. Geschichten die Existenz angeblich "richtiger" oder "falscher" Antworten suggerieren kann. Insgesamt können die Ergänzungstechniken also eher als problematisch eingestuft werden, was ihren Einsatz als projektive Verfahren betrifft.

308) Vgl. z.B. Churchill (1988), S. 212.
309) Ähnliche Bedenken äußern auch Semeonoff (1973), S. 95 und Salcher (1978), S. 78.
310) Vgl. hierzu die Beispiele bei McDaniel/Gates (1991), S. 191 und auch Churchill (1988), S. 212.
311) Diese Einschätzung teilen z.B. auch Hammann/Erichson (1990), S. 82, Schub von Bossiazky (1992), S. 107 sowie McDaniel/Gates (1991), S. 191.
312) Siehe Salcher (1978), S. 73 oder auch Seymour (1988a), S. 190 f.
313) Vgl. Tull/Hawkins (1990), S. 404 sowie Seymour (1988a), S. 190 f.
314) Siehe Kap. 3.3.1.2.2.
315) Siehe zu dieser Auffassung auch McDaniel/Gates (1991), S. 191.

3.3.1.2.2 Konstruktionstechniken

Konstruktionstechniken gelten als klassische projektive Verfahren, die den AP größtmögliche Freiheiten bzgl. Inhalt, Wortwahl und Syntax bei ihren Beschreibungen lassen. Die Aufgabe besteht hier v.a. darin, um verschiedene verbale, zumeist jedoch bildliche Stimuli herum eine Aussage oder eine ganze Geschichte zu konstruieren.[316)] "The theory behind the technique is that when stories are constructed around ambiguous pictorial (narrative) stimuli, the individual organizes the material around his personal experiences, his hopes and aspirations, and his conscious and semiconscious need system."[317)] Dies erfordert denn auch entsprechend eigenständige und komplexe intellektuelle Aktivitäten der AP.[318)] Darüber hinaus setzen Konstruktionstechniken bei den AP auch ein gewisses Maß an Phantasie bzw. schöpferischer Kreativität für den Aufbau ihrer Geschichten voraus.[319)]

Als Formen von Konstruktionstechniken können die allgemeine Drittpersonentechnik (als Sammelbegriff für eine Reihe sich explizit auf dritte Personen beziehender Techniken), der Ballontest (oder auch Cartoon-Test) und der Bildererzähltest (in Anlehnung an den thematischen Apperzeptionstest) unterschieden werden.[320)]

3.3.1.2.2.1 Drittpersonentechnik

Als Drittpersonentechnik können all jene Techniken bezeichnet werden, die im weitesten Sinne eine Beschreibung oder Kennzeichnung Dritter vornehmen, ohne daß diese Personen als bildhafte Stimuli präsentiert werden.[321)]

Der Vorläufer solcher Techniken ist die sog. "projektive Frage", die eine Form der indirekten Fragestellung darstellt, bei der vorgeblich Auskünfte über die Meinung oder das Verhalten Dritter erfragt werden (Bsp.: "Zu welchen Anlässen, glauben Sie, trinkt Ihr Nachbar/trinken Ihre Arbeitskollegen ein Glas Sekt?"). Aus den Antworten soll dann auf die Einstellung der AP selbst geschlossen werden können.[322)] Allerdings sind auch projektive Fragen i.d.R. eher leicht zu durchschauen. Zudem

---

316) Vgl. Seymour (1988a), S. 187.
317) Kassarjian (1974), S. 3-92.
318) Siehe Gordon/Langmaid (1988), S. 101.
319) Vgl. Seymour (1988a), S. 187.
320) Vgl. hierzu auch Seymour (1988a), S. 187-189 sowie Gordon/Langmaid (1988), S. 101 ff.
321) Ähnlich auch Aaker/Day (1986), S. 128 und Tull/Hawkins (1990), S. 404.
322) Siehe hierzu z.B. Meffert (1992), S. 231, Salcher (1978), S. 68 und Zikmund (1989), S. 125.

bleibt es fraglich, ob eine Projektion überhaupt stattfinden konnte, oder ob die AP wahrheitsgetreu die Meinung einer bestimmten Personengruppe wiedergegeben hat. Während die projektive Frage als mögliche Art der Fragestellung im Rahmen eines teilweise oder vollstrukturierten Interviews sicherlich ihre Berechtigung findet, ist sie als eigenständige projektive Technik von eher untergeordneter Bedeutung.

Wichtiger sind in diesem Zusammenhang jedoch die Verfahren und Varianten zur Produktpersonifizierung und Analogienbildung. Hier geht es darum, das interessierende Objekt (meist Produkt oder Unternehmen) auf bestimmte Art und Weise mittels Analogien oder sonstiger Vergleiche näher zu umschreiben.[323] So kann die AP bspw. dazu aufgefordert werden, sich vorzustellen, das interessierende Produkt sei ein Tier/ein Gebäude/ein Getränk oder ein sonstiges Objekt.[324] Häufig wird in diesem Zusammenhang auch nach dem typischen Produktverwender gefragt.[325] Die gewählten Beispiele geben dabei Auskunft über grundsätzliche Einstellungsdispositionen der AP zum Untersuchungsobjekt, wobei insbesondere intuitive Bewertungen und nur schwer verbalisierbare Gesamteindrücke erfaßt werden können.

Eine recht bekannte Variante der Beschreibung des typischen Produktverwenders ist das Einkaufslistenverfahren. In der schon klassischen Untersuchung von *Haire* (1950) über die Einstellung von Hausfrauen zu Instantkaffee wurde zwei Gruppen von entsprechenden AP jeweils eine fiktive Einkaufsliste vorgelegt, die sich je Gruppe nur in einer Position unterschied: Einmal wurde Filterkaffee (Maxwell House), einmal Instantkaffee (Nescafé) gelistet. Die Hausfrauen beider Gruppen wurden darum gebeten, aufgrund dieser Liste die dahinterstehende Hausfrau zu charakterisieren. Im deutlichen Gegensatz zur (fiktiven) Käuferin von Filterkaffee wurde die Nescafé-Käuferin als faule, schlecht planende und verschwenderische Hausfrau beschrieben. Während in einer bereits vorher durchgeführten Untersuchung mittels direkter Fragen v.a. der Geschmack des Kaffees beanstandet wurde, war erst der Einkaufslistentest in der Lage, die vermutlich wahren Ursachen und Vorurteile gegenüber Instantkaffee (als Fertigprodukt) aufzudecken.[326]

Der *Vorteil* des Einkaufslistenverfahrens liegt v.a. in seiner recht großen Flexibilität, da es für verschiedenste Produkte zu verwenden ist. Das Prinzip der indirekten Ermittlung von z.B. Produkt- oder Unternehmensimages über die Beschreibung des ty-

323) Siehe hierzu ausführlich Gordon/Langmaid (1988), S. 97.
324) Vgl. Branthwaite/Lunn (1985), S. 111 f.
325) Vgl. Meffert (1992), S. 231.
326) Siehe zu den Einzelheiten dieser Untersuchung Haire (1950).

pischen Produktverwenders wurde schließlich auf eine Vielzahl unterschiedlichster Listen übertragen: So sind neben einer Einkaufsliste grundsätzlich alle Aufzählungen von Produkten, Besitztümern oder Interessen einer fiktiven Person geeignet, um aus einer daraus folgenden Beschreibung des dahinterstehenden "Besitzers" oder "Verwenders" Erkenntnisse über z.B. Images zu gewinnen.[327)]

Die *Drittpersonentechniken* weisen (bis auf die projektive Frage) insgesamt ein deutliches Projektionspotential auf und lassen den AP genügend Freiheiten, sich ihrer individuellen kommunikativen Fähigkeiten gemäß auszudrücken. Zugleich sind sie offen und flexibel genug, um sich verschiedenen Untersuchungsinhalten anpassen zu lassen. Da ihnen, allerdings vom Standpunkt quantitativer Forschungslogik her, Unzulänglichkeiten v.a. hinsichtlich des Untersuchungsaufbaus und der Verwendung offener Fragen vorgeworfen wurden, sind entsprechende Varianten entwickelt worden, die offensichtlich nicht mehr qualitativen Zielsetzungen folgen.

So wurde hinsichtlich der Identifikation typischer Produktverwender auf die Vorteilhaftigkeit "geeichter" Bildvorlagen hingewiesen, die keine verbale Umschreibung eines Typus mehr erforderlich machen.[328)] Dies bedeutet jedoch zugleich, daß sich die AP zwischen festgelegten Alternativen entscheiden müssen und somit keine eigenen Vorstellungen einbringen können. Hier taucht das bereits mehrfach angesprochene Problem des Vorwissens auf, das einer solchen Antwortvorgabe zugrunde liegt. Im Rahmen qualitativer Marktforschung sollen solche Aspekte und Zusammenhänge jedoch erst entdeckt und nicht lediglich überprüft werden.[329)]

Insbesondere beim Einkaufslistenverfahren konzentrierte sich die Kritik auf den Aufbau der Untersuchung, gemessen an den Anforderungen eines Experiments.[330)] Werden solche Listentests jedoch als projektives Verfahren im Rahmen qualitativer Marktforschung eingesetzt, so können hier die strengen meßtechnischen Vorschriften des Experiments nicht zur Beurteilung herangezogen werden.[331)] Das ebenfalls angesprochene Problem, inwieweit verschiedene Objekte einer Liste sich gegenseitig beeinflussen und aus diesem Grund aus den Aussagen nicht ohne weiteres Schlüsse

327) Vgl. hierzu z.B. Tull/Hawkins (1990), S. 406 f.
328) Siehe hierzu die Bildvorlagen bei Hüttner (1989), S. 59 und bei Salcher (1978), S. 72.
329) Vgl. hierzu Kap. 2.4.2.
330) So diskutieren Robertson/Joselyn (1974) bzgl. möglicher struktureller Unterschiede zwischen beiden Gruppen sowie bzgl. Aufbau und Präsentation der Listen v.a. die Vor- und Nachteile zweier experimenteller Designs (EA-CA vs. EBA-CBA). Vgl. zu den verschiedenen Experiment-Designs Hüttner (1989), S. 155 ff.
331) Siehe zu diesem Problem auch Kap. 4.1.

nur für das eine, interessierende Objekt gezogen werden dürfen, ist dagegen unbestreitbar.[332]

3.3.1.2.2.2 Ballontest

Als methodische Weiterentwicklung des Satzergänzungstests und in Anlehnung an den Picture-Frustration-Test von *Rosenzweig* ist der Ballontest entstanden.[333] Es handelt sich hierbei um die Verwendung bildhafter Stimuli, die untersuchungsrelevante Situationen zeigen und dabei mit leeren Sprech- und/oder Denkblasen ausgestattet sind. Die Aufgabe der AP besteht nun darin, sich in die abgebildete Situation hineinzuversetzen und daraufhin die leere Sprech-/Denkblase auszufüllen (vgl. Abb. 15).[334] Deshalb wird hier auch von der "*Cartoon-*" oder "*Comic-Strip-Technik*" gesprochen.[335]

Abb. 15: Beispiel für einen Ballontest
(Quelle: Tull/Hawkins (1990), S. 405.)

332) Vgl. Robertson/Joselyn (1974), S. 28 f. Die Autoren schlagen hier denn auch eine möglichst auf Marken- und Mengenbezeichnungen verzichtende Auflistung vor, eine Möglichkeit, die natürlich auch gewisse Einschränkungen mit sich bringt.

333) Siehe zum Picture-Frustration-Test Rosenzweig (1949), S. 167.

334) Siehe Gordon/Langmaid (1988), S. 106 sowie McDaniel/Gates (1991), S. 192 f.

335) Vgl. Schub von Bossiazky (1992), S. 104.

In der ursprünglichen Version von Rosenzweig sind dabei zwei Personen in einer *frustrierenden* oder *konfliktreichen Situation* abgebildet, wobei eine Person etwas sagt und die Sprechblase der anderen Person auszufüllen ist. Die Antworten der AP wurden hier als Indikator zur Ermittlung von Reaktionen auf Streßsituationen gewertet.[336)]

Auf Basis dieses Tests wurden für die Marktforschung ebenfalls Bildvorlagen entwickelt, die jedoch untersuchungsspezifische, d.h. produkt- oder verwendungsbezogene Situationen darstellen, die nicht zwingend konfliktgeladen sein müssen.[337)] Wichtig ist lediglich, daß die Bilder vage und unbestimmt genug sind, um die AP nicht durch überflüssige Details in ihrer Antwort abzulenken bzw. zu beeinflussen.[338)] Es wird davon ausgegangen, daß beim Ausfüllen der leeren Sprechblase unbewußt eine Identifizierung der AP mit der abgebildeten Person erfolgt und die Antworten somit Aufschluß über die entsprechenden Dispositionen der AP geben.[339)] Durch die Präsentation einer zusätzlich auszufüllenden Gedankenblase können besonders kritische oder mit gesellschaftlichen Normen belegte Themen entschärft werden.[340)]

Die *Ballon-* oder *Cartoon-Technik* kann die Anforderungen an eine offene, flexible und kommunikative projektive Technik insgesamt gut erfüllen.[341)] Die bildhafte Darstellung von Personen erleichtert den Vorgang der Projektion erheblich und stimuliert zudem auf spielerische Art und Weise zu offenen und ehrlichen Antworten.[342)] Insbesondere bei Kindern und Jugendlichen wird diese Technik erfolgreich angewendet.[343)] Problematische Verzerrungen können sich dadurch ergeben, daß ungewollte Ablenkungen oder Beeinflussungen aufgrund unnötiger Bilddetails entstehen.[344)]

---

336) Vgl. Rosenzweig (1949), S. 167 und auch Salcher (1978), S. 68 f.
337) Vgl. Zober (1956), S. 262.
338) Siehe Rosenstiel/Neumann (1982), S. 132. So wird empfohlen, auf konkrete Gesichtszüge oder überflüssige Ausstattungsgegenstände zu verzichten. Am konsequentesten sind dahingehend vollkommen neutrale "Strichmännchen". Vgl. hierzu Abb. 15 sowie die Beispiele bei Rosenstiel/Neumann (1982), S. 133 und Salcher (1978), S. 70. Allerdings sollte auch der Erlebniswert des Bildes nicht unbeachtet bleiben.
339) Vgl. Tull/Hawkins (1990), S. 404.
340) Siehe auch Tull/Hawkins (1990), S. 404.
341) Vgl. Gordon/Langmaid (1988), S. 106 und McDaniel/Gates (1991), S. 192. Eine andere Auffassung vertritt Schub von Bossiazky (1992), S. 105.
342) Vgl. McDaniel/Gates (1991), S. 192.
343) Vgl. Gordon/Langmaid (1988), S. 203.
344) Siehe Schub von Bossiazky (1992), S. 105.

3.3.1.2.2.3 Bildererzähltest

Der Bildererzähltest geht auf den *Thematischen Apperzeptionstest* (TAT) von *Morgan/Murray* (1953) zurück, der im Rahmen der Persönlichkeitsdiagnose zur Stimulation der erzählerischen Kreativität eingesetzt wurde, um verdrängte oder unbewußte Komplexe aufzudecken.[345)] Im Rahmen qualitativer Marktforschung wird zwar das Prinzip der bildgestützten Erzählung übernommen, das Bildmaterial ist jedoch problemspezifisch gestaltet, d.h. auf die Verwendung eines vorgegebenen Kartensets wird verzichtet.[346)] Der AP werden nacheinander die verschiedenen Bilder, die zu einer Geschichte gehören sollen, vorgeführt.[347)] Sie soll daraufhin eine hierzu passende Geschichte erfinden. Dabei können auch zusätzlich stimulierende Fragen gestellt werden, die sich z.B. auf bereits zurückliegende Geschehnisse oder auf Gespräche bzw. Gedanken der handelnden Personen beziehen .[348)]

Dem Bildererzähltest liegt die Annahme zugrunde, daß durch die Charakterisierung der handelnden Personen und Geschehnisse eigene Einstellungen, Erfahrungen, Handlungs- und Orientierungsmuster in die Erzählung miteinfließen.[349)] Um die Identifikation zu unterstützen, soll die AP der Hauptfigur der Erzählung einen Namen geben.[350)] Auch hier gilt es, bei der Erstellung der Bilder darauf zu achten, daß die Personen und Motive vage genug gehalten werden, um der Projektion entsprechend Raum zu lassen. Auf der anderen Seite müssen sie genau genug sein, um der Erzählung den gewünschten thematischen Rahmen vorzugeben (vgl. Abb. 16).[351)] Statt gezeichneter Bilder werden heute häufig auch Photographien eingesetzt[352)], so bspw. im Rahmen der Anzeigengestaltung und -überprüfung.[353)]

345) Hierzu wurde der AP ein validiertes Kartenset in fester Reihenfolge präsentiert, zu dem sie eine zusammenhängende Geschichte erzählen sollte. Vgl. Morgan/Murray (1953), S. 530 f. oder auch Schub von Bossiazky (1992), S. 105.

346) Es besteht zwar auch hier die Möglichkeit, grundlegende Persönlichkeitsstudien zu betreiben. Der hiermit verbundene Aufwand läßt in dieser Hinsicht jedoch nur wenig Interesse entstehen. Die vorrangige Nutzung gilt dem modifizierten TAT. Vgl. hierzu auch Batz (1986), S. 473 und Salcher (1978), S. 69 f.

347) Die Anzahl der Bilder kann dabei variieren: Oft liegt sie zwischen drei und sieben Bildern, um sowohl eine gewisse Eingewöhnung zuzulassen als auch Ermüdungserscheinungen vorzubeugen. Vgl. hierzu Zober (1956), S. 263. In der Marktforschung sind jedoch auch Präsentationen von nur einem oder zwei Bildern durchaus üblich. Vgl. Hüttner (1989), S. 62.

348) Vgl. Seymour (1988a), S. 188.

349) Siehe Bellenger/Bernhardt/Goldstucker (1976), S. 35 f., Kassarjian (1974), S. 3-92 f. und auch Churchill (1988), S. 213.

350) Dieser Vorschlag stammt bereits von Murray (1965), S. 427.

351) Hierzu werden meist entsprechende Vortests empfohlen. Vgl. Vgl. Zober (1956), S. 263 sowie das Beispiel von Zikmund (1989), S. 126 f.

352) Vgl. Schub von Bossiazky (1992), S. 105.

353) Batz (1986) zeigt hier Möglichkeiten des TAT zur umfassenden Überprüfung der Wirkung und Interpretation von Werbeanzeigen auf.

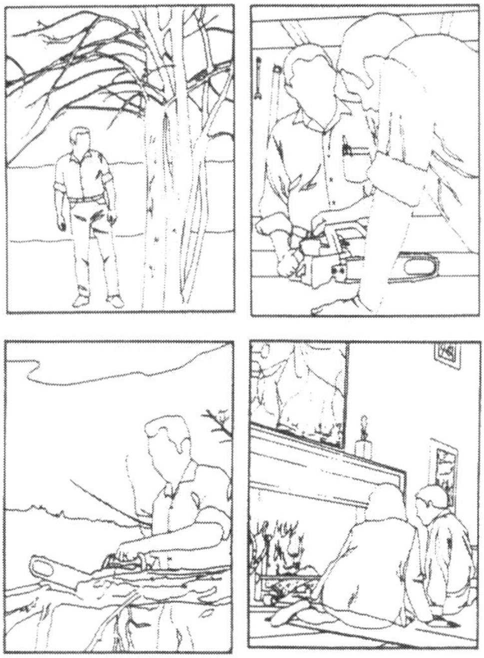

Abb. 16: Bildererzähltest zur Untersuchung der Bedeutung von Kettensägen für "casual users"
(Quelle: Zikmund (1989), S. 135.)

Der Bildererzähltest gilt als die mit am häufigsten verwendete projektive Technik in der Marktforschung.[354] Im Gegensatz zum Cartoon-Test kommt er ohne verbale Stimuli aus.[355] Die Aufgabe, eine ganze Geschichte zu konstruieren, ist wesentlich komplexer und verlangt mehr Konzentration und Einfühlungsvermögen von den AP. Damit werden allerdings auch einige intellektuelle Fähigkeiten und ein gewisses Artikulationsvermögen der Untersuchungspersonen vorausgesetzt.[356] Dafür kann je-

354) Siehe Bellenger/Bernhardt/Goldstucker (1976), S. 35, Böhler (1992), S. 82 sowie Gordon/Langmaid (1988), S. 101.

355) Vgl. Salcher (1978), S. 69.

356) Siehe Gordon/Langmaid (1988), S. 101. Es ist jedoch auch möglich, einfachere Bildvorlagen z.B. speziell für Kinder zu entwerfen. Semeonoff (1973), S. 96, weist in diesem Zusammenhang auf die Möglichkeit hin, auf die Darstellung menschlicher Figuren zu verzichten und stattdessen Tiere als Identifikationsfiguren zu verwenden. Diese Form des TAT geht v.a. auf den "Children's Apperception Test" (CAT) von Bellak (1954) zurück.

doch in sehr umfassender Art und Weise ein gesamtes Produkt- und Verwendungsumfeld erforscht werden.[357] Insgesamt liegt hier eine im Hinblick auf ihre projektiven Möglichkeiten sehr gut nutzbare, aber auch anspruchsvolle Technik vor.

3.3.1.2.3 Expressive Verfahren

Ähnlich wie bei den Konstruktionstechniken, besteht auch bei den expressiven Verfahren die Aufgabe für die AP darin, komplexes Geschehen selbständig zu konstruieren. Dazu wird auf Techniken wie das *Psychodrawing* oder das *Rollenspiel* zurückgegriffen.

Im Vergleich zu den Konstruktionstechniken gibt es allerdings zwei wichtige Unterschiede: Zum einen werden neben den verbalen auch nonverbale Ausdrucksformen miteinbezogen.[358] Die übliche Befragungssituation wird durch die Aktionskomponente der Techniken (Malen, Zeichnen, Rolle einüben) weitestgehend aufgelöst. Zum anderen besteht der Sinn dieser Techniken nicht ausschließlich in der Präsentation eines Ergebnisses (*was* wird als Lösung präsentiert), sondern hier wird ebenso viel Interesse auf den Vorgang selbst gelegt (*wie* wird die Aufgabe gelöst).[359]

Eine häufig eingesetzte Form expressiver Verfahren ist das Rollenspiel.[360] Hier werden eine oder mehrere AP darum gebeten, eine bestimmte Rolle zu übernehmen und, nach kurzer Vorbereitungszeit, dann einige passende Szenen zu spielen. Bei der Rolle kann es sich dabei um eine andere Person, um die AP selbst in einer ganz speziellen Situation oder auch um eine Sache, ein Objekt, oft um ein Produkt handeln.[361]

Ziel ist es, daß die AP eigene Ansichten oder Einstellungen durch das Spiel in die Rolle hineinprojiziert und dadurch wichtige Kauf-, Verwendungs- oder sonstige einstellungsprägende Erlebnisse und Erfahrungen thematisiert werden. Neben der Erfassung von Einstellungen können insbesondere auch soziale Interaktionen (bspw.

357) Vgl. auch Schlackman (1989), S. 72 f. und Kassarjian (1974), S. 3-92 f.
358) Vgl. Seymour (1988), S. 192.
359) Siehe hierzu auch Gordon/Langmaid (1988), S. 106.
360) In der klinischen Psychologie wird v.a. die erweiterte Form des Rollenspiels, das Psychodrama, zu Zwecken der Psychotherapie eingesetzt. Vgl. hierzu Schützenberger (1976), S. 20 ff. Vgl. zum Psychodrama allgemein Moreno (1958).
361) Vgl. Gordon/Langmaid (1988), S. 109, Branthwaite/Lunn (1985), S. 111 und Bellenger/Bernhardt/Goldstucker (1976), S. 36. Ein Beispiel für den Ablauf eines solchen Rollenspiels findet sich bei Tull/Hawkins (1990), S. 408.

Verkaufssituationen) untersucht werden.[362] Der spielerisch-ablenkende Effekt hilft dabei, stereotype Frage-Antwort-Muster zu umgehen.

Ein weiteres expressives Verfahren neben dem Rollenspiel ist das sog. Psycho-drawing, d.h. das Anfertigen von Bildern bzw. Zeichnungen zu bestimmten Themen.[363] Auch hier werden Erkenntnisse der klinischen Psychologie herangezogen: Zeichnen gilt als mögliche Ausdrucksform der menschlichen Persönlichkeit. Insbesondere emotionale und intuitive Gesichtspunkte können durch Malen oder Zeichnen oft besser vermittelt werden als durch verbale Umschreibungen.[364] Zudem unterliegen Zeichnungen in geringerem Maße psychischen Kontrollprozessen, so daß auch unbewußte oder verdrängte Inhalte in das Bild miteinfließen können.[365]

Im Rahmen von Marktforschungsuntersuchungen werden die AP meist dazu aufgefordert, ihre Gefühle und Erfahrungen in bezug auf ein Produkt bzw. eine Verwendungssituation, oder aber das Produkt (Marke, Unternehmen) selbst zeichnerisch darzustellen. Anschließend wird die AP i.d.R. dazu angeregt, frei über die Zeichnung zu reden.[366]

Die gewählte bildliche Darstellung (Farbe, Form, Bilddetails) soll Auskunft über die Gefühle, subjektiven Einschätzungen und Sichtweisen sowie insbesondere über die Bedeutung bzw. Gewichtung einzelner Aspekte geben (z.B. durch Betonen oder Weglassen von Details bzw. durch besonders große/kleine Ausführung).[367] Abb. 17 zeigt eine vergleichende Darstellung der typischen Produktverwender von Backmischungen zweier Hersteller.[368]

---

362) Vgl. zum Nutzen des Rollenspiels in der Marktforschung auch Tull/ Hawkins (1990), S. 409, Zikmund (1989), S. 125 f. sowie Bellenger/ Bernhardt/Goldstucker (1976), S. 36.
363) Vgl. Gordon/Langmaid (1988), S. 109.
364) Siehe Sampson/Bhaduri (1986), S. 37.
365) Siehe hierzu auch Schlackman (1989), S. 70 f. sowie Branthwaite/Lunn (1985), S. 110.
366) Vgl. Sampson/Bhaduri (1986), S. 37 f.
367) Siehe hierzu auch das Beispiel von Schlackman (1989), S. 71.
368) Die Tendenz zur Darstellung einer altmodisch-großmütterlichen gegenüber einer jungen, modernen Produktverwenderin zog sich dabei konsequent durch die gesamte Untersuchung. Vgl. hierzu McDaniel/Gates (1991), S. 199.

Abb. 17: Beispiel für das Psychodrawing
(Quelle: McDaniel/Gates (1991), S. 199.)

Insgesamt läßt das Psychodrawing den AP eine sehr große Gestaltungsfreiheit. Nachteilig kann sich bei der zeichnerischen Darstellung auswirken, daß, ähnlich wie beim Rollenspiel, das Ungewohnte der Aufgabe zunächst Hemmungen und Teilnahmeverweigerungen hervorrufen kann. Zudem erfordert das aussagekräftige Anfertigen solcher Bilder ein gewisses Maß an Geschick und Phantasie.369)

Expressive Verfahren werden in der Marktforschung durchaus mit Erfolg angewendet.370) Sie sind eher ungewöhnlich und können auf gewisse *Hemmschwellen* stoßen. Zudem erfordern sie ein hohes Maß an *Aktivität* und *Engagement* der AP. Auf der anderen Seite besitzen sie auch eine gewisse *Kurzweiligkeit* und *Neuartigkeit*. Ihr Erfolg wird im wesentlichen von der Aufgeschlossenheit der AP abhängen. Mit Kindern und Jugendlichen sind dabei i.d.R. recht gute Erfahrungen gemacht worden.371) Expressive Verfahren eignen sich in ganz besonderem Maße zur Erfassung emotionsgeladener, komplexer und damit nur schwer verbalisierbarer Sachverhalte.372) Anders als bei den Konstruktionstechniken werden hierfür eher geringe Anforderungen an das verbale Artikulationsvermögen der AP gestellt, dafür allerdings ein wenig Mut, Geschick und Engagement erwartet.

---

369) Um solchen Hemmungen entgegenzuwirken, könnten bspw. ein paar einfache Zeichenübungen an den Anfang gesetzt werden. Als Alternative zum Zeichnen wird als "einfachere" Variante auch die Anfertigung von Collagen vorgeschlagen. Hier erhalten die AP jeweils das gleiche Zeitschriften-Material und müssen lediglich mit Schere und Klebstoff arbeiten. Vgl. hierzu auch die Erfahrungen von Sampson/Bhaduri (1986), S. 38 und S. 41 ff.

370) Siehe hierzu die Untersuchungen von Sampson/Bhaduri (1986).

371) Vgl. das Beispiel von Zikmund (1989), S. 125 f.

372) Vgl. Branthwaite/Lunn (1985), S. 110.

3.3.2 Assoziationstechniken

Eine Assoziation ist "die spontane und ungelenkte (automatische) Verbindung einzelner Gedächtnis- und Gefühlsinhalte".[373] V.a. durch das raumzeitliche Zusammentreffen von verschiedenen Eindrücken werden solche abrufbaren Gedankenketten geschaffen (Kontiguitätsgesetz).[374] Assoziative Verfahren versuchen nun, diese gedanklichen Verknüpfungen durch die Förderung spontaner Reaktionen auf bestimmte Stimuli offenzulegen.[375]

In der Marktforschung werden Assoziationstechniken in zwei verschiedenen Varianten eingesetzt: Als *Wortassoziations-Test* und als *Techniken zur Bildung von Assoziationsketten*.[376] Dabei werden die AP mit jeweils einem oder mehreren Stimuli in Form von Worten, Ideen oder Produkten konfrontiert, auf die sie möglichst spontan mit einem einzelnen Wort reagieren sollen.[377] Neben den konkreten Aussagen werden dabei auch Spontaneität der Antworten und nonverbale Reaktionen aufgezeichnet.[378] Als Hilfsmittel zur Erfassung von genauem Wortlaut und Reihenfolge der Antworten wird der Einsatz von Tonträgern dringend empfohlen.[379]

Techniken zur Bildung von Assoziationsketten präsentieren einen verbalen (oder auch bildlichen) Stimulus und lassen die AP so viele assoziative Verbindungen herstellen, wie ihnen einfallen, so daß eine ganze Kette von Assoziationen entsteht.[380] Dabei kann noch zwischen *freien* und *gelenkten* Assoziationen unterschieden werden, je nachdem, ob der Meinungsgegenstand ohne jede weitere Konkretisierung zum Ausgangspunkt gewählt oder eine zusätzliche Eingrenzung bzgl. der Richtung der Assoziationen vorgenommen wird (z.B. durch den Bezug auf eine konkrete Marke

---

373) Salcher (1978), S. 74.

374) Salcher weist im gleichen Zusammenhang darauf hin, daß zusätzlich auch formale Ähnlichkeiten und der Grad der Sinnhaftigkeit von aufeinandertreffenden Eindrücken hier eine bedeutsame Rolle spielen. Siehe Salcher (1978), S. 75 f.

375) In der klinischen Forschung sind assoziative Verfahren zur Untersuchung von Persönlichkeitsmerkmalen eingesetzt worden. Sie gehen v.a. auf den Rorschachtest (Tintenklecks-Test) und die Untersuchungen von Jung zurück. Vgl. hierzu Rorschach (1941) und Jung (1910). Auch in anderen Bereichen, so z.B. in der Kriminalitätsforschung, werden assoziative Verfahren erfolgreich eingesetzt. Vgl. Gordon/Langmaid (1988), S. 96.

376) Vgl. Tull/Hawkins (1990), S. 402 sowie Bellenger/Bernhardt/Goldstucker (1976), S. 36 f.

377) Siehe Schlackman (1989), S. 73.

378) Vgl. Böhler (1992), S. 82.

379) Siehe auch Schub von Bossiazky (1992), S. 108.

380) Vgl. das Beispiel bei Schlackman (1989), S. 74.

oder einen Teilaspekt des Gegenstandes wie den Geschmack).[381] Ein Beispiel hierzu wäre "Waschmittel" als freies und "Umweltbelastung durch Waschmittel" als gelenktes Reizwort.[382] Die Bildung von Assoziationsketten dient in erster Linie der Erforschung des spontanen, unreflektierten Erlebnisumfeldes eines Meinungsgegenstandes (z.B. Marke oder Produkt) und kann so wichtige Hinweise für die Motivforschung und Imageanalysen liefern.[383]

Die zweite Variante assoziativer Verfahren ist der sog. Wortassoziationstest. Hier werden nur eingeschränkte Assoziationen von den AP erfragt, d.h. auf ein Reizwort sollen sie mit nur einer, wiederum ganz spontanen, Assoziation reagieren.[384] Erfragt werden hier also keine Assoziationsketten, sondern einzelne Worte. Dazu wird meist eine ganze Liste interessierender und auch neutraler Reizworte erstellt.[385]

Wortassoziationen werden v.a. zur Überprüfung von Markennamen und anderen Symbolen genutzt.[386] Im Rahmen von Pretests kann der Wortassoziationstest der Überprüfung des Anmutungsgehaltes einzelnder Worte oder Inhalte für nachfolgende Untersuchungen dienen.[387]

Insgesamt sind Assoziationstechniken weitaus weniger komplex als projektive Verfahren. Dem Vorteil eines flexiblen und eher unkomplizierten Einsatzes stehen allerdings auch gewisse Einschränkungen bzgl. ihrer Anwendungsmöglichkeiten gegenüber. Aufgabenschwerpunkte liegen offenbar vorrangig im Erfassen spontaner und unreflektierter Reaktionen auf einen Meinungsgegenstand.

3.3.3 Ordnungstechniken

Ordnungstechniken umfassen all jene Verfahren, bei denen die AP durch bestimmte Zuordnungen Beziehungen zwischen Begriffen bzw. Objekten herstellen sollen. Auf-

---

381) Siehe hierzu Schub von Bossiazky (1992), S. 108 f. sowie Salcher (1978), S. 76 ff. Eine Variante hierzu ist die "benefit chain", bei der sukzessive immer neue Produktvorteile assoziiert werden sollen. Vgl. hierzu Tull/Hawkins (1990), S. 402 f.

382) Als Variante hierzu wird häufig auf den bereits oben erwähnten Satzergänzungstest verwiesen. Dabei gilt der Satzanfang als gelenkter Schlüsselreiz und die spontane Antwort darauf als entsprechende Assoziation. Vgl. Schub von Bossiazky (1992), S. 109, Zikmund (1989), S. 124 f. oder auch Bellenger/Bernhardt/Goldstucker (1976), S. 37.

383) Siehe Salcher (1978), S. 77 und S. 81.

384) Vgl. Gordon/Langmaid (1988), S. 96 sowie Zikmund (1989), S. 124.

385) Vgl. Böhler (1992), S. 82 sowie Bellenger/Bernhardt/Goldstucker (1976), S. 37.

386) Siehe die Beispiele bei McDaniel/Gates (1991), S. 191 und Zikmund (1989), S. 124.

387) Vgl. Zikmund (1989), S. 124.

gabe ist es also, anhand eigener Ordnungs- und Auswahlkriterien das Stimulusmaterial zu sortieren, zu klassifizieren und dadurch näher zu beschreiben.[388)]

Zu den Ordnungstechniken zählen bspw. Zuordnungsverfahren, bei denen Produkten, Marken oder Produktteilen verbale, bildhafte bzw. graphische Stimuli zugeordnet werden sollen.[389)]

Eine Variante sind Beschreibungen des typischen Produktverwenders, wobei aus einer Anzahl festgelegter Bilder, die bestimmte Charaktertypen zeigen, ausgewählt wird.[390)] Weiterhin gibt es eine Reihe von Ähnlichkeitsvergleichen, bei denen es darum geht, mehrere Beurteilungsobjekte (z.B. Markennamen) nach dem Grad ihrer von der AP subjektiv empfundenen Ähnlichkeit zu gruppieren. Diese zunächst intuitive Wahrnehmung von Ähnlichkeiten und Unterschieden kann anschließend mit den AP diskutiert werden.[391)]

Das Charakteristische dieser Verfahren ist die *Vorgabe von Antwortmöglichkeiten*, unter denen die AP auszuwählen haben. Dadurch liegt keine Form der offenen indirekten Befragung mehr vor. Die Kommunikationsmöglichkeiten der AP müssen sich hier den Vorgaben der Forscher anpassen. Dies ist natürlich mit der Gefahr verbunden, wichtige Alternativen außer acht zu lassen, semantisch nicht eindeutige Vorgaben zu präsentieren oder Verzerrungen durch den sog. "Halo-Effekt" zu provozieren.[392)]

Zusätzlich werden die Antworten nach Möglichkeit quantitativ ausgewertet, d.h. das Ziel während der Erhebung besteht v.a. darin, durch einen möglichst hohen Standardisierungsgrad die Vergleichbarkeit zu steigern.

Damit liegt ein deutlich quantitativ ausgerichtetes Vorgehen vor, das allerdings auf den nonverbalen und intuitiven Ein-schätzungen der AP basiert. Eine qualitative

388) Siehe Schub von Bossiazky (1992), S. 110.
389) Siehe hierzu z.B. Schub von Bossiazky (1992), S. 110 ff.
390) Vgl. z.B. Salcher (1978), S. 72.
391) Ein Beispiel hierfür ist die Gruppierung von (konkurrierenden) Markennamen einer Produktart durch die AP wie sie Gordon/Langmaid (1988), S. 101, vorschlagen. Auch das "repertory grid" von Kelly (1955) kann in diesem Zusammenhang als Beispiel einer eher strukturierten Technik dienen. Siehe hierzu auch Green/Tull/Albaum (1988), S. 170.
392) Dieser Effekt kann bspw. dazu führen, daß die AP dem favorisierten Beurteilungsgegenstand alle positiven, den weniger attraktiven alle negativen Eigenschaften zuordnen. Vgl. Salcher (1978), S. 92.

Komponente wird allenfalls in den Erweiterungen und Modifikationen dieser Techniken ersichtlich.

So ist es durchaus üblich, daß die vorgenommenen Zuordnungen anschließend durch die AP kommentiert und interpretiert werden. Zur Erfassung dieser Begründungen kann dabei auf qualitative Interviews o.ä. zurückgegriffen werden. Dadurch wird dann aus der Ordnungstechnik selber noch kein qualitatives Erhebungsverfahren. Insofern soll im Rahmen dieser Arbeit bzgl. der Ordnungstechniken von einem Grenzfall qualitativer Marktforschung gesprochen werden.[393)]

Insgesamt ist damit die Betrachtung projektiver und assoziativer Verfahren abgeschlossen. Zusammenfassend soll nun noch einmal festgehalten werden, welchen Aufgaben diese Verfahren vorrangig dienen können:

<u>Erstens</u> sind sie z.T. in der Lage, unbewußte und wenig bewußte Inhalte zu thematisieren, da sie Rationalisierungen und kognitive Kontrollen durch die Mechanismen der Projektion und Assoziation umgehen können.

<u>Zweitens</u> dienen diese Mechanismen auch der Umgehung bewußter Antwortwiderstände. Die neuartige und spielerische Art und Weise der Techniken baut zusätzliche Widerstände ab.

<u>Drittens</u> werden insbesondere schwer verbalisierbare Sachverhalte mit einem hohen emotionalen Gehalt erfaßt, da sich die AP an ihrem eigenen Artikulationsvermögen orientieren und dementsprechend reagieren kann.

Auch an dieser Stelle kann nun das Kontinuum quantitativer und qualitativer Forschung um die hinzugekommenen Methoden ergänzt werden (vgl. Abb. 18). Während dabei die projektiven und assoziativen Verfahren aufgrund der Stimulusvorgaben etwas stärker geleitet und deshalb ähnlich wie das fokussierte Interview einzuordnen sind, deutet die Lage der Ordnungstechniken auf ihre im Sinne dieser Arbeit doch wenig ausgeprägte qualitative Orientierung hin.

---

393) So auch Gordon/Langmaid (1988), S. 111 f.

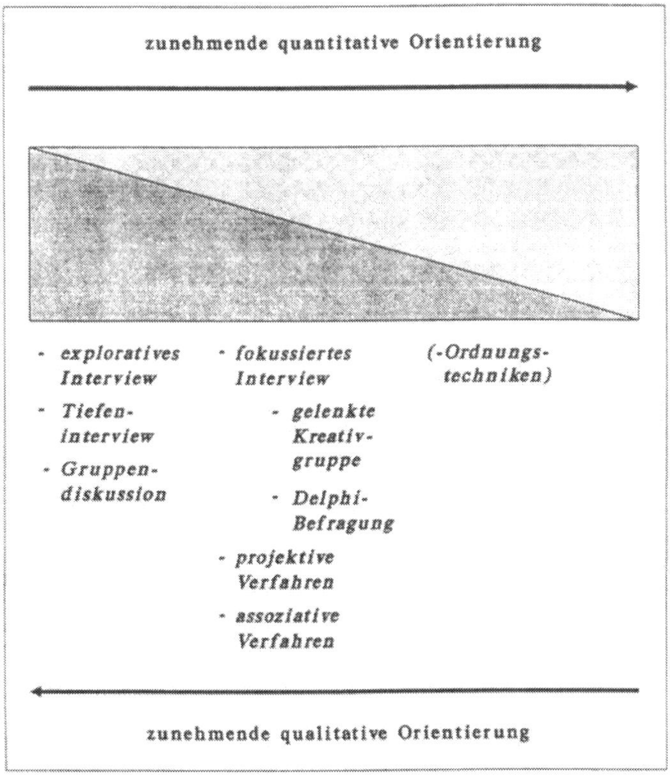

Abb. 18: Qualitative Erhebungsmethoden im Kontinuum quantitativer und qualitativer Forschung (Teil III)

3.4 Die Beobachtung als qualitative Erhebungsmethode

Bei der Beobachtung handelt es sich allgemein um die "Erfassung von sinnlich wahrnehmbaren Sachverhalten im Augenblick ihres Auftretens durch andere Personen als die, um deren Verhaltensweise bzw. Eigenschaften es geht, oder durch Geräte".[394]

Im Rahmen der Marktforschung geht es dabei um eine *systematische* oder *wissenschaftliche* Form der Beobachtung, die sich durch folgende Merkmale auszeichnet:

- sie dient einem bestimmten Forschungszweck
- sie wird systematisch geplant

394) Becker (1973), S. 6. Ähnlich auch Berekoven/Eckert/Ellenrieder (1993), S. 118.

- sie wird systematisch aufgezeichnet und auf allgemeinere Urteile bezogen
- sie wird wiederholten Prüfungen und Kontrollen hinsichtlich ihrer Gültigkeit, Zuverlässigkeit und Genauigkeit unterworfen.[395)]

Die Beobachtung kann sich auf alle physischen Aktivitäten der beobachteten Personen beziehen. Im Gegensatz zur Befragung ist es also möglich, das Verhalten im Zeitpunkt seines Auftretens zu erfassen, anstatt sich auf verbale Aussagen der AP über vergangene Aktivitäten verlassen zu müssen. Allerdings werden damit noch keine Erklärungen über die hinter diesem Verhalten stehenden Einstellungen oder Motivationen erhoben. Dies bedarf einer nachträglichen Interpretation.[396)]

3.4.1 Kennzeichen qualitativer Beobachtung

Beobachtungen können auf unterschiedliche Art und Weise durchgeführt werden. Die wichtigsten Gestaltungsmerkmale sind dabei folgende:

- die Strukturiertheit der Untersuchung
- der Beobachtungsort
- die Wahrnehmungs- bzw. Registrierungsform
- der Partizipationsgrad des Forschers
- die Transparenz der Untersuchungssituation[397)]

Einige dieser Kennzeichen können auch zur Abgrenzung qualitativer Beobachtungsmethoden herangezogen werden.

Bei der Strukturiertheit der Untersuchung geht es um die Frage, inwieweit Anlage und Inhalt der Beobachtung, die Beobachtungssituation selber sowie die Art der Aufzeichnung *standardisiert* bzw. vorstrukturiert werden.[398)] Im Rahmen qualitativer Marktforschung findet ausschließlich die *unstandardisierte* (nicht strukturierte) Form der Beobachtung Berücksichtigung. Dies ist Teil der Forderung nach Offenheit qualitativer Forschung.[399)] Die strikte Vorgabe von Beobachtungskategorien und die

---

395) Vgl. Jahoda/Deutsch/Cook (1972), S. 77. Von welcher Bedeutung die letzte Forderung für die qualitative Beobachtung ist, wird in Kap. 5 diskutiert.
396) Siehe Nieschlag/Dichtl/Hörschgen (1991), S. 706; Jahoda/Deutsch/Cook (1972), S. 78.
397) Vgl. hierzu z.B. Berekoven/Eckert/Ellenrieder (1993), S. 118-120; Hüttner (1989), S. 115-117; Kromrey (1980), S. 181 f.
398) Vgl. Berekoven/Eckert/Ellenrieder (1993), S. 119 f.
399) Ähnlich auch Lamnek (1989), S. 249.

damit einhergehende Prädeterminiertheit und Einengung der Untersuchung wird zugunsten einer umfassenden, situationsflexiblen und realitätsadäquateren Beobachtung aufgegeben.[400)]

Bei der Betrachtung des Beobachtungsortes lassen sich Feld- und Laborbeobachtung unterscheiden. Während die Vorteile der *Laborbeobachtung* in einer weitgehenden Isolierbarkeit und Kontrollierbarkeit der interessierenden Faktoren liegen, können im Rahmen der *Feldbeobachtung* am natürlichen Ort des Geschehens tatsächlich realisierte Verhaltensweisen erhoben werden. Dem hierbei entstehenden Nachteil möglicher nicht kontrollierbarer Störungen kann bei der Laborbeobachtung die Förderung eines eher atypischen Verhaltens durch die Künstlichkeit der Situation entgegengehalten werden.[401)] Die qualitative Marktforschung bemüht sich stets um die Beibehaltung möglichst alltagsnaher Kommunikationssituationen. Das Beobachten sozialer Realität im Feld wird somit der Laborbeobachtung immer vorgezogen.[402)]

Möglichkeiten der Wahrnehmung bzw. Registrierung von beobachteten Situationen sind die *persönliche Beobachtung* und die Nutzung *apparativer Techniken*, die für bestimmte Zählvorgänge oder für die Messung psychophysiologischer Verhaltensindikatoren verwendet werden.[403)] Bei der persönlichen Beobachtung nimmt der Forscher eine eher *rezeptive* Haltung ein, d.h. er verzichtet darauf, durch verbale Reize oder andere Stimuli die beobachtete Person in ihrer natürlichen Reaktion zu beinflussen.[404)] Damit kommt diese Form der Beobachtung ohne einen steuernden Eingriff in die Wirklichkeit aus, um die Beobachtungssituation herbeizuführen.[405)] Dagegen stellt die (durchaus zunehmende) Verwendung apparativer Hilfsmittel häufig auf eine gezielte Präsentation ausgesuchter Stimuli ab.[406)] Im Rahmen qualitativer Marktforschung werden diese apparativen Hilfsmittel, die ja der konkreten

400) Vgl. Atteslander (1984), S. 177 ff.
401) Siehe Nieschlag/Dichtl/Hörschgen (1991), S. 707 und Unger (1989), S. 105 f.
402) Vgl. Lamnek (1989), S. 254. Einen Grenzfall stellt die Schaffung biotischer, also natürlicher Situationen im Labor dar. Dies ist gegeben, wenn im Rahmen des sog. "Wartezimmertests" die beabsichtigte Beobachtungssituation in einer Phase stattfindet, die von den Untersuchungspersonen als "natürliche" Überbrückung einer Zeitspanne bis zum "eigentlichen" Test oder Interview wahrgenommen wird. Allerdings ist die Reaktion der Probanden hier, anders als in der Feldsituation, durch die konkrete Fokussierung auf bereitliegendes Reizmaterial gesteuert bzw. beeinflußt. Vgl. zu diesem Test ausführlich z.B. Becker (1973), S. 43 f.
403) Vgl. Nieschlag/Dichtl/Hörschgen (1991), S. 708 sowie Hammann/Erichson (1990), S. 97.
404) Vgl. Rogge (1981), S. 126 sowie Friedrichs/Lüdtke (1973), S. 19.
405) Siehe Salcher (1978), S. 31.
406) Salcher spricht in diesem Zusammenhang von der "gelenkten Beobachtung". Vgl. Salcher (1978), S. 31. Siehe zu den verschiedenen apparativen Verfahren (wie z.B. Blickregistrierungsgeräte oder Schnellgreifbühnen) Hüttner (1989), S. 118-120 oder auch Hammann/Erichson (1990), S. 97 ff.

Messung von Daten dienen und im übrigen eher Bestandteil von Laborbeobachtungen darstellen[407], nicht weiter betrachtet. Hiervon ausgenommen sind allerdings solche allgemeinen Aufzeichnungsgeräte wie Tonband und Video, die lediglich der Unterstützung der persönlichen Beobachtung dienen.

Der Partizipationsgrad des Forschers während der Beobachtung betrifft die Unterscheidung in teilnehmende bzw. nicht-teilnehmende Beobachtung. Bei der *teilnehmenden* Beobachtung übernimmt der Beobachter eine aktive Rolle innerhalb des zu beobachtenden sozialen Feldes, er wirkt also im Beobachtungsgeschehen mit. Bei der *nicht-teilnehmenden* Beobachtung besitzt er ausschließlich die Aufgabe, das Geschehen wahrzunehmen und zu registrieren.[408] Da beide Partizipationsformen in gewisser Weise eine Teilnahme oder zumindest Präsenz des Beobachters erfordern, spricht Atteslander hier auch von "aktiver" bzw. "passiver" Teilnahme.[409] Der Partizipationsgrad ist v.a. abhängig von der Art des vorliegenden Untersuchungsproblems und der Möglichkeit, im Falle aktiver Teilnahme Zugang zum Beobachtungsfeld zu erlangen. Beide Möglichkeiten sind im Rahmen qualitativer Marktforschung denkbar und lassen so verschiedene Formen der qualitativen Beobachtung zu.[410]

Die Transparenz der Untersuchungssituation bedeutet, inwieweit es der beobachteten Person bekannt ist, daß sie Gegenstand einer Beobachtung ist bzw. inwieweit der Beobachter als Forscher auftritt oder als solcher unerkannt bleibt.[411] Einige Autoren unterscheiden in diesem Zusammenhang zusätzlich noch die nicht-durchschaubare und quasi-biotische Situation. Diese betreffen "Zwischenstadien" der Transparenz, in denen den AP zwar die Versuchssituation, nicht aber deren Zweck bzw.

407) Siehe Nieschlag/Dichtl/Hörschgen (1991), S. 707.

408) Vgl. Berekoven/Eckert/Ellenrieder (1993), S. 119 sowie Nieschlag/Dichtl/Hörschgen (1991), S. 707.

409) Vgl. Atteslander (1984), S. 150 sowie S. 153 f. Was zu einer teilnehmenden, was zu einer nicht-teilnehmenden Beobachtung gezählt wird, ist in der Literatur durchaus umstritten. Anders als in dieser Arbeit zählt Seymour (1988a), S. 52, bereits die Teilnahme des Beobachters an einem Fernsehabend "im Familienkreis" als offene, teilnehmende Beobachtung. Hier soll die Abgrenzung jedoch so vorgenommen werden, daß alle Beobachter im Feld, die *keine andere Rolle* übernehmen als die des Beobachters, eine nicht-teilnehmende Beobachtung durchführen. Erst die Übernahme einer zusätzlichen sozialen Rolle rechtfertigt dann die Bezeichnung der teilnehmenden Beobachtung. Vgl. hierzu auch Meffert (1992), S. 199 und Weis/Steinmetz (1991), S. 100 f.

410) In der Ethnologie und m.E. auch in der Soziologie wird im Rahmen qualitativer Forschung der teilnehmenden Beobachtung der Vorzug gegeben. Vgl. Lamnek (1989), S. 245 f. und S. 250 f. sowie ausführlich Friedrichs/Lüdtke (1973), S. 21 ff. Um in offener und alltagsnaher Weise Informationen für typische Marktforschungsprobleme zu erheben, ist ein "Eintauchen in das soziale Feld" aufgrund anderer Untersuchungsschwerpunkte hier nicht immer erforderlich.

411) Siehe Weis/Steinmetz (1991), S. 99.

weder deren Zweck noch die eigene Aufgabe bekannt ist.[412] Da diese Unterscheidung v.a. der Konzeption von Laborbeobachtungen dient, sollen sie hier lediglich als "gemäßigte" Varianten der offenen Beobachtung behandelt werden.

Bei der *verdeckten* Beobachtung glauben sich die Versuchspersonen unbeobachtet und handeln ganz natürlich. Bei der *offenen* Beobachtung ist sich die beobachtete Person der Untersuchung bewußt, was zu Verhaltensänderungen führen kann (Beobachtungseffekt).[413] Auch die Frage nach der Transparenz der Untersuchungssituation ist zunächst mehr durch das Untersuchungsproblem und den situativen Kontext determiniert. In der qualitativen Marktforschung sind beide Formen denkbar.[414]

Zusammenfassend kann die idealtypische qualitative Beobachtung gekennzeichnet werden als *systematische und unstrukturierte Feldbeobachtung*. Dabei entspricht die Unstrukturiertheit insbesondere der Forderung nach *Offenheit*, der umfassende, ganzheitliche Anspruch der Beobachtung im natürlichen Feld der Forderung nach *Kommunikativität* in der qualitativen Forschung.[415]

Diese Form der Beobachtung ist hierdurch nicht auf bestimmte Verhaltensausprägungen beschränkt (wie bspw. beim Einsatz apparativer Beobachtungstechniken), sondern ist aufgrund ihrer Umfassendheit in der Lage, der Entwicklung typischer (und ggf. unerwarteter) Verhaltensmuster und Handlungsabläufe genügend Raum zu gewähren.[416] Die Merkmale "Partizipationsgrad" und "Transparenz der Untersuchungssituation" dienen dabei einer zusätzlichen Differenzierung der qualitativen Beobachtung.

Die folgende Abbildung 19 macht diese Zusammenhänge nochmals deutlich.

---

412) Vgl. ausführlicher Berekoven/Eckert/Ellenrieder (1993), S. 118 f.
413) Vgl. Hammann/Erichson (1990), S. 96.
414) Allerdings räumt Lamnek der offenen Beobachtung in den Sozialwissenschaften schon aus ethischen Gründen einen höheren Stellenwert ein. Siehe Lamnek (1989), S. 286289. Hierbei ist zu bedenken, daß sich die Marktforschung der Beobachtung in den meisten Fällen dazu bedient, Kauf- und Verwendungsverhalten von Käufern bzw. Produktnutzern zu untersuchen. Ethische Probleme sind hier zwar natürlich nicht auszuschließen, werden jedoch weniger häufig auftreten als in ethnologischen oder soziologischen Untersuchungen sozialer Gemeinschaften.
415) Vgl. Lamnek (1989), S. 253 ff.
416) Siehe Girtler (1984), S. 146.

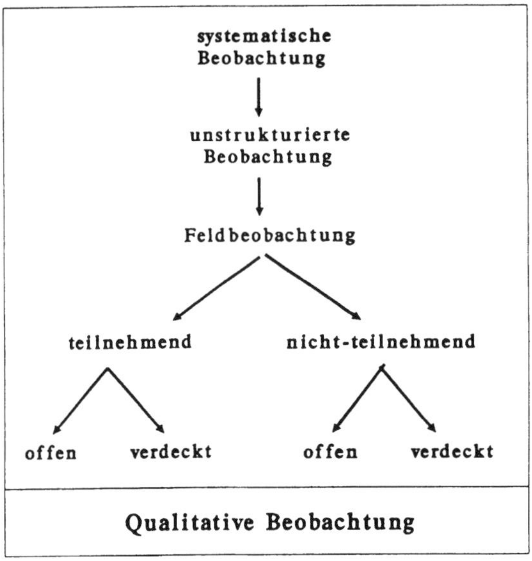

Abb. 19: Kennzeichen der qualitativen Beobachtung

3.4.2 Nutzen und Grenzen qualitativer Beobachtungsmethoden

Die qualitative Beobachtung untersucht das tatsächliche Verhalten der zu beobachtenden Personen in ihrer natürlichen Umgebung in offener und systematischer, aber nicht standardisierter bzw. strukturierter Art und Weise. Damit ist sie in der Lage, beobachtbare Sachverhalte umfassend und realitätsgerecht in die Untersuchung einfließen zu lassen. Der grundlegende Vorwurf, der dieser Form der Beobachtung gemacht wird, bezieht sich auf das Problem der *nicht-kontrollierbaren Informationsselektion* und der damit verbundenen Gefahr einer subjektiven Interpretation des beobachteten Geschehens durch den Forscher.[417)]

Bei der unstrukturierten Beobachtung arbeitet der Beobachter ohne festgelegtes Kategorienschema. Dies bedeutet, daß er mehr oder weniger selbst zu entscheiden hat, welche Beobachtungen für die Untersuchung relevant erscheinen. Nur in wenig komplexen Beobachtungssituationen ist es möglich, wirklich alle Aspekte zu berück-

417) Vgl. hierzu bspw. Rogge (1981), S. 127 sowie Becker (1973), S. 25 ff.

sichtigen.[418] Ansonsten wird die Informationsselektion in der Tat dem Beobachter überlassen. Dem ist jedoch entgegenzuhalten, daß auch die strukturierte Beobachtung Informationsselektion betreibt, da durch die Vorgabe bestimmter Kategorien nur die so festgelegten Beobachtungsinhalte erfaßt werden.[419] Allerdings kann diese Selektion evtl. nachvollziehbarer und damit kontrollierbarer gestaltet werden als bei der unstrukturierten Beobachtung. Verzerrungen durch den Beobachter z.B. aufgrund ungenauer Aufzeichnungen oder Zuordnungen zu den Kategorien sind jedoch auch bei der strukturierten Beobachtung weiterhin möglich. Der Unterschied besteht also lediglich im Zeitpunkt bzw. in der personellen Verantwortlichkeit der Selektion. Hinzu kommt, daß sich die Erstellung eines geeigneten Kategorienschemas umso schwieriger gestaltet, je komplexer der zu beobachtende Sachverhalt ist.[420]

Die Frage, ob Beobachtungskategorien vorgegeben werden sollen oder nicht, hängt somit weniger von der grundsätzlichen Vorzugswürdigkeit der einen oder anderen Beobachtungsform, sondern vielmehr vom *Ziel* der Untersuchung und dem problembezogenen *Wissensstand* ab. Beobachtungskategorien können nur dann vorgegeben werden, wenn ein entsprechendes Vorwissen darüber besteht, welche gewählten Kategorien problemrelevant und umfassend sind. Ohne dieses Wissen ist ein unstrukturiertes Vorgehen angeraten.[421] Richtig ist, daß im Falle unstrukturierter Beobachtung hohe Ansprüche an die Fähigkeiten des Beobachters gestellt werden. Allerdings sind diese nicht unbedingt höher als die Ansprüche an die Person, die solche Kategorien festlegt.[422]

Schwerwiegender als das Problem der Informationsselektion erscheint insbesondere bei unstrukturiertem Vorgehen die Trennung von Beobachtung und eigener Interpretation.[423] Die Aufzeichnungen der Beobachtungssituation sind in hohem Maße von dem Wahrnehmungs- und Erinnerungsvermögen des Beobachters abhängig. Da auch der Beobachter kulturell nicht unbeeinflußt ist, kann es aufgrund seiner persönlichen Lebenserfahrungen und seines kulturell gebundenen Denkens zu verzerrenden Interpretationen des beobachteten Geschehens kommen (*Ethnozentrismus*). Zusätzlich besteht insbesondere bei der teilnehmenden Beobachtung die Gefahr einer

418) Siehe Selltiz/Jahoda/Deutsch et al. (1972a), S. 245 f.
419) Vgl. Böhler (1992), S. 92 f.
420) Siehe Grümer (1974), S. 39.
421) Ähnlich argumentieren auch McDaniel/Gates (1991), S. 252.
422) Vgl. Atteslander (1984), S. 187. Der einseitigen Forderung nach einem zwingend notwendigen, festen Beobachtungsschema, wie sie bspw. Kromrey (1980), S. 180, vertritt, kann aus diesem Grund hier nicht gefolgt werden.
423) Vgl. Selltiz/Jahoda/Deutsch et al. (1972a), S. 254.

Überidentifikation mit den beobachteten Personen ("*going native*").[424] Auch Form und Zeitpunkt der Aufzeichnungen sind hierbei von großer Bedeutung für deren "Qualität". Ob die erforderlichen Aufzeichnungen erst im Nachhinein angefertigt werden, ist v.a. mit der Frage nach der offenen oder verdeckten Beobachtung verknüpft.[425] Zumindest ist aber eine entsprechende Schulung und Selbstkontrolle des Beobachters in dieser Sache notwendig.[426] Auch die Unterstützung durch Film- bzw. Videoaufzeichnungen oder aber der Einsatz von zwei (oder mehr) Beobachtern ist hier hilfreich.[427]

Um den oben genannten Gefahren entgegenzuwirken, werden bei einer unstrukturierten Beobachtung üblicherweise Beobachtungsleitfäden erstellt, die die verschiedenen Dimensionen einer Beobachtungssituation enthalten. Dabei werden i.d.R. folgende Punkte berücksichtigt:[428]

- die Beschreibung der Teilnehmer
- der Schauplatz und die sonstigen situativen Kontextfaktoren
- der Zweck, der alle Teilnehmer zusammenführt
- das soziale Verhalten aller Beteiligten, z.B. im Hinblick auf auslösende Ereignisse oder Folgen von Handlungen, auf determinierende Normen, Abweichungen von diesen oder mögliche Widersprüchlichkeiten
- Häufigkeit und Dauer bestimmter Geschehnisse oder Situationen bzw. auftretender Regelmäßigkeiten

Diese Aspekte müssen nicht alle vollständig und in jedem Fall erfaßt werden, sondern dienen dem Forscher lediglich als "Gedächtnisstütze" für die Anfertigung seiner Beobachtungsprotokolle.[429] Die Methode der Beobachtung weist zwar den Vorteil auf, nicht auf die Auskunftsbereitschaft und -fähigkeit der AP angewiesen zu sein, besitzt dadurch allerdings auch den Nachteil, daß bei der *Auswertung* von dem beobachteten Handeln der Personen auf deren dahinter verborgene Intentionen geschlossen werden muß.[430] Diese Problematik gilt jedoch gleichermaßen für die qualitative

424) Siehe zu diesen Verzerrungsursachen auch bereits McCall (1969), S. 132 ff. und Grümer (1974), S. 64 f.

425) Siehe Atteslander (1984), S. 184 f. sowie Kap. 3.4.3.

426) Ein Beispiel zur Trennung von Beobachtung und Interpretation durch systematische Selbstkontrolle bei der nachträglichen Aufzeichnung und Auswertung der Ergebnisse gibt Atteslander (1984), S. 183.

427) Siehe Selltiz/Jahoda/Deutsch et al. (1972a), S. 254.

428) Vgl. hierzu und im folgenden Jahoda/Deutsch/Cook (1972), S. 89 f.; Selltiz/Jahoda/ Deutsch et al. (1972a), S. 247-249 sowie Girtler (1984), S. 133 ff.

429) Siehe Selltiz/Jahoda/Deutsch et al. (1972a), S. 247.

430) Vgl. Atteslander (1984), S. 145 f. und S. 157 f.

und quantitative Beobachtung. Hinsichtlich der Auswertungs*technik* kann schließlich auf die bereits oben beschriebene qualitative Inhaltsanalyse verwiesen werden.431) Die besondere Problematik der *qualitativen* Beobachtung betrifft also vor allem die möglichst genaue Wiedergabe der beobachteten Ereignisse durch den Forscher.

Zusammenfassend kann festgehalten werden, daß die qualitative Beobachtung insbesondere der Erfassung von Entstehung und Wirkung von Handlungen und Verhaltensmustern in eher unbekannten Problemfeldern dient. Da sie nicht auf die Auskunftsbereitschaft oder -fähigkeit der zu untersuchenden Personen angewiesen ist, eignet sie sich besonders für solche Inhalte, die z.B. im Interview nur unzureichend erfaßt werden können (wie bspw. routinisierte, alltägliche Handlungen).432) Ist die Entscheidung für eine Beobachtung als adäquate Untersuchungsmethode gefallen, bestimmt vor allem der vorhandene, problembezogene Wissensstand die Wahl zwischen strukturiertem und unstrukturiertem Vorgehen. Da somit auch die grundsätzlichen Argumente für oder gegen eine Beobachtung zur näheren Kennzeichnung der *qualitativen* Beobachtung nicht weiter beitragen, kann an dieser Stelle auf die entsprechende Literatur verwiesen werden.433) Interessanter erscheint nun noch, welche konkreten Formen qualitativer Beobachtung unterschieden werden können und inwieweit diese bereits Anwendung in der Marktforschung finden.

3.4.3 Formen qualitativer Beobachtung

Durch die Entscheidung über Teilnahme bzw. Nicht-Teilnahme des Beobachters ("*Partizipationsgrad*") einerseits und offener bzw. verdeckter Vorgehensweise ("*Transparenz der Untersuchungssituation*") andererseits können verschiedene Formen qualitativer Beobachtung gebildet werden. Dabei kommt der Frage nach dem Partizipationsgrad des Forschers im Hinblick auf die Konzeption der Untersuchung die zunächst größere Bedeutung zu.

3.4.3.1 Die teilnehmende qualitative Beobachtung

Auch im Rahmen der Marktforschung kann die teilnehmende qualitative Beobachtung eingesetzt werden. Dabei besitzt sie für den Forscher den Vorteil, eine große Nähe zum angestrebten sozialen Feld zuzulassen und damit die Möglichkeit, ein

431) Siehe Zikmund (1982), S. 221 f. und Kap. 3.1.3.
432) Vgl. Salcher (1978), S. 29.
433) Vgl. z.B. Böhler (1992), S. 95 f.; McDaniel/Gates (1991), S. 253 f.; Rogge (1981), S. 129 f.

authentischeres und damit besseres Verständnis für die Beobachtungssituation zu erlangen.[434] Allerdings sind mit dieser Teilnahme am zu beobachtenden Geschehnis auch einige Nachteile und Gefahren verbunden: Zum einen kann der Beobachter als aktiver Teilnehmer der Situation diese selbst verändern bzw. auf die Reaktionen anderer Einfluß nehmen. Es ist daher von großer Wichtigkeit, daß die Rolle, die der Beobachter einnimmt, genügend Distanz zum beobachteten Geschehen aufweist. Eine weitere Gefahr besteht dann, wenn der Forscher bei längeren Untersuchungen zu sehr in seiner Umgebung aufgeht, evtl. sogar deren Urteilsmaßstäbe und Verhaltensmuster übernimmt und dabei den Blick für Selbstverständlichkeiten verliert (sog. "going native").[435]

Insgesamt bietet sich die teilnehmende Beobachtung jedoch immer in den Fällen an, wenn mögliche Verzerrungen der Beobachtungssituation durch die Teilnahme des Beobachters als gering eingeschätzt werden. Dies ist insbesondere dann günstig, wenn er besonders typische (stereotype) Rollen übernehmen kann. Verbunden ist damit natürlich die Möglichkeit, überhaupt erst einmal Zugang zu dem untersuchten sozialen Feld zu finden. Dann aber wird es möglich, Einblicke in Verhaltensweisen und in den Ablauf sozialer Prozesse zu gewinnen, die von außen nur schwer erkennbar sind oder sogar nur durch die Übernahme einer bestimmten Rolle im Feld ermittelt werden können.[436] Die teilnehmende Beobachtung empfiehlt sich weiterhin immer dann, wenn noch sehr wenige Kenntnisse über den Untersuchungsgegenstand vorliegen.[437] Wann sich im Rahmen der teilnehmenden Beobachtung eine offene oder verdeckte Vorgehensweise anbietet, soll nun im folgenden geklärt werden.

Die offene und teilnehmende qualitative Beobachtung wird in der Marktforschung im Gegensatz zu ihrer Bedeutung in der Soziologie und Ethnologie praktisch kaum eingesetzt.[438] Das liegt v.a. daran, daß zusätzlich zu den oben beschriebenen möglichen Einflüssen durch die Teilnahme des Forschers noch die Gefahr eines sog. *Beobachtungseffektes* besteht. Dies bedeutet, daß die beobachteten Personen ihr Ver-

434) Siehe Stafford/Stafford (1993), S. 69, Lamnek (1989), S. 257 ff. sowie Berekoven/Eckert/Ellenrieder (1993), S. 119.

435) Vgl. Selltiz/Jahoda/Deutsch et al. (1972a), S. 255. Siehe zur Gefahr des "going native" auch Girtler (1984), S. 63 ff.

436) Vgl. Deges (1992), S. 86 sowie die Beispiele bei Böhler (1992), S. 93 f.

437) Vgl. Böhler (1992), S. 94.

438) In der Soziologie gilt die Studie von Whyte (1943) über die amerikanische Slum-Gegend "Cornerville" als klassische Form der unstrukturierten, offenen teilnehmenden Beobachtung. Aber auch hier verbarg der Forscher seine soziologische Zielsetzung hinter der Behauptung, er wolle lediglich ein Buch über dieses Viertel schreiben. Es handelt sich mithin nicht um eine offene, sondern eine quasi-biotische Untersuchungssituation. Vgl. zu dieser Unterscheidung Berekoven/Eckert/ Ellenrieder (1991), S. 118 f.

halten ändern könnten, weil sie sich der Beobachtungssituation bewußt sind.[439] Die Inkaufnahme beider Einflüsse läßt sich wohl nur in solchen Situationen rechtfertigen, in denen der Beobachter über einen längeren Zeitraum einer sozialen Gemeinschaft angehört und sich seine Tätigkeit aus z.B. ethischen oder rechtlichen Gründen verdeckt nicht durchführen läßt. Während diese Situation z.B. bei einem monate- oder jahrelangen Studium sozialer Randgruppen häufiger auftritt, ist sie in der Marktforschung eher unwahrscheinlich. Diese Variante kann damit vernachlässigt werden.[440]

Im Gegensatz zur offenen Teilnahme ist die verdeckte und teilnehmende qualitative Beobachtung in der Marktforschung durchaus geläufig. Einsatzmöglichkeiten werden hier v.a. in der *Testkundenforschung* gesehen, in denen der Forscher z.B. in Einkaufsstätten oder bei Dienstleistungsanbietern als Kunde auftritt.[441] Umgekehrt können die Beobachter auch als *Mitarbeiter von Unternehmen* (z.B. als Außendienstmitarbeiter) oder Handelsgeschäften (z.B. als Verkäufer) auftreten.[442] Der *Beobachtungseffekt* wird bei der verdeckten teilnehmenden Beobachtung durch eine Tarnung des Beobachters vermieden. Die Teilnahme am Beobachtungsgeschehen besitzt dabei den Vorteil, daß die *Anwesenheit* des Forschers durch seine Rolle legitimiert wird und die verdeckte Beobachtung somit unterstützt.[443] Allerdings birgt die verdeckte Beobachtung v.a. zwei Probleme: Zum einen müssen ethische und auch rechtliche Gesichtspunkte berücksichtigt werden, da die Untersuchung ohne Einwilligung und Wissen der beobachteten Personen durchgeführt wird.[444] Zum anderen können Aufzeichnungen und Notizen aus verständlichen Gründen nicht vor Ort angefertigt werden.[445] Dies wirkt sich bei der teilnehmenden Beobachtung stär-

439) Siehe Hammann/Erichson (1990), S. 96 und Kromrey (1980), S. 181.

440) Ähnlich äußert sich Salcher (1978), S. 104.

441) Vgl. hierzu ausführlich Deges (1992); Wolf (1988), S. 85 f. sowie Seymour (1988a), S. 76.

442) Siehe die Beispiele bei Stafford/Stafford (1993), S. 69 und Böhler (1992), S. 93 f. Gerade die hier genannten Beispiele beziehen sich dabei auf Untersuchungen, mittels derer bisher noch unbekannte Problemdimensionen aufgedeckt werden sollen. Der Nutzen unstrukturierter Beobachtung wird hier besonders deutlich.

443) Vgl. Becker (1973), S. 44 f.

444) Vgl. zur ethischen Problematik Stafford/Stafford (1993), S. 67 f., Girtler (1984), S. 124 ff. und Friedrichs/Lüdtke (1973), S. 27. Zur rechtlichen Problematik, insbesondere bezüglich der Wahrung des allgemeinen Persönlichkeitsrechts, siehe Nieschlag/Dichtl/Hörschgen (1991), S. 707 sowie Becker (1973), S. 34 f. Im Marketing selbst sind Richtlinien formuliert worden, die den Schutz des Individuums vor gewissen Marktforschungspraktiken zum Ziel haben. Ein solch ethisch geprägter Verhaltenskodex ist von der American Marketing Association (1991) mit dem "AMA code of ethics" und auch von The Market Research Society (1992) mit dem "MRS Code of Conduct" veröffentlicht worden. Vgl. hierzu Stafford/Stafford (1993), S. 68 sowie den Kommentar zum "MRS Code of Conduct" von Robson (1991).

445) Ein Nachteil verdeckter Beobachtung, der allerdings strukturierte Untersuchungen stärker beeinträchtigt. Vgl. Atteslander (1984), S. 154 und Berekoven/Eckert/Ellenrieder (1993), S. 119.

ker aus als bei der nicht-teilnehmenden Variante, da der Beobachter hier eine Rolle innerhalb des sozialen Feldes übernimmt, der er sich u.U. schlechter zu solchen Zwecken entziehen kann.

3.4.3.2 Die nicht-teilnehmende qualitative Beobachtung

Die nicht-teilnehmende Beobachtung besitzt den Vorteil, daß der Beobachter selbst das Geschehen nicht mitbeeinflussen kann, da er keine andere Rolle als die des Beobachters im Feld einnimmt. Diese Distanz nimmt dem Forscher zwar die Möglichkeit des unmittelbaren Erlebens der beobachteten Situation, verhindert jedoch auch Verzerrungen, die durch eine solche Rollenübernahme verursacht werden können.[446)] Die nicht-teilnehmende qualitative Beobachtung wird v.a. dann eingesetzt, wenn ein Zugang zum sozialen Feld als Teilnehmer entweder nicht möglich oder nicht notwendig erscheint.[447)]

Möglichkeiten der offenen und nicht-teilnehmenden Beobachtung liegen z.B. in der Untersuchung von Handlungsabläufen oder Arbeitsverrichtungen, die weder eine Teilnahme des Forschers erforderlich machen, noch durch evtl. auftretende Beobachtungseffekte zu sehr verzerrt werden. Ein Beispiel für die nicht-teilnehmende und offene Beobachtung wäre die Untersuchung über das Fernsehverhalten in Familien, bei der der Forscher den Abend gemeinsam mit der Familie vor dem Fernseher verbringt.[448)] Weitere Einsatzmöglichkeiten wären z.B. für einen Küchenhersteller die Beobachtung routinisierter Arbeitsabläufe einer Hausfrau in ihrer Küche oder für einen industriellen Anbieter die Beobachtung relevanter Arbeitsprozesse im Unternehmen eines Großkunden.[449)] Die Besonderheit dieser Variante liegt darin, daß den beobachteten (oder entscheidungsbefugten) Personen der Zweck der Untersuchung bekannt ist. Dies erleichtert insbesondere die Aufzeichnungsmodalitäten.[450)]

Wird die nicht-teilnehmende Beobachtung in verdeckter Form durchgeführt, so ist dies fast nur an öffentlich zugänglichen Orten möglich. Die Gründe hierfür liegen

446) Da sich die nicht-teilnehmende Beobachtung i.d.R. nur auf öffentlich zugängliche Orte beschränkt, erlangt die ethische Problematik weniger Gewicht. Allerdings können Probleme hier durch die Aufzeichnungen entstehen, die nicht durch den Beobachteten legitimiert werden. Vgl. Stafford/Stafford (1993), S. 69 f.

447) Siehe Grümer (1974), S. 51.

448) Seymour (1988a), S. 52 berichtet in diesem Zusammenhang von einer Studie über die Reaktionen von Kindern auf TV-Werbespots.

449) Siehe hierzu auch die Beispiele bei Stafford/Stafford (1993), S. 69 f. sowie Koppelmann (1993), S. 95 f.

450) Vgl. Stafford/Stafford (1993), S. 70 f. sowie Kromrey (1980), S. 181.

neben den bereits oben erwähnten ethischen und rechtlichen Problemen v.a. darin, daß (anders als in der teilnehmenden Beobachtung) die Legitimation des Beobachters durch eine Rollenübernahme im Feld fehlt. So stellt seine Plazierung denn auch das größte Problem dar. Im Rahmen von Kaufverhaltensbeobachtungen werden aus diesem Grund zunehmend Videoaufzeichnungen (z.B. über evtl. vorhandene Überwachungsanlagen) eingesetzt.[451]

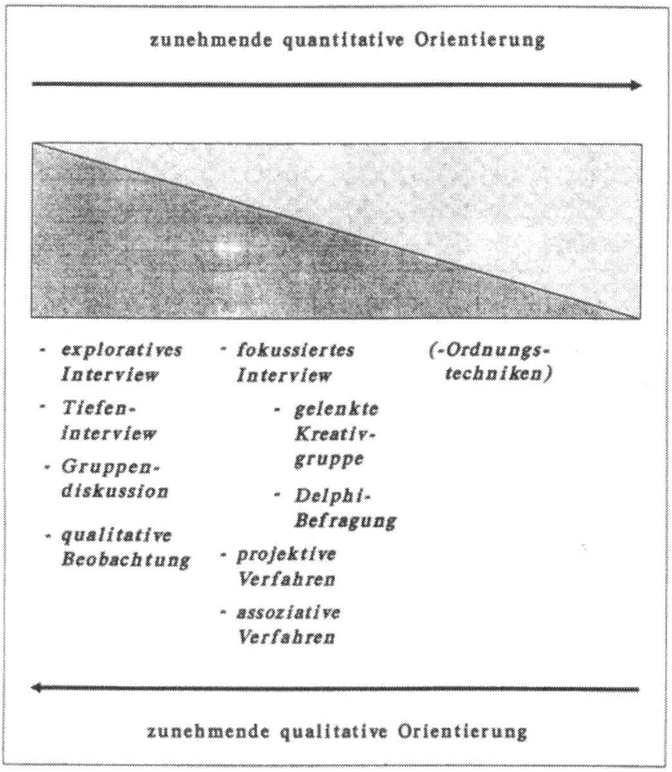

Abb. 20: Qualitative Erhebungsmethoden im Kontinuum quantitativer und qualitativer Forschung (Teil IV)

Diese Ausführungen mögen genügen, um die unterschiedlichen Einsatzmöglichkeiten, Vor- und Nachteile der verschiedenen qualitativen Beobachtungsformen aufzuzeigen. Es ist deutlich geworden, daß die qualitative Beobachtung zur Erhebung verhaltensbezogener Informationen, und hier insbesondere bei der Strukturierung

451) Vgl. Salcher (1978), S. 114.

relativ unbekannter Untersuchungsfelder oder zur Erforschung ursächlicher Einflußfaktoren, einen wichtigen Beitrag zu leisten vermag. Abb. 20 gibt nun nach der zusätzlichen Einordnung der qualitativen Beobachtung einen vergleichenden Überblick über alle hier dargestellten Methodenarten in dem Kontinuum quantitativer und qualitativer Forschung.

Die Systematisierung und Beschreibung qualitativer Methoden ist an dieser Stelle im Prinzip abgeschlossen. Bevor nun ein kurzer Exkurs zur Einzelfallstudie folgt, bleibt noch eines anzumerken: Die vorliegende Systematisierung kann insgesamt nur insofern als vollständig bezeichnet werden, als daß sie die *grundsätzlichen Methodenarten* qualitativer Marktforschung umfaßt. Die vielfältigen methodischen Varianten, auf die bereits im Text hingewiesen wurde, haben dabei schon deutlich gemacht, daß es in Abhängigkeit von dem jeweiligen Untersuchungsziel möglich ist, die einzelnen Methoden zu modifizieren und auch miteinander zu kombinieren. Solange die konstituierenden Merkmale qualitativer Marktforschung hierbei entsprechende Beachtung finden und der speziellen qualitativen Zielsetzung damit Rechnung getragen wird, sind solche Variationen und Kombinationen nicht nur möglich, sondern sogar ausdrücklich erwünscht.[452)]

3.5 EXKURS: Die Einzelfallstudie in der qualitativen Marktforschung

In Ergänzung zu den verschiedenen qualitativen Methoden soll an dieser Stelle noch auf die Bedeutung der Einzelfallstudie in der qualitativen Marktforschung eingegangen werden. Hierbei handelt es sich nicht, wie z.T. vermittelt wird, um eine spezielle Untersuchungs*methode*, sondern um einen *Forschungsansatz*[453)] oder besser noch um eine *Untersuchungsform*.[454)] Eine Untersuchungsform in diesem Sinne beinhaltet eine bestimmte Vorgehensweise, die sich an einem theoretischen Paradigma oder einer speziellen Methodologie orientiert. Welche *konkreten Methoden* hierbei einzusetzen sind, ist allerdings *nicht* festgelegt.[455)]

---

452) Siehe zu dieser Auffassung auch Schillinger (1988), S. 377 f.

453) Siehe hierzu auch Goode/Hatt (1962), S. 299. Als Forschungsansatz könnte die Einzelfallstudie damit in die Nähe der explorativen, deskriptiven und kausalanalytischen Untersuchungsdesigns rücken. Vgl. auch Kap. 4.1. Anders als diese liegt die Besonderheit der Einzelfallstudie jedoch nicht so sehr in der Art der erhaltenen Informationen oder in der Form der Untersuchungskonzeption. Sie stellt vielmehr die Untersuchungseinheit in den Mittelpunkt der Betrachtung. Zudem kann die Einzelfallstudie auch im Rahmen eines explorativen Untersuchungsansatzes durchgeführt werden und ist somit von den Untersuchungsdesigns zu unterscheiden.

454) Den Begriff der "Untersuchungsform" benutzt z.B. Westmeyer (1979), S. 17.

455) Siehe Aaker/Day (1986), S. 129 sowie Lamnek (1989), S. 5 und die dort angegebene Literatur.

Die Einzelfallstudie kann als umfassende und individuelle Untersuchung sozialer Einheiten aufgefaßt werden. Hierzu gehören bspw. Personen, Gruppen, Organisationen oder auch Kulturen.[456] Das Besondere ist dabei, daß jede dieser sozialen Einheiten als Einzelfall einer in sich abgeschlossenen Untersuchung betrachtet werden kann.[457] "Die Einzelfallstudie ist demnach keine besondere Technik. *Sie ist vielmehr eine bestimmte Art, das Forschungsmaterial so zu ordnen, daß der einheitliche Charakter des untersuchten sozialen Gegenstandes erhalten bleibt.* Anders ausgedrückt ist die Einzelfallstudie ein Ansatz, bei dem jede soziale Einheit als ein ganzes angesehen wird."[458]

Ziel ist es, ein detailliertes und ganzheitliches Verständnis für den vorliegenden Fall zu entwickeln und alle für das Untersuchungsobjekt relevanten Dimensionen in die Analyse einzubeziehen.[459] Beim Untersuchungsgegenstand solcher Einzelfallstudien handelt es sich folgerichtig um in irgendeiner Form besonders geartete bzw. interessierende Fälle, deren singuläre und individuelle Betrachtung den bestehenden Informationsbedarf decken kann.[460]

In der Wirtschafts- und Sozialforschung ist die Einzelfallstudie meist mit der qualitativen Forschungslogik verbunden.[461] Das bedeutet zum einen, daß qualitative Methoden zur Erhebung eingesetzt werden und zum anderen, daß sie in Ziel und Zweck qualitativen Prinzipien folgt. So lassen sich mit dem Streben nach einem ganzheitlichen und umfassenden Verständnis des Untersuchungsfalles sehr leicht die qualitativen Forderungen nach *Offenheit* und *Kommunikativität* verknüpfen.[462]
Die Offenheit der Einzelfallstudie zeigt sich dabei v.a. in dem Bestreben, eine dem Untersuchungsgegenstand jeweils angemessene Forschungskonzeption und Metho-

456) Vgl. Reinecker (1984), S. 277 sowie Lamnek (1989), S. 5 f.

457) Sind in die Untersuchung nur wenige ausgesuchte Fälle miteinbezogen, wird von einer Fallstudie gesprochen. Ist im Extrem nur ein einziger Fall Gegenstand der Untersuchung, liegt eine Einzelfallstudie vor. Siehe hierzu Kromrey (1980), S. 311 f. Beide Möglichkeiten sollen im folgenden jedoch gemeinsam betrachtet werden, da sich auch beim Vorliegen mehrerer Fallstudien am Grundanliegen dieses Ansatzes nichts ändert.

458) Goode/Hatt (1962), S. 300 (Hervorhebung durch die Autoren).

459) Vgl. Lamnek (1989), S. 6 f.

460) Ähnlich auch Kromrey (1980), S. 312 sowie Zikmund (1989), S. 122.

461) Vgl. z.B. Aaker/Day (1986), S. 129 und Goode/Hatt (1962), S. 299. Allerdings ist es auch möglich, hierbei teilweise oder ausschließlich quantitative Methoden zu verwenden. Siehe Bonoma (1985), S. 203. Jedoch erscheint der Nutzen einer standardisierten, anhand strenger meßtheoretischer Vorschriften durchgeführten und statistisch auszuwertenden Einzelfallstudie, wie sie bspw. von Reinecker (1984), S. 283-285 beschrieben wird, doch eher eingeschränkt. Vgl. zu dieser Auffassung auch bereits Goode/Hatt (1962), S. 206.

462) Das Merkmal der Typisierung setzt immer die Betrachtung mehr als eines Falles voraus und kann somit hier vernachlässigt werden.

denkombination auszuwählen.[463] Diese Flexibilität scheint die qualitative Forderung nach einer stärkeren Gegenstandsorientierung im Forschungsprozeß (im Gegensatz zur Methodenorientierung) besonders gut berücksichtigen zu können.[464] Um einen ganzheitlichen Zugang zum Untersuchungsfall zu erlangen, ist es ebenfalls von großer Bedeutung, die Kommunikativität der eingesetzten Methoden zu berücksichtigen, um eine möglichst "wahre" Deutung der Informationen vornehmen zu können.[465]

In der *Marktforschung* scheint dem Ansatz der Einzelfallstudie auf den ersten Blick eine nur unbedeutende Rolle zuzukommen. Erst bei näherer Betrachtung wird ihr bereits gegebener Stellenwert zur Lösung bestimmter Marktforschungsaufgaben sichtbar. Die oben beschriebenen Kennzeichen der Einzelfallstudie charakterisieren sie als Möglichkeit, sich in umfassender Art und Weise einem einzelnen Untersuchungsfall zu nähern. Die Art der angestrebten Informationen bedingt dabei die auszuwählende Methodenkombination. In der Marktforschung sind zwei grundsätzliche Nutzungsmöglichkeiten denkbar:

Zum einen können durch Einzelfallstudien erste Informationen für eine größer angelegte Untersuchung gesammelt werden. Dies kann die Exploration des Untersuchungsfeldes, die Hypothesenentwicklung und die Operationalisierung zu erhebender Variablen betreffen. Weiterhin werden die Ergebnisse solcher Studien auch zur Illustration quantitativer Ergebnisse herangezogen.[466] Diese Funktionen sind hinreichend bekannt und bedürfen keiner weiteren Erläuterung.

Zum anderen besteht jedoch auch die Möglichkeit, daß die Einzelfallstudie als abgeschlossene Untersuchung der Deckung eines ganz speziellen Informationsbedarfs dient. Dies ist immer dann der Fall, wenn sich die benötigten Informationen ausschließlich auf die untersuchte soziale Einheit der Studie beziehen. Bevor dieser Sachverhalt durch Beispiele aus der Marktforschung verdeutlicht wird, sollen zunächst verschiedene Typen solcher eigenständigen Einzelfallstudien aufgezeigt werden.

Lamnek (1989) unterscheidet zur Differenzierung solcher Typen (a) wer die Untersuchungseinheit sein soll und (b) welcher Art die vorliegende Forschungsfrage

463) Siehe Zikmund (1989), S. 122.
464) Vgl. Westmeyer (1979), S. 18 f. und Lamnek (1989), S. 4.
465) Siehe Lamnek (1989), S. 17-19.
466) Siehe hierzu Lamnek (1989), S. 10 ff. und Goode/Hatt (1962), S. 206.

ist.[467] Als Untersuchungseinheiten trennt er dabei zwischen Einzelpersonen einerseits und sozialen Aggregaten andererseits. Die Art der vorliegenden Forschungsfrage reduziert er auf die Unterscheidung, ob die Binnenstruktur, also alle Komponenten und Strukturen innerhalb der betrachteten Untersuchungseinheit, oder die Außenkontakte der sozialen Einheit betrachtet werden.

Daraus ergeben sich folgende Typen (eigenständiger) Fallstudien:

	Untersuchungseinheit der Studie	
Forschungsfrage	**Einzelperson**	**soziales Aggregat**
Binnenstruktur	**TYP 1**	**TYP 3**
Außenkontakte	**TYP 2**	**TYP 4**

Abb. 21: Typen von Fallstudien nach zwei ausgewählten Dimensionen (Quelle: Lamnek (1989), S. 29.)

In der Marktforschung kann die Untersuchung von Einzelpersonen im Rahmen von Fallstudien als unwahrscheinlich angenommen werden. Untersuchungsobjekt sind vielmehr soziale Aggregate. Dabei wird es sich in den meisten Fällen um andere Unternehmungen und um gesellschaftliche, politische oder soziale Organisationen jeder Art handeln. Im einigen Fällen sind auch ganze Kulturen als Untersuchungseinheit denkbar.

Einzelfallstudien oder Fallstudien, die die Binnenstruktur solcher sozialen Aggregate untersuchen, sind in der Marktforschung durchaus bekannt. So werden z.B. im Rahmen der *Unternehmenskultur-Forschung* einzelne Unternehmungen (z.B. Marktführer der Branche) auf ihre kulturelle Ausprägung hin, d.h. auf ihre Sinnstrukturen und Handlungsmuster, die der Interpretation unternehmensspezifischer Situationen dienen können, analysiert.[468]

In einem ähnlichen Zusammenhang werden auch Untersuchungen über die Organisation einzelner Konkurrenzunternehmen im Rahmen der *Wettbewerbsanalyse* vorge-

467) Vgl. hierzu und im folgenden Lamnek (1989), S. 29 ff.
468) Vgl. Heinen (1987), S. 25. Siehe als Beispiel auch Hauser (1985).

schlagen.[469] Im Investitionsgüterbereich erlangen Einzelfalluntersuchungen z.B. über Besonderheiten im organisationalen Beschaffungsprozess wichtiger Kunden im Rahmen eines *Key-Account-Management* an Bedeutung.[470]

Auch bei der Betrachtung der Außenkontakte sozialer Aggregate lassen sich Einsatzmöglichkeiten von Einzelfallstudien aufzeigen: So sind im Rahmen der einzelunternehmensbezogenen *Wettbewerbsforschung* vielfältige Untersuchungen über das Verhalten einiger weniger, strategisch wichtiger Wettbewerber durch Einzelfallstudien zu realisieren: Es kann z.B. der Markteintritt eines neuen Wettbewerbers oder die Strategieänderung eines Konkurrenten eine in sich geschlossene Studie dieses Unternehmens und seiner Handlungen am Markt initiieren.[471] Schließlich können Fallstudien auch zur Erforschung einzelner relevanter Anspruchsgruppen (wie bspw. Umweltschutzorganisationen, Bürgerinitiativen oder auch Behörden) zwecks der Folgenabschätzung eigener Handlungen im Rahmen eines *Marketing-Assessment* eingesetzt werden.[472]

Diese Beispiele mögen ausreichen, um die vielfältigen Nutzungsmöglichkeiten von Einzelfallstudien zu verdeutlichen. Wie bereits oben erläutert, können in Fallstudien sowohl quantitative als auch qualitative Methoden eingesetzt werden, jedoch mit unterschiedlicher Zwecksetzung. Während z.B. im Rahmen der Wettbewerbsforschung routinemäßige Konkurrenzanalysen anhand standardisierter Einzelfallstudien denkbar sind, bieten sich für die fallweise Erforschung von Wettbewerbern aufgrund einer konkreten Situation (Markteintritt, wichtige Produktinnovation) in den meisten Fällen sicherlich vorwiegend qualitative Methoden an. Zumindest aber ist deutlich geworden, daß der Einzelfall-Approach eine für die qualitative Zielsetzung sinnvolle Vorgehensweise darstellen kann.[473]

Der Exkurs zur Einzelfallstudie ist hiermit abgeschlossen. In einem weiteren Schritt sollen nun die typischen Einsatzbereiche qualitativer Methoden nochmals aufgegriffen und einem systematischen Aufgabenschema zugeordnet werden. Mit Hilfe dieses Schemas können dann im Bereich des Konsum- und Investitionsgütersektors konkrete Aufgabenfelder qualitativer Marktforschung identifiziert und beispielhaft aufgezeigt werden.

---

469) Siehe z.B. Görgen (1992), S. 287 f.
470) Vgl. hierzu z.B. Sidow (1991), S. 97 ff. und Ebert/Lauer (1988), S. 61 ff.
471) Vgl. hierzu bspw. Görgen (1992), S. 58 ff. sowie S. 287-289.
472) Vgl. hierzu Köller (1992), S. 92-105.
473) Ähnlich auch Bonoma (1985), S. 206 f.

4. Grundsätzliche Aufgaben qualitativer Erhebungsmethoden und ihre Bedeutung für ausgewählte Marketing-Entscheidungen

Es wurde im Rahmen dieser Arbeit bereits an einigen Stellen darauf hingewiesen, daß die Art der vorliegenden Problemstellung für die Wahl entweder *qualitativer* oder *quantitativer* Methoden von entscheidender Bedeutung ist. Nachdem im letzten Kapitel die Vielzahl qualitativer Marktforschungsmethoden aufgezeigt wurde, stellt sich nun die Frage, inwieweit darüber Aussagen getroffen werden können, für welche Art von Untersuchungsproblemen diese Methoden besondere Relevanz besitzen. Dabei müssen zwei Betrachtungsdimensionen unterschieden werden: Zum einen geht es um die Anwendungsmöglichkeiten qualitativer Marktforschung insgesamt und damit um den Nutzen von Informationen, die den Prinzipien der Offenheit, Kommunikativität und Typisierung folgend erhoben wurden.[1] Zum anderen legt die methodische Vielfalt die Überlegung nahe, ob es bestimmte Aufgaben oder Problemstellungen gibt, für deren Lösung sich einzelne qualitative Methoden besser eignen als andere.

Um die Nutzungsmöglichkeiten qualitativer Marktforschung in diesem Sinne umfassend zu analysieren, teilt sich das Kapitel in drei Untersuchungsschritte: Zunächst wird aus methodenübergreifender Sicht das Verhältnis von *qualitativer Marktforschung* und *Exploration* dahingehend näher betrachtet, ob dieser Untersuchungsansatz als adäquates Einsatzgebiet qualitativer Methoden gewertet werden kann. Darauf folgt eine Kennzeichnung der *grundsätzlichen Aufgabenfelder* qualitativer Marktforschung. Anschließend sollen alle hier vorgestellten qualitativen Methoden auf ihren Beitrag zur Bewältigung dieser Aufgaben hin überprüft und bewertet werden. In einem letzten Schritt kann dann die *Relevanz* solcher Aufgaben für ausgewählte *Marketing-Entscheidungen* und der Einsatz entsprechender qualitativer Methoden anhand konkreter Beispiele aufgezeigt werden.

4.1 Das Verhältnis von qualitativer Marktforschung und Exploration

In der Literatur ist qualitative Marktforschung häufig mit dem Begriff der explorativen Forschung verknüpft. Entweder wird bei der Erläuterung des explorativen Untersuchungsdesigns der Einsatz qualitativer Methoden empfohlen oder aber in der Diskussion um qualitative Marktforschung auf den explorativen Charakter dieser

1) Vgl hierzu Kap. 2.4.

Methoden verwiesen.[2] Es erscheint somit sinnvoll, die Beziehung zwischen Exploration und qualitativer Marktforschung näher zu untersuchen.[3] Neben einer rein *methodenorientierten* Betrachtung der Marktforschung wird häufig auch eine mehr *untersuchungszweck-orientierte*, funktionale Einteilung nach verschiedenen Forschungszielen bzw. -ansätzen vorgenommen. Üblicherweise werden hierbei exploratives, deskriptives und experimentelles Untersuchungs- bzw. Forschungsdesign unterschieden.[4] Unter einem Untersuchungsdesign wird dabei gemeinhin die grundsätzliche Festlegung von Methoden und Verfahrensregeln verstanden, die der Beschaffung von Informationen zur Strukturierung oder Lösung eines Forschungsproblems zugrunde liegen sollen.[5]

Der deskriptive Untersuchungsansatz nimmt in der Marktforschung dabei den größten Stellenwert ein. Hier werden aufgrund festgelegter Forschungsziele detaillierte Marktforschungspläne erstellt, die eine genaue Beschreibung von Markttatbeständen und die Ermittlung von Merkmalsverteilungen zulassen.[6] Erklärtes Ziel dieses Untersuchungsansatzes ist die möglichst große *Genauigkeit* der Ergebnisse im Hinblick auf ihre *statistische Repräsentanz*.[7] Dabei können im Rahmen von Querschnittsanalysen beschreibende oder sich auf Häufigkeiten beziehende Daten in einem bestimmten Zeitpunkt erhoben werden. Längsschnittanalysen wiederholen solche Untersuchungen für dieselbe Stichprobe von AP in regelmäßigen Zeitabständen und lassen so bereits erste Einschätzungen über mögliche Wirkungszusammenhänge von Marketingmaßnahmen zu. Insbesondere können jedoch auf Basis solcher Daten Marktveränderungen erfaßt und Prognosen vorgenommen werden.[8]

Der experimentelle Untersuchungsansatz dient der Aufdeckung von *Ursache-Wirkungs-Zusammenhängen*. Er geht insofern über den deskriptiven Ansatz hinaus, als daß zur Überprüfung von Kausalhypothesen die Variation einer oder mehrerer Va-

---

2) So z.B. Zikmund (1989), S. 112 f., Aaker/Day (1986), S. 121 oder auch Crimp (1985), S. 24-26.

3) Einige Autoren verstehen unter dem Begriff der "Exploration" eine Form des qualitativen Interviews. Vgl. z.B. Berekoven/Eckert/Ellenrieder (1993), S. 90 oder Gutjahr (1988), S. 219. Diese Auffassung kann hier nicht geteilt werden.

4) Vgl. z.B. Weiers (1988), S. 53 f.; Chisnall (1986), S. 21; Zikmund (1989), S. 36 ff. Auf die Abgrenzung zur Einzelfallanalyse wurde bereits in Kap. 3 verwiesen.

5) Siehe Huxold (1990), S. 74 f. und die dort angegebene Literatur.

6) Siehe Webb (1992), S. 21.

7) Vgl. z.B. Böhler (1992), S. 31 f. Vgl. zur Repräsentanz auch Kap. 5.2.

8) Siehe Böhler (1992), S. 32. Weiers (1988) unterscheidet insgesamt vier Forschungsansätze, da er die Prognose nicht dem deskriptiven Ansatz subsumiert, sondern einen eigenständigen prognostizierenden Forschungsansatz für sinnvoll hält. Vgl. Weiers (1988), S. 56 f.

riablen bei gleichzeitiger Kontrolle aller anderen Einflußfaktoren gefordert wird.9) Der experimentelle Untersuchungsansatz stellt im Hinblick auf den Untersuchungsaufbau damit die höchsten bzw. genauesten Ansprüche.

Der explorative Untersuchungsansatz unterscheidet sich von den beiden erstgenannten vor allem dadurch, daß er nicht der Untersuchung bereits vorliegender Forschungshypothesen, sondern gerade deren *Ermittlung* dient. Seine Berechtigung findet er demnach immer dann, wenn der Kenntnisstand über das Untersuchungsproblem noch sehr gering ist und keine festen Vorgaben zur deskriptiven oder gar kausalanalytischen Überprüfung gemacht werden können.10) Neben der Sekundärforschung und nicht repräsentativen, aber auf standardisierten Methoden beruhenden kleineren Untersuchungen werden hierfür insbesondere Methoden der qualitativen Marktforschung empfohlen.11)

Es stellt sich nun zunächst die Frage, ob qualitative Marktforschung ausschließlich dem explorativen Untersuchungsansatz zugeordnet werden kann. Der *experimentelle* bzw. *kausalanalytische Untersuchungsansatz* scheidet dabei aufgrund seiner strengen Vorschriften bzgl. der Experimentdesigns und seiner meßtheoretischen Anforderungen als mögliches Anwendungsgebiet qualitativer Methoden aus.

Dagegen scheinen im Rahmen des *deskriptiven Untersuchungsansatzes* durchaus auch Einsatzmöglichkeiten für die qualitative Marktforschung zu bestehen. Allerdings wird ihr hierbei meist nur eine eingeschränkte Bedeutung zugestanden.12) Dies ist jedoch nicht weiter verwunderlich, wenn auf der einen Seite der deskriptive Ansatz nach möglichst genauen (im Sinne von "quantifizierbaren") und repräsentativen Ergebnissen trachtet, auf der anderen Seite qualitative Methoden jedoch andere Ziele verfolgen und hinsichtlich solcher Anforderungen nur schlechter als quantitative Untersuchungen abschneiden können.13) Hier liegt offensichtlich ein Widerspruch vor.

Besteht also das Ziel des deskriptiven Untersuchungsansatzes in der Erfassung und Beschreibung vorab formulierter Hypothesen bzw. Untersuchungsinhalte im

---

9) Siehe Chisnall (1986), S. 22 f. sowie Böhler (1992), S. 33 und die dort angegebene Literatur. Böhler schließt hierbei auch Quasi-Experimente mit ein. Vgl. zu diesem Begriff Böhler (1992), S. 45 f. sowie Campbell/Stanley (1966), S. 210 ff.
10) Siehe Chisnall (1986), S. 21 und Böhler (1992), S. 30.
11) Vgl. Crimp (1985), S. 15 ff., Zikmund (1989), S. 113 ff. und Tull/Hawkins (1990), S. 48 f.
12) Vgl. Aaker/Day (1986), S. 55 oder Hüttner (1989), S. 21.
13) Vgl. Kap. 2.4.2.

Hinblick auf repräsentative Ergebnisse, was genaue Kenntnisse über das vorliegende Forschungsproblem voraussetzt[14], so muß von einer Zuordnung qualitativer Methoden zu diesem Ansatz eher abgeraten werden: Denn die Merkmale der Offenheit, Kommunikativität und Typisierung qualitativer Marktforschung stellen insbesondere auf die *Generierung* relevanter Hypothesen und Vermutungen ab. Sie nehmen somit vor allem eine inhaltliche, nicht aber eine statistische Überprüfung von Hypothesen vor und streben damit (aus bekannten Gründen) nicht nach der Erfassung statistisch-repräsentativer Daten.[15]

Wird der deskriptive Ansatz auf der anderen Seite jedoch so weit gefaßt, wie ihn bspw. *Hüttner* vorschlägt[16], so gäbe es demnach nur (quasi) experimentelle und nicht-experimentelle Forschungsansätze. In diesem Falle muß dann nach dem Sinn einer Unterscheidung von solchen "Forschungsansätzen" gefragt werden. Wird der deskriptive Untersuchungsansatz wie oben beschrieben (und in der Literatur durchaus üblich) vorausgesetzt, bleibt der qualitativen Marktforschung als sinnvolles Betätigungsfeld lediglich der *explorative* Untersuchungsansatz. Dies ist insofern zu unterstützen, als daß die Kennzeichen dieses Ansatzes viele Gemeinsamkeiten mit den Zielen qualitativer Marktforschung aufweisen. Übereinstimmend wird der explorative Ansatz dann nicht nur sinnvoll, sondern sogar notwendig, wenn nur geringe Kenntnisse über das vorliegende Forschungsproblem vorhanden sind.[17] In diesem Fall wird ein Untersuchungsansatz erforderlich, der sich in genügender Breite und Tiefe mit dem gesamten Untersuchungsfeld auseinandersetzt, um zu problemrelevanten und präzisierenden Aussagen zu gelangen.

Auch die Methoden der qualitativen Marktforschung bemühen sich, den Merkmalen der Offenheit und Kommunikativität folgend, um eine solche umfassende Annäherung an das Untersuchungsthema.[18] Im Gegensatz zur (statistischen) Hypothesenüberprüfung liegt die Aufgabe der Exploration damit v.a. in der Hypothesengenerierung.[19] Das Grundanliegen qualitativer Forschung, das Suchen nach und Verstehen von Phänomenen, findet sich damit im explorativen Untersuchungsansatz wieder. Um diese Aufgaben erfüllen zu können, wird schließlich noch die Flexibilität und

---

14) So auch Weiers (1988), S. 56 f. und Böhler (1992), S. 31 f.
15) Vgl. Kap. 2.4.2 und Kap. 5.2.
16) Hüttner verzichtet auf eine Dreiteilung der Forschungsansätze und weist lediglich auf die Existenz explorativer Studien hin. Damit beschränkt er sich auf experimentelle und deskriptive Designs, nimmt aber keine weitere konkretisierende Charakterisierung des deskriptiven Ansatzes vor. Vgl. Hüttner (1989), S. 20 f.
17) Vgl. z.B. Weiers (1988), S. 54.
18) Siehe Kap. 2.4.2.
19) Vgl. Chisnall (1986), S. 21.

Offenheit der Exploration unterstrichen. Im Untersuchungsaufbau und bei der Methodenwahl ist die Notwendigkeit einer dem Untersuchungsfeld angepaßten und flexiblen Vorgehensweise unmittelbar einsichtig.[20] Auch diese Kennzeichnung entspricht weitestgehend den Forderungen qualitativer Marktforschung.[21]

Witzel faßt das grundsätzliche Anliegen der Exploration nochmals zusammen: "Mit der Exploration verbindet sich eine flexible und reflexive Vorgehensweise des Forschers, der einen ihm fremden Lebensbereich untersucht. Inhaltliche Ergebnisse über Einzeldaten und deren Zusammenhänge, sowie die methodischen Schritte zu ihrer Gewinnung und Überprüfung werden ständig reflektiert und können im Laufe des Untersuchungsprozesses korrigiert werden. Der Wissenschaftler ist also nicht theoretisch und methodisch festgelegt, sondern muß bereit sein, zum einen seine theoretischen Konzeptionen ständig vom realen Untersuchungsfeld prüfen und korrigieren zu lassen, zum anderen die methodischen Schritte den situativen Momenten entsprechend anzupassen, um zu fruchtbaren Ergebnissen zu kommen."[22]

Diese offensichtliche Übereinstimmung mit den Grundsätzen qualitativer Forschung läßt den explorativen Ansatz als adäquaten Rahmen und sinnvolles Anwendungsgebiet qualitativer Marktforschung erscheinen. Problematisch bei einer solchen Zuordnung ist jedoch die oft stark verkürzte Perspektive, die diesem Untersuchungsansatz im Rahmen der Marktforschung eingeräumt wird.

Der extremste Fall besteht darin, daß die Exploration gar nicht als eigener Untersuchungsansatz anerkannt und damit als Randgebiet wissenschaftlicher Forschung behandelt wird.[23] Diese Stellung als "vorwissenschaftliche Erkundungsphase"[24] wird weder den hier einzusetzenden Methoden noch der Bedeutung der hierdurch gewonnenen Erkenntnisse gerecht.[25] Auch die häufig vorgenommene Kennzeichnung der Exploration als "Vorstudie" zur Vorbereitung "richtiger" Untersuchun-

20) Siehe hierzu McDaniel/Gates (1991), S. 33, Tull/Hawkins (1990), S. 48 sowie Weiers (1988), S. 54.
21) Vgl. Kap. 2.4.2.
22) Witzel (1982), S. 34.
23) So verfahren bspw. Hüttner (1989), S. 20 und McDaniel/Gates (1991), S. 35 f.
24) Vgl. Böhler (1992), S. 30.
25) So erklärt bereits Wollnik (1977) zur Bedeutung der Exploration: "Dem Entwurf einer explorativen Forschungsstrategie liegt das Bestreben zugrunde, den Entdeckungszusammenhang stärker unter methodische Regeln zu fassen - nicht im Sinne einer Verhaltensregelung der Forscher, sondern als Angebot zur Organisation konstruktiver Leistungen. Es kommt immer mehr darauf an, gute Hypothesen in die Forschungsprozesse hineinzubringen als beliebige Hypothesen stringent zu prüfen." Wollnik (1977), S. 43 (Hervorhebung durch die Verfasserin).

gen[26]) läßt Zweifel an der angemessenen Einschätzung der Qualität der Ergebnisse explorativer Untersuchungen aufkommen, wenn bedacht wird, welche Konsequenzen mögliche Fehler solcher "Vorstudien" für den gesamtem Untersuchungsablauf nach sich ziehen können.[27]) Ähnlich argumentieren auch die Vertreter qualitativer Marktforschung, die sich weniger darüber beklagen, daß ihnen die Exploration als Aktionsfeld zugeschrieben wird, sondern vielmehr den ihr zugewiesenen Stellenwert in der Marktforschung bemängeln.[28])

Die Frage ist demnach, ob unter dem explorativen Untersuchungsansatz in der Tat nur eine relativ ungeplante, der Intuition des Forschers unterworfene und eher zufällige Art des Sich-Vertraut-Machens mit einem Untersuchungsgebiet verstanden werden soll. Oder ob hierunter nicht ein gleichberechtigter Ansatz zu den beiden anderen Forschungsansätzen gefaßt werden kann, dessen Stärke eben in seinem offenen und flexiblen Vorgehen liegt. Dann aber ist es notwendig, den explorativen Ansatz entsprechend weit zu fassen. Dies bedeutet zum einen, daß der Exploration als *eigen-ständigem Untersuchungsansatz* ein eigener Erkenntniswert zugestanden wird. Zum anderen muß auch das Aufgabenspektrum entsprechend umfassend angelegt werden.

Mit der Stellung explorativer Forschung im Verhältnis zu den beiden anderen Forschungsansätzen ist vor allem die Verwendung der so gewonnenen Informationen von Bedeutung. Dabei besteht zunächst die Möglichkeit, durch explorative Studien problemrelevante Untersuchungsdimensionen zu erfassen, die folgende deskriptive oder experimentelle Studien erst ermöglichen. Allerdings ist die Exploration in diesem Falle nicht lediglich als Vorstudie im obigen Sinne zu verstehen, sondern als eigenständiges, systematisches Forschungsvorhaben, auf dessen Basis (Kausal-) Hypothesen für Folgestudien abgeleitet werden können.[29]) Ein Bedarf an explorativen Studien ist darüber hinaus nicht nur im Vorfeld eines Forschungsvorhabens denkbar,

---

26) So z.B. Aaker/Day (1986), S. 51.

27) Vgl. zu dieser Auffassung Weiers (1988), S. 54, Chisnall (1986), S. 21 sowie Kap. 6.

28) Vgl. z.B. Wallace (1984), S. 182. Bereits Cooper/Branthwaite (1977) möchten die Aufgaben qualitativer Marktforschung über die traditionelle vorläufige Exploration hinausgehend verstanden wissen. Vgl. Cooper/ Branthwaite (1977), S. 189.

29) Vgl. hierzu Morton-Williams (1985), S. 27. Ähnlich auch Bartos (1986), RC-4. Als Beispiel für einen Informationsbedarf (im hier beschriebenen) explorativen Sinne in Anschluß an eine quantitative Untersuchung kann auf die bereits oben erwähnte Studie von Haire (1950) verwiesen werden: Nach Auswertung einer standardisierten Befragung zur Einstellung zu Nescafé drängte sich dort der Verdacht auf, daß die AP, die Instantkaffee aufgrund des Geschmacks ablehnten, sich lediglich einer stereotypen Anwort zur Verschleierung anderer Motive bedienten. Die darauf folgende Untersuchung mit Hilfe des (qualitativen) Einkaufslistenverfahrens brachte denn auch (in nicht repräsentativer Form) Möglichkeiten der vermutlich wahren Ablehnungsgründe zum Vorschein. Vgl. Kap. 3.3.1.

sondern kann ebenso im Laufe einer (z.B. quantitativen) Untersuchung entstehen, wenn in bezug auf bestimmte Untersuchungsfragen unerwartete Phänomene auftauchen oder sich ein zusätzlicher Erklärungsbedarf der ermittelten Ergebnisse ergibt.

Wann letztendlich eine explorative Studie erforderlich wird, ist somit weniger an den Phasen der Untersuchung festzumachen, als vielmehr am Problem selbst.[30)] Schließlich bleibt noch darauf hinzuweisen, daß auch eine eigenständige explorative Untersuchung zu Informationen führen kann, die ausreichen, um entsprechende Marketing-Entscheidungen zu treffen.[31)] Dies sind i.d.R. sicherlich keine Entscheidungen, die auf repräsentativen Zahlen basieren müssen. Dennoch lassen sich z.B. im Rahmen der Werbemittelgestaltung oder bei der Generierung von Neuproduktideen bzw. von Ideen zur Produktvariation auch die Ergebnisse ausschließlich explo-rativer Untersuchungen zur weiteren Entscheidungsfindung heranziehen.[32)]

Bezüglich der Bedeutung des explorativen Ansatzes in seinem Verhältnis zu den beiden anderen Ansätzen bleibt somit folgendes festzuhalten: Wird die Exploration als gleichwertiger Untersuchungsansatz anerkannt, so erlangt sie in Abgrenzung zum deskriptiven und experimentellen Ansatz immer dann an Bedeutung, wenn entweder eine Prüfung von Zusammenhängen bzw. Hypothesen nicht notwendig oder aufgrund mangelnder Kenntnisse noch nicht durchführbar erscheint.[33)] Weiterhin kann sie zur tiefergehenden Erklärung und Konkretisierung deskriptiver und experimenteller Studien herangezogen werden.

Zur letztendlichen Entscheidungsfindung können, in Abhängigkeit von der Art des vorliegenden Marketingproblems, auch die Ergebnisse explorativer Studien ausreichen. Wenn sich im Rahmen der explorativen Studie keine ausreichende Beurteilungsgrundlage für das Untersuchungsproblem ermitteln läßt, scheint eine Konkretisierung bzw. Neudefinition des Problems unerläßlich.[34)]

Abb.22 faßt diese Überlegungen nochmals in Form eines Flußdiagramms zusammen.

---

30) Obwohl natürlich die Beschäftigung mit neuen bzw. relativ unbekannten Untersuchungsgebieten meistens zunächst eine explorative Studie erforderlich macht. Eine zwangsläufige Einordnung als "Vorstudie" ergibt sich hieraus jedoch nicht.

31) Vgl. Weiers (1988), S. 54 f.

32) Siehe hierzu Kap. 4.3.

33) Ähnlich auch Churchill (1988), S. 76 ff.

34) So Weiers (1988), S. 54 f. Die Bedeutung explorativer Forschung für die Problemdefinition, wie sie weiter oben von McDaniel/Gates (1991), S. 33, als Hauptfunktion der Exploration vorgestellt und hier als zu eng kritisiert wurde, findet an dieser Stelle ihre Berücksichtigung.

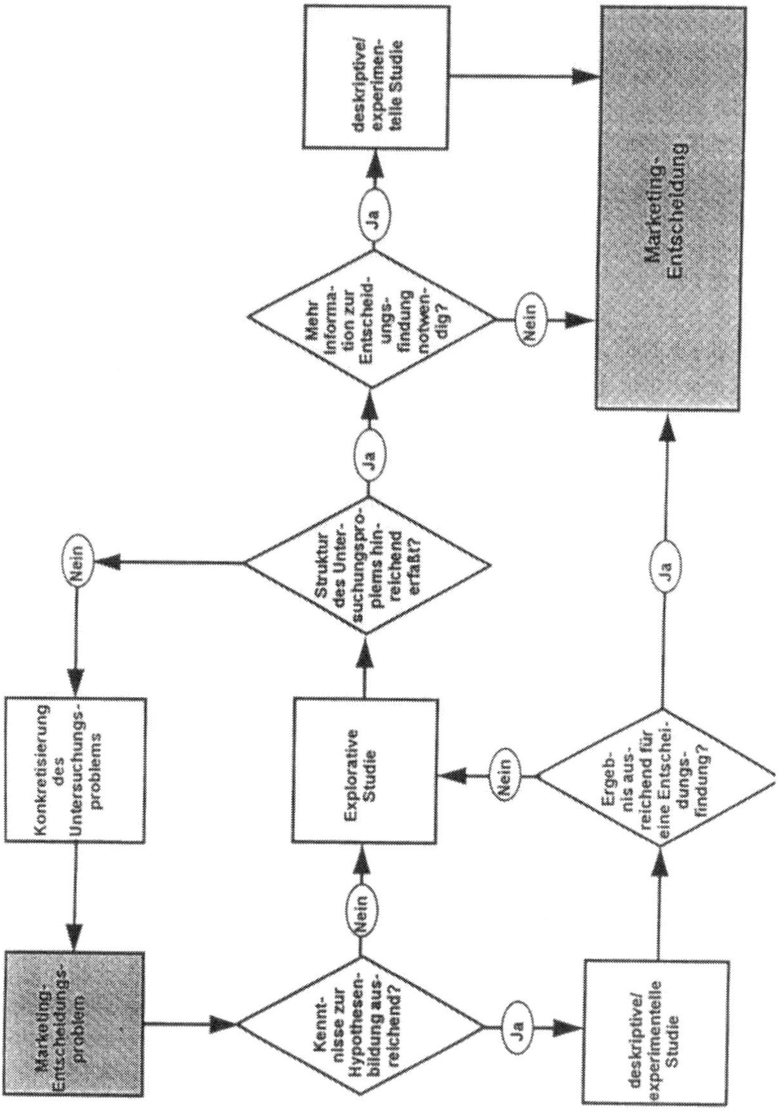

Abb. 22: Der Zusammenhang zwischen explorativer, deskriptiver und experimenteller Forschung
(In Anlehnung an Weiers (1988), S. 55.)

Nur vor dem Hintergrund einer solchen erweiterten Sicht der Exploration scheint es schließlich sinnvoll, die qualitative Marktforschung unter diesen Untersuchungsansatz zu fassen. Dann findet auch ihr Ziel, Zusammenhänge in relevanten Dimensionen möglichst umfassend auszuloten, in aller Breite und Tiefe zu verstehen und nachzuvollziehen sowie sich dabei offener und nach Kommunikativität strebender Methoden zu bedienen, eine angemessene Berücksichtigung.

Abschließend bleibt noch zu klären, inwieweit der explorative Untersuchungsansatz dann noch Raum für solche "vorwissenschaftlichen" Erkundungsschritte, die wirklich nicht mehr als ein "erstes Hineintasten" in ein Untersuchungsfeld darstellen (sozusagen eine "Exploration im engeren Sinn") bietet. Solch ein nicht-systematisches Informieren über den Untersuchungsgegenstand wäre sicherlich am ehesten der Phase der "*Problemdefinition*" zuzurechnen, da ohne ein Minimum an Vorwissen eine konkrete Formulierung des Untersuchungsproblems nicht möglich scheint. Zudem können solche Informationssammlungen der Vorbereitung sowohl explorativer als auch deskriptiver oder experimenteller Studien dienen. Insofern ist es wenig zweckmäßig, ihnen einen "eigenen" Untersuchungsansatz einzuräumen.[35)]

Es bleibt somit festzuhalten, daß die hier beschriebene weitere Fassung des explorativen Ansatzes nicht nur dessen Bedeutung im Hinblick auf den deskriptiven und experimentellen Ansatz klarer herausstellt, sondern erst in diesem Fall auch einen adäquaten Rahmen für den Einsatz qualitativer Marktforschungsmethoden bildet. Über die "vorwissenschaftlichen" Aufgaben der präzisen Problemdefinition und der Vorbereitungsarbeiten zur Durchführung mehr quantitativer Untersuchungen hinaus bekommen so auch andere Funktionen stärkeres Gewicht.

Neben der *Strukturierung* problemrelevanter Entscheidungsdimensionen[36)] werden denn auch nach *Ursachen* forschende Studien[37)], Möglichkeiten der *Ideengenerie-*

---

35) An dieser Stelle sei nochmals auf Wollnik verwiesen, der zur Trennung solcher vorwissenschaftlicher Studien von der Exploration folgendes bemerkt: "Während unter Exploration vielfach die erste empirische und theoretische Orientierung in einem Forschungsbereich zur Vorbereitung größerer, prüfungsbezogener empirischer Studien verstanden wird, fassen wir Exploration allgemeiner als "informationale Ausschöpfung von systematisch gewonnenem Erfahrungswissen zum Zweck der Theoriebildung". Die *systematische Gewinnung von Erfahrungswissen* impliziert, daß ein Forscher unter *Zugrundelegung eines konzeptionellen Bezugsrahmens* an die Realität herantritt und nicht etwa aus einer erfahrungsinteressierten Einstellung des alltäglichen Lebens heraus theoretisch unreflektiert Realitätsbetrachtungen vornimmt." Wollnik (1977), S. 44.

36) Siehe Zikmund (1989), S. 113 sowie Aaker/Day (1986), S. 51.

37) Vgl. Cooper/Branthwaite (1977), S. 189 f.

rung[38] und Entscheidungshilfen bei der *Grobauswahl von Alternativen*[39] im Rahmen der Exploration als Anwendungsbereiche genannt. Damit verbunden ist auch die somit stärkere Notwendigkeit, sich mit Fragen der Sample-Bildung auseinanderzusetzen. Da hier keine (statistisch-) repräsentativen Anforderungen greifen, kommen vor allem Ansätze des "purposive sampling" zum Tragen.[40]

In jedem Fall kann aber durch diese Aufwertung des explorativen Ansatzes dem Zweck und Ziel der Trennung verschiedener Forschungsansätze besser entsprochen werden, da die Wahl des Forschungsdesigns sicherstellen soll, daß im Hinblick auf das vorliegende Forschungsproblem möglichst alle relevanten Daten mit den hierfür geeigneten Methoden erhoben werden.[41]

4.2 Erfassung und Systematisierung der Aufgaben qualitativer Marktforschungsmethoden

Nach der Diskussion um den der qualitativen Marktforschung angemessenen Untersuchungsansatz sollen nun die genauen Aufgabenfelder qualitativer Methoden konkretisiert werden. Im vorangegangenen Kapitel dieser Arbeit wurden für die verschiedenen qualitativen Methoden bereits einige Anwendungsbeispiele und Einsatzmöglichkeiten angesprochen. In diesem Kapitel soll nun die Vielzahl dieser Einsatzbereiche systematisiert werden, um einen Überblick über *typische Aufgabenfelder* qualitativer Methoden zu erhalten. Auf die Darstellung dieser Aufgabenfelder folgt dann eine differenzierte Analyse der verschiedenen qualitativen Methoden dahingehend, welchen Beitrag diese für die genannten Aufgaben zu leisten vermögen bzw. wo ihr *Einsatzschwerpunkt* liegen könnte.

4.2.1 Grundsätzliche Aufgabenfelder qualitativer Marktforschung

Ein Studium der Literatur zur qualitativen Marktforschung läßt schon recht bald erkennen, daß es ganz typische Aufgaben sind, die besonders gut mittels qualitativer Methoden gelöst werden können. Gemeinsam ist ihnen in jedem Falle, daß die Struktur und oft lückenhafte Einschätzbarkeit des Untersuchungsproblems eine ganz-

38) Siehe hierzu Churchill (1988), S. 75 sowie Zikmund (1989), S. 114-116.
39) Vgl. Zikmund (1989), S. 114.
40) Siehe dazu Kap. 5.2.
41) Vgl. Huxold (1990), S. 75.

heitliche Erfassung erforderlich machen und in der Regel Zusammenhänge und Hypothesen erst noch zu erkennen und abzuleiten sind.[42)]

Dabei lassen sich auch im Hinblick auf qualitative Methoden zunächst solche Betätigungsfelder unterscheiden, wie sie für die Marktforschung insgesamt relevant sind, nämlich grundsätzlich *beschreibende*, *prognostizierende* und *ursachenermittelnde* Aufgaben. Qualitative Methoden können sich dabei jedoch, gemäß ihren methodischen Besonderheiten und Möglichkeiten, nur ausgewählten Dimensionen dieser Aufgaben widmen, so daß sich folgende Aufgabenfelder qualitativer Marktforschung ergeben:

Im Rahmen der Beschreibung können qualitative Methoden bei eher geringem Kenntnisstand zunächst einmal eine erste Strukturierung des Untersuchungsfeldes leisten, verbunden mit der Möglichkeit einer umfassenden sowie nicht oder nur wenig selektierenden Beschreibung und Diagnose der relevanten Situation.[43)]

Weiterhin macht fehlendes Zahlenmaterial oftmals jede quantitative Prognose unmöglich, oder der zu prognostizierende Sachverhalt kann und soll (z.B. um mögliche Diskontinuitäten zu berücksichtigen) nicht (nur) zahlenmäßig erfaßt werden, so daß die qualitative Prognose als weiteres Aufgabenfeld genannt werden muß.[44)]

Das Verstehen von Zusammenhängen und Möglichkeiten der Erklärung von Phänomenen im Rahmen einer Ursachenforschung ist schließlich ein weiterer Schwerpunkt qualitativer Marktforschung vor allem dann, wenn die Ursachen sehr komplex, tabuisiert oder noch wenig bekannt sind und quantitativ ausgerichtete kausalanalytische Untersuchungen kaum durchführbar sind.[45)]

Darüber hinaus sind qualitative Methoden noch für zwei weitere, spezieller geartete Aufgaben von Bedeutung: Zum einen kann das kreative Potential qualitativer Methoden besonders gut zur Ideengenerierung genutzt werden.[46)] Zusätzlich besteht auch die Möglichkeit, qualitative Marktforschung zur Grobauswahl von Alternativen

42) Siehe Seymour (1988a), S. 28 f.
43) Diesen Aspekt betonen v.a. Cooper/Branthwaite (1977), S. 189 und Bellenger/Bernhardt/Goldstucker (1976), S. 48 f.
44) Vgl. hierzu v.a. Umminger (1990) sowie Reiner/Weßner/Wimmer (1991).
45) Siehe hierzu Cooper/Branthwaite (1977), S. 189 f.
46) Siehe z.B. Gordon/Langmaid (1988), S. 73 f.

heranzuziehen, wobei diese Alternativen sowohl konkrete Objekte als auch lediglich Ideen bzw. Konzepte darstellen können.[47)]

Es sind somit im folgenden fünf grundsätzliche Aufgabenfelder qualitativer Marktforschung zu unterscheiden[48)]:

- Strukturierung des Untersuchungsfeldes
- Qualitative Prognose
- Ideengenerierung
- Grobauswahl von Alternativen
- Ursachenforschung

Es wurde versucht, die vorliegende Trennung verschiedener Aufgabenfelder so konkret und dabei jedoch so umfassend wie möglich zu gestalten, um die Vielzahl der Anwendungsmöglichkeiten qualitativer Marktforschung vollständig genug erfassen zu können. Obwohl diese Auflistung sicherlich nicht die einzig denkbare sein wird, erscheint sie jedoch nach gründlicher Prüfung möglicher Alternativen einen durchaus sinnvollen Ansatz zu bieten, das Nutzungspotential qualitativer Marktforschung systematisch zu erfassen.[49)]

4.2.1.1 Strukturierung

Die Strukturierung ist die am wenigsten durch bestimmte Zielvorgaben gelenkte Aufgabe qualitativer Marktforschung. Sie bezweckt in erster Linie eine *umfassende Beschreibung* des vorliegenden Untersuchungsfeldes. Sie ist demnach auf eine weitestgehend unvoreingenommene und nicht-selektierende Sammlung von Informationen ausgerichtet.[50)] Eine Strukturierung des Untersuchungsproblems wird dabei

47) Vgl. z.B. Cooper (1989), S. 510 f.

48) Die hier gewählte Reihenfolge der Aufgabenfelder ergibt sich so zwar nicht notwendigerweise, erscheint jedoch logisch im Hinblick auf die dahinterstehenden Entscheidungsprobleme und die Reihenfolge ihres Auftretens im Rahmen von Marketing-Planungsprozessen: Zunächst werden hierbei zur Bildung einer ersten Entscheidungsgrundlage i.d.R. Aufgaben der Strukturierung und Prognose anfallen. Auf die Ermittlung solcher Basisinformationen kann die Planung konkreterer Aktivitäten, wie bspw. der Produktentwicklung, folgen, für die dann Aufgaben der Ideengenerierung und der Grobauswahl von Alternativen relevant werden. Die Ursachenforschung kann sich schließlich auf alle vorangegangenen Phasen beziehen. Vgl. zum Prozeß der Marketing-Planung insbesondere Köhler (1993a), S. 5 ff. sowie Kap. 4.3.

49) Diese Aufgabenfelder unterscheiden sich dabei v.a. hinsichtlich der Art der ihnen zugrundeliegenden Fragestellungen. Allerdings ist hiermit noch keine zwangsläufige Gleichrangigkeit der Aufgaben bzgl. ihrer Bedeutung für bestimmte Entscheidungsprobleme verbunden.

50) Siehe Scheffler (1992), S. 8 sowie Cooper/Branthwaite (1977), S. 189.

insbesondere durch die *Identifizierung und Erfassung relevanter Einflußfaktoren* sowie *wichtiger Untersuchungsdimensionen* geleistet. Dies erlangt v.a. bei relativ unbekannten bzw. eher komplexen Zusammenhängen Bedeutung.[51] Hierauf aufbauend ist dann eine *Diagnose* der Situation, d.h. eine erste Beurteilung des vorliegenden Untersuchungsfeldes möglich.[52] Der umfassende Ansatz qualitativer Marktforschung nimmt eine solche Situationsdiagnose dabei immer unter Berücksichtigung aller *situationsrelevanten Kontextfaktoren* vor, d.h. es erfolgt hier keine Untersuchung bestimmter Teilaspekte eines Problems, sondern immer eine ganzheitliche Betrachtung aus dem situativen Kontext heraus.[53] Diese umfassende Betrachtung relativ unbekannter Untersuchungsfelder verlangt einen entsprechend offenen Untersuchungsansatz, wie er v.a. im Rahmen qualitativer Marktforschung verfolgt wird.

Die Strukturierung mittels qualitativer Marktforschung bekommt eine zusätzliche Güte dadurch, daß es sich hierbei nicht um die Deskription objektiver Sachverhalte handelt, wie sie bspw. durch eine Sekundäranalyse geleistet wird, sondern daß sich die Informationssammlung vor allem auf die subjektiven Auskünfte von entsprechend betroffenen Personen bezieht. Hierdurch soll eine Beschreibung der Situation durch das Nachvollziehen der z.B. Konsumenten-/Käufersicht gewährleistet werden.[54] Es geht mithin nicht um eine Deskription *aller* das Unternehmen interessierender Daten einer Marktsituation im Sinne einer umfassenden Situationsanalyse, sondern lediglich um einen Teil dieser Informationen: Es werden alle Einschätzungen der Untersuchungssituation, wie sie sich aus Sicht der beteiligten Personen darstellt, erforscht.[55] Insbesondere qualitative Marktforschung und ihre Orientierung am Merkmal der Kommunikativität vermag es dabei, eine entsprechende Nähe zur "Alltagswelt" der Konsumenten zu finden.[56]

Da es sich bei der Strukturierung zunächst einmal um das Abgrenzen und Beschreiben des relevanten Untersuchungsbereiches handelt, ist ein repräsentativer

51) Vgl. Gordon/Langmaid (1988), S. 73.

52) Vgl. Bellenger/Bernhardt/Goldstucker (1976), S. 78 f. und auch Zikmund (1989), S. 113, der konkret auf die Bedeutung der Situationsdiagnose im Rahmen der Exploration auf Basis qualitativer Marktforschungsmethoden hinweist.

53) Siehe hierzu Lamnek (1988), S. 221 f. Dadurch unterscheidet sich dieses Aufgabenfeld auch (unter anderem) von deskriptiven Studien mittels quantitativer Methoden, die ja durchaus ganz gezielt Teilaspekte eines Untersuchungsfeldes z.B. im Hinblick auf die Häufigkeit ihres Auftretens hin erfassen und beschreiben.

54) Diese Betrachtung aus Konsumentensicht entspricht dem, was Calder (1977), als den "phenomenological approach" qualitativer Marktforschung bezeichnet. Dieser Ansatz hebt inbesonders auf die Bedeutung des Nachvollziehens der Erfahrungswelt von Konsumenten ab. Vgl. Calder (1977), S. 358 ff. Ähnlich auch Cooper (1989), S. 511 f.

55) Siehe Gordon/Langmaid (1988), S. 4.

56) Siehe Cooper (1989), S. 511 f. sowie Cooper/Branthwaite (1977), S. 190 f.

Untersuchungsansatz mit hierfür erforderlichen Angaben über die entsprechende Grundgesamtheit nicht möglich. Die Sample-Bildung macht hier vielmehr eine mit steigenden Erkenntnissen sich verändernde Auswahl der Untersuchungseinheiten erforderlich, wie es im Rahmen der Typisierung mit Hilfe des "purposive sampling" beschrieben wurde.[57]

Es läßt sich festhalten, daß im Rahmen der Strukturierung die Elemente und Kennzeichen eines Untersuchungsfeldes umfassend erhoben werden, so bspw. von typischen Zielgruppen, Verwendungssituationen, Kaufprozessen oder Bedarfsstrukturen. Die hierdurch ermittelbaren problemrelevanten Untersuchungsdimensionen können auch die Grundlage für weiterführende (quantitative oder qualitative) Untersuchungen bilden.[58] So wird bspw. häufig auf die Nutzung qualitativer Studien zur Ermittlung verschiedener *Marktsegmente* hingewiesen, wobei die Kennzeichnung der verschiedenen Segmente sich dann nicht auf einfache demographische Merkmale, sondern vor allem auf komplexe psychographische Konstrukte bezieht.[59] Ziel der Strukturierung mittels qualitativer Marktforschung ist letztendlich die Beschreibung von Situationen, Zuständen, Prozessen etc. im Sinne einer *holistischen (ganzheitlichen) Deskription*, verbunden mit den Vorteilen einer kontextorientierten Betrachtung aus Konsumentensicht.

4.2.1.2 Qualitative Prognose

Eine weitere wichtige Aufgabe qualitativer Marktforschung liegt neben der Strukturierung in der Prognose.[60] "Prognosen sind auf praktischen Erfahrungen oder theoretischen Erkenntnissen basierende Aussagen über das unter Berücksichtigung vorhandener und mutmaßlich auftretender Randbedingungen in einem endlichen und geschlossenen Zeitintervall zu erwartende Eintreffen zukünftiger Ereignisse in einem qualitativ und/oder quantitativ begrenzten Feld objektiver Möglichkeiten."[61] Wichtige Voraussetzungen der Prognose betreffen damit einerseits das Vorliegen empirischer Erfahrungen, andererseits ihre Fundierung durch theoretisches Wissen: "Die erste Bedingung stellt sicher, daß jede Prognose auf der *Analyse der Vergangenheit* basiert, d.h. empirisch fundiert sein muß und kein bloßes "Tippen"

57) Vgl. Kap. 2.4.2.2.1 und Kap. 5.2.
58) So z.B. de Groot (1986), S. 137.
59) Siehe Gordon/Langmaid (1988), S. 4 f. sowie Rostky (1986). Die Nutzung qualitativer Marktforschung zu Zwecken der Marktsegmentierung wird in Kap. 4.3 nochmals aufgegriffen.
60) Vgl. Umminger (1990), S. 27 ff. sowie Wallace (1984), S. 184.
61) Weber (1975), Sp. 3188.

sein darf. Die zweite Bedingung erfordert eine *sachlogische Begründung* der Prognose und die Angabe von *Prämissen*, unter denen sie abgegeben wird."[62]

Prognosen bemühen sich mithin um Aussagen über das Eintreten oder Vorliegen von bestimmten Zuständen bzw. Ereignissen in der Zukunft unter Berücksichtigung verschiedener Randbedingungen.[63] Sie dienen in hohem Maße der Entscheidungsfindung im Marketing, da sich aufgrund des in die Zukunft gerichteten Charakters von Planungsinhalten und der Ungewißheit über diese Zukunft das geplante Handeln an den prognostizierten Sachverhalten orientieren soll.[64]

Prognoseverfahren stellen die wissenschaftliche Vorgehensweise zur Erarbeitung solcher Prognosen dar. Je nach Formalisierungsgrad wird hierbei zwischen quantitativen ("objektiven") und qualitativen ("subjektiven", "intuitiven") Verfahren unterschieden.[65] Quantitative Prognoseverfahren bedienen sich vorrangig mathematischer Ansätze und liefern somit auf Zählen, Messen und Berechnen beruhende Ergebnisse.[66] Sie basieren auf formalen Modellen, damit die verwendeteten Inputdaten, Modellannahmen und die Modellstruktur intersubjektiv nachprüfbar sind.[67] Qualitative Prognosen beruhen dagegen auf einer subjektiv begründeten Beurteilung der entsprechenden Prognosesituation.[68] Es wird hier weniger auf statistisch-mathematische Instrumente oder Ansätze, sondern stärker auf die Erfahrung und das Wissen von Experten (und damit auf mentale Modelle) zurückgegriffen.[69] Eine intersubjektive Überprüfbarkeit der Prognosen ist hierbei von dem Grad der Nachvollziehbarkeit der angestellten Überlegungen und gezogenen Schlüsse abhängig.[70]

---

62) Hansmann (1993), Sp. 3546.

63) Vgl. Köller (1992), S. 142 und die dort angegebene Literatur. Zur Problematik einer weiterführenden Begriffsabgrenzung der Prognose, z.B. im Hinblick auf die "Projektion", "Prophetie", "Spekulation" bzw. "Futurologie" sei auf Henschel (1979), S. 11 ff. verwiesen.

64) Vgl. Hüttner (1986), S. 1 f. sowie Götze (1991), S. 8. Siehe zur Beurteilung von Prognosen auch Hansmann (1993), Sp. 3548-3550 und zu den Determinanten der Prognosequalität insbesondere Wild (1974), S. 134 ff. sowie Brockhoff (1977), S. 18 ff.

65) Vgl. Hüttner (1986), S. 4. Weiterhin ist auch eine Kennzeichnung von Prognosen nach der Beeinflußbarkeit des Prognosegegenstands durch die Entscheidungsträger in Entwicklungs- und Wirkungsprognosen sowie nach ihrer Fristigkeit in kurz-, mittel- und langfristige Prognosen möglich. Aufgrund der durchaus umstrittenen Abgrenzungsproblematik der oben angeführten Einteilungen und der hier stärker methodenorientierten Betrachtung soll zunächst nur die Unterscheidung in quantitative und qualitative Verfahren zugrunde gelegt werden. Vgl. zu dieser Auffassung auch Hüttner (1986), S. 3 f.

66) Vgl. Barth (1974), S. 84.

67) Siehe Götze (1991), S. 30.

68) Vgl. Mauthe (1984), S. 273.

69) Siehe hierzu v.a. Hansmann (1983), S. 18, Götze (1991), S. 35 und Koppelmann (1993), S. 62 ff.

70) Siehe zur "Nachvollziehbarkeit von Daten" auch Kap. 5.1.2.2.1.

Die Entscheidung, wann quantitative oder qualitative Verfahren bevorzugt werden, läßt sich im wesentlichen auf drei Anlässe zurückführen[71]: Qualitative Prognoseverfahren werden immer dann eingesetzt, wenn es nicht möglich ist, quantitative Verfahren überhaupt anzuwenden, wenn quantitative Prognosen alleine nicht ausreichen oder für das vorliegende Prognoseproblem zu aufwendig erscheinen:[72]

(1) Da sich quantitative Verfahren insbesondere uni- und multivariater Analysen bedienen, sind sie auf das Vorliegen entsprechend quantifizierbarer Daten (Zeitreihen etc.) angewiesen.[73] Voraussetzung hierfür ist zusätzlich, daß der Prognosegegenstand derart beschaffen ist, daß er in numerischen Größen ausgedrückt werden kann.[74] Sind diese Bedingungen nicht gegeben, ist die Anwendung eines quantitativen Prognoseverfahrens **nicht möglich**.[75] Weiterhin können die zu beurteilenden Zusammenhänge nicht ausreichend bekannt oder so komplex sein, daß die Erstellung eines (quantitativen) Prognosemodells nicht befriedigend lösbar erscheint.[76]

(2) Der Fall, daß quantitative Verfahren zur Lösung bestimmter Prognoseprobleme zwar herangezogen werden können, ihr Einsatz jedoch **nicht oder zumindest nicht ausschließlich gewollt** ist, tritt v.a. bei sehr langfristigen Prognosezeiträumen auf. Hier werden aufgrund der vergangenheitsorientierten Datenbasis quantitativer Prognosen qualitative Verfahren immer dann bewußt vorgezogen, wenn die Berücksichtigung von Strukturbrüchen, Tendenzänderungen, neuen Trends und insgesamt ganz neuer Einflußfaktoren von großer Bedeutung ist.[77] Außerdem erscheinen qualitative Verfahren generell immer dann vorteilhafter, wenn es stärker um eine *inhaltliche* Analyse und Prognose von Entwicklungen (insbesondere für strategische Zwecke) geht.[78]

---

71) Vgl. zur Verknüpfung qualitativer und quantitativer Prognoseverfahren z.B. Reiner/Weßner/Wimmer (1991) sowie auch Kap. 6.
72) Siehe Henschel (1979), S. 24 sowie Huxold (1990), S. 89.
73) Vgl. Hüttner (1986), S. 5. Bei univariaten Verfahren bezieht sich die Analyse auf nur eine Variable, bei bi- bzw. multivariaten Verfahren werden Beziehungen zwischen zwei oder mehr Variablen untersucht. Vgl. Böhler (1992), S. 161 f.
74) Vgl. Henschel (1979), S. 24.
75) Makridakis/Reschke/Wheelwright (1980), S. 207, nennen als Beispiel hierfür solche Vorhersagen, die sich auf den Zeitpunkt einer gewissen Verbreitung eines neuentwickelten Produktes oder Verfahrens beziehen oder prognostizierende Aussagen darüber, welche neuen Entwicklungen in einem festgelegten Gebiet erwartet werden können.
76) Siehe Henschel (1979), S. 24.
77) Siehe Huxold (1990), S. 89 und die dort zitierte Literatur.
78) Vgl. Reiner/Weßner/Wimmer (1991), S. 74.

(3) Schließlich werden qualitative Prognoseverfahren ersatzweise auch dann eingesetzt, wenn die mit der Aufdeckung konstanter Strukturen verbundenen hohen Anforderungen an die numerische Exaktheit quantitativer Prognosen unverhältnismäßig hohe Kosten verursachen würde und somit **zu aufwendig** erscheint.[79)]

Wichtig im vorliegenden Zusammenhang ist nun die Frage, welcher Zusammenhang zwischen qualitativen Erhebungsmethoden und qualitativen Prognoseverfahren besteht. Dazu ist zunächst hervorzuheben, daß die Bezeichnung "qualitativ" in bezug auf Prognoseverfahren vor allem auf den (oben skizzierten) Prozeß der *Ableitung qualitativer Prognosen* abhebt.[80)] Ein Prognoseverfahren gilt somit immer dann als "qualitativ", wenn die prognostizierten Aussagen auf subjektiven und nicht-quantifizierbaren Überlegungen sowie entsprechendem Erfahrungswissen beruhen. Es ist allerdings nicht festgelegt, auf welche Weise diese subjektiven Einschätzungen erhoben werden sollen. So finden sich hier standardisierte Erhebungsmethoden ebenso wie offene Interviews.[81)] Weiterhin ist der Begriff der "qualitativen Prognoseverfahren" umfassender als der der "Erhebungsmethode". Denn Prognoseverfahren beinhalten auch verschiedene Analysemethoden und Techniken, die über die Erhebung hinaus vor allem der Verknüpfung bestimmter Informationen und Daten dienen.[82)] Die einer qualitativen Prognose zugrundeliegenden Daten können demnach durchaus auch mittels quantitativer Marktforschungsmethoden erhoben und anschließend durch "qualitative" Prognoseverfahren weiterverarbeitet werden.[83)] Insofern sind qualitative Erhebungsmethoden und qualitative Prognoseverfahren nicht gleichzusetzen.

Neben quantitativen Methoden[84)] können jedoch insbesondere auch Methoden der qualitativen Marktforschung der Beschaffung qualitativer Prognoseinformationen dienen. Dies liegt v.a. darin begründet, daß qualitative Methoden bei der Erhebung

79) Siehe Henschel (1979), S. 24.
80) Vgl. Tressin (1993), S. 146.
81) Siehe zu den verschiedenen qualitativen Prognoseverfahren bspw. Umminger (1990), S. 26 ff. und Hüttner (1986), S. 4 f. sowie S. 217 ff.
82) Beispiele hierfür sind die Relevanzbaum-Methode, die morphologische Methode und weitere Kreativitätstechniken, die ebenfalls den qualitativen Prognoseverfahren zugeordnet werden. Vgl. hierzu z.B. Makridakis/Reschke/Wheelwright (1980), S. 214 ff. Auch die in diesem Zusammenhang häufig erwähnte Szenariotechnik stellt weniger eine Erhebungsmethode, sondern vielmehr ein heuristisches Analyseinstrument zur Beschreibung alternativer Zukunftsbilder dar. Siehe Hansmann (1992), S. 1128 sowie Götze (1991), S. 34 und S. 36 ff. Auf die allgemeine Bedeutung von Prognosemethoden als "Problemlösungsmethoden" weist Tressin (1993), S. 165, hin.
83) Ähnlich hierzu auch Hüttner (1986), S. 224.
84) So bspw. standardisierte Verbraucherbefragungen bzw. Paneluntersuchungen. Vgl. Umminger (1990), S. 30 ff. und Hüttner (1986), S. 224 ff.

prognoserelevanter Meinungen auch unerwartete und unbekannte zukünftige Einflußfaktoren und Entwicklungen mitberücksichtigen können.[85] Die *Offenheit* qualitativer Methoden trägt gerade diesem Erfordernis besonders Rechnung. Weiterhin macht die Komplexität bestimmter (qualitativer) Prognosegegenstände den Einsatz wenig einengender und an den kommunikativen Vorgaben der entsprechenden AP ausgerichteter Methoden z.T. unumgänglich.[86] Hier besitzt demnach auch die *Kommunikativität* qualitativer Marktforschungsmethoden eine große Bedeutung.

Insgesamt kann festgehalten werden, daß die *Unsicherheit*, *Langfristigkeit* und *Komplexität* bestimmter Prognosegegenstände, die qualitative Prognoseverfahren erforderlich machen, den Einsatz qualitativer Marktforschungsmethoden in vielen Fällen nahelegen. Daher muß die qualitative Prognose als wichtiges Aufgabenfeld qualitativer Marktforschung bezeichnet werden.

4.2.1.3 Ideengenerierung

Eine weitere Aufgabe qualitativer Marktforschung ist in der Generierung von Ideen zu sehen. Hiermit ist insbesondere das *kreative Potential* qualitativer Methoden angesprochen. Die Ideengenerierung oder -findung kann als die "Suche nach Möglichkeiten zur besseren Nutzung der verfügbaren Ressourcen oder die Suche nach potentiellen Problemlösungen"[87] beschrieben werden. Marktforschung wird mit dem Ziel einer Ideengenerierung immer dann betrieben, wenn auch *unternehmensexterne Personen* (Lieferanten, Kunden, Wiederverkäufer) als Ideenquelle, v.a. im Hinblick auf produktbezogene Informationen, sinnvoll erscheinen.[88] Eine große Rolle spielt die Generierung von Ideen bei Produktinnovationen zur Identifikation von *grundsätzlichen Problemlösungsfeldern* sowie zur Entwicklung von konkreten *Neuproduktideen*.[89] Eng damit zusammen hängt auch der Bedarf an kreativen Ideen

85) Dies gilt z.B. besonders für die Trendforschung. Vgl. hierzu Umminger (1990), S. 36 f. sowie S. 38 ff.

86) So z.B. im Rahmen von Experteninterviews, die sich mit langfristigen Technologie-Prognosen auseinandersetzen. Vgl. Lender (1991), S. 90 ff.

87) Crawford (1992), S. 48.

88) Vgl. zur Bedeutung solcher vom Markt inspirierten Ideen (im Sinne eines "demand pull") den Überblick bei Wicher (1986). Vgl. allgemein zur Bedeutung des Nachfragers als Informationsquelle für Innovationen Geschka (1989) und Müllers (1988), S. 34 ff. sowie deren Hinweise auf verschiedene Untersuchungen hierzu. Beispiele für weitere unternehmensexterne Ideenlieferanten finden sich bei Koppelmann (1993), S. 91 f.

89) Vgl. hierzu Schub von Bossiazky (1992), S. 154 ff. Crawford weist hierbei auf eine Studie von Lawton/Parasuraman (1980) hin, nach der über 30% aller Neuprodukt-Ideen mit Hilfe von Lieferanten und Verwendern entwickelt wurden. Vgl. Crawford (1992), S. 105 f.

zur Weiterentwicklung des Produktangebots, so bspw. zur Eruierung notwendiger Produktmodifikationen bzw. -variationen.[90] Darüber hinaus kann auch die kreative Entwicklung und Gestaltung weiterer, insbesondere kommunikationspolitischer Marketingmaßnahmen die Einbindung unternehmensexterner Personen zur Generierung von Ideen erforderlich machen.[91]

Bevor nun aufgezeigt werden kann, inwieweit die Ideengenerierung ein wesentliches Aufgabenfeld qualitativer Marktforschung darstellt, sollen zunächst zwei unterschiedliche Formen des Ideengenerierungsprozesses auf Basis unternehmensexterner Informationsquellen unterschieden werden:

Zum einen können die benötigten Ideen auf Basis unternehmensextern erhobener Informationen innerhalb des Unternehmens durch entsprechende Mitarbeiter generiert werden. Beispiele hierfür sind in der Konsumentenforschung die Auswertung von Studien zum Wertewandel[92] oder von Studien zur Konjunktur- und Bedarfsentwicklung im Investitionsgüterbereich.[93] Diese Studien setzen i.d.R. jedoch einen quantitativen (und insbesondere repräsentativen) Untersuchungsansatz voraus, da die eingesetzten Methoden in der Lage sein sollen "den Abnehmerbedarf möglichst genau zu erfassen und gültige, auch über einen längeren Zeitraum stabile Angaben über die zu erwartende Bedarfssituation bereitzustellen."[94] Erst die Auswertung dieser Daten im Sinne einer darauf aufbauenden Ideengenerierung ist dann mit Hilfe qualitativer Methoden sinnvoll möglich.[95]

Zum anderen existieren jedoch auch vielfältige Möglichkeiten, in direkter Zusammenarbeit mit Kunden, Verwendern und anderen Unternehmensexternen Ideengenerierung zu betreiben. Gerade der Kunde oder Verbraucher kann dabei als "Experte"

---

90) So Schub von Bossiazky (1992), S. 154.

91) Hier ist bspw. an die Generierung grundlegender Produktvorteile aus Konsumentensicht für die Gestaltung von Werbebotschaften zu denken. Vgl. Gordon/Langmaid (1988), S. 73 f.

92) Vgl. hierzu z.B. Raffée/Wiedmann (1984), S. 173 ff.

93) Siehe Berekoven/Eckert/Ellenrieder (1993), S. 288 ff. Hiervon zu unterscheiden ist allerdings die Erstellung von Indikatorensystemen zur Früherkennung im Rahmen einer strategischen Produktinnovationsplanung, die dem Prozeß der klassischen Neuproduktplanung noch vorgelagert ist. Vgl. Huxold (1990), S. 72. Das Aufgabenfeld qualitativer Methoden zur Erhebung entsprechender Informationen über Frühwarnindikatoren dürfte allerdings nicht in der Ideengenerierung, sondern vielmehr in der Strukturierung liegen.

94) Huxold (1990), S. 112. Allerdings sind auch hier durchaus qualitative Studien, z.B. im Rahmen der Motivations- und Einstellungsforschung, möglich. Die Aufdeckung von Bedarfsstrukturen mittels qualitativer Untersuchungen rückt jedoch von der Art des Untersuchungsproblems bereits in die Nähe der Ursachenforschung, auf die an späterer Stelle noch eingegangen wird.

95) Allerdings wird hiermit eine der vielfältigen Nutzungsmöglichkeiten qualitativer Methoden auch für unternehmensinterne Zwecke deutlich.

im Hinblick auf anwendungstechnische bzw. emotionale Problemfelder und Schwächen bestehender Produkte bezeichnet werden.[96] Dies trifft in bezug auf anwendungstechnische Aspekte wegen seines oft komplexen und technologisch orientierten Informationsbedarfs in besonderem Maße auf den Investitionsgüterbereich zu.[97] Als Adressaten kommunikationspolitischer Maßnahmen sind die *Verwender* darüber hinaus auch in der Lage, Ideen für bspw. zentrale Werbebotschaften aus Konsumentensicht zu generieren.[98] Zusätzlich können auch *Zulieferer* oder *Mitarbeiter des Handels* aufgrund ihres produktspezifischen Wissenspotentials und Know-hows in den Prozeß der Ideengenerierung eingebunden werden.[99] Inwieweit dieser Personenkreis insgesamt dann sinnvolle Verbesserungsvorschläge oder Innovationsanstöße geben kann, ist nicht zuletzt auch von den hierfür verwendeten Methoden abhängig.[100]

Die Erhebung kreativer und neuartiger Informationen in Zusammenarbeit mit unternehmensexternen Personen kann als typisches Aufgabenfeld qualitativer Marktforschung bezeichnet werden.[101] Die besondere Eignung qualitativer Methoden für den Prozeß der Ideengenerierung soll im folgenden wiederum anhand der konstituierenden Merkmale *Offenheit*, *Kommunikativität* und *Typisierung* aufgezeigt werden. Allgemein gilt, daß zur Ideengenerierung mit Unternehmensexternen kreativitätsfördernde Methoden benötigt werden, die den Einsatz entsprechender Kreativitätstechniken auch zulassen. Dies können die meisten qualitativen Methoden für sich in Anspruch nehmen.

Der kreative Schaffensprozeß, der durch die Verwender (oder andere Unternehmensexterne) geleistet werden soll, erfordert keine quantitative Überprüfung vorher festlegbarer Sachverhalte, sondern genau das Gegenteil: Die problemgeleitete Suche nach neuen Ideen bzw. das Aufdecken möglicher Problemfelder, die Hinweise auf neue Problemlösungsmöglichkeiten geben können, macht eine Einengung solcher Studien wenig sinnvoll. Gerade die Offenheit qualitativer Methoden soll hier

96) Vgl. hierzu ausführlich Salcher (1987), S. 321 f., Sampson (1970) sowie Day/ Shocker/Srivastava (1979).
97) Siehe Holt/Geschka/Peterlongo (1984), S. 81.
98) Vgl. Schub von Bossiazky (1992), S. 162.
99) Siehe auch Crawford (1992), S. 42 f.
100) Huxold (1990), S. 111, weist in diesem Zusammenhang auf Abgrenzungs- und Zuordnungsprobleme bzgl. Methoden und Instrumente zur Feststellung des Abnehmerbedarfs einerseits und der abnehmergestützten Neuproduktideenfindung andererseits hin. Dazu bleibt jedoch anzumerken, daß zumindest in methodischer Hinsicht doch ein Unterschied darin besteht, ob der Verwender selbst kreativ tätig wird oder aber lediglich Informationslieferant von Bedarfsmerkmalen bleibt.
101) Vgl. de Groot (1986), S. 137, Chisnall (1986), S. 154 f. sowie Zikmund (1989), S. 114.

gewährleisten, eine sowohl in konzeptioneller als auch methodischer Hinsicht flexible Untersuchungsstruktur aufrechtzuerhalten. Es ist unmittelbar einsichtig, daß standardisierte Untersuchungsansätze zwar die für die Ideengenerierung notwendigen Daten bereitstellen können, sich selbst jedoch wenig dazu eignen, kreative Prozesse zu stimulieren.

Die Kommunikativität qualitativer Methoden stellt darüber hinaus den kommunikativen und kreativen Spielraum der AP sicher: Die weitgehende Orientierung qualitativer Methoden an den Artikulationsmöglichkeiten der AP und das damit verbundene Ziel der Stimulierung problembezogener Aussagen sind der geeignete Rahmen für die Schaffung und Nutzung eines kreativen Ideenpotentials einerseits und für eine Integration verschiedener Kreativitätstechniken andererseits.[102] Ein besonderes Gewicht erlangt das Merkmal der Kommunikativität dabei im Rahmen der Ideengenerierung für kommunikationspolitische Maßnahmen: Hier werden vor allem Käufer und Verwender in die Ideengenerierung einbezogen, um kommunikative Ansprachemöglichkeiten auch aus ihrer Sicht zu erfassen. Dabei sind Methoden notwendig, die in der Lage sind, die Alltagssprache der Konsumenten zu erfassen und nachzuvollziehen.[103]

Schließlich sei noch auf das Merkmal der Typisierung qualitativer Marktforschung hingewiesen, das in diesem Fall wiederum vor allem die Sample-Bildung betrifft. Für Untersuchungen unternehmensexterner AP zum Zweck der Ideengenerierung ist die Frage nach der repräsentativen Auswahl potentiell "Kreativer" wenig relevant, denn im Mittelpunkt steht zunächst weniger die repräsentative, sondern vielmehr die "gute" Idee.[104] Aus diesem Grund besitzt die bewußte und typische Auswahl z.B. kreativer Produktverwender oder sonstiger Experten deutlichen Vorrang.

Es konnte gezeigt werden, daß die Einbindung unternehmensexterner Personen zum Zweck der Ideengenerierung einen engen Bezug zu den charakteristischen Eigenschaften qualitativer Methoden aufweist. Die Ideengenerierung kann daher ohne

102) Auf die Möglichkeit, qualitative Methoden insbesondere für kreative Zwecke zu nutzen, weisen bereits Cooper/Branthwaite (1977), S. 191 hin.

103) Vgl. Cooper (1989), S. 511 f. und de Groot (1986), S. 137.

104) Erst spätere Überlegungen beschäftigen sich dann mit der repräsentativen Relevanz der Idee, d.h. mit ihrer marktbezogenen Bedeutung. Bezieht sich die Ideengenerierung auf zuvor durchgeführte repräsentative Untersuchungen (bspw. im Rahmen der Bedarfsforschung), so fließt ihre Marktbedeutung direkt in die Ideengenerierung mit ein. Ihr Nutzen für die Ideengenerierung erscheint jedoch problematischer, da es sich hierbei um eher gegenwartsbezogene und für die Ideengenerierung oft wenig konkrete Daten handelt. Vgl. Poringer (1980), S. 54 sowie Silberer (1985), S. 123. Zudem werden die Nachfrager, wie bereits oben erwähnt, nur als passive Informationslieferanten benutzt. Siehe Czayka (1985), S. 93.

Zweifel als klassisches Aufgabenfeld qualitativer Marktforschung bezeichnet werden.[105]

4.2.1.4 Grobauswahl von Alternativen (Screening)

Über die Ideengenerierung hinaus sind qualitative Marktforschungsmethoden auch für das Screening, also zur Grobauswahl von (Handlungs-) Alternativen oder Ideen sinnvoll nutzbar. Durch das Screening ("to screen" = durchsieben) sollen bereits zu einem sehr frühen Zeitpunkt verschiedene Ideen oder Alternativen auf ihre grundsätzliche Eignung hin *bewertet* und *selektiert* werden, um so den nachfolgenden Evaluierungsaufwand zu reduzieren.[106] Neben der Selektion können zugleich *erste Erfolgschancen* der Ideen ermittelt, *Rangfolgen* der Alternativen aufgestellt und Ansatzpunkte für weitere *Verbesserungen* aufgezeigt werden.[107] Das Screening wird i.d.R. durch die Nutzung einfacher Checklisten oder anspruchsvollerer Scoringmodelle unterstützt.[108] Allerdings werden diese Instrumente in jüngerer Zeit insbesondere wegen ihrer möglichen Subjektivität und Willkür kritisiert.[109]
Die Anforderungen, die den Bewertungskriterien zugrunde liegen, können grob in *unternehmensinterne* und *marktgerichtete* Gesichtspunkte unterteilt werden.[110] Für die Marktforschung ist insbesondere die Überprüfung letzterer interessant. Die Bewertung und Grobauswahl von Alternativen durch den Nachfrager soll sicherstellen, daß auch die Verwenderseite genügend im vorliegenden Konzept berücksichtigt wird. Auch wenn eine Grobauswahl durch die Nachfrager nie das alleinige Entscheidungskriterium für die Wahl oder Ablehnung bestimmter Alternativen sein wird, so kann sie doch wertvolle Anregungen und Informationen zu deren Beurteilung liefern.[111]

---

105) Vgl. de Groot (1986), S. 137.
106) Siehe Nieschlag/Dichtl/Hörschgen (1991), S. 194 sowie Homann (1974), S. 53.
107) Siehe Sabisch (1991), S. 161.
108) Vgl. das Beispiel einer Checkliste bei Sabisch (1991), S. 163. Die Scoring-Modelle berücksichtigen neben dem Erfüllungsgrad der zu beurteilenden Alternativen auch die Gewichtung der zuvor festgelegten Bewertungskriterien. Durch die Multiplikation von Bewertungsfaktor und relativer Gewichtung sowie anschließender Addition dieser Teilwerte über alle Kriterien hinweg wird ein Indexwert errechnet, der die relative Vorteilhaftigkeit der verschiedenen Alternativen ausdrücken soll. Vgl. Koppelmann (1993), S. 224 ff. und Nieschlag/Dichtl/Hörschgen (1991), S. 194 f. Zu den bekanntesten Scoring-Modellen zählt das Punktbewertungssystem von O'Meara (1961).
109) Siehe hierzu auch Köhler (1991), S. 165 f. Bei Cooper (1985) bildet demgegenüber ein auf empirischen Untersuchungen beruhender Merkmalskatalog erfolgreicher Innovationsfälle die Grundlage seines Bewertungsmodells "Newprod". Siehe hierzu Köhler (1991), S. 165 f. sowie ausführlicher Huxold (1990), S. 198 ff.
110) Vgl. hierzu Nieschlag/Dichtl/Hörschgen (1991), S. 194 f.
111) Siehe zu dieser Forderung auch Salcher (1978), S. 212 ff.

Die Grobauswahl von Ideen und Alternativen durch den Nachfrager spielt insbesondere bei der *Neuproduktentwicklung*, d.h. beim Screening von Produktideen, eine wichtige Rolle. Weiterhin fallen solche Aufgaben bspw. auch bei der *Verpackungsgestaltung* oder *Namensgebung* an.[112] Im Rahmen der Kommunikationspolitik können vor allem *Werbebotschaft* und *Werbemittel* Gegenstand einer Grobauswahl durch den Nachfrager werden.[113]

Daß die Methoden hierfür größtenteils der qualitativen Marktforschung entstammen, liegt vor allem in den Besonderheiten des Screening begründet: So stellt die Grobauswahl von Alternativen nur eine erste Vorselektion interessant erscheinender Ideen dar, die in eher unproblematischer, schnell umsetzbarer sowie kostengünstiger Art und Weise die gewünschten Informationen erbringen soll.[114] Eine aufwendige und u.U. mit hohen Kosten verbundene Sample-Bildung, die den statistischen Anforderungen nach Repräsentanz genügt, ist hier weder erforderlich noch erwünscht. Bevorzugt wird vielmehr eine an pragmatischen Gesichtspunkten ausgerichtete Sample-Bildung, wie sie die typisierende Auswahl im Rahmen qualitativer Marktforschung darstellt.[115] Weiterhin kann die Selektion selbst zu diesem frühen Zeitpunkt i.d.R. nicht durch entsprechende Vorgaben vorstrukturiert werden, da die hierfür erforderlichen Beurteilungskriterien z.T. noch nicht oder nur in sehr unpräziser Form vorhanden sind.[116] Dies läßt den Einsatz eines offenen Untersuchungsansatzes, der auch die Art und Weise des Entstehungsprozesses der Entscheidung mitberücksichtigt und dadurch Hinweise auf wichtige Beurteilungsdimensionen liefern kann, sinnvoll erscheinen. Da also nicht nur eine einfache Ja/Nein-Entscheidung getroffen, sondern auch eine *inhaltliche* Analyse der Vorzugswürdigkeit der einen oder anderen Alternative vorgenommen werden soll, müssen die hier einzusetzenden Methoden auch in der Lage sein, die Gründe für die Beurteilung zu erfassen und nachvollziehbar werden zu lassen. Die besondere Eignung qualitativer Marktforschung für das Screening ist in diesem Zusammenhang vor allem in der Kommunikativität ihrer Methoden zu sehen.[117]

---

112) Siehe zur Bedeutung qualitativer Marktforschung für Screening-Aufgaben in der Produktpolitik Zikmund (1989), S.114.
113) Siehe hierzu Gordon/Langmaid (1988), S. 8 f.
114) Siehe Kotler (1991), S. 320 oder auch Homann (1974), S. 53.
115) Vgl. Kap. 5.2.
116) Vgl. Sabisch (1991), S. 162 sowie Iuso (1975), S. 228 f.
117) Ähnlich auch Gordon/Langmaid (1988), S. 8 und Zikmund (1989), S. 114.

4.2.1.5 Ursachenforschung

Mit der Ursachenforschung soll das letzte, deshalb jedoch nicht weniger bedeutsame Aufgabenfeld qualitativer Marktforschung beschrieben werden. Den beobachtbaren Handlungen und Entscheidungen der Nachfrager können auf den ersten Blick nicht erkennbare oder nachvollziehbare Ursachen zugrunde liegen, die einer näheren Untersuchung durch Marktforschungsstudien bedürfen. Dazu ist, vor allem im Rahmen der psychologischen Marktforschung, ergänzend zur "klassischen" standardisierten Befragung oder Beobachtung eine Reihe weiterer Forschungsmethoden und Meßverfahren entwickelt worden.[118] In der quantitativen Marktforschung wird zur Analyse von Ursache-Wirkungs-Zusammenhängen i.d.R. der *experimentelle Untersuchungsansatz* herangezogen.[119] Das Experiment stellt an die zu überprüfenden Sachverhalte und an den Untersuchungsaufbau (Experimentdesigns) hohe konzeptionelle und methodische Anforderungen.[120] Ist eine experimentelle Versuchsanordnung aufgrund fehlender Kausalhypothesen oder aufgrund sehr komplexer bzw. einem Experiment nicht zugänglicher Sachverhalte nicht möglich oder wegen bestimmter Besonderheiten des Untersuchungsproblems nicht gewollt, so wird auf nicht experimentell angelegte Untersuchungen zurückgegriffen, soweit diese Auskunft über kausale Zusammenhänge geben können.[121]

Werden hierfür quantitative, d.h. standardisierte Formen der Beobachtung oder Befragung herangezogen, so müssen zumindest Vorgaben über die potentiell relevanten Ursachen vorliegen. Eine experimentelle Versuchsanordnung ist darüber hinaus nur dann sinnvoll, wenn sich der entsprechende Ursache-Wirkungs-Zusammenhang aus der isolierten Veränderung eines oder mehrerer Faktoren erklären läßt.[122] Sind die potentiellen Ursachen jedoch größtenteils unbekannt, liegen diesbezüglich nur vage Vermutungen vor, geht es um sehr komplexe Zusammenhänge bzw. um teil- oder unbewußte Sachverhalte, so wird der Zugang des Forschers zum Konsumenten eher problematisch. Hier setzt dann der Nutzen qualitativer Marktforschung ein. Anders

118) So z.B. Verfahren der Verhaltensregistrierung mit z.T. apparativer Unterstützung. Siehe Schub von Bossiazky (1992), S. 39. Vgl. zum Begriff der psychologischen Marktforschung auch Kap. 2.4.1.

119) Dabei muß eine Kausalhypothese vorliegen, die daraufhin überprüft werden soll, inwieweit eine oder mehrere unabhängige (d.h. von dem Unternehmen zu beinflussende) Variable(n) einen Einfluß auf eine oder mehrere abhängige Variable(n) ausüben bei gleichzeitiger Kontrolle aller übrigen "Störfaktoren". Vgl. Böhler (1992), S. 33, Meffert (1992), S. 206 sowie Kap. 4.1.

120) Vgl. Böhler (1992), S. 33 ff.

121) Siehe Meffert (1992), S. 206 und S. 212.

122) Vgl. zum Experiment als isolierende Variation z.B. Berekoven/Eckert/Ellenrieder (1993), S. 150.

als rein quantitative Untersuchungen, die Ursachen meist nur *indirekt* über nachträgliches Studium von Korrelationen, durch multivariate Analysen etc. erfassen können, ist es mit Hilfe der qualitativen Marktforschung möglich, kausale Zusammenhänge *direkt*, d.h. bereits während der eigentlichen Erhebungsphase, zu erfassen.[123] Dies liegt vor allem darin begründet, daß qualitative Methoden sich insbesondere um eine Erfassung subjektiver Sinngebungen und Deutungsmuster bei den AP bemühen und somit die Aussagen der AP in direkte Beziehung zu möglichen Erklärungen setzen können.[124]

Die Ursachenforschung als Aufgabenfeld qualitativer Marktforschung widmet sich somit jenen Untersuchungsproblemen, die auf Ursachen und Beweggründe der AP abstellen, einer Analyse kausal verbundener Ursache-Wirkungs-Zusammenhänge im Sinne quantitativer Forschung jedoch (noch) nicht zugänglich sind. Neben der *Offenheit* qualitativer Methoden, die die Erfassung wichtiger Beurteilungsdimensionen erst ermöglicht, ist für die Ursachenforschung vor allem das Merkmal der *Kommunikativität* von großer Bedeutung. Erst hierdurch wird es möglich, das Gesagte aus Sicht der AP heraus nachvollziehbar und damit einer weiteren Interpretation zugänglich zu machen.[125] Einige Methoden qualitativer Marktforschung sind dabei besonders gut geeignet, in sehr tiefe Bewußtseinsebenen der AP einzudringen. Abb. 23 deutet solche verschiedenen Ebenen an.

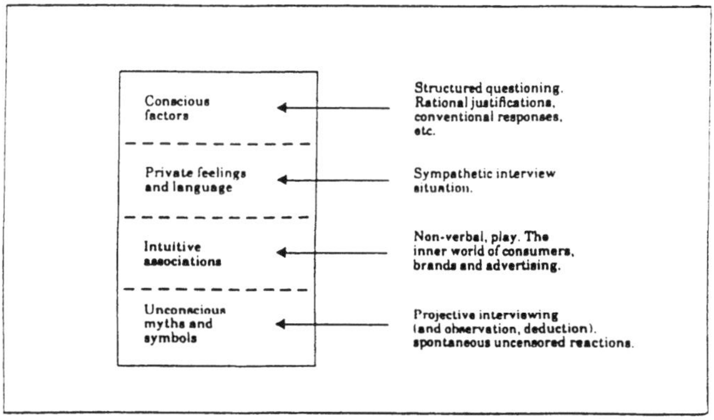

Abb. 23: Möglichkeiten der Erfassung verschiedener Bewußtseinsebenen (Quelle: Cooper (1989), S. 516.)

123) Siehe hierzu Cooper/Branthwaite (1977), S. 189.

124) Ähnlich auch Scheffler (1992), S. 8 sowie Cooper/Branthwaite (1977), S. 189 f.

125) Insbesondere im Rahmen der sog. "New Qualitative Research" wird diesem Interpretationsaspekt besondere Beachtung geschenkt. Siehe Schillinger (1988), S. 381.

Während sich quantitative Untersuchungen oft mit Antworten aus dem "öffentlichen" Bereich zufriedengeben müssen, ist es qualitativen Methoden häufig möglich, bis in unbewußte oder verdrängte Ebenen vorzudringen.[126)]

Hiermit ist die Betrachtung der fünf verschiedenen Aufgabenfelder qualitativer Marktforschung beendet. Die Ausführungen haben gezeigt, daß einige Untersuchungsprobleme so beschaffen sind, daß eigentlich nur der Einsatz qualitativer Marktforschung möglich ist (wie bspw. Aufgaben der Strukturierung und z.T. auch der qualitativen Prognose). In anderen Fällen ist der Einsatz quantitativer Verfahren zwar grundsätzlich möglich, aber nur bedingt sinnvoll (so bei der Ideengenerierung oder beim Screening).

Insgesamt kann festgehalten werden, daß qualitative Marktforschungsmethoden nicht für alle Entscheidungsprobleme im Marketing herangezogen werden sollten, sondern nur für ganz bestimmte (allerdings bedeutsame) Aufgabenfelder sinnvoll erscheinen (die darüber hinaus durch quantitative Methoden häufig nur unzureichend oder gar nicht bewältigt werden können). Der oftmals angesprochene Diskussionspunkt über die "bessere" Marktforschung verliert damit seine Grundlage: "The question to ask is this: 'Can I answer my questions using quantitative methods, or does the nature of my project require me to use qualitative methods?'"[127)]

4.2.2 Der Beitrag qualitativer Marktforschungsmethoden zur Bewältigung der verschiedenen Aufgabenfelder

Bisher sind in eher allgemeiner Art und Weise die Aufgabenfelder qualitativer Marktforschung beschrieben worden. Die Vielzahl der in Kapitel 3 vorgestellten qualitativen Methoden hat jedoch bereits deutlich gemacht, daß diese ganz unterschiedliche Stärken und Schwächen besitzen. Damit sind sie für gewisse Arten von Aufgaben besser oder schlechter geeignet. Aus diesem Grund sollen die Methoden nun (auf Basis der bereits weiter oben vorgenommenen Charakterisierung) im Hinblick auf ihren Nutzen für die oben dargestellten Aufgabenfelder untersucht werden. Die Ergebnisse werden dann abschließend in übersichtlicher Form nochmals zusammengefaßt.[128)]

126) Siehe Chisnall (1986), S. 146 f. und Cooper/Branthwaite (1977), S. 189 f.
127) McCracken (1988), S. 59.
128) Siehe hierzu Kap. 4.2.2.5.

4.2.2.1 Der Beitrag qualitativer Interviews

In Kap. 3 sind drei Formen qualitativer Interviews unterschieden worden: Das explorative Interview, das (psychologische) Tiefeninterview und das fokussierte Interview.[129)]

Das explorative Interview entspricht hierbei einem offenen und unstrukturierten Befragungsgespräch, das der Sammlung von allgemeinen Informationen, Stellungnahmen und Meinungen dient. Es rekurriert mithin auf das Wissen der AP. Explorative Interviews finden meist im Rahmen sog. Expertengespräche statt, wobei Experten solche Personen darstellen, die kraft ihres Fachwissens eine bestimmte fachliche Autorität innehaben.[130)] Aufgrund ihres informationssammelnden und offenen Gesprächscharakters eignen sich explorative Interviews insbesondere für Aufgaben der ***Strukturierung***.[131)] Im Rahmen der Investitionsgüter-Marktforschung, die sich häufig mit eher komplexen, z.T. einzelfallartigen Untersuchungsproblemen beschäftigt (z.B. mit der Analyse von Anforderungen an einen Produkteinsatz), wird diese Form des Interviews sogar überwiegend eingesetzt.[132)]

Eine wichtige Rolle spielen explorative Interviews auch für die ***qualitative Prognose***. Hier dienen die aus Erfahrung und Wissen resultierenden Zukunftserwartungen von Experten als Grundlage für die Erstellung qualitativer Prognosen.[133)] Darüber hinaus ist ihr Einsatz auch zur qualitativen Interpretation quantitativer Prognose üblich.[134)] Allerdings hat sich gezeigt, daß die Güte qualitativer Prognosen, die durch einzelne Personen erstellt werden, sehr unterschiedlich ausfallen kann.[135)] Aus diesem Grund wird zunehmend der Einsatz von Expertengruppen bevorzugt.[136)]

Der Einsatz explorativer Interviews für die Aufgabe der ***Ideengenerierung*** ist dagegen zwar denkbar, jedoch weniger sinnvoll. Auch wenn es grundsätzlich möglich ist,

---

129) Vgl. Kap. 3.1.2.

130) Siehe Götze (1991), S. 33, Lender (1991), S. 225 ff. sowie Brockhoff (1979), S. 18 f. In einem weiten Verständnis können auch Nachfrager im Hinblick auf bestimmte Untersuchungsprobleme als Experten gelten. Vgl. Salcher (1987), S. 321 f. Vgl. zum Begriff des "Experten" auch Kap. 3.1.2.1.

131) Siehe Berekoven/Eckert/Ellenrieder (1993), S. 91 sowie Weiers (1988), S. 258.

132) Vgl. Maaß/Hußmann/Manschwetus (1990), S. 98 sowie Chisnall (1986), S. 254. Siehe zu den Besonderheiten einer Marktforschung für Investitionsgüter z.B. Hammann (1977), S. 89 ff.

133) So auch Umminger (1990), S. 33 bzw. Tressin (1993), S. 149 f.

134) Siehe Meffert (1992), S. 365.

135) Siehe Götze (1991), S. 235. Götze weist in diesem Zusammenhang auch auf hier häufig auftretende und typische Prognosefehler hin. Siehe hierzu Götze (1991), S. 228 ff. Vgl. zu den Vor- und Nachteilen der Expertenbefragung als Einzelbefragung auch Tressin (1993), S. 149.

136) Dieser Aspekt wird bei der Betrachtung der Gruppendiskussion und der Delphi-Befragung nochmals aufgegriffen. Vgl. Kap. 4.2.2.2.

im Rahmen explorativer Einzelgespräche Ideen zu generieren, so ist jedoch der gegenseitigen Stimulierung in einer Gruppe (Gruppenkreativität) mit der hiermit verbundenen Möglichkeit einer Nutzung verschiedener Kreativitätstechniken der Vorzug zu geben.[137] Beim ***Screening*** ist der Einsatz explorativer Einzelinterviews vor allem im

Investitionsgüterbereich denkbar.[138] Im Konsumgüterbereich kommt hierbei aufgrund der vielfältigeren Möglichkeiten einer Stimuluspräsentation verstärkt auch das fokussierte Interview zum Einsatz. Die ***Ursachenforschung*** ist kein typisches Aufgabenfeld des explorativen Interviews, da hier über die reine Informationssammlung hinaus i.d.R. nicht nach Beweggründen geforscht wird. Denkbar ist ein Einsatz dann, wenn verschiedene Experten ihre Einschätzung über die Ursachen des Verhaltens oder die Beweggründe Dritter abgeben.

Das psychologische Tiefeninterview bemüht sich mit Hilfe spezieller Interviewtechniken und entsprechend geschulter Interviewer um das Aufdecken bestimmter Motivationsstrukturen und Sinnzusammenhänge bei der AP.[139] Damit liegt seine wichtigste Aufgabe sicherlich in der ***Ursachenforschung***. Durch die Verwendung psychologisch fundierter Interviewtechniken (wie bspw. das "hidden-issue-questioning") und der nachträglichen Bedeutungszuweisung des Gesagten unter Zuhilfenahme verschiedener theoretischer Interpretationsansätze (z.B. der Semiotik) ist es dem Tiefeninterview möglich, Ursachen für geäußerte Meinungen oder Einstellungen aus dem Zusammenhang heraus zu erschließen.[140]

Eng damit zusammen (allerdings weniger bedeutsam) hängt der Nutzen des Tiefeninterviews für Aufgaben der ***Strukturierung***. Die oben erwähnten Techniken können dazu dienen, wahre, aber tief verborgene Beweggründe und Orientierungsmuster von Konsumenten zu erfassen, die der Strukturierung und Dimensionierung eher unbekannter Untersuchungsfelder dienen. Allerdings kann hierbei zwischen Ursache und Strukturierungsaspekt nicht immer eindeutig getrennt werden, da in diesem Falle

137) Vgl. zu dieser Auffassung Salcher (1987), S. 321. Siehe zur Gruppenkreativität Crawford (1992), S. 138.

138) Dies kann v.a. an der Komplexität der zu beurteilenden Alternativen (etwa Anlagegüter) liegen. Vgl. hierzu auch die Ausführungen zum Lead-user-Ansatz in Kap. 4.3.1.

139) Vgl. Kap. 3.1.2.2.

140) Siehe Zikmund (1989), S. 127 f., Bellenger/Bernhardt/Goldstucker (1976), S. 30 f. sowie Gordon/Langmaid (1988), S. 73 f.

häufig gerade solche Ursachen auch der Strukturierung dienen.[141] Diese beiden Aufgabenfelder lassen sich insgesamt mehr in der Konsumgüter-Marktforschung ansiedeln. Das Tiefeninterview kommt im Investitionsgüterbereich eher selten zum Einsatz. Für Aufgaben der ***qualitativen Prognose***, der ***Ideengenerierung*** und des ***Screening*** kommt das Tiefeninterview ebenfalls kaum in Betracht.[142]

Im Rahmen des fokussierten Interviews folgt aufbauend auf die Stimuluspräsentation die Konzeption eines Interviewleitfadens, der sich mit wichtigen Aspekten des Stimulus auseinandersetzt.[143] Das fokussierte Interview stellt damit gewissermaßen eine Sonderform des psychologischen Tiefeninterviews dar, bei dem vor allem die Reaktion der AP auf den Stimulus im Gespräch thematisiert wird. Für die ***Strukturierung*** von Untersuchungsproblemen kann dies insofern von großem Nutzen sein, als in bezug auf den Stimulus wichtige selektive Reaktionen und individuelle Deutungsmuster der AP erfaßt werden können. Die Kombination aus Stimuluspräsentation und qualitativem Interview besitzt den Vorteil, daß die AP das Gespräch über ihre Empfindungen und Reaktionen selbst gestalten können. So ist es möglich, aufgrund der von den AP gewählten Inhalte, der Reihenfolge sowie der Art und Weise ihrer Darstellung relevante Beurteilungsdimensionen in bezug auf solche Stimuli zu ermitteln.[144]

Ähnlich wie beim Tiefeninterview ist auch hiermit die Aufgabe der ***Ursachenforschung*** eng verbunden. Diese ist jedoch begrenzt auf den konkreten Stimulus. Durch die in den Leitfaden einfließenden Überlegungen über Elemente, Muster und Gesamtstruktur der Stimulussituation kann der Forscher diese von den persönlichen Folgerungen und Deutungen der AP besser trennen.[145] Insbesondere durch die Möglichkeit und das Bestreben, eine ausreichende Präzisierung der

141) Ein Beispiel hierfür erwähnen Green/Tull/Albaum (1988), S. 168 ff.: Im Rahmen einer Untersuchung für das Pan-American Coffee Bureau wurde mittels Tiefeninterviews das Erlebnisumfeld von Kaffee und Kaffeetrinkern erforscht. Die Ergebnisse lieferten z.T. konkrete Hinweise auf Ursachen der z.B. Ablehnung von Kaffee, ließen zugleich jedoch auch aus Konsumentensicht relevante Dimensionen, Funktionen und Assoziationen in bezug auf dieses Erlebnisumfeld erkennen.

142) Für die Ideengenerierung kann zwar auf solche Informationen über den Abnehmerbedarf zurückgegriffen werden, wie sie bspw. im Rahmen der Motivforschung auch mit Hilfe von Tiefeninterviews erhoben werden, der Prozeß der Ideengenerierung selbst findet jedoch nicht im Tiefeninterview statt. Vgl. zum Zusammenhang zwischen Abnehmerbedarf und Ideengenerierung auch Wind (1982), S. 253 ff. Einer ähnlichen Argumentation kann gefolgt werden, wenn auf den Nutzen von Tiefeninterviews für qualitative Prognosen verwiesen wird. So Umminger (1990), S. 37. Hierbei werden Informationen, die mittels Tiefeninterviews erhoben wurden, im Nachhinein im Hinblick auf Trendveränderungen interpretiert.

143) Vgl. Merton/Kendall (1979), S. 171 f. sowie Kap. 3.1.2.3.

144) Siehe auch Merton/Kendall (1979), S. 171 f.

145) Siehe Merton/Kendall (1979), S. 174.

Antworten zu erreichen (Spezifizierung) sowie verdeckte affektive Bedeutungen aufzudecken (Tiefe), können die Ursachen für bestimmte Reaktionen und Wirkungen erforscht werden.[146] Einsatzmöglichkeiten liegen dabei v.a. in der Analyse der Werbemittelgestaltung.

Fokussierte Interviews können unter gewissen Umständen auch für das ***Screening*** herangezogen werden. Die subjektive Deutung und Interpretation der Stimuli kann im Hinblick auf unterschiedliche Alternativen (z.B. verschiedene Anzeigengestaltungen) Erkenntnisse darüber bringen, inwieweit die intendierte mit der tatsächlichen Wirkung übereinstimmt.[147] Allerdings bleibt hier insbesondere unter Kosten-Nutzen-Überlegungen abzuwägen, inwieweit ein solches doch recht aufwendiges Einzelinterview für eine *Grobauswahl* angemessen erscheint. Für die **Ideengenerierung** oder die **qualitative Prognose** kommt das fokussierte Interview weniger in Betracht.

4.2.2.2 Nutzungsmöglichkeiten der Gruppendiskussion und anderer Formen der qualitativen Gruppenerhebung

Die Gruppendiskussion umfaßt i.d.R. eine Runde mit mehreren Teilnehmern, die sich unter der Leitung eines Moderators gemeinsam einem Gesprächsthema widmen. Im Unterschied zum Einzelinterview geht es bei der Gruppendiskussion weniger um eine intensive Auseinandersetzung mit individuellen Bewußtseinsebenen, sondern vielmehr darum, ein breites Spektrum von Meinungen und Ideen zu erfassen und Gruppeneinflüsse hierauf aufzudecken.[148] Neben der eigentlichen Gruppendiskussion existieren noch andere Formen stärker gelenkter Gruppenerhebungen, die aufgrund ihrer Besonderheiten auch etwas andere Einsatzmöglichkeiten aufweisen und aus diesem Grund separat behandelt werden: Dies sind die gelenkte Kreativgruppe und die Delphi-Befragung.[149]

Die Gruppendiskussion gilt gemeinhin als sehr vielseitig und flexibel einsetzbares Instrument. Sie kann dabei insbesondere zur ***Strukturierung*** herangezogen werden, da durch die gegenseitige Stimulation der Teilnehmer rasch und unproblematisch viele entscheidungs- und handlungsrelevante Strukturen offengelegt werden können.[150]

146) Vgl. Merton/Fiske/Kendall (1990), S. 65 ff. sowie Kap. 3.1.2.3.
147) Vgl. hierzu das Beispiel von Pendry/Holmes (1986), S. 147 ff.
148) Siehe Berekoven/Eckert/Ellenrieder (1993), S. 92, Gutjahr (1988), S. 218 sowie Kap. 3.2.
149) Siehe Kap. 3.2.4.
150) Vgl. Bellenger/Bernhardt/Goldstucker (1976), S. 20 ff. sowie Tull/ Hawkins (1990), S. 397.

Insbesondere in der Investitionsgütermarktforschung ist der Einsatz von Gruppendiskussionen zur Erfassung grundsätzlicher Problembereiche sehr verbreitet.[151] Darüber hinaus ist es zwar denkbar, die Gruppendiskussion auch zur ***qualitativen Prognose*** heranzuziehen (z.B. im Rahmen von Mini-Groups).[152] Um jedoch gruppendynamische Aspekte möglichst zu reduzieren, hat sich hier die Delphi-Befragung weitgehend durchgesetzt.[153]

Einen wichtigeren Beitrag kann die Gruppendiskussion zur ***Ideengenerierung*** leisten. Die gegenseitige Stimulation in der Gruppe erzeugt i.d.R. ein recht hohes Kreativitätspotential, welches meist zu einer Vielzahl von Vorschlägen und Ideen führt.[154] Dies kann sowohl die Generierung von Neuproduktideen betreffen als auch bspw. die Sammlung von Ideen zur Verbesserung bestehender Produkte.[155] Allerdings wird auch die Meinung vertreten, daß sich der Nutzen solcher Gruppengespräche, vor allem in bezug auf die Generierung grundlegender Neuproduktideen, durch entsprechendes Training der Teilnehmer in Kreativitätstechniken noch steigern läßt.[156] Ist der etwas künstliche Charakter dieser Kreativgruppen nicht erwünscht, so bestehen auch im Rahmen der Gruppendiskussion Möglichkeiten der Variation, wie bspw. in der kumulativen Gruppendiskussion, um den kreativen Prozeß zusätzlich zu stimulieren.[157]

Ein weiteres Aufgabenfeld der Gruppendiskussion kann (zumindest eingeschränkt) im ***Screening*** von Ideen gesehen werden. Der Vorteil einer Gruppe zur Grobauswahl von Alternativen liegt insbesondere darin, daß hier spontane Reaktionen, Meinungen und Einstellungen aufgrund der gegenseitigen Stimulation hervorgelockt werden können.[158] Für die Grobauswahl von Alternativen bedeutet dies, daß das Urteil in erster Linie eine Gruppenmeinung darstellt. Dabei besteht aufgrund gruppendynami-

151) Siehe Chisnall (1986), S. 258.
152) Vgl. Kap. 3.2.2.2.
153) Götze weist zwar auf die Einsatzmöglichkeiten von Gruppendiskussionen zur Erstellung von Szenarien hin, sieht aber hier ihre Bedeutung sowohl in ihrer prognostizierenden Funktion als auch in der Festlegung, Abgrenzung, Analyse und Strukturierung des Untersuchungsfeldes. Vgl. zum Einsatz von Gruppendiskussionen Götze (1991), S. 103 ff. und S. 117 f. Zum Vorteil der Delphi-Befragung siehe Götze (1991), S. 249 f.
154) Vgl. Bellenger/Bernhardt/Goldstucker (1976), S. 24 f., Webb (1992), S. 119 sowie Welch (1985), S. 249.
155) Siehe Bellenger/Bernhardt/Goldstucker (1976), S. 22 ff.
156) Siehe hierzu z.B. Sampson (1970), S. 43 und den folgenden Abschnitt zur gelenkten Kreativgruppe. Siehe zu den Vor- und Nachteilen der Kreativgruppe gegenüber der Gruppendiskussion auch Kap. 3.2.
157) Vgl. zur kumulativen Gruppendiskussion Kap. 3.2.2.1 sowie zu deren Nutzen im Rahmen der Ideengenerierung Salcher (1978), S. 210.
158) Siehe Kap. 3.2.3 oder auch McDaniel/Gates (1991), S. 174.

scher Interaktionen jedoch die Gefahr dominanter Meinungsbeeinflussung durch einzelne Personen.[159] Um dennoch möglichst viele individuelle Gesichtspunkte berücksichtigen zu können, kann bspw. auf die kombinierte Gruppendiskussion zurückgegriffen werden, die Einzelinterviews zur Erfassung der individuellen Meinung sowohl vor als auch nach der Diskussion vorsieht.[160]

Auch die ***Ursachenforschung*** kann nur mit Einschränkungen als Aufgabenfeld der Gruppendiskussion gewertet werden. Durch die Konzentration auf Gruppenprozesse und Gruppenmeinung bzw. gruppengeprägte Meinung kann sich auch die Ursachenforschung nur auf gruppenrelevante Ursachen beziehen und nur in Ausnahmefällen auf individuelle Beweggründe. Hier sind dann Einzelinterviews deutlich vorzuziehen.[161] Erste Gruppenmeinungen, Meinungsänderungen in der Gruppe und die Stabilität von Meinungen können jedoch im Hinblick auf ihre Ursachen gut überprüft werden.[162]

Die gelenkte Kreativgruppe stellt eine Sonderform der Gruppendiskussion dar, die weniger auf das spontan initiierte Gruppengespräch abstellt, sondern die Teilnehmer durch die gezielte Integration von Kreativitätstechniken zu einer produktiven Arbeitsgruppe entwickeln möchte.[163] Durch diese bewußte "Output-Orientierung" und das damit verbundene Ausklammern alltagsnaher Gesprächssituationen verliert die gelenkte Kreativgruppe v.a. für die ***Ursachenforschung*** an Bedeutung. Da erklärtes Ziel der Kreativgruppe die bessere Nutzung des "Expertenwissens" der Nachfrager durch die Einübung von Kreativitätstechniken ist, kann ein Schwerpunkt dieser Art der Gruppenerhebung offensichtlich in der ***Ideengenerierung*** gesehen werden.[164] Inwieweit sich der durchaus aufwendige Aufbau von Kreativgruppen im *Konsumgüterbereich* lohnt, ist nicht unumstritten, da den AP i.d.R. nicht alle Informationen, die für die Ideengenerierung wichtig wären, bekannt sind und hier somit nur ein Teil der Anforderungen, die z.B. ein Neuprodukt aus Unternehmenssicht erfüllen soll und muß, berücksichtigt wird.[165] Dennoch können die Versuche der AP, selbst kreativ zu werden, wichtige Hinweise auf bestimmte Denkschemata geben, die letztendlich die Ideengenerierung wesentlich mitbestimmen

159) Vgl. Peterson (1975), S. 147.
160) Vgl. Kap. 3.2.4.
161) So auch Gutjahr (1988), S. 218 f.
162) Siehe Welch (1985), S. 250 und Bellenger/Bernhardt/Goldstucker (1976), S. 25 f.
163) Vgl. Kap. 3.2.4.1.
164) Siehe Sampson (1970), S. 42 ff., der hier vor allem auf die "brainstorming group" eingeht.
165) Vgl. zum Informationsbedarf zur Vorbereitung von Produktinnovationen Sabisch (1991), S. 101 ff.

können.[166] Im *Investitionsgüterbereich* erlangt die Einbindung potentieller Kunden in die Ideengenerierung in Form von Kreativgruppen im Rahmen der Neuproduktentwicklung aufgrund der häufig anzutreffenden Komplexität der Produkte und Problemlösungen dagegen wesentlich größere Bedeutung.

Mit Einschränkungen können gelenkte Kreativgruppen auch für das ***Screening*** eingesetzt werden. So sehen die meisten Formen kreativer Gruppenerhebungen eine anschließende Beurteilung der entworfenen Ideen vor.[167] Hierbei muß allerdings bedacht werden, daß die Beurteilung und Auswahl solcher Ideen eher wenig Auskunft über die tatsächliche Konsumentensicht bietet, da die AP vor allem in der Kreativgruppe dazu neigen, stärker aus einer "übergeordneten" Experten- oder Marketingsicht heraus zu argumentieren.[168] Läßt sich dies im Hinblick auf die Beurteilung von in der Gruppe selbst entwickelten Ideen noch akzeptieren, so empfiehlt sich zur Grobauswahl bereits entworfener Ideen oder Alternativen doch eher die klassische Gruppendiskussion bzw. das fokussierte Interview.

Ähnliche Einschränkungen gelten auch im Hinblick auf die ***Strukturierung*** mit Hilfe gelenkter Kreativgruppen. Diese können vor allem dann eingesetzt werden, wenn für das vorliegende Untersuchungsproblem solche Beschreibungs- und Beurteilungsdimensionen aufzudecken sind, die den Einsatz von Kreativitätstechniken sinnvoll erscheinen lassen. So können bspw. mit Hilfe des Brainstorming subjektiv wichtige Elemente komplexer Untersuchungsprobleme gesammelt und einer weiteren Diskussion zugänglich gemacht werden. Auch die verschiedenen morphologischen Methoden, die sich ja um eine systematische, strukturierte und möglichst vollständige Sammlung aller denkbaren Elemente und Lösungsmöglichkeiten eines Problems bemühen, können hier hilfreich sein.

Schließlich kann die Kreativgruppe m.E. auch zur Erstellung ***qualitativer Prognosen*** herangezogen werden. Hierbei wird die Fähigkeit der Teilnehmer, sich verschiedener Kreativitätstechniken bedienen zu können, als Hilfsmittel für die qualitative Prognose genutzt: Die intuitiven Kreativitätstechniken können dabei die inhaltliche Bandbreite des Prognosespektrums (z.B. um zunächst unwahrscheinliche oder ungewöhnliche Aspekte) erweitern, die systematisch-analytischen Methoden widmen sich insbesondere Analyse- und Konstellationsproblemen im Rahmen der Prognose.[169]

166) Siehe hierzu Schub von Bossiazky (1992), S. 84.
167) Vgl. bspw. in bezug auf die moderierte Kreativsitzung GfK (o.J.), S. 16, in bezug auf die "brainstorming group" Sampson (1970), S. 44.
168) Vgl. zu diesem Problem allgemein Axelrod (1979), S. 53.
169) Siehe hierzu Umminger (1990), S. 52 ff.

Zu beachten bleibt jedoch, daß Kreativitätstechniken vor allem als unterstützende Verfahren zur Erstellung qualitativer Prognosen anzusehen sind und insofern Prognosen entweder vorbereiten oder besser strukturieren helfen.[170)]

Eine weitere Form der gelenkten Gruppenerhebung ist die Delphi-Befragung. Sie stellt eine stärker strukturierte Kombination aus Gruppen- und Einzelbefragung dar und setzt sich i.d.R. aus einer Expertenrunde zusammen, die ihre subjektiven Einschätzungen zu einem Sachverhalt abgeben und diese nach Kenntnisnahme der übrigen Einschätzungen revidieren kann. Ziel ist es, nach mehreren Runden eine stabile Gruppenmeinung zu erhalten.[171)] Die Delphi-Befragung ist ursprünglich zur Erstellung ***qualitativer Prognosen*** entwickelt worden. Die weitgehende Anonymisierung des Informationsaustausches zwischen den Experten soll dabei die für Prognosezwecke störenden Kleingruppeneinflüsse weitgehend unterbinden, dabei aber dennoch eine von möglichst allen Gruppenmitgliedern getragene Prognose ermöglichen.[172)] Die Delphi-Befragung kann dabei auch in komplexere qualitative Prognoseverfahren integriert werden: So findet sie häufig Anwendung im Szenarioverfahren, das sich vor allem mit der Entwicklung und logischen Ableitung möglicher Zukünfte (Szenarios) beschäftigt.[173)] Aber auch über die qualitative Prognose hinaus ist die Delphi-Befragung zu nutzen.

So kann die Kombination der Delphi-Befragung mit kreativitätsfördernden Elementen, wie bspw. im Rahmen des Ideendelphi, auch zur ***Ideengenerierung*** herangezogen werden.[174)] Der höhere Formalisierungsgrad, der für die Prognose eine gegenseitige Beeinflussung unterbinden soll, ist im Rahmen kreativer Prozesse nicht unbedingt notwendig, so daß das Ideendelphi u.U. auch als (stärker eingeschränkte) Sonderform der gelenkten Kreativgruppe bezeichnet werden kann.[175)] Schließlich läßt sich die Delphi-Befragung insofern auch zu Zwecken der ***Strukturierung*** nutzen, als daß die teilnehmenden Experten entsprechend nach ihrer Meinung über wichtige Dimensionen des Untersuchungsfeldes befragt werden.[176)] Die Aufgabenfelder des ***Screening*** und der ***Ursachenforschung*** können in diesem Zusammenhang eher vernachlässigt werden.

---

170) Ähnlich Umminger (1990), S. 50. Siehe in bezug auf morphologische Methoden auch Makridakis/Reschke/Wheelwright (1980), S. 215.

171) Vgl. Kap. 3.2.4.2.

172) Siehe Makridakis/Reschke/Wheelwright (1980), S. 217 f.

173) Vgl. Umminger (1990), S. 102. Vgl. zur Nutzung von Delphi-Befragungen bei der Erstellung von Szenarien Götze (1991), S. 249.

174) Siehe hierzu Schlicksupp (1977), S. 220 f. sowie Kap. 3.2.4.2.

175) Vgl. Umminger (1990), S. 56 f.

176) Siehe hierzu z.B. Götze (1991), S. 247 sowie Geschka (1978), S. 36.

4.2.2.3 Einsatzschwerpunkte projektiver und assoziativer Techniken

Projektive und assoziative Techniken sind Formen der indirekten Befragung, die sich besonderer psychologischer Befragungs- bzw. Stimulierungstechniken bedienen, um mit Hilfe nachträglicher Interpretationen von Reaktionen der AP auch bei sonst wenig zugänglichen Themen zu möglichst wahren Antworten zu gelangen.[177]

Insbesondere projektive Techniken sind dabei in der Lage, verborgene Meinungen und Einstellungen hervorzulocken, Antwortwiderstände zu umgehen und schwer verbalisierbare Sachverhalte zu erfassen.[178] Dadurch, daß es sich hierbei nicht um eine direkte Befragung handelt und die AP von daher nicht zur Lösung ihnen konkret vorgegebener Probleme einbezogen werden können, kommt die ***qualitative Prognose*** als Aufgabenfeld kaum in Betracht. Zumindest eine Einschränkung muß aus diesem Grund auch für die ***Grobauswahl*** vorgenommen werden. Allerdings ist es denkbar, den AP zunächst die interessierenden Alternativen zu präsentieren und anschließend in Ergänzung zu anderen Methoden auch projektive Verfahren zu verwenden: Hierdurch könnten auch nur schwer verbalisierbare bzw. intuitiv empfundene Reaktionen auf die Alternativen erfaßt werden.

Für die Aufgabe der ***Ideengenerierung*** müssen ebenfalls gewisse Restriktionen geltend gemacht werden: So ist es zwar grundsätzlich möglich, auf Basis der durch projektive Techniken ermittelten Informationen Ideen zu generieren, die AP selbst werden hieran jedoch i.d.R. nicht beteiligt. Eine Einbindung der AP in den Prozeß der Ideengenerierung ist lediglich dann denkbar, wenn es sich um wenig komplexe Sachverhalte handelt, die eine Integration in die projektive Befragung zulassen. Eine Möglichkeit hierfür wäre z.B. die Frage nach neuen, besseren bzw. passenderen Markennamen oder Werbeslogans im Rahmen einer Ballonfrage oder des Rollenspiels.

Insgesamt sind jedoch die wichtigsten Aufgabenfelder projektiver Techniken unbestritten in der Strukturierung und der Ursachenforschung zu sehen. Für die ***Strukturierung*** bieten sich projektive Techniken insbesondere aufgrund ihrer Fähigkeit an, auch konfliktreiche oder schwer verbalisierbare Themen einer ganzheitlichen Betrachtung zu unterziehen.[179] Dabei sind sie durch die Stimulation einer Projektion in der Lage, sonst nur schwer ermittelbare Handlungs- und Orientierungsstrukturen

177) Siehe Kap. 3.3.
178) Vgl. Kap. 3.3.1.
179) Siehe Bellenger/Bernhardt/Goldstucker (1976), S. 34.

aufzudecken und so neue bzw. problemrelevante Untersuchungsdimensionen zu erfassen.[180] Zusätzlich unterstützen diese Techniken in hohem Maße das Verständnis der subjektiven Relevanz bestimmter Untersuchungsprobleme für die AP, da diesen auf vielfältige Weise geholfen wird, auch komplexe Eindrücke artikulieren zu können.[181] Vor allem die eher breit angelegten projektiven Techniken wie der *Bildererzähltest* und die *expressiven Verfahren* eignen sich dazu, das gesamte Erlebnisumfeld der AP umfassend zu berücksichtigen.

Aufgrund ihrer Fähigkeiten, die aus den verschiedensten Gründen existierenden Kontrollmechanismen einer Person umgehen zu können, liegt eine der wichtigsten Aufgaben projektiver Techniken sicher in der ***Ursachenforschung***.[182] Dadurch, daß den AP vorgeblich die subjektive Verantwortlichkeit für ihre Aussagen genommen wird, erhöht sich die Chance, auch solche Meinungen, Einstellungen, Vorurteile oder Erwartungen aufzudecken, die die wahre Ursache für bestimmte Handlungen oder Entscheidungen darstellen und sich der direkten Untersuchung eher entziehen.[183]

Auch assoziative Techniken fördern die Umgehung psychischer Kontrollmechanismen. Sie bedienen sich dabei jedoch nicht der Projektion innerer Wahrnehmungen und Dispositionen nach außen, sondern der Stimulation spontaner Reaktionen auf vorgegebene Reize, die bereits bestehende gedankliche Verknüpfungen offenlegen sollen.[184] Da hierbei meist nur mit einem Wort oder einer Reihe von (nicht durch ein Satzgefüge verbundenen) Wörtern reagiert werden soll, bleibt die Aussagefähigkeit solcher Informationen allerdings begrenzt. Aus ähnlichen Gründen, wie sie bereits bei den projektiven Verfahren angesprochen wurden, können Aufgaben, die eine direkte Einbindung der AP in das vorliegende Untersuchungsproblem erfordern, eher ausgeschlossen werden. Dies gilt vor allem für die ***qualitative Prognose*** und die ***Ideengenerierung***.

Die Nutzung assoziativer Verfahren für das ***Screening*** kann nur für einfach beschaffene Auswahlprobleme akzeptiert werden. So ist es denkbar, vorgegebene Markennamen, Werbethemen oder Slogans daraufhin zu überprüfen, welche Assoziationen

---

180) Ähnlich auch Schlackman (1989), S. 64.
181) Vgl. Aaker/Day (1986), S. 126 f.
182) Siehe Schlackman (1989), S. 64 sowie Bellenger/Bernhardt/Goldstucker (1976), S. 37 f.
183) Vgl. Bellenger/Bernhardt/Goldstucker (1976), S. 34 und Kap. 3.3.1.1.
184) Siehe Kap. 3.3.2.

sie bei den AP erzeugen und inwieweit diese mit den beabsichtigten Wirkungen übereinstimmen.[185]

Auch die ***Ursachenforschung*** kann nur mit Einschränkungen als geeignetes Aufgabengebiet assoziativer Verfahren betrachtet werden. Zwar können einzelne Wortassoziationen oder Assoziationsketten Auskunft über inhaltlich miteinander verbundene Gedächtnisinhalte geben und somit bestimmte Zu- oder Abneigungen bzgl. gewisser Reizworte oder Sachverhalte erklären. Inwieweit solche einzelnen Worte oder Wortketten jedoch bereits als Grundlage für eine Ursachenforschung ausreichen, muß zumindest kritisch betrachtet werden. In jedem Fall können hier jedoch nur einfach strukturierte bzw. überschaubare Untersuchungsprobleme im Vordergrund stehen, so bspw. die Erklärung der Bevorzugung gewisser Markennamen.[186] Zur Ursachenforschung in diesem eingeschränkten Sinne werden häufig auch Satzergänzungs-Tests herangezogen.[187]

Wichtige Beiträge können assoziative Techniken allerdings für die ***Strukturierung*** leisten. Insbesondere Assoziationsketten dienen dabei der Erforschung spontaner und unreflektierter Bewußtseinsinhalte und sind u.U. so in der Lage, umfassend Auskunft über das Erlebnisumfeld eines Meinungsgegenstandes zu geben.[188] "Durch die Kenntnis dieses Erlebnisumfeldes, in das ein bestimmtes Produkt eingebettet ist, wird es dem Hersteller ermöglicht, das Imageprofil seines Produktes so zu gestalten, daß es in allen wichtigen Dimensionen den Vorstellungen des Verbrauchers gerecht wird."[189]

4.2.2.4 Anwendungsmöglichkeiten der qualitativen Beobachtung

Die qualitative Beobachtung ist weiter vorne als unstrukturierte (nicht standardisierte) Form der Feldbeobachtung charakterisiert worden.[190] Die Beobachtung ermöglicht es dabei im Gegensatz zur Befragung, Verhalten im Augenblick seines Auftretens zu erfassen. Allerdings kommt es hierdurch auch nur in geringem Maße zu einer intensiven Auseinandersetzung mit der einzelnen AP.

---

185) Vgl. hierzu McDaniel/Gates (1991), S. 191 und auch Salcher (1978), S. 81.
186) Siehe Zikmund (1989), S. 124.
187) Siehe zum assoziativen Charakter von Satzergänzungs-Tests auch Kap. 3.3.1.2.1. Ein Beispiel für die Nutzung des Satzergänzungs-Tests zur Erhebung von Assoziationen liefert Salcher (1978), S. 78 f.
188) Vgl. Salcher (1978), S. 81.
189) Salcher (1978), S. 81.
190) Siehe hierzu Kap. 3.4.1.

Obwohl sich auch im Laufe einer Beobachtung interessante und relevante Informationen für die ***Ideengenerierung*** und das ***Screening*** ergeben können, erscheint aufgrund der mangelnden aktiven Beteiligung der AP die qualitative Beobachtung für diese Aufgabenfelder nur wenig geeignet.[191] Auch die Möglichkeit, die qualitative Beobachtung zur Erstellung ***qualitativer Prognosen*** heranzuziehen, scheint nur insofern sinnvoll, als daß hierdurch strukturierende Daten erfaßt werden, die dann wiederum Grundlage für den eigentlichen Erstellungsprozeß der Prognose bilden.[192]

Unproblematisch erscheint dagegen der Einsatz der qualitativen Beobachtung zur ***Strukturierung***. Insbesondere dadurch, daß die qualitative Beobachtung nicht vollkommen standardisiert ist, besteht überhaupt erst die Möglichkeit, durch die Beobachtung relevante Informationen zur Aufdeckung wichtiger Untersuchungsdimensionen zu ermitteln. Durch die Möglichkeit, hierbei das Verhalten selbst im Feld unmittelbar zu erleben, können z.T. recht schnell und unproblematisch erste Erfahrungen gewonnen werden.[193]

Mit Einschränkungen kann die qualitative Beobachtung schließlich auch zur ***Ursachenforschung*** herangezogen werden. Die Bedenken gründen dabei v.a. auf dem für alle Formen der Beobachtung geltenden Nachteil, zunächst nur ein bestimmtes Verhalten zu erfassen, die hierfür verantwortlichen Beweggründen jedoch erst nachträglich ableiten zu können.[194] Dennoch erlaubt gerade die qualitative Beobachtung durch ihr Bemühen um einen offenen und ganzheitlichen Ansatz und die damit verknüpfte situationsgebundene Erfassung der interessierenden Sachverhalte eine kontextbezogene Deutung der erhobenen Beobachtungen. So wird gerade die teilnehmende verdeckte Beobachtung v.a. darum eingesetzt, um bspw. durch den Einsatz der Beobachter als Testkunden, angeblicher Verkäufer oder Außendienstmitarbeiter die Ursachen bestimmter Verhaltensabläufe besser nachvollziehen zu können.[195]

---

191) Es könnte zwar argumentiert werden, daß aufgrund der Beobachtung bspw. routinisierter Arbeitsverläufe im Rahmen der nicht-teilnehmenden, offenen Beobachtung Ideen generiert oder die Tauglichkeit bestimmter Produktalternativen z.B. im Hinblick auf ihre Handhabbarkeit bewertet werden können, die Beobachtung selber liefert hierfür jedoch streng genommen nur Anregungen im Sinne der Strukturierung oder Ursachenforschung.

192) So bezeichnen bspw. Umminger (1990) und Schuster (1987) die Beobachtung als potentielles qualitatives Prognoseverfahren, dabei allerdings v.a. als Möglichkeit der Informationssammlung zur Erfassung von Trends. Vgl. Umminger (1990), S. 38 ff. sowie Schuster (1987), S. 76.

193) Vgl. hierzu die Beispiele bei Stafford (1993), S. 69.

194) Siehe hierzu Nieschlag/Dichtl/Hörschgen (1991), S. 706 sowie Kap. 3.4.

195) Vgl. Stafford (1993), S. 69.

4.2.2.5 Zusammenfassung der Ergebnisse

Nach dieser ausführlichen Diskussion der verschiedenen Aufgabenfelder qualitativer Marktforschung und der aufgabenbezogenen Einsatzschwerpunkte der hier beschriebenen qualitativen Erhebungsmethoden sollen nun die Ergebnisse dieser Ausführungen in Abbildung 24 übersichtlich zusammengefaßt werden. Die dabei vorgenommene Bewertung der Methoden in die Kategorien "gut geeignet", "mit Einschränkungen geeignet" bzw. "weniger oder nicht geeignet" können natürlich nur in etwas vereinfachter Form die oben angesprochenen Möglichkeiten und Grenzen qualitativer Methoden widerspiegeln. Dennoch kann so ein hilfreicher Überblick über die unterschiedlichen Nutzungsmöglichkeiten qualitativer Methoden geliefert werden.

Aufgabenfelder / Methoden	Strukturierung	Qualitative Prognose	Ideengenerierung	Screening	Ursachenforschung
exploratives Interview	x	x	o	o	-
Tiefeninterview	o	-	-	-	x
fokussiertes Interview	x	-	-	x	x
Gruppendiskussion	x	o	x	x	o
gelenkte Kreativgruppe	o	o	x	o	-
Delphi-Befragung	o	x	o	-	-
projektive Verfahren	x	-	o	o	x
assoziative Verfahren	x	-	-	o	o
qualitative Beobachtung	x	-	-	-	o

x = gut geeignet
o = mit Einschränkungen geeignet
- = weniger oder nicht geeignet

Abb. 24: Der Beitrag qualitativer Erhebungsmethoden zu den verschiedenen Aufgabenfeldern qualitativer Marktforschung

4.3 Konkretisierung der Aufgabenfelder qualitativer Marktforschung anhand ausgewählter Marketing-Entscheidungen

Die Darstellung der verschiedenen Aufgabenfelder qualitativer Marktforschung stellt insofern eine nur künstliche Trennung häufig miteinander verbundener Sachverhalte dar, als daß der konkrete Informationsbedarf bei bestimmten Entscheidungsproblemen im Marketing eher komplexer Natur ist und damit oft mehrere Untersuchungen mit unterschiedlichen Zielsetzungen erforderlich macht.

Da ein vollständiger Überblick über sämtliche potentiellen Einsatzbereiche den Rahmen dieser Arbeit sprengen würde, sollen die Bedeutung und die vielfältigen Einsatzmöglichkeiten qualitativer Marktforschungsmethoden an dieser Stelle anhand ausgewählter Beispiele aufgezeigt werden. Ziel ist es also, an einigen ausgewählten Untersuchungsproblemen zu verdeutlichen, wie anhand eines Informationsbedarfs in konkreten Entscheidungssituationen die oben beschriebenen Aufgabenfelder qualitativer Marktforschung identifiziert und mit Hilfe qualitativer Methoden bearbeitet werden können.

Um die Bandbreite der Nutzungsmöglichkeiten qualitativer Methoden genügend zu berücksichtigen, sollen die Beispiele dabei so gewählt werden, daß sie den Beitrag qualitativer Marktforschung zur Deckung des Informationsbedarfs sowohl *strategischer* als auch *operativer* Marketing-Planung sichtbar machen. Dabei bezieht sich die strategische Marketing-Planung vor allem auf die Erschließung und Sicherung betrieblicher Erfolgspotentiale und damit auf die Identifizierung, Beschreibung, Auswahl und langfristige Bearbeitung von Marktfeldern.[196] Demgegenüber ist es Aufgabe der operativen Marketing-Planung, die strategischen Entscheidungen entsprechend umzusetzen und zugleich für eine optimale Nutzung bestehender betrieblicher Erfolgspotentiale zu sorgen.[197] Abb. 25 konkretisiert diese Aufgaben und deutet ihre Beziehungen im Rahmen des Marketing-Planungsprozesses an.

196) Siehe hierzu Köhler (1993a), S. 7, Zahn (1989b), Sp. 1904 f. sowie Köhler/Krautter (1989), Sp. 1007. Vgl. zum Begriff des Erfolgspotentials auch Winand (1989), Sp. 443445.

197) Vgl. Köhler (1993a), S. 7 und Kreikebaum (1981), S. 103. Dabei wird die Trennung zwischen strategischer und operativer Planung in der Literatur nicht einheitlich gehandhabt. So unterscheidet bspw. Winand (1989), Sp. 440 f. neben der strategischen und operativen auch die dispositive Planung. Vgl. zu solchen Abgrenzungsproblemen z.B. Kreikebaum (1981), S. 103 f. und Zahn (1989a), Sp. 1085 ff. Insgesamt kann jedoch die Trennung in strategische und operative Planung als geläufig und sinnvoll angesehen werden. Siehe zu dieser Auffassung Zahn (1989a), Sp. 1086. Ansätze zur Verknüpfung strategischer und operativer Marketing-Pläne beschreibt Köhler (1993a), S. 102 ff.

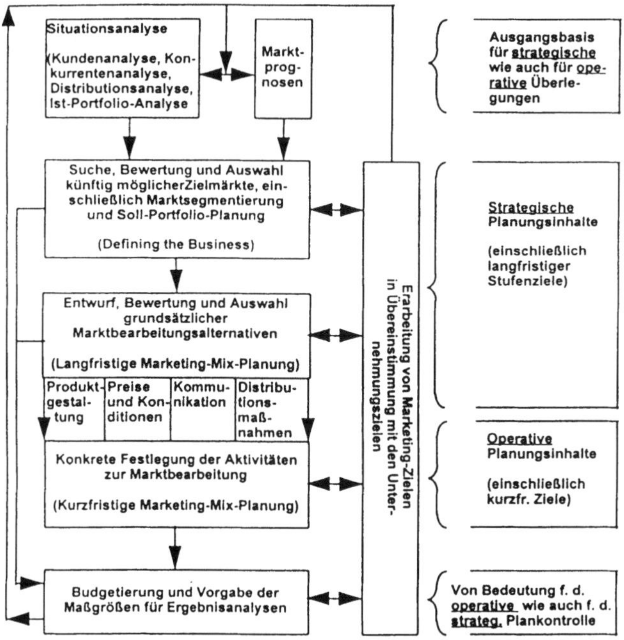

Abb. 25: Aufgaben der strategischen und operativen Marketing-Planung
(Quelle: Köhler (1993a), S. 8)

Während sich dabei der Informationsbedarf für *strategische* Marketing-Entscheidungen häufig auf nur schlecht definierte Informationsziele bezieht und dabei sehr heterogene Informationsarten umfassen kann, ist der *operative* Informationsbedarf im Hinblick auf das Untersuchungsproblem oft detaillierter und strukturierter.[198] Inwieweit sich für beide Arten von Marketing-Entscheidungen dabei Einsatzmöglichkeiten für qualitative Marktforschungsmethoden ergeben, soll im folgenden verdeutlicht werden.

4.3.1 Der Beitrag qualitativer Marktforschung für ausgewählte Fragen der strategischen Marketing-Planung

Im Rahmen des strategischen Marketing geht es, wie oben bereits angedeutet, vor allem um die Suche, Bewertung und Auswahl künftig möglicher Zielmärkte, die Formulierung grundsätzlicher Marktbearbeitungsalternativen sowie die langfristige Pla-

198) Vgl. zum strategischen Informationsbedarf Huxold (1990), S. 60 f.

nung des Marketing-Mix. Hierzu werden Informationen benötigt, die auf solche zukünftigen Problemlösungsangebote für ein Unternehmen hinweisen. Die Marktforschung kann dabei zwar nicht alle relevanten, zumindest jedoch einen wichtigen Teil dieser Informationen liefern.[199] Inwieweit sich hierbei Aufgaben für qualitative Marktforschungsmethoden ergeben können, soll an einigen Beispielen erläutert werden. Um die wichtigsten Informationsbereiche in der frühen Phase der Marketing-Planung übersichtlich präsentieren zu können, soll an dieser Stelle auf den dreidimensionalen Bezugsrahmen von Abell (1980) zurückgegriffen werden. Abell schlägt dabei eine systematische Suche nach künftigen Betätigungsfeldern mit Hilfe der Dimensionen "*potentielle Nachfragesektoren*" ("customer groups"), "*Funktionserfüllung*" ("customer functions") und "*verwendbare Technologien*" ("alternative technologies") vor.[200]

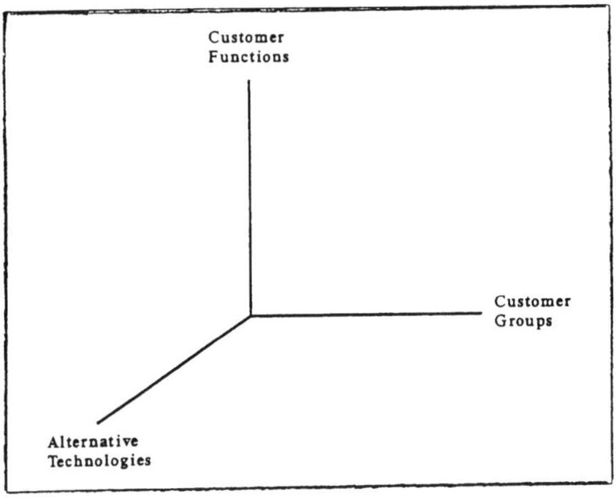

Abb. 26: Der dreidimensionale Bezugsrahmen nach Abell
(Quelle: Abell (1980), S. 30.)

Dieser Bezugsrahmen bietet eine zunächst noch grob strukturierende Aufgliederung der drei Betrachtungsdimensionen, die mit fortschreitender Planung auf allen drei Ebenen dann noch feiner unterteilt werden soll.[201] Dabei liegt der Anwendungsschwerpunkt des Abell-Schemas auf der Ebene strategischer Geschäftsfelder.[202] Der besondere Nutzen des Abell-Schemas für die strategische Marketing-Planung liegt

199) Siehe Köhler (1993a), S. 67.
200) Vgl. Abell (1980), S. 169 ff. sowie Köhler (1993a), S. 25.
201) Die dabei vorzunehmende Untergliederung ist in hohem Maße branchenabhängig. Siehe hierzu auch das Verlagsbeispiel von Köhler (1993a), S. 25 f.
202) Vgl. Böhler (1983), S. 109.

v.a. in seiner Loslösung von einer reinen Produktbetrachtung hin zu einer weitergreifenden Berücksichtigung grundsätzlich denkbarer Problemlösungen durch die Dimensionen "Funktionserfüllung" und "verwendbare Technologien".[203] Zugleich dient dieses Schema den Überlegungen sowohl der Markterfassung (bzw. -erklärung) als auch der Marktbearbeitung.[204]

4.3.1.1 Typische Einsatzmöglichkeiten der qualitativen Prognose

Die **qualitative Prognose** spielt v.a. in der frühen Phase strategischer Marketing-Planung eine bedeutsame Rolle. Zu unterscheiden sind hierbei Entwicklungs- und Wirkungsprognosen. *Entwicklungsprognosen* beziehen sich dabei auf zu prognostizierende Größen in Abhängigkeit von solchen Variablen, auf die das Unternehmen keinen gezielten Einfluß nehmen kann. Im Gegensatz dazu treffen *Wirkungsprognosen* Aussagen über die mögliche Wirkung von Marketing-Maßnahmen, d.h. die zu prognostizierende Größe wird durch solche Variablen bestimmt, die der Kontrolle bzw. dem gezielten Einfluß unternehmenspolitischer Entscheidungen unterliegen.[205]

Insbesondere für die *Suche*, aber auch für die *Bewertung* und *Auswahl* künftiger Produkt-Markt-Kombinationen werden Angaben über die künftige Entwicklung der weiter oben im Abell-Schema angedeuteten drei Betrachtungsdimensionen, so also z.B. über die Abnehmerstruktur, deren Bedarf und die technologische Entwicklung benötigt. Darüber hinaus interessiert auch die Entwicklung der generellen (gesamtwirtschaftlichen, politischen und rechtlichen) Rahmenbedingungen der betrachteten Märkte.[206] Dieser Informationsbedarf macht in erster Linie Entwicklungsprognosen erforderlich. Dabei ist zu berücksichtigen, daß der oben angesprochene Informationsbedarf noch ziemlich grob strukturiert und relativ umfassend ist. Aufgrund dieser Unstrukturiertheit, der häufig langen Prognosezeiträume und des Bemühens, auch Diskontinuitäten und Strukturveränderungen bei der Suche und Auswahl künftiger Betätigungsfelder möglichst genügend zu berücksichtigen, sind hier quantitative Prognoseverfahren i.d.R. nicht ausreichend, die *qualitative Prognose* steht deutlich

203) Vgl. Kreilkamp (1987), S. 97. Damit geht dieser Ansatz über eine reine Produkt-Markt-Betrachtung, wie sie bspw. von Ansoff vorgeschlagen wurde, hinaus. Vgl. zur Ansoff-Matrix ausführlich Ansoff (1965), S. 109

204) Siehe Kreikebaum (1989), S. 134.

205) Siehe Meffert (1986), S. 218 sowie Köhler (1993a), S. 10. Vgl. zur allgemeinen Abgrenzungsproblematik von Entwicklungs- und Wirkungsprognosen Hüttner (1986), S. 2 ff.

206) Vgl. Köhler (1993a), S. 68.

im Vordergrund.[207] Im Konsumgüterbereich liegt dabei z.B. ein Schwerpunkt von Entwicklungsprognosen in der Vorhersage des Abnehmerbedarfs im Hinblick auf Wertewandel und Trends.[208] Als Grundlage für die Erstellung von Prognosen durch die Erfassung solcher Werthaltungen beim Konsumenten können hierzu sowohl *qualitative (Tiefen-) Interviews* als auch *Gruppendiskussionen* und *projektive Verfahren* eingesetzt werden.[209] Zur konkreten Erstellung qualitativer Prognosen wird demgegenüber vor allem auf *explorative Expertengespräche* zurückgegriffen.[210] Nicht nur, aber insbesondere im Investitionsgüterbereich erlangen technologische Voraussagen eine große Bedeutung. Neben einer allgemeinen Beurteilung künftiger Betätigungsfelder können sie vor allem Aussagen über bevorstehende Substitutionsprozesse bei Gütern und Verfahren leisten.[211] Wichtig und gebräuchlich sind hier vor allem Methoden, die auf *Expertenurteilen* beruhen, wie die Delphi-Methode, verschiedene qualitative Methoden zur Erstellung von Szenarien sowie Kreativitätstechniken.[212]

Die Bedeutung von Wirkungsprognosen in der strategischen Marketing-Planung wird in der Literatur meist als weniger wichtig eingeschätzt, da sie i.d.R. die Auswahl und Beschreibung von Produkt-Markt-Kombinationen sowie den konkreten Entwurf von Aktivitäten bereits voraussetzen und damit meist erst in späteren Planungsphasen relevant werden.[213] Allerdings finden sich in neuerer Zeit Ansätze, die die Wirkungsprognose explizit in den Mittelpunkt von Überlegungen auch des strategischen Marketing rücken. Ein Beispiel hierfür ist das *Marketing-Assessment*. "Marketing-Assessment ist die systematische Analyse und Bewertung der Konsequenzen von Marketing-Entscheidungen aus Unternehmenssicht, wobei prinzipiell direkte, indirekte bzw. mit zeitlicher Verzögerung eintretende, beabsichtigte und unbeabsichtigte sowie positive und negative Auswirkungen erfaßt werden sollen."[214] Das Marketing-Assessment beschäftigt sich demnach im Rahmen strategischer Entscheidungen mit der Abschätzung von Folgewirkungen der eigenen (geplanten)

207) Siehe Böhler (1983), S. 358 f. und Köhler (1993a), S. 10. Ähnlich argumentiert auch Huxold (1990), S. 85 ff. im Hinblick auf die strategische Planung von Produktinnovationen.

208) Vgl. bspw. Koppelmann (1993), S. 63 und ausführlich hierzu Windhorst (1985).

209) Siehe hierzu Windhorst (1985), S. 69 ff. und Raffée/Wiedmann (1985), S. 586 f.

210) Siehe z.B. Raffée/Wiedmann (1985), S. 586 f.

211) Vgl. Schröder (1989), Sp. 2016.

212) Siehe auch Schröder (1989), Sp. 2018 f.

213) Vgl. Köhler (1993a), S. 10. Auch Meffert (1986), S. 220, betont als Einsatzmöglichkeit strategisch ausgerichteter Wirkungsprognosen lediglich die langfristige Abschätzung der Wirkungsweise von *Marketing-Instrumenten*. Für die Planungsphasen vor der (langfristigen) Marketing-Mix-Planung scheinen keine Aufgabenfelder der Wirkungsprognose zu bestehen.

214) Köller (1992), S. 20.

Marketing-Aktivitäten.[215] Hierzu bedient es sich u.a. der Prognose. Da es sich um die Vorhersage von Umweltreaktionen auf Marketing-Entscheidungen handelt, ist das Marketing-Assessment vorrangig ein Problem der *Wirkungsprognose*.[216] Im Gegensatz zu vielen Wirkungsprognosen, wie sie aus der *operativen* Marketing-Planung bekannt sind (bspw. Werbewirkungsprognose), zeichnet sich der assessmentbezogene Informationsbedarf für eine Wirkungsprognose u.a. durch seine Langfristigkeit, Komplexität, die Mitberücksichtigung subjektiv wahrnehmbarer Folgen und die Forderung, auch diskontinuierliche Entwicklungen erfassen zu können, aus.[217] Aus diesem Grund wird *qualitativen Prognoseverfahren* im Marketing-Assessment zur Erstellung von Wirkungsprognosen ein sehr viel größerer Stellenwert eingeräumt als quantitativen Verfahren.[218] Ebenso wie im Rahmen der technologischen Entwicklungsprognosen werden hier vor allem qualitative Methoden der *Expertenbefragung* herangezogen (Delphi-Befragung, Kreativitätstechniken).[219]

4.3.1.2 Aufgaben der Strukturierung im Rahmen des "Defining the Business"

Neben dem Bedarf an qualitativen Prognosen erlangt insbesondere auch die Aufgabe der **Strukturierung** für strategische Marketing-Entscheidungen Bedeutung. Gerade für die Suche und Auswahl von geeigneten Produkt-Markt-Kombinationen und entsprechend langfristigen Marktbearbeitungsstrategien wird hierbei neben quantitativmarktbeschreibenden Daten auch eine Vielzahl qualitativ-strukturierender Informationen benötigt.[220] Die Aufgabe der Strukturierung ist vor allem darin zu sehen, homogene Nachfragergruppen zu identifizieren, verschiedene Abnehmerbedürfnisse und Verwendungszwecke zu erforschen und ggf. hierfür in Frage kommende Technologien am Markt zu erfassen sowie potentielle Substitutionstechnologien zu erkennen. Auf diese Weise entsteht dann ein Grobraster von Teilmärkten oder "Marktzellen"[221], auf Basis dessen der für das Unternehmen strategisch relevante

215) Siehe Köhler/Köller (1988), S. 800. Vgl. zur Integration des Marketing-Assessment in das strategische Marketing Köller (1992), S. 30 ff.

216) Das schließt allerdings nicht aus, daß auch Informationen auf Basis von Entwicklungsprognosen herangezogen werden. Vgl. Köller (1992), S. 143 f. Über die direkten Wirkungen von Marketing-Entscheidungen hinaus beschäftigt sich das Marketing-Assessment auch mit den sich hieraus ergebenden Folgewirkungen auf andere Umweltkomponenten und den gegebenenfalls auftretenden Rückwirkungen auf das Unternehmen. Siehe hierzu Köller (1992), S. 144 f.

217) Vgl. Köller (1992), S. 165 f.

218) Siehe auch Köller (1992), S. 172.

219) Vgl. Köller (1992), S. 173 ff.

220) Köhler (1987), S. 46, weist hierbei auch auf die Bedeutung "weicher" Daten hin.

221) Vgl. Böhler (1983), S. 109.

Markt abgegrenzt und durch detailliertere Analysen auf Marketing- und Produktmanagementebene ergänzt werden kann.[222] Für den Einsatz qualitativer Methoden zu Zwecken der Strukturierung interessiert dabei vor allem der *Erfassungsaspekt*. Zur Konkretisierung künftiger Betätigungsfelder werden hiernach zunächst solche Informationen benötigt, die eine sinnvolle Ausarbeitung der einzelnen Achsen oder Dimensionen zulassen. Insbesondere obliegt es dabei der Marktforschung, Möglichkeiten alternativer Funktionserfüllungen und verschiedener Nachfragesektoren zu untersuchen.[223]

Diese hier noch eher ungerichtete Sammlung von bestehenden und Suche nach weiteren möglichen Problemlösungen und Nachfragersegmenten ist vorrangig eine typische Aufgabe der *Strukturierung*. Und solange in diesen Bereichen zunächst nach Inhalten und nicht nach der zahlenmäßigen Erfassung dieser Inhalte geforscht wird, kommen hier vor allem qualitative Erhebungsmethoden in Betracht.[224] Die Ausführungen im letzten Kapitel haben dabei deutlich gemacht, daß sich eigentlich alle qualitativen Erhebungsmethoden, wenn auch mehr oder weniger gut, für die Strukturierung neuer oder komplexer Untersuchungsfelder eignen.[225]

Werden bspw. zur Untergliederung der Dimensionen der Nachfragergruppen oder verwendbaren Technologien in erster Linie Experten herangezogen, so erscheinen vor allem Methoden wie das *explorative Interview*, die *Gruppendiskussion* und die Formen der *gelenkten Gruppenerhebung* geeignet. Zur Erforschung nachfragerbezogener Bedürfnisse und Verwendungszwecke kommen vor allem das *Tiefeninterview*, ebenfalls die *Gruppendiskussion, projektive und assoziative Verfahren* sowie die *qualitative Beobachtung* in Betracht.[226] Die gemeinsame Untersuchung der Achsen "Funktionserfüllung" und "Nachfragersektoren" kann dabei erste Hinweise für eine spätere Marktsegmentierung auf Basis gemeinsamer Nutzenvorstellungen liefern.[227] So ist es bspw. möglich, aufgrund der durch qualitative Verfahren erhobenen Nachfragerbedürfnisse im Rahmen der sog. "Need/Benefit-Segmentation" homogene

222) Siehe hierzu ausführlich Abell (1980), S. 185 ff. sowie Böhler (1983), S. 110 ff.
223) So auch Köhler (1993a), S. 259.
224) Vgl. die entsprechenden Hinweise bei Zikmund (1989), S. 113 sowie bei Bellenger/Bernhardt/Goldstucker (1976), S. 78 f.
225) Siehe Kap. 4.2.
226) Ähnliche Hinweise geben Wind (1982), S. 254 f. sowie Huxold (1990), S. 97 f.
227) Unter Marktsegmentierung wird dabei "die Aufteilung des (heterogenen) Gesamtmarktes für ein Produkt in (homogene) Teilmärkte oder Segmente und die gezielte Bearbeitung eines Segmentes (bzw. mehrerer Segmente) mit Hilfe segmentspezifischer Marketing-Programme" verstanden. Freter (1983), S. 18.

Nachfragersegmente mit ähnlichen Bedürfnisstrukturen zu identifizieren.[228] Erst mit zunehmender Konkretisierung der drei Betrachtungsdimensionen rücken dann auch repräsentative Untersuchungen mittels quantitativer Erhebungsverfahren in den Vordergrund.

4.3.1.3 Typische Aufgaben der Ideengenerierung und des Screening im Rahmen der strategischen Innovationsplanung

Während die Dimensionen der "Funktionserfüllung" und "Nachfragersektoren" im Abell-Schema demnach einen Raum aufspannen, der Hinweise auf mögliche Marktsegmente gibt, kann die Betrachtung der Dimensionen "Funktionserfüllung" und "verwendbare Technologien" als Bezugsrahmen für die strategische Planung von Produktinnovationen dienen, die natürlich eng mit der Auswahl von Märkten und Marktsegmenten zusammenhängt.[229] Dabei ist die strategische Innovationsplanung (als grundlegende Analyse von Innovationsnotwendigkeiten sowie hierfür notwendiger Maßnahmen) der klassischen Neuproduktplanung (verstanden als Planung und Umsetzung konkreter Neuproduktideen und -konzepte) noch vorgeschaltet. Damit konzentriert sich die strategische Innovationsplanung über die kreative Startphase der Neuproduktplanung hinaus vor allem auf die Bestimmung des Produktinnovationsbedarfs (und die Festlegung hierauf aufbauender strategischer Stoßrichtungen) mit dem Ziel der Erschließung und Sicherung betrieblicher Erfolgspotentiale und knüpft damit an die bereits oben angesprochenen Grundüberlegungen der strategischen Marketingplanung an.[230] Der Informationsbedarf strategischer Innovationsplanung zeichnet sich v.a. durch die Frühzeitigkeit seines Auftretens und seine relative Unstrukturiertheit aus, so daß aufgrund der hier erforderlichen Flexibilität die explorative Forschung und damit auch qualitative Erhebungsmethoden große Bedeutung erlangen.[231] Neben der Strukturierung und der qualitativen Prognose kann die strategische Innovationsplanung insbesondere dafür herangezogen werden, die Bedeutung von Aufgaben der **Ideengenerierung** und des **Screening** auch im Rahmen

228) Die durch qualitative Methoden erhobenen Bedürfnisse und Nutzenvorstellungen dienen dabei als Grundlage für weitere Untersuchungen, in denen die Nachfrager dann Bedeutungsgewichtungen von verschiedenen Produkteigenschaften vornehmen sollen. Mit Hilfe der Faktorenanalyse werden zunächst die wichtigsten Bedürfnisfaktoren ermittelt und anschließend entsprechende Gruppierungen möglichst homogener Segmente mittels der Clusteranalyse vorgenommen. Vgl. Wind (1982), S. 256 und Huxold (1990), S. 98.

229) Vgl. hierzu Huxold (1990), S. 15 f. und S. 23 sowie Abell/Hammond (1979), S. 392. Siehe zur gemeinsamen Betrachtung von jeweils zwei Achsen im Abell-Schema auch den Suchrahmen bei Köhler (1993a), S. 259.

230) Vgl. zu diesen Aufgaben der Produktinnovationsplanung ausführlich Huxold (1990), S. 29 ff.

231) Siehe Huxold (1990), S. 73 und S. 75.

strategischer Marketing-Planung zu verdeutlichen. Dazu soll im folgenden nur der abnehmerorientierte Informationsbedarf strategischer Innovationsplanung herausgegriffen werden.[232)]

Neben der nur indirekten Berücksichtigung von Nachfragern z.B. mit Hilfe der Motivations-, Einstellungs- und Bedarfsforschung besteht auch die Möglichkeit, diese *aktiv* am gesamten Innovationsprozeß, in mehr oder weniger ausgeprägter Form, zu beteiligen.[233)] *Von Hippel* stellt diese beiden Formen der Einbeziehung potentieller Verwender als unterschiedliche "Paradigmen" einander gegenüber: Das v.a. in der Konsumgüterindustrie vorherrschende "*manufacture-active-paradigm*" (MAP) einerseits und das "*customer-active-paradigm*" (CAP) andererseits.[234)]

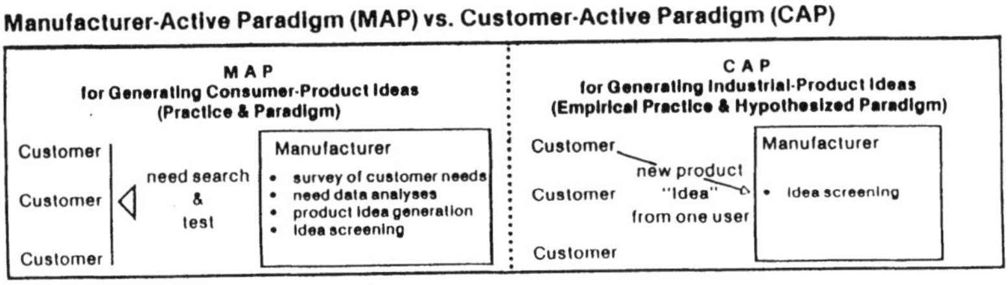

Abb. 27: Gegenüberstellung des "manufacture-active-paradigm" und des "customer-active-paradigm" nach v. Hippel
(Quelle: v. Hippel (1978), S. 40.)

Das CAP kann dabei von der Bedürfnis- oder Problemartikulation durch die Produktverwender bis hin zu deren Beitrag zur Produktentwicklung und Designgestaltung bzw. sogar der Entwicklung von Prototypen reichen.[235)] In Anlehnung an dieses Paradigma ist der sog. "*Lead-user-Ansatz*" entwickelt worden, bei dem es darum geht, eine Gruppe von "Leitkunden", d.h. von innovationsfreudigen und trendanführenden Produktverwendern, zu identifizieren und mit deren Hilfe den Innovationsbedarf auch für zukünftige Erfordernisse und für breitere Verwender-

232) Vernachlässigt werden sollen damit noch zusätzlich erforderliche konkurrentenbezogene, handelsbezogene und unternehmensinterne Informationen sowie die Analyse der allgemein technologischen sowie der sonstigen (gesamtwirtschaftlichen, politisch-rechtlichen, kulturellen, ökologischen) Umwelt. Vgl. auch die Abbildung bei Huxold (1990), S. 53.

233) Herstatt (1991), S. 24 f. spricht in diesem Zusammenhang von einem zu beobachtenden Paradigmenwechsel in der Innovationsliteratur, in dem sich der Verwender vom passiven Adopter zum mitgestaltenden, aktiven Mitglied im Innovationsprozess wandelt.

234) Siehe v. Hippel (1978), S. 39 f.

235) Vgl. v. Hippel (1978), S. 42 f.

schichten frühzeitig zu bestimmen.[236] Ohne auf weitere Details dieses Ansatzes einzugehen[237], kann zunächst festgehalten werden, daß hier eine enge Zusammenarbeit zwischen herstellendem Unternehmen und Verwender mit dem Ziel angestrebt wird, Bedürfnisse und hierauf abgestimmte Problemlösungen zusammen mit dem Verwender zu konkretisieren. Dem "lead user" wird dabei die Fähigkeit zugesprochen, sich mit solchen neuen Problemlösungen bereits zu einem sehr frühen Zeitpunkt zu beschäftigen, die für eine große Anzahl von Abnehmern erst später interessant werden.[238] Von daher gilt er als Quelle für die Ermittlung eines relativ frühzeitig formulierbaren und verwenderbezogenen Innovationsbedarfes. Aufgrund seines Interesses für solche Neuerungen wird er auch eher bereit sein, mit einem Unternehmen zusammenzuarbeiten.[239]

Zur Anwendung seines Konzeptes schlägt *v. Hippel* vier Schritte vor: Die *Suche* nach Lead-user-Indikatoren (bspw. durch die Identifizierung relevanter Trends), die *Auswahl* der Lead-user-Gruppe, die *Generierungs- und Auswahlphase* grundsätzlicher Problemlösungen und konkreter Innovationsideen sowie einen anschließenden *Konzepttest*.[240] Für Aufgaben der Ideengenerierung und des Screening kommen dabei in der Phase der konkreten Konzepterarbeitung vor allem *Gruppendiskussionen* und *kreative Gruppenerhebungen* in Betracht.[241] Der Lead-user-Ansatz scheint aufgrund der vorherrschenden Dominanz von Anwenderbedürfnissen insbesondere im Investitionsgüterbereich eine angemessene Betrachtungsperspektive für die strategische Planung von Produktinnovationen darzustellen.[242] Eine Übertragung auf den Konsumgütermarkt ist zwar denkbar, kann jedoch zu größeren Schwierigkeiten, bspw. bei der Identifizierung von "lead usern", führen.[243] Doch auch hier gibt es genügend Hinweise auf die Vorteilhaftigkeit einer möglichst frühzeitigen Einbindung der Nachfrager bei der Suche nach neuen Problemlösungen sowie die Nutzung ihres kreativen Potentials mit Hilfe solcher qualitativen Methoden wie der Gruppendiskussion und insbesondere kreativer Gruppenerhebungen.[244]

---

236) Siehe v. Hippel (1986), S. 791 f. und Herstatt (1991), S. 130 ff.

237) Siehe als Überblick z.B. Herstatt (1991), S. 130 ff.

238) Vgl. v. Hippel (1986), S. 791.

239) Der "lead user" agiert insofern ähnlich dem Innovator im diffusionstheoretischen Modell, welches hier auch als Erklärungsansatz herangezogen wird. Vgl. v. Hippel (1986), S. 796 und auch Herstatt (1991), S. 131. Siehe zur Diffusionstheorie grundlegend Rogers/Shoemaker (1971).

240) Vgl. v. Hippel (1986), S. 86 ff.

241) Siehe hierzu beispielhaft das Vorgehen in den Studien von Urban/v. Hippel (1988), S. 571 ff. und Herstatt (1991), S. 194 ff.

242) Vgl. Huxold (1990), S. 119 und S. 120 ff. sowie allg. Herstatt (1991), S. 15.

243) Siehe Urban/v. Hippel (1988), S. 581 sowie Köhler/Fronhoff/Huxold (1988), S. 50.

244) Siehe hierzu ausführlich bereits Sampson (1970), S.42 ff., Kinnear/Taylor (1987), S. 617 f. sowie das Beispiel bei Tull/Hawkins (1990), S. 400.

4.3.1.4 Qualitative Ursachenforschung im Rahmen der Imageanalyse

Eng verbunden mit der Suche und Auswahl künftiger Betätigungsfelder eines Unternehmens ist eine entsprechende Formulierung strategischer Ziele und Durchführung strategischer Kontrollen.[245)] An dieser Stelle soll die langfristige Planung der Imagepositionierung von Marken als Gegenstand der strategischen Marketing-Zielformulierung und -Kontrolle herausgegriffen werden, um den Einsatz qualitativer Marktforschung für Aufgaben der **Ursachenforschung** zu verdeutlichen.[246)]

Das Markenimage, verstanden als die Gesamtheit aller Vorstellungen, Gefühle, Einstellungen und Erwartungen einer bestimmten Marke gegenüber, die zusammen das Verhalten des Individuum zu dieser Marke beeinflussen können[247)], gilt als eines der wichtigsten nicht-monetären (marktpsychologischen) Marketing-Ziele.[248)]

Durch ihre zwangsläufig langfristige Ausrichtung und ihre Bedeutung für die verhaltensrelevante Wahrnehmung des Produktes am Markt, kann die anzustrebende Imageposition als nicht-monetäres, strategisches Marketing-Ziel bezeichnet werden.[249)] Die Erreichung dieser Imageposition unterliegt mithin auch der strategischen Marketing-Kontrolle.[250)] Strategische Relevanz besitzt dies dabei nicht nur im Hinblick auf das geplante Imageprofil einer Marke, sondern zugleich auch auf deren Bedeutung im gesamten Unternehmensportfolio und bzgl. ihrer Profilierung gegenüber Konkurrenzprodukten.[251)]

Die Imageforschung (als Teilbereich der Marktforschung) widmet sich dabei der Aufgabe, tatsächliche Ist-Images zu erfassen, sie geplanten Soll-Images gegenüberzustellen, Ideal- und Konkurrentenimages zu untersuchen sowie die Übereinstimmung von Unternehmens- und Produktimage zu überprüfen.[252)] Im Rahmen dieser Untersuchungen stellt sich einem Unternehmen im Falle etwaiger Abweichun-

245) Vgl. auch Köhler (1993a), S. 21 ff.

246) Die Eingrenzung auf Produktimages geschieht aus pragmatischen Gründen. Die folgenden Ausführungen sind grundsätzlich auch auf das Unternehmensimage übertragbar. Vgl. zur Trennung von Marken- und Unternehmensimage Johannsen (1971), S. 120 ff.

247) Vgl. zum Imagebegriff Johannsen (1971), S. 11 ff. und S. 26 ff.

248) Vgl. hierzu und zur Trennung von monetären und nicht-monetären Marketing-Zielen Meffert (1986), S. 82 ff. und Becker (1992), S. 48 ff.

249) Siehe zu dieser Auffassung auch Köhler (1993a), S. 34.

250) Vgl. zur strategischen und operativen Marketing-Kontrolle Köhler (1993a), S. 397.

251) Siehe zur strategischen Bedeutung der Imagepolitik Kreilkamp (1987), S. 122, Becker (1992), S. 60 f., Trommsdorff (1989), S. 133-135.

252) Vgl. Ott (1989), S. 94.

gen zwischen erreichter und geplanter Imageposition bzw. im Hinblick auf die Konkurrentenimages die Frage nach den Ursachen hierfür.

Die Erfassung von Images kann dabei sowohl durch *quantitative* als auch durch *qualitative* Methoden geschehen. Zu den quantitativen Methoden zählen vor allem die verschiedenen Skalierungsverfahren.[253] Diese können allerdings fast ausschließlich nur in Verbindung mit qualitativen Methoden und Techniken sinnvoll genutzt werden: So setzen die meisten Skalierungsverfahren wie z.B. einfache Ratingskalen, die Likert-Skalierung oder komponierende Multiattributverfahren die Kenntnis der einstellungsrelevanten Produkteigenschaften voraus.[254] Aus diesem Grund wird, vor allem wenn die Vermutung besteht, nicht alle einstellungsrelevanten Produkteigenschaften zu kennen, verstärkt auf die qualitative Marktforschung zurückgegriffen.[255]

Dekomponierende Multiattributverfahren, die den AP zunächst nur Globalurteile oder Ähnlichkeitsvergleiche abverlangen, können zwar mit Hilfe rechnerischer Transformationen bestimmte Objektkonfigurationen räumlich abbilden, deren Interpretation bleibt jedoch meist Experten vorbehalten.[256] Schließlich handelt es sich bei Images um äußerst komplexe Konstrukte, deren Erfassung anhand vorgegebener Items unbefriedigend bleiben kann oder die sich einer direkten Befragung der AP aufgrund deren mangelnden Artikulationsvermögens oder ihrer Verschleierung der wahren Gründe entziehen.[257] Um darüber hinaus die *Ursachen* zu erforschen, warum sich ein Image auf eine bestimmte Art und Weise bei den AP ausgeprägt hat, und daraus Konsequenzen bspw. für eigene Maßnahmen ableiten zu können, sind qualitative Erhebungsmethoden teilweise unumgänglich.

Dies liegt zum einen an den häufig sehr komplexen bzw. schwer verbalisierbaren, z.T. sogar unbewußten Inhalten, da Imagebildungsprozesse nicht ausschließlich bewußt und rational verlaufen. Zum anderen können die Ursachen bzw. die Einflußfaktoren für bestehende Images häufig nur aus dem Gesamtkontext erschlossen werden. Schwerpunktmäßig werden hierbei *projektive Verfahren* und Einzelbe-

253) Vgl. zur Skalierung ausführlich Berekoven/Eckert/Ellenrieder (1993), S. 69 ff.

254) Auf dieses Problem weist z.B. Meffert (1986), S. 209 hin. Siehe zu den einzelnen Verfahren Berekoven/Eckert/Ellenrieder (1993), S. 69 ff. Vgl. zur Beziehung zwischen Image- und Einstellungsforschung Kreilkamp (1987), S. 121, Moser (1990), S. 121 ff. sowie Trommsdorff (1980), S. 120 ff.

255) Vgl. Johannsen (1974), Sp. 821 f.

256) Siehe Berekoven/Eckert/Ellenrieder (1993), S. 238 ff.

257) Vgl. Trommsdorff (1989), S. 132 f., Ott (1989), S. 97 f., Salcher (1978), S. 149.

fragungen im Rahmen von *Tiefen-* und *fokussierten Interviews* eingesetzt.[258] Der Gesamteindruck einer Marke bzw. die dominanten Elemente eines Gesamtimages können in einem ersten Schritt auch zunächst mit Hilfe von *Assoziationstechniken* erfaßt werden.[259] Zur Unterstützung der AP sowohl bei einer tiefergehenden Beschreibung des Images als auch zur Verdeutlichung des subjektiv empfundenen psychologischen Nutzenversprechens eignen sich vor allem die verschiedenen *projektiven Techniken* und die Einzelbefragung.[260]

Insgesamt dienen qualitative Untersuchungsmethoden der Ursachenforschung im Rahmen strategischer Marketing-Entscheidungen vor allem durch ihre Fähigkeit, z.B. auch nur wenig konkrete Einstellungen und schlecht begründbare Imageausprägungen ganzheitlich untersuchen zu können und bisher unberücksichtigte Zusammenhänge aufzudecken.[261]

4.3.2 Der Beitrag qualitativer Marktforschung für ausgewählte Fragen der operativen Marketing-Planung

Die operative Marketing-Planung dient vorrangig der Konkretisierung und Operationalisierung der in der strategischen Marketing-Planung erarbeiteten Stoßrichtungen und grundsätzlichen Marketing-Ziele für einen näherliegenden Zeitraum (meist Einjahresvorgaben). Hierbei geht es vor allem um die eher kurzfristig angelegte Marketing-Mix-Planung sowie um Fragen der Budgetierung und der Vorbereitung von Ergebnisanalysen.[262]

Dabei liegt die besondere Aufgabe der operativen Marketing-Planung zum einen in der möglichst widerspruchsfreien Umsetzung der strategischen Vorgaben, zum anderen auch in der Abstimmung der zu ergreifenden Maßnahmen untereinander und im Hinblick auf die angestrebte Positionierungsstrategie.[263] Informationen durch die Marktforschung werden dabei insbesondere für die kurzfristige Planung des Marketing-Mix und für die Vorbereitung von Ergebnisanalysen für anschließende Kontroll-

258) Vgl. hierzu die Hinweise bei Ott (1989), S. 97 f., Johannsen (1971), S. 171 und Johannsen (1974), Sp. 821-823.
259) Siehe Salcher (1978), S. 162 f. und Johannsen (1974), Sp. 822.
260) Vgl. Johannsen (1974), Sp. 822 und Ott (1989), S. 97 f.
261) Siehe Moser (1990), S. 122 und dessen Hinweise dort auf die in Kap. 3.3.1.2.2.1 bereits erwähnte Studie von Haire (1950).
262) Siehe hierzu auch Köhler/Krautter (1989), Sp. 1007 ff.
263) Vgl. Köhler/Krautter (1989), Sp. 1013 sowie Köhler (1993a), S. 12.

zwecke benötigt.[264] Obwohl im Rahmen der operativen Marketing-Planung bevorzugt deskriptive und kausalanalytische Fragestellungen im Vordergrund zu stehen scheinen[265], finden sich auch hier typische Anwendungsbeispiele qualitativer Marktforschung. Dies soll im folgenden anhand ausgewählter Beispiele aus den verschiedenen Submixbereichen aufgezeigt werden.[266]

Aufgaben der **Strukturierung** dienen im Rahmen operativer Marketing-Mix-Planung vor allem der Ermittlung relevanter Elemente und Einflußfaktoren, die es beim Einsatz konkreter Maßnahmen zu beachten gilt. Als Beispiel hierfür soll an dieser Stelle auf das Instrument des persönlichen Verkaufs im Rahmen *distributions- und kommunikationspolitischer Entscheidungen* zurückgegriffen werden.[267] Neben dem Hauptziel, Kaufabschlüsse zu tätigen, dient der persönliche Kontakt zwischen Käufer und Verkäufer noch einer Reihe weiterer distributions- und kommunikationspolitischer Ziele wie bspw. der Kundenbindung, der Einstellungs- und Imagebildung, der Präsentation neuer Produkte, verschiedenen logistischen Funktionen und auch der Informationssammlung.[268] Aufgrund der hohen Kosten, die dieses Instrument verursacht, ist das Interesse der Verantwortlichen an der Untersuchung und Analyse der erfolgsbeeinflussenden Faktoren in der Verkaufssituation besonders groß.

Für die Suche nach solchen Erfolgsfaktoren sind bereits unterschiedliche Erklärungsansätze entwickelt worden, die mehr oder weniger stark entweder den Verkäufer oder den Käufer in den Mittelpunkt der Betrachtung rücken.[269] Heute wird vielfach der "dyadische Ansatz" bevorzugt: "Auf Grund der Erkenntnis, daß für die Erzielung eines Kaufabschlusses beide Parteien maßgebend sein könnten, geht man im Rahmen des sog. **dyadischen Ansatzes** davon aus, daß ein Modell zur Erklärung er-

---

264) Siehe Köhler (1993a), S. 12 f.

265) Vgl. die Beispiele bei Böhler (1992), S. 32 f.

266) Aufgrund der Vielzahl denkbarer Anwendungsbeispiele ist es im Rahmen dieser Arbeit nicht möglich, einen umfassenden Überblick hierüber zu geben. Die nun folgenden Beispiele wurden dabei aus v.a. zwei Überlegungen heraus gewählt: Zum einen sollten sie in der erforderlichen Kürze als typisches Anwendungsbeispiel für den Einsatz qualitativer Methoden gekennzeichnet werden können, zum anderen sollten sie möglichst aus unterschiedlichen Entscheidungsbereichen der operativen Marketing-Planung stammen.

267) Der persönliche Verkauf kann nicht eindeutig dem Distributions- oder Kommunikationsmix subsumiert werden, da er sowohl Aktivitäten der Verkaufsabwicklung als auch kommunikationspolitische Aufgaben beinhaltet. Siehe Koppelmann (1991), S. 61 und die Hinweise bei Meffert (1986), S. 119 sowie bei Nieschlag/Dichtl/Hörschgen (1991), S. 425.

268) Siehe hierzu ausführlich Hill (1982), S. 183 f.

269) Vgl. den Überblick bei Meffert (1986), S. 487 f. und Nieschlag/Dichtl/ Hörschgen (1991), S. 426 f.

folgreicher Verkaufsprozesse sowohl Käufer als auch Verkäufer und insbesondere die zwischen diesen bestehenden Beziehungen berücksichtigen muß."[270)]

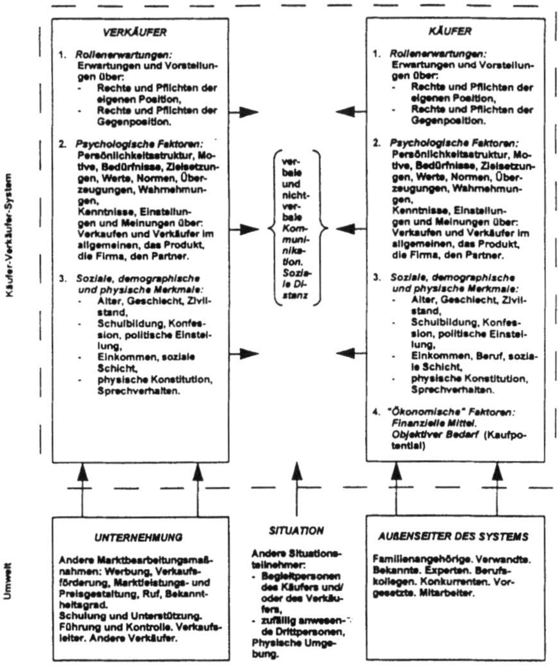

Abb. 28: Schematische Darstellung des dyadischen Interaktionssystems im Verkaufsvorgang
(Quelle: Schoch (1969), S. 119.)

Für die konkrete Maßnahmenplanung zur Steuerung von Verkaufsgesprächen ist es demnach unumgänglich, die *typischen situationsspezifischen Einflußfaktoren* für das eigene Leistungsangebot zu konkretisieren. Für diese Strukturierungsaufgabe eignen sich vor allem in der noch frühen Untersuchungsphase qualitative Erhebungsmethoden. Als Untersuchungsobjekt müssen hierbei der Verkäufer, der (potentielle) Käufer und die Verkaufssituation berücksichtigt werden. Zur Sammlung wichtiger Einflußfaktoren aus Sicht der Verkäufer kommen dabei vor allem das explorative Interview und ggf. auch Gruppendiskussionen in Betracht. Hier überwiegt eher das fachliche Gespräch. Die (potentiellen) Käufer könnten vor allem durch projektive und assoziative Verfahren und ebenfalls mit Hilfe von Gruppendiskussionen befragt

270) Nieschlag/Dichtl/Hörschgen (1991), S. 427.

werden. Hierbei steht vor allem das Erleben der Verkaufssituation und entscheidungsrelevanter Einflußfaktoren im Vordergrund.

Zusätzlich nimmt hier auch die qualitative Beobachtung eine besondere Bedeutung ein: So ist es bspw. im Rahmen der teilnehmenden und verdeckten Beobachtung möglich, als Testkunde oder angeblicher Mitarbeiter des Unternehmens (Verkäufer bzw. Außendienstmitarbeiter) die konkrete Verkaufssituation mitzuerleben und ergänzende Hinweise auf solche verkaufsbeeinflussenden Faktoren zu erlangen, die die Maßnahmenplanung direkt unterstützen oder ggf. hierauf aufbauende (z.B. quantitative) Untersuchungen ermöglichen.[271]

Die Bedeutung **qualitativer Prognosen** ist für die operative Marketing-Planung geringer als für strategische Fragen, da sich die zu prognostizierenden Größen konkreter festlegen lassen. Hier überwiegt der Bedarf an quantitativ ermittelten Prognosedaten.[272] Dennoch läßt sich auch hier ein qualitativer Prognosebedarf identifizieren.

Wie weiter oben bereits festgestellt wurde, kommen qualitative Prognosen vor allem dann zur Anwendung, wenn quantitative Prognosen nicht möglich sind, alleine nicht ausreichen oder zu aufwendig erscheinen.[273] Ob quantitative Prognosen <u>unmöglich</u> sind, hängt vor allem von der Beschaffenheit bzw. der Quantifizierbarkeit der Prognoseinhalte ab. Dieser Fall ist auch im Rahmen operativer Maßnahmenplanung denkbar. Dagegen ist die Möglichkeit, daß quantitative Prognosen <u>alleine nicht ausreichen</u>, weniger wahrscheinlich, da die hierfür verantwortlichen Gründe wie bspw. sehr lange Prognosezeiträume oder die Berücksichtigung von Strukturbrüchen größere Relevanz für strategische Marketing-Entscheidungen besitzen. Der Fall, daß qualitative Prognosen vorgezogen werden, weil quantitative Prognosen <u>zu aufwendig</u> erscheinen, kann wiederum als eher zutreffend angenommen werden.

Die Nutzung von *Entwicklungsprognosen* konzentriert sich im Rahmen operativer Marketing-Entscheidungen vor allem auf die Ermittlung realistischer Vorgaben für entsprechende Planziele.[274] Qualitative Entwicklungsprognosen sind dabei im Rahmen von <u>Neuprodukteinführungen</u> denkbar, da hier noch kein Zahlenmaterial vorliegt, auf das zurückgegriffen werden kann. So können verschiedene Händler mit

271) Vgl. hierzu Deges (1992) und Stafford (1993), S.69 sowie Kap. 3.4.3.1.
272) Siehe auch Meffert (1986), S. 220.
273) Vgl. Kap. 4.2.1.2.
274) Vgl. Meffert (1986), S. 220. Siehe zur Trennung von Entwicklungs- und Wirkungsprognosen auch Kap. 4.3.1.

Hilfe explorativer Interviews oder einer Delphi-Befragung Einschätzungen darüber abgeben, wie lange es dauern wird, bis ein erstes Feed-back ihrer Kunden über deren Beurteilung des neuen Produktes zu erwarten ist.

Bedeutsamer für operative Marketing-Entscheidungen scheinen jedoch *Wirkungsprognosen* zu sein. Dabei stehen quantitative Prognosen bzgl. der Wirkung einzelner Marketingmaßnahmen auch hier im Vordergrund. *Qualitative Wirkungsprognosen* können sich z.B. auf die Öffentlichkeitswirkung spontaner Hilfsaktionen oder auf die unterhaltende Wirkung ungewöhnlicher sales promotion-Aktionen beziehen.

Größer als die Bedeutung qualitativer Prognosen für die operative Marketing-Planung ist die der **Ideengenerierung** mit Hilfe qualitativer Erhebungsmethoden. Hier können Ideen und Vorschläge aus Kunden- bzw. Verwendersicht in der Maßnahmenplanung berücksichtigt werden. Qualitative Methoden erlauben dabei eine schnelle und unkomplizierte Sammlung von Ideen und liefern zugleich ein erstes Feed-back der Nachfragerseite. Ideenlieferanten können dabei z.B. Endverbraucher oder Händler darstellen. Ein Beispiel für die Einbindung von Endverbrauchern in Aufgaben der Ideengenerierung für operative Marketing-Entscheidungen ist die Planung von Produktmodifikationen.

Die Produktmodifikation, also die Veränderung bestehender Produkte, umfaßt die *Produktvariation* (das veränderte Produkt ersetzt das bisherige Produkt) und die *Produktdifferenzierung* (die neuen Varianten werden zusammen mit dem bisherigen Produkt angeboten).[275] Sind die Ursachen für eine Variation oder Differenzierung nachfragerbezogen, so sollten diese Nachfrager bei der Generierung von Verbesserungsvorschlägen auch entsprechend berücksichtigt werden.[276] Aufgrund ihrer Produktivität und ihres kreativitätsstimulierenden Charakters werden hierbei die Gruppendiskussion und gelenkte Kreativgruppen bevorzugt eingesetzt.[277] Möglich sind, insbesondere im Investitionsgüterbereich aufgrund der oft schlechten Verfügbarkeit der Gesprächspartner, auch explorative Interviews oder ein Ideen-Delphi.

Ein weiteres Beispiel zur Nutzung qualitativer Methoden für die Ideengenerierung im Hinblick auf die operative Maßnahmenplanung kann anhand von Verbraucher-

275) Siehe hierzu Koppelmann (1993), S. 418 oder Nieschlag/Dichtl/Hörschgen (1991), S. 203 f.
276) Vgl. zu den möglichen Ursachen für Produktmodifikationen bspw. Wind (1982), S. 530.
277) Vgl. Bellenger/Bernhardt/Goldstucker (1976), S. 23 f. und die Hinweise bei Koppelmann (1993), S. 93. Siehe das Beispiel bei Tull/Hawkins (1990), S. 400.

Promotions dargestellt werden. Verbraucher-Promotions, als Bestandteil der Sales Promotion, umfassen "eine Vielzahl absatzpolitischer Maßnahmen, die - vom Hersteller oder vom Handel oder von beiden zusammen durchgeführt - zusätzliche und außergewöhnliche Anreize auf den Verbraucher ausüben."[278)]

Das Ziel von Verbraucher-Promotions liegt dabei sowohl in der Anregung von Erstkäufen (durch unterstützende Maßnahmen in der letzten Entscheidungsphase kurz vor der eigentlichen Kaufhandlung) als auch in der Anregung von Wiederkäufen (durch Aktionen, die positiv auf die Zufriedenheit der Kunden einwirken sollen).[279)] Da gerade Verbraucher-Promotions hierfür einen gewissen Grad an Neuartigkeit, Auffälligkeit und Witz benötigen, liegt ein Schwerpunkt der Planung solcher Promotion-Aktionen in der kreativen Generierung entsprechender Ideen. Hierfür kann die aktive Einbindung des Handels in solche Phasen der Ideengenerierung von großem Nutzen sein.[280)] Auch in diesem Falle empfehlen sich vor allem die Gruppendiskussion und die gelenkte Kreativgruppe.

Diese Beispiele mögen ausreichen, um das Spektrum möglicher Anwendungsgebiete qualitativer Methoden zu Zwecken der Ideengenerierung aufzuzeigen.

Neben der Ideengenerierung kann auch das **Screening** von Alternativen durch unternehmensexterne Personen im Bereich der operativen Maßnahmenplanung Anwendung finden, um hierdurch die interne Entscheidungsfindung im Marketing wesentlich zu unterstützen.[281)] Dabei ist zum einen die Verbindung von Screening-Aufgaben mit denen der oben beschriebenen Ideengenerierung möglich. So können bspw. die an der Generierung neuer Promotion-Ideen beteiligten Händler im Rahmen der Gruppendiskussion die (evtl. auch nochmals aufbereiteten und ausgearbeiteten) Ideen auf ihre Durchsetzbarkeit und Akzeptanz hin bewerten. Ähnliches gilt für die Bewertung der von Nachfragern generierten potentiellen Produktmodifikationen. Es ist jedoch auch denkbar, daß bereits entwickelte Konzepte einer die Nachfragerseite berücksichtigenden Grobauswahl auf ihre weitere Verwendung hin unterzogen werden sollen.

---

278) Hänel (1974), S. 11. Siehe zur Sales Promotion ausführlich Hänel (1974), S. 3 ff. und Bänsch (1993).
279) Vgl. Bänsch (1993), S. 572-574.
280) Siehe hierzu Cristofolini/Thies (1979), S. 159 ff.
281) Vgl. Kap. 4.2.1.4.

Ein Beispiel hierfür kann der Werbemittelgestaltung entnommen werden.[282] Im Rahmen der Werbemittelgestaltung können alternative Gestaltungsentwürfe, z.B. Werbespots, einer ersten Grobauswahl unterworfen werden, indem auch Nachfragerurteile über die Vorzugswürdigkeit verschiedener Alternativen erhoben werden.[283] Als Methoden bieten sich hier vor allem das fokussierte Interview und die Gruppendiskussion an. Als Mittel zur Überprüfung des ganzheitlichen Aussagegehalts wenig komplexer Inhalte kann dabei auch auf assoziative Verfahren zurückgeriffen werden.[284] Allerdings wird insbesondere bei hohem emotionalen Gehalt der Werbebotschaft unter Umständen auch eine begleitende Ursachenforschung für bestimmte positive oder ablehnende Urteile von Interesse sein.[285]

In der Produktpolitik ist eine erste Beurteilung neuer Produktideen oder auch verschiedener Verpackungsentwürfe im Rahmen von Gruppendiskussionen denkbar.[286] Ohne tiefergehende Ursachenforschung stehen hierbei vor allem Beurteilungen ihrer Funktionalität und Handhabbarkeit im Mittelpunkt. Das Screening kann dabei nur wenig über die Ursachen nachfragerbezogener Entscheidungen aussagen, dient jedoch im Rahmen operativer Maßnahmenplanung einer schnellen und unproblematischen Erfassung erster Nachfragerreaktionen. Eine hierauf aufbauende Ursachenforschung wird dabei umso wichtiger, je größer die Komplexität und Bedeutung der zu fällenden Entscheidung ist.

Damit soll schließlich nun noch auf die Bedeutung der **Ursachenforschung** für operative Marketing-Entscheidungen eingegangen werden. Insbesondere im *Konsumgüterbereich* liegt ein Schwerpunkt der Ursachenforschung für die Maßnahmenplanung in der Werbewirkungsforschung.[287] Wie oben bereits angedeutet, kann mit der Grobauswahl von Werbemitteln zugleich eine Analyse darüber verbunden sein,

---

282) "Ein **Werbemittel** verkörpert gewissermaßen eine aus dem Gedanklichen ins Stoffliche transformierte Werbebotschaft. Man versteht darunter eine **Zusammenfassung** sowohl **inhaltlicher** (Aussagekraft) als auch **formaler** (darstellungstechnischer) Komponenten zu einer Ganzheit." Nieschlag/Dichtl/Hörschgen (1991), S. 548.

283) Siehe zum Einsatz qualitativer Verfahren zur Grobauswahl von Werbemitteln Gordon/Langmaid (1988), S. 8 f. sowie Webb (1992), S. 120 f. Die Bedeutung von Konsumentenurteilen für die Werbemittelgestaltung schon in dieser frühen Phase betont auch Rogge (1990), S. 248.

284) Siehe hierzu die einschränkenden Hinweise in Kap. 4.2.2.3.

285) Vgl. Schub v. Bossiazky (1992), S. 165 f. sowie die folgenden Ausführungen zur Ursachenforschung im Rahmen operativer Maßnahmenplanung.

286) Vgl. zur Beurteilung neuer Produktideen z.B. Zikmund (1989), S. 114 und Bellenger/Bernhardt/Goldstucker (1976), S. 22 f.

287) Natürlich sind auch andere Anwendungsbeispiele, etwa die Erforschung von Gründen für die Unzufriedenheit mit Produkten, denkbar. Vgl. das Beispiel zur Verpackungspolitik bei Cox/Higginbotham/Burton (1976), S. 79.

inwieweit die beabsichtigte Werbebotschaft entsprechend verstanden bzw. gedeutet wurde.[288] Auch diese Untersuchung ist mit Hilfe qualitativer Marktforschung bereits zu einem frühen Planungszeitpunkt möglich. Qualitative Methoden eignen sich dabei vor allem zur Erfassung des emotionalen Aussagegehaltes einer Werbebotschaft.[289] Grundsätzlich sind auch hier vor allem das Tiefeninterview, das fokussierte Interview und m.E. auch die Gruppendiskussion geeignet, die subjektive Deutung der AP hinsichtlich der Werbebotschaft nachvollziehbar zu gestalten.[290] Insbesondere die Wirkung emotionaler Werbeaussagen läßt sich jedoch häufig besonders gut mit Hilfe projektiver Verfahren untersuchen.

Dazu sei hier auf die Fallbeispiele von Batz (1986) verwiesen, der mit Hilfe des Bildererzähltests die emotionale Wirkung von Anzeigen zu antizipieren sucht.[291] Den in diesen Geschichten auftauchenden Beziehungen zwischen den handelnden Personen und der eigenen Person sowie der Rolle des Produktes werden dabei genausoviel Aufmerksamkeit geschenkt wie der rein inhaltlichen Interpretation der Geschichte[292].

So unterscheidet Batz zum einen das sog. "*Ego-Involvement*", welches das persönliche Identifikationspotential der AP mit der Werbebotschaft ausdrücken soll. Zum anderen wird auch das sog. "*Produkt-Involvement*" betrachtet, das die Stärke der Beziehung zwischen Produkt und Anzeige beinhaltet und damit Auskunft über die wahrgenommene Bedeutung und die gestalterische Angemessenheit der Anzeige für das Produkt aus Konsumentensicht geben kann. Die gemeinsame Betrachtung der Stärke von Ego- und Produktinvolvement kann schließlich Hinweise darauf geben, wie hoch das Aktivierungspotential der Anzeige ist, d.h. wie sie sich auf die Kaufbereitschaft der betrachtenden Personen auswirkt.[293] Die nachfolgende Abbildung verdeutlicht diese Vorgehensweise nochmals:

---

288) Vgl. zum Zusammenhang zwischen Diagnose/Ursachenforschung und Evaluierung Schub v. Bossiazky (1992), S. 165 f.

289) So weist Weuthen (1988) auf die Möglichkeit zur Erfassung der gefühlsmäßigen Wirkungen von Werbestilen mit Hilfe qualitativer Interviews, Gruppendiskussionen und assoziativer Verfahren hin. Siehe Weuthen (1988), S. 112-114 und S. 119.

290) Siehe hierzu das Fallbeispiel von Pendry/Holmes (1986), die, neben einer semiotischen Analyse der Gestaltungselemente, vor allem das Triangular Interview und die kreative Gruppenerhebung zur Erforschung alternativer Werbeanzeigen im Hinblick auf die gewünschte Werbebotschaft untersuchten.

291) Vgl. Batz (1986), S. 475 f. Siehe zum Bildererzähltest ausführlich Kap. 3.3.1.2.2.3.

292) Siehe hierzu und im folgenden ausführlich Batz (1986), S. 476 ff. Batz nimmt dabei auch bei der inhaltlichen Analyse eine Trennung zwischen produkt- und personenbezogenen Informationen vor. Vgl. Batz (1986), S. 479 ff.

293) Siehe Batz (1986), S. 477-479.

VORLAGE EINER ANZEIGE

1. Frage:	Betrachten Sie sich bitte diese Anzeige und erzählen Sie mir doch einmal eine kleine Geschichte zu dem Bild hier! Was spielt sich da gerade ab? Was war vorher? Wie wird es wohl weitergehen? Wer spielt in dieser Geschichte alles eine Rolle? Wo spielt das Ganze?
Antworten:	spontane Erzählungen
Auswertung:	- Kategorisierung der Geschichten - Personen der Handlung und Beschreibung der Personen - Ort der Handlung/Situationen - spontanes Ego-Involvement - spontanes Produkt-Involvement - Aktivierungspotential der Anzeige
2. Frage:	Können Sie sich vorstellen, selbst ein Teil der Geschichte zu sein?
Antworten:	ja, Frage: In welcher Rolle? nein, Frage: Warum nicht?
Auswertung:	gestütztes Ego-Involvement mit Begründungen
3. Frage:	Paßt dieses Produkt in die von Ihnen erzählte Geschichte oder könnten da auch andere Produkte eine Rolle spielen?
Antworten:	- paßt voll und ganz - paßt, es sind aber auch andere Produkte denkbar - paßt überhaupt nicht Frage: Welche anderen?
Auswertung:	Produkt-Verankerung mit emotionalen Substitutionsprodukten

Abb. 29: Beispiel für die Vorgehensweise beim Bildererzähltest zur Erfassung der Wirkung von Anzeigen
(Quelle: Batz (1986), S. 476 f.)

Komplexe, konfliktbeladene oder schwer verbalisierbare Sachverhalte, die einer Ursachenforschung mit Hilfe qualitativer Methoden bedürfen[294], lassen sich nicht nur im Bereich der *Konsumgüterindustrie* feststellen. Jedoch ist hier die emotionale Komponente konkreter Marketing-Maßnahmen wesentlich ausgeprägter. Dennoch können auch in der *Investitionsgüterbranche* qualitative Methoden wie das Tiefeninterview und die Gruppendiskussion bspw. zur Untersuchung der Servicequalität herangezogen werden.[295] Projektive Techniken kommen in diesem Bereich jedoch weniger zur Anwendung.

294) Vgl. auch Kap. 3.3.1.
295) Siehe Welch (1985), S. 249.

Abschließend kann hier festgehalten werden, daß der Einsatz qualitativer Marktforschung im Rahmen der *strategischen* und *operativen* Marketing-Planung eine unterschiedliche Qualität besitzt:

Aufgrund der besonderen Informationssituation bei der strategischen Planung sind oftmals nur qualitative Methoden in der Lage, den häufig unscharf formulierten Informationsbedarf zu decken. Der große Nutzen qualitativer Marktforschung stützt sich auf ihre Möglichkeit, ein Untersuchungsproblem sehr umfassend anzugehen und die von der strategischen Marketing-Planung vor allem benötigten "weichen" Daten zu erfassen. Quantitative Methoden werden hier meist nur aufgrund entsprechender qualitativer Vorarbeiten möglich.

Demgegenüber werden im Rahmen der operativen Marketing-Planung aufgrund des vorangeschrittenen Konkretisierungsgrades der Planung und des damit verbundenen Informationsbedarfes vorrangig quantitative Methoden gefordert, um die zu planenden Maßnahmen an bestimmten quantitativen Größen ausrichten und in ihrem Erfolg messen zu können. Die typischen Aufgabenfelder qualitativer Marktforschung kommen hier eher vereinzelt zum Tragen. Insbesondere aber in der frühen Phase der konkreten Maßnahmenplanung kann ein Bedarf an qualitativen Methoden festgestellt werden. Vorteilhaft ist hier vor allem die schnelle und häufig unproblematische Art und Weise der Durchführung qualitativer Untersuchungen, die durch erste Nachfrager-Feed-backs den Planungs- und Realisierungsprozeß flexibler gestalten können.

Insgesamt ist damit deutlich geworden, daß das Anwendungsspektrum qualitativer Methoden aufgrund der Bedeutung der für sie relevanten Aufgabenfelder sehr weit zu fassen ist. Gerade deshalb sollte es von großem Interesse sein, aufgrund welcher Kriterien die Güte qualitativer Untersuchungen bzw. qualitativer Methoden beurteilt werden kann. Diese Frage ist Gegenstand des nun folgenden Kapitels.

5. Diskussion adäquater Beurteilungskriterien qualitativer Marktforschungsmethoden

Alle Techniken der Datenerhebung verfolgen im Prinzip den Zweck, problemrelevante Informationen dadurch zur Verfügung zu stellen, daß sie den hierfür relevanten Ausschnitt aus der Realität in irgendeiner Form abzubilden versuchen. Die Beurteilung darüber, inwieweit ihnen dies gelingt, wird üblicherweise anhand verschiedener Gütekriterien überprüft. Als wichtigste Kriterien werden dabei in der Literatur die *Objektivität*, die *Reliabilität* und die *Validität* von Erhebungsmethoden bzw. Untersuchungsergebnissen herausgestellt.[1] Darüber hinaus wird im Falle einer Teilerhebung bzgl. der Auswahl der Untersuchungseinheiten noch die Forderung nach einer ausreichenden *Repräsentanz* der Ergebnisse aufgestellt, um deren Übertragbarkeit auf die Grundgesamtheit zu gewährleisten.[2]

Trotz der Anwendungsvielfalt qualitativer Marktforschungsmethoden wird der quantitativen Marktforschung häufig eine wesentlich höhere Bedeutung zur Lösung von Marketing-Entscheidungsproblemen zugesprochen. Dies liegt zu einem großen Teil darin begründet, daß die Anforderungen, die an die Methoden und Ergebnisse der Marktforschung in Form der oben genannten Gütekriterien gestellt werden, durch qualitative Marktforschungsmethoden nur unzureichend erfüllt scheinen.[3] Hieraus folgt als Konsequenz, daß Informationen, die mit Hilfe qualitativer Marktforschungsmethoden gewonnen wurden, nur mit großen Bedenken als Planungs- und Entscheidungsgrundlage dienen können.[4] Diese Sichtweise scheint jedoch aus mehreren Gründen problematisch.

So ist vor der Beurteilung qualitativer Methoden anhand solcher Gütekriterien zu prüfen, inwieweit eine Übertragung dieser Kriterien auf die Belange qualitativer Marktforschung überhaupt zulässig und sinnvoll ist. Hierzu sind sowohl die ursprüngliche Zwecksetzung der Kriterien und der Verfahren zu ihrer Überprüfung

---

1) Vgl. z.B. Berekoven/Eckert/Ellenrieder (1993), S. 84 und Lienert (1969), S. 12. Etliche Autoren, wie bspw. Böhler (1992), S. 102 ff. und Meffert (1992), S. 180, beschränken sich in ihren Ausführungen lediglich auf die Reliabilität und Validität. Da der qualitativen Marktforschung jedoch häufig vorgeworfen wird, sie sei in hohem Maße subjektiv, soll an dieser Stelle auch die Forderung nach Objektivität einer genaueren Betrachtung unterzogen werden.

2) Siehe Berekoven/Eckert/Ellenrieder (1993), S. 47 f.

3) Vgl. Melchers (1993), S. 48. Dies wird vor allem damit begründet, daß qualitative Methoden keine befriedigenden Validitäts- und Reliabilitätskontrollen zulassen. Vgl. auch Chisnall (1986), S. 146, Lamnek (1988), S. 143, Girtler (1984), S. 30 sowie die Ausführungen zur qualitativen Beobachtung von Friedrichs/Lüdtke (1973), S. 153 f.

4) Siehe Zikmund (1989), S. 129 f.

näher zu betrachten als auch Überlegungen darüber anzustellen, welche Anpassungen die spezifischen Besonderheiten des qualitativen Untersuchungsansatzes erforderlich machen könnten.

5.1 Objektivität, Reliabilität und Validität qualitativer Marktforschung

5.1.1 Die Hauptgütekriterien aus quantitativer Perspektive

Bevor nun die Hauptgütekriterien[5] empirischer Forschung, *Objektivität*, *Reliabilität* und *Validität*, hinsichtlich ihrer Relevanz für qualitative Marktforschungsmethoden überprüft werden können, bedürfen sie aufgrund ihrer Komplexität und ihrer nicht einheitlichen Darstellung und Systematisierung in der Literatur zunächst einer kurzen Erläuterung. Darüber hinaus kann auf diese Weise ein erster Einblick in die recht quantitative Zielsetzung dieser Kriterien geboten werden. In der quantitativen Forschungslogik können Objektivität, Reliabilität und Validität dabei nicht losgelöst voneinander betrachtet werden, sondern stehen in einem gewissen hierarchischen Abhängigkeitsverhältnis: So ist Objektivität eine Voraussetzung für Reliabilität und diese wiederum eine Voraussetzung für Validität (siehe auch Abb. 30).[6]

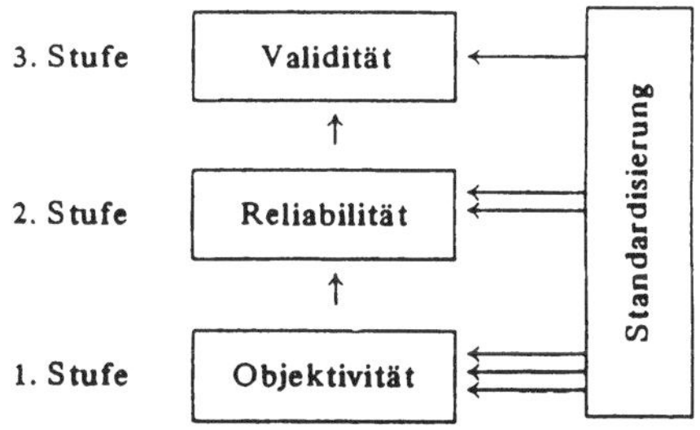

Abb. 30: Das Verhältnis von Objektivität, Reliabilität und Validität in der quantitativen Forschungslogik
(Quelle: Lamnek (1980), S. 110.)

Bei Sicherstellung einer hohen Validität erübrigt sich danach eine Überprüfung der anderen Gütekriterien. Dies gilt jedoch nicht umgekehrt.[7] Diese Zusammenhänge werden im folgenden näher erläutert.

---

5) Vgl. zu diesem Begriff bspw. Lienert (1969), S. 12 und Lück (1976), S. 79.
6) Vgl. Berekoven/Eckert/Ellenrieder (1993), S. 87.
7) Siehe Heidenreich (1984a), S. 369 und Lienert (1969), S. 20 f.

5.1.1.1 Objektivität

Jede wissenschaftliche Forschung fordert immer auch ein gewisses Maß an Objektivität.[8] Demgemäß soll auch die Marktforschung nach Möglichkeit *objektive* Informationen für Marketing-Entscheidungen bereitstellen.[9] Allerdings gestaltet sich in der Forschungspraxis die Realität so vielschichtig, daß die Art der zu erhebenden Informationen meist nur eine bestimmte *problembezogene* Sichtweise des Untersuchungsobjektes gestattet. Dies gilt insbesondere für die Erfassung sozialer Realitäten.[10]

Auch in der Marktforschung wird die Erhebung von Informationen nie ein Duplikat der Realität erzeugen können, sondern immer durch eine bestimmte Forschungsperspektive beeinflußt sein.[11] "Objektivität wird oft (fälschlicherweise) mit absoluter Übereinstimmung der Beschreibung eines Sachverhaltes mit der Realität verwechselt. Diese Übereinstimmung ist nicht realisierbar."[12]

Aus diesem Grund wird die Bedeutung von "*Objektivität*" als Gütekriterium von Marktforschungsmethoden oftmals eingeschränkt: Üblicherweise wird hierunter die größtmögliche Freiheit von subjektiven ("verzerrenden") Einflüssen durch die die Untersuchung durchführenden Personen verstanden, d.h. mehrere Personen sollten unabhängig voneinander zu demselben Untersuchungsergebnis gelangen können.[13]

Objektivität in diesem Sinne bezeichnet damit den Grad der interpersonellen Übereinstimmung von Untersuchungsergebnissen.[14] Dieser Übereinstimmungsgrad kann durch den sog. *Objektivitätskoeffizienten* ausgedrückt werden, der sich durch die Korrelation der Ergebnisse verschiedener Forscher errechnen läßt.[15]

---

8) Vgl. Lamnek (1980), S. 104.
9) Vgl. z.B. Berekoven/Eckert/Ellenrieder (1993), S. 84.
10) Dazu bemerken Kirk/Miller: "A variety of models may be applied to the same object for different purposes. A man may be an object of a certain mass and size to an engineer, a bundle of neuroses to the psychologist, a walking pharmacy to the biochemist, and a bank account with desires to an economist. (...) Natural human vision is binocular, for seeing the same thing simultaneously from more than one perspective gives a fuller understanding of its depth." Kirk/Miller (1986), S. 12.
11) Vgl. Unger (1989), S. 15 f.
12) Unger (1989), S. 16. Ähnlich argumentieren Konegen/Sondergeld (1985), S. 157.
13) So z.B. Berekoven/Eckert/Ellenrieder (1993), S. 84 und Lienert (1969), S. 13.
14) Vgl. Lienert (1969), S. 13.
15) Siehe Lienert (1969), S. 13.

In Anlehnung an den Untersuchungsablauf werden dabei üblicherweise verschiedene Ebenen oder Aspekte der Objektivität unterschieden: Die *Durchführungs-*, *Auswertungs-* und *Interpretationsobjektivität.*[16)]

Die Durchführungsobjektivität fordert die Unabhängigkeit der Erhebungssituation von den Untersuchenden. Die Reaktionen der AP sollen nicht durch bewußte oder unbewußte Merkmale und Verhaltensweisen der Untersuchenden beinflußt werden. Dies macht eine größtmögliche Neutralität und Zurückhaltung der durchführenden Personen und die Vermeidung sozialer Interaktion mit den AP notwendig.[17)]

Die Auswertungsobjektivität betrifft die Minimierung der Freiheitsgrade, die dem Forscher bei der technischen Auswertung der erhobenen Daten zugestanden werden. Der individuelle Spielraum bei der Auswertung kann v.a. dadurch möglichst gering gehalten werden, daß eindeutige Regeln in bezug auf Auswertung und Zuordnung der Informationen formuliert werden.[18)]

Eine Interpretationsobjektivität liegt dann vor, wenn aus den Auswertungsergebnissen von verschiedenen Forschern die gleichen Schlußfolgerungen gezogen werden. Dies gelingt umso eher, je geringer die Freiheitsgrade der Interpretation gestaltet werden. Allerdings wird gerade diese Forderung um so schwieriger einzuhalten sein, je größer der Erklärungsbedarf der Informationen ist.[19)]

Alle drei Dimensionen der Objektivität können offensichtlich um so vorteilhafter gestaltet werden, je besser eine weitgehende Standardisierung der Untersuchungen erreichbar ist.[20)] Inwieweit die Reduzierung der Objektivität auf die Unabhängigkeit des Untersuchungsablaufes von den durchführenden Personen allerdings auch für qualitative Methoden sinnvoll ist, bleibt weiter unten zu diskutieren.

---

16) Vgl. zu dieser Einteilung auch Berekoven/Eckert/Ellenrieder (1993), S. 84 f., Lamnek (1988), S. 166 und Lienert (1969), S. 13 f.

17) Apparative Verfahren wie bspw. Bildschirmbefragungssysteme oder apparative Beobachtungstechniken, die bei der Datenerfassung ohne Untersuchungsleiter auskommen, können in diesem Sinne eine sehr hohe Durchführungsobjektivität aufweisen. Siehe zum Bildschirmbefragungssystem ausführlich Berekoven/Eckert/Ellenrieder (1993), S. 115 ff. und zu den apparativen Beobachtungstechniken Hüttner (1989), S. 118 ff.

18) Vgl. Berekoven/Eckert/Ellenrieder (1993), S. 85 und Lamnek (1988), S. 166.

19) Siehe hierzu Lamnek (1988), S. 166, Lienert (1969), S. 13 f. und Berekoven/Eckert/Ellenrieder (1993), S. 85.

20) Siehe Berekoven/Eckert/Ellenrieder (1993), S. 84 f.

5.1.1.2 Reliabilität

Die *Reliabilität* oder *Zuverlässigkeit* einer Untersuchung stellt auf die formale Genauigkeit des Erhebungsinstrumentes und damit auf die Vermeidung von Zufallsfehlern bei der Datenerhebung ab. Ein Meßinstrument gilt demnach als reliabel, wenn es präzise und stabile Meßwerte erzeugt, die reproduzierbar sind.[21)]

Auch zur Beurteilung der Zuverlässigkeit von Untersuchungsergebnissen werden verschiedene Korrelationskoeffizienten, sog. *Reliabilitätskoeffizienten*, herangezogen. Diese überprüfen, in welchem Maße die erhobenen Meßwerte unter möglichst gleichen Bedingungen bei denselben AP übereinstimmen.[22)]

Zur Bestimmung des Grades der Zuverlässigkeit werden unterschiedliche Verfahren vorgeschlagen, die jeweils einen anderen operationalen Zugang der Überprüfung wählen und damit verschiedene Aspekte der Reliabilität in den Vordergrund stellen.

Diese Aspekte berücksichtigen die Tatsache, daß voneinander abweichende Ergebnisse unterschiedliche Ursachen besitzen können:
Eine fehlende *Bedingungskonstanz* (z.B. infolge einer mangelnden Durchführungsobjektivität) kann schwankende Meßwerte ebenso verursachen wie eine mangelnde *Merkmalskonstanz*, die bspw. aus sich verändernden Einstellungen der AP im Falle wiederholter Messungen resultieren kann.
Weiterhin kann auch eine fehlende *instrumentelle Konstanz*, d.h. mangelnde Präzision der Instrumente bzw. auftretende Lerneffekte aufgrund von Test-Wiederholungen, ein wenig reliables Ergebnis erzeugen.[23)]

Im folgenden werden die bekanntesten Verfahren der Reliabilitätsprüfung kurz erläutert. Jedes von ihnen setzt dabei im Hinblick auf die oben genannten Konstanzdimensionen einen etwas anderen Schwerpunkt.

Das <u>Test-Retest-Verfahren</u> korreliert die Ergebnisse zweier Untersuchungen, die mit

21) Vgl. Berekoven/Eckert/Ellenrieder (1993), S. 85, Böhler (1992), S. 102 und Rogge (1981), S. 65.
22) Siehe Lienert (1969), S. 15.
23) Vgl. hierzu Berekoven/Eckert/Ellenrieder (1993), S. 85 sowie Lienert (1969), S. 210 ff.

demselben Meßinstrument innerhalb eines bestimmten Zeitraumes wiederholt an der gleichen Auswahl von AP vorgenommen wurden.[24)]

Das Paralleltest-Verfahren verlangt, daß zwei verschiedene, jedoch streng vergleichbare Erhebungsinstrumente denselben AP vorgelegt und deren Ergebnisse korreliert werden. Durch den Vergleich beider Instrumente soll auf den Grad der Meßwertübereinstimmung und damit auf die Zuverlässigkeit der Ergebnisse geschlossen werden.[25)] Es besteht jedoch sowohl beim Test-Retest- als auch beim Paralleltest-Verfahren die Gefahr, durch die wiederholte Messung Lerneffekte bei den AP auszulösen, die den Reliabilitätskoeffizienten mitbeeinflussen können.[26)] Ein weiteres Problem stellt beim Paralleltest-Verfahren das Auffinden zweier wirklich vergleichbarer Erhebungsinstrumente dar.[27)]

Die Methode der Testhalbierung *(Split-half-Methode)* teilt das vorliegende Meßinstrument in zwei (zufällig ermittelte) Bereiche. Die Skalenwerte beider Teilskalen werden dann für jede AP ermittelt und korreliert, um anschließend zu einem Gesamtreliabilitätswert aufgerechnet zu werden.[28)] Eine Weiterentwicklung der Split-Half-Methode ist die *Konsistenzanalyse*, die den Test in ebenso viele Elemente unterteilt wie Items vorliegen und alle hierfür ermittelten Werte miteinander korreliert.[29)] Ist ein homogenes und gleichwertig zerlegbares Meßinstrument gegeben, dann bieten sich diese Verfahren vor allem in den Fällen an, in denen ein Retest oder Paralleltest nicht oder nur schwer durchführbar ist.[30)]

---

24) Da hier die Stabilität eines Meßinstrumentes über einen gewissen Zeitraum hinweg im Vordergrund steht, wird auch von einem sog. "Stabilitätskoeffizienten" gesprochen. Vgl. Lamnek (1980), S. 106. Ein hoher Retest-Koeffizient weist dabei (insbesondere bei einem großen Zeitintervall) auf eine hohe *Merkmalskonstanz* hin, kann jedoch bei mangelnder Bedingungskonstanz schlechter ausfallen oder aufgrund von Lerneffekten Scheinkorrelationen produzieren. Vgl. Lienert (1969), S. 215 f. und S. 234 sowie Berekoven/Eckert/Ellenrieder (1993), S. 86.

25) Da hier äquivalente Formen unterschiedlicher Meßinstrumente die Prüfungsbasis bilden, wird auch von einem "Äquivalenzkoeffizienten" gesprochen. Siehe Lamnek (1980), S. 106 f. und Lienert (1969), S. 218. Der Äquivalenzkoeffizient gibt v.a. für kurze Zeitintervalle Auskunft über die *Bedingungskonstanz* von Untersuchungen. Vgl. Lienert (1969), S. 234.

26) Siehe Müller (1979), S. 41 f. Werden hingegen zwei vergleichbare, per Zufallsauswahl bestimmte Gruppen von AP verwendet, so können Lerneffekte zwar vermieden werden, die Gefahr eines größeren Stichprobenfehlers bzw. systematischen Fehlers jedoch steigt. Vgl. zu diesen Fehlerarten auch Böhler (1992), S. 152 f.

27) Vgl. Müller (1979), S. 42.

28) Siehe Lienert (1969), S. 219 ff. sowie Berekoven/Eckert/Ellenrieder (1993), S. 86. Die Korrelation beider Testergebnisse wird auch als "Koeffizient der internen Konsistenz" bezeichnet. Siehe Lamnek (1980), S. 106 f.

29) Siehe Lamnek (1980), S. 106 f. sowie ausführlich Lienert (1969), S. 225 ff. Sowohl die Split-Half-Methode als auch die Konsistenzanalyse sind von mangelnder Bedingungskonstanz und möglicherweise auftretenden Lerneffekten unabhängig. Sie geben am deutlichsten Auskunft über die instrumentale Reliabilität bzw. *instrumentale Konstanz* der Messung. Vgl. Lienert (1969), S. 234 f.

30) Vgl. Lienert (1969), S. 219.

Eine hohe Reliabilität macht, ähnlich wie die Objektivität, konstante Bedingungen im gesamten Untersuchungsablauf erforderlich. Sie greift aber insofern weiter, als daß sämtliche Störfaktoren berücksichtigt werden, die eine Reproduzierbarkeit der Ergebnisse beeinflussen könnten.[31)]

5.1.1.3 Validität

Die *Validität* oder *Gültigkeit* einer Untersuchung gibt Auskunft darüber, inwieweit der interessierende Sachverhalt durch die Untersuchung auch tatsächlich erfaßt und systematische Fehler ausgeschlossen werden können.[32)] Es wird somit der Genauigkeitsgrad überprüft, mit dem ein Verfahren oder Meßinstrument das Merkmal, das es zu messen beansprucht, auch tatsächlich mißt.[33)]

In Anlehnung an *Campbell* (1957) bzw. *Campbell/Stanley* (1966) wird in der Experimentalpsychologie zwischen der internen und der externen Validität unterschieden. Interne Validität liegt dann vor, wenn die Ausprägung der abhängigen Variablen einzig und allein auf den Einfluß der unabhängigen Variablen (den Experimentalfaktor) zurückgeführt werden kann.[34)] Die externe Validität betrifft demgegenüber das Problem der Generalisierbarkeit der Stichprobenergebnisse auf die Grundgesamtheit und damit den Realitätsgehalt der erhobenen Daten.[35)]

Das Gültigkeitsproblem stellt sich insbesondere dann, wenn die zu erfassende Dimension nicht direkt wahrnehmbar ist.[36)] Die Validität ist damit im Rahmen der Sozialwissenschaften, die sich ja zu einem Großteil mit der Untersuchung hypothetischer Konstrukte beschäftigen, sehr viel schwieriger zu überprüfen als die Reliabilität, da im Prinzip ein Vergleich der erhobenen Daten mit den tatsächlichen, jedoch unbekannten Merkmalen gefordert wird. Wenn die Gültigkeit dieser Indikatoren somit von einer unbekannten Realität abhängt, ist sie letztendlich nicht beweisbar.[37)] Es besteht jedoch die Möglichkeit, Plausibilitätsüberlegungen zu gewissen Gültig-

31) Siehe auch die Abbildung bei Heidenreich (1984b), S. 407.
32) Vgl. Berekoven/Eckert/Ellenrieder (1993), S. 84.
33) Siehe Böhler (1992), S. 102, Müller-Hagedorn/Sewing/Toporowski (1993), S. 125, Lienert (1969), S. 16.
34) Siehe Hossinger (1982), S. 30, Böhler (1992), S. 39 und Berekoven/ Eckert/Ellenrieder (1993), S. 86.
35) Siehe auch Hossinger (1982), S. 30, Berekoven/Eckert/Ellenrieder (1993), S. 87 sowie Volmerg (1983), S. 124.
36) Vgl. Hossinger (1982), S. 10 f.
37) Faivre/Sanchez bemerken hierzu, daß die Frage nach der Validität letztendlich eine philosophische Dimension berühre. Siehe Faivre/Sanchez (1975), S. 135.

keitsaussagen aufzustellen.[38)] Hierzu existieren verschiedene Validitätskonzepte oder -kategorien, die sich unterschiedlicher Validierungsverfahren bedienen und jeweils andere Aspekte der Gültigkeit in den Vordergrund rücken.[39)] Als wichtigste Konzepte sind die *Inhalts-*, *Kriteriums-* und *Konstruktvalidität* zu nennen.[40)]

Die Inhaltsvalidität bezieht sich auf die inhaltlich-semantische Übereinstimmung zwischen dem vorliegenden Meßinstrument und dem Konstrukt. Sie fordert zugleich, daß die Untersuchungsinhalte eine repräsentative Auswahl der zu erfassenden Merkmale darstellen.[41)] Dies ist insbesondere zur Beurteilung der Vollständigkeit der Erfassung aller relevanten Items in einer Untersuchung von Bedeutung.[42)] Dabei ist die Inhaltsvalidität entweder offensichtlich (*Face-Validität*) oder das Instrument wird Experten zur Beurteilung vorgelegt (*Expertenvalidität*).[43)]

Die Kriteriumsvalidität vergleicht die Messungen eines Konstruktes mit den Ergebnissen der Messung eines Kriteriums dieses Konstruktes, also mit anderen Beobachtungen, die in einer kausalen Abhängigkeit zu dem Konstrukt stehen. Unterschieden wird hierbei, ob das Vergleichskriterium gleichzeitig erhoben wird (*Übereinstimmungsvalidität*) oder zu einem späteren Zeitpunkt erfolgt (*Vorhersagevalidität*).[44)] Die Vergleichmessung erfolgt dabei meist mit einem bereits erprobten Meßinstrument bzw. anhand einer Gruppe von AP, deren Merkmals- ausprägungen als bekannt gelten (Known-groups-Validität).[45)] Während für neu entwickelte Meßskalen insbesondere die Übereinstimmungsvalidität betrachtet wird, ist für die Entscheidungsvorbereitung im Marketing generell die Vorhersagevalidität interessant.[46)]

Die Konstruktvalidität schließlich umfaßt die Möglichkeit, Inhalt und Gestaltung eines Meßinstrumentes mit Hilfe theoretischer Überlegungen über das Konstrukt in Verbindung mit entsprechenden empirischen Untersuchungen auf seine Gültigkeit

38) Vgl. Holm (1976), S. 124 sowie Hossinger (1982), S. 12 f.
39) Siehe zur Vielfalt der gebräuchlichen Validitätsarten Hossinger (1982), S. 16 ff.
40) Diese drei Konzepte identifiziert auch Hossinger (1982), S. 21 als Schwerpunkte der testtheoretischen Literatur.
41) Vgl. z.B. Hammann/Erichson (1990), S. 76 sowie Hildebrandt (1984), S. 42.
42) Siehe Müller-Hagedorn/Sewing/Toporowski (1993), S. 126 sowie Hossinger (1982), S. 21 f.
43) Siehe Hammann/Erichson (1990), S. 76 und Lienert (1969), S. 260 f. Vgl. ausführlich hierzu Hossinger (1982), S. 21 ff. sowie Holm (1976), S. 126 ff.
44) Siehe Hammann/Erichson (1990), S. 76 f., Hossinger (1982), S. 24 f., Müller-Hagedorn/Sewing/Toporowski (1993), S. 126 f. und Holm (1976), S. 132 f. Die Frage nach der Validität des herangezogenen Außenkriteriums zeigt das wesentliche Problem der Kriteriumsvalidität, die Gefahr eines unendlichen Regresses, auf. Lienert schlägt hier eine Beurteilung des Außenkriteriums durch entsprechende Experten vor. Vgl. Lienert (1969), S. 256.
45) Siehe Kinnear/Taylor (1987), S. 304 und zur Known-groups-Validität Lamnek (1980), S. 109.
46) Vgl. Hammann/Erichson (1990), S. 77.

hin zu beurteilen.[47] Die Konstruktvalidität gilt als die anspruchsvollste Form der Validität mit v.a. theoretischer Bedeutung.[48] Zu ihrer Überprüfung werden eine ganze Reihe von Verfahren vorgeschlagen, insbesondere aber die Überprüfung der "Unterschiedlichkeit der Messungen verschiedener Konstrukte mit einem Meßinstrument"[49] (*Diskriminanzvalidität*) und der "Übereinstimmung der Messungen eines Konstruktes mit verschiedenen Meßinstrumenten"[50] (*Konvergenzvalidität*). Die Korrelation der gemessenen Merkmalsdaten verschiedener Methoden, die das gleiche Persönlichkeitsmerkmal erfassen, sollte dabei deutlich höher sein als die Korrelation gleicher Methoden, die verschiedene Persönlichkeitsmerkmale messen.[51] Zusätzlich wird meist noch die sog. *nomologische Validität* betont. Diese gibt den Grad der Bestätigung über das Vorliegen einer Kausalbeziehung zweier theoretischer Konstrukte in einem entsprechenden Hypothesensystem an.[52] Gemessen wird dann die Übereinstimmung dieser Kausalbeziehungen mit den Meßwerten der Konstrukte.[53]

Bereits an dieser Stelle deutet sich an, daß qualitative Methoden den Gütekriterien in ihrer eher quantitativen Orientierung nur schwerlich gerecht werden können. Diese Vermutung soll im folgenden konkretisiert werden.

5.1.2 Möglichkeiten der Übertragung quantitativ-orientierter Gütekriterien auf qualitative Marktforschungsmethoden

5.1.2.1 Grundsätzliche Überlegungen

Qualitative Marktforschungsmethoden gelten gemeinhin als sehr subjektiv. Aufgrund ihres offenen Charakters werden auch Validitäts- und Reliabilitätsüberprüfungen nach dem oben beschriebenem Muster als eher schwierig oder gar unmöglich eingeschätzt.[54] Hierbei muß jedoch bedacht werden, unter welchen Voraussetzungen

47) Siehe Lienert (1969), S. 17, Hossinger (1982), S. 26 und Heidenreich (1984a), S. 368 f.
48) Sie wird aus diesem Grund auch als "theoretische Validität" bezeichnet. Vgl. Hammann/Erichson (1990), S. 76. Siehe hierzu auch Hildebrandt (1984), S. 43.
49) Hammann/Erichson (1990), S. 77.
50) Hammann/Erichson (1990), S. 77.
51) Vgl. Hossinger (1982), S. 27 f. Zur Darstellung der Ergebnisse solcher Korrelationsanalysen wird häufig die sog. "multimethod-multitrait matrix" herangezogen. Vgl. v.a. Campbell/Fiske (1959). Anwendungsbeispiele hierzu finden sich bei Churchill (1979), S. 70 ff. sowie Szybillo/Binstok/Buchanan (1979), S. 74 ff.
52) Siehe Hildebrandt (1984), S. 42.
53) Vgl. Hammann/Erichson (1990), S. 77.
54) Vgl. zu dieser Auffassung z.B. Weiers (1988), S. 296 und S. 299 f., Chisnall (1986), S. 146, de Groot (1986), S. 138 f., Stephan (1961), S. 169 f.

diese Gütekriterien formuliert worden sind. Die Forderung nach *Objektivität*, *Reliabilität* und *Validität* ist ein maßgeblicher Bestandteil von Untersuchungen im Rahmen (quasi) experimenteller Forschung.[55] Besondere Bedeutung haben sie in der *Testtheorie* erlangt.[56] Die oben beschriebene Auslegung der Gütekriterien und die Verfahren zu ihrer Überprüfung sind dabei größtenteils auf die Ziele und Probleme solcher Messungen zugeschnitten.[57] Die in diesem Zusammenhang interessierenden Überlegungen betreffen dabei Fragen der *Quantifizierung* und *Operationalisierung* von Marktforschungsuntersuchungen.

Mit der Quantifizierung von relevanten Untersuchungsmerkmalen wird in der Marktforschung das Ziel verfolgt, eine möglichst gute Vergleichbarkeit der Daten insbesondere bzgl. der Häufigkeit ihres Auftretens und ihrer graduellen Ausprägung zu schaffen und sie statistischen Auswertungsverfahren im Hinblick auf mögliche Abhängigkeiten zugänglich zu machen.[58] Zugleich wird mit der Transformation in quantitative Größen ein Rationalisierungseffekt angestrebt, da auf diese Weise auch umfangreiches Datenmaterial bewältigt werden kann. Um die hierfür erforderliche Vergleichbarkeit überprüfen zu können, werden die Kriterien der Objektivität und Reliabilität herangezogen.[59] Diese sind nach gängiger Auslegung um so höher, je besser eine Standardisierung von Untersuchungsinhalt, -ablauf und -situation realisiert werden kann.[60]

Die in dieser Form mit Objektivität und Reliabilität verbundenen Zielvorstellungen von *quantifizierender Vergleichbarkeit* und *Standardisierung* stehen jedoch in krassem Gegensatz zur qualitativen Forschungslogik.[61] Denn hier wird eine Transformation der zu erhebenden Informationen ebenso abgelehnt wie ihre Reduktion zu

55) So bezeichnet bspw. Lienert (1969), S. 12, Validität und Reliabilität als Sonderfälle experimenteller Präzision. Die Verwendung dieser Gütekriterien geschieht hier in enger Anlehnung an das naturwissenschaftliche Experiment. Siehe zum Begriff des "Quasi-Experiments" v.a. Böhler (1992), S. 45 ff.

56) Dabei definiert Lienert einen Test als "ein wissenschaftliches Routineverfahren zur Untersuchung eines oder mehrerer empirisch abgrenzbarer Persönlichkeitsmerkmale mit dem Ziel einer möglichst quantitativen Aussage über den relativen Grad der individuellen Merkmalsausprägung." Lienert (1969), S. 7. Siehe zu verschiedenen Testformen in der Marktforschung auch Berekoven/Eckert/Ellenrieder (1993), S. 159 ff.

57) Als Beispiel kann hier die Frage nach der externen Validität von Laborexperimenten genannt werden. Vgl. Böhler (1992), S. 39 f.

58) Vgl. z.B. Hüttner (1989), S. 154 ff., Weiers (1988), S. 376 ff. und Kohli (1978), S. 4.

59) Vgl. Kap. 5.1.1.

60) Siehe Girtler (1984), S. 30, Heidenreich (1984), S. 364 ff., Volmerg (1983), S. 125, Lamnek (1988), S. 171, Goldman/McDonald (1987), S. 9.

61) Vgl. Goldman/McDonald (1987), S. 9 f. Auch Lienert bemerkt hierzu, daß eine unangebrachte Quantifizierung von bspw. projektiven Verfahren diesen mehr schaden als nützen kann. Vgl. Lienert (1969), S. 442. Siehe zu den Zielen qualitativer Marktforschung Kap. 2.

statistischen Analysezwecken.[62] Eine einfache Übertragung der Gütekriterien auf qualitative Erhebungsmethoden kommt somit im Grunde einer Negation qualitativer Zielvorstellungen gleich.

Die Operationalisierung betrifft dagegen die Notwendigkeit, operationale Anweisungen (sog. "Forschungsoperationen") zur Gestaltung einer Untersuchung zu formulieren. "Dazu gehören die Auswahl der Indikatoren bei nicht direktem empirischen Bezug eines Begriffs sowie die Angabe der Datenerhebungsinstrumente (...). Weiter gehören dazu Angaben über die Handhabung des Meßinstruments und über die Protokollierung der Meßergebnisse."[63] Die zu erfassenden Merkmale weisen dabei umso geringere Schwierigkeiten hinsichtlich ihrer Operationalisierung auf, je direkter sie meßbar sind.

Insbesondere aber die für die Sozialwissenschaften und damit auch für die Marktforschung so interessanten *psychischen Konstrukte*, d.h. die nicht beobachtbaren inneren Dispositionen von Personen, können nur über *Indikatoren* einer Messung zugänglich gemacht werden.[64] Im Rahmen quantitativer Marktforschung werden hierzu solche Merkmalskataloge und Skalen aufgestellt, die in der Lage sein sollen, das interessierende Konstrukt gut zu erfassen. Von der *Operationalisierung* dieser Merkmale und deren Verarbeitung zu entsprechenden Skalen hängt in hohem Maße die Validität solcher Untersuchungen ab. Aus diesem Grund stellen die oben beschriebenen Verfahren zur Überprüfung der Validität auch größtenteils auf diese Form der Operationalisierung ab.[65]

Qualitative Methoden bedürfen zwar hinsichtlich der Methodenauswahl und -durchführung (z.B. bei der Erstellung von Leitfäden) auch gewisser Forschungsopera- tionen, sie bedienen sich jedoch bei der Erhebung eben nicht solcher vorab festgelegter Merkmalskataloge. Die herausragende Rolle, die die Operationalisierung von Begriffen im Rahmen quantitativer Untersuchungen einnimmt, ist in diesem Ausmaß für qualitative Methoden demnach nicht gegeben.[66]

Diese ersten Überlegungen lassen bereits berechtigte Zweifel daran aufkommen, ob die genannten Gütekriterien überhaupt zur Beurteilung qualitativer Methoden

---

62) Vgl. Kap. 2.
63) Kromrey (1980), S. 80 f.
64) Siehe Holm (1976), S. 123.
65) Verfahren zur Überprüfung der Inhaltsvalidität können hiervon ausgenommen werden. Vgl. Kap. 5.1.1.3.
66) Siehe Girtler (1984), S. 31.

herangezogen werden können.[67] Dem steht jedoch die grundsätzliche Forderung entgegen, daß *jede empirische Untersuchung* einen gewissen Grad an Zuverlässigkeit und Gültigkeit aufweisen sollte, um als Grundlage für zukünftige Entscheidungen dienen zu können.[68] Allerdings müssen bei der Ausgestaltung dieser Gütekriterien die besondere Zielsetzung und die typischen Aufgabenbereiche qualitativer Erhebungsmethoden offensichtlich stärkere Beachtung finden.[69] Ziel der nachfolgenden Abschnitte soll es demnach sein, Inhalt und Überprüfung der Kriterien so zu formulieren, daß sie den Zielvorstellungen und methodischen Besonderheiten qualitativer Marktforschung besser gerecht werden. Denn die Beschreibung der drei Gütekriterien in der oben gezeigten Form stellt zwar eine weit verbreitete, nicht jedoch ihre einzig mögliche Auslegungsart dar.

5.1.2.2 Objektivität und Reliabilität aus Sicht qualitativer Marktforschung

Oben ist bereits deutlich geworden, daß Objektivität und Reliabilität beide auf die *Reproduzierbarkeit* von Untersuchungsergebnissen abstellen. Dabei konzentriert sich die Forderung nach Objektivität auf das Ziel nach *Bedingungskonstanz*, während die Reliabilität darüber hinaus noch die *Merkmalskonstanz* und die *instrumentelle Konstanz* überprüft.[70] Aus diesem Grund sollen an dieser Stelle beide Kriterien einer gemeinsamen Betrachtung daraufhin unterzogen werden, wie sich aus qualitativer Sicht eine objektive und zuverlässige Untersuchung zu gestalten hat.[71]

Die Objektivität wird im quantitativen Ansatz vor allem auf die Unabhängigkeit der Untersuchung von subjektiven Einflüssen seitens der Forscher bezogen. Als Konsequenz hieraus ergibt sich die Forderung nach einer möglichst weitreichenden Kontrolle solcher Störeinflüsse, die die "Neutralität" der Untersuchung gefährden könnten.[72] Objektivität in der quantitativen Forschungslogik ist somit untrennbar verbun-

67) Ähnlich argumentieren Branthwaite/Lunn (1985), S.115, wenn sie darauf hinweisen, daß bspw. projektive Verfahren nicht einfach mit den Kriterien quantitativer Marktforschung gemessen werden sollten.

68) So auch Atteslander (1984), S. 289 und Holm (1976), S. 123. Für die Objektivität gilt dies in dem Maße, in dem auch sie zur Zuverlässigkeit und Reproduzierbarkeit von Untersuchungen beiträgt.

69) Vgl. Dickens (1987), S. 24. Bereits Lienert (1969), S. 247, weist darauf hin, daß die üblichen Verfahren der Reliabilitätsprüfung auf solche Tests, die einen bestimmten Wissensstand erkunden wollen oder die Problemaufgaben enthalten, die freie Einfälle erforderlich machen, meistens nicht angewendet werden können.

70) Siehe Berekoven/Eckert/Ellenrieder (1993), S. 85 und Kap. 5.1.1. Ähnlich auch Sykes (1990), S. 309.

71) Siehe hierzu Mühlfeld/Windolf/Lampert (1981), S. 330 und Lamnek (1980), S. 162.

72) Vgl. Kap. 5.1.1.1.

den mit einer weitgehenden *Kontrolle* und *Standardisierung* des Untersuchungsablaufs. Aus qualitativer Sicht besteht durch die Standardisierung einer Untersuchung und die bewußt herbeigeführte Neutralität des Forschers unter Ausschluß aller situativen Kontextfaktoren allerdings die Gefahr, eine Künstlichkeit zu erzeugen, die sich verzerrend auf den Untersuchungsinhalt auswirken kann.[73)] Der qualitative Forschungsansatz versucht aus diesem Grund, der Forderung nach Objektivität gerade durch eine gezielte Berücksichtigung der spezifischen Untersuchungssituation gerecht zu werden. Er möchte bewußt all jene untersuchungsrelevanten Kontextfaktoren aktiv erfassen, die im quantitativen Ansatz durch Standardisierung konstant gehalten werden sollen.[74)]

Ähnlich verhält es sich auch mit der Forderung nach Reliabilität, die die Reproduzierbarkeit der erhobenen Informationen nicht nur gedanklich miteinschließt, sondern durch verschiedene Überprüfungsverfahren konkret nachweisen will.[75)] Die oben beschriebenen Verfahren der Zuverlässigkeitsüberprüfung beziehen sich alle auf konkrete Meßwerte, die unter bestimmten Bedingungen miteinander korreliert werden sollen. Da die erhobenen Daten keiner meßtechnischen Transformation unterzogen werden und somit eindeutig quantifizierbare Ergebnisse bei qualitativen Untersuchungen nicht vorliegen, ist eine Reproduzierbarkeit des Datenmaterials, wie sie durch die oben genannten Reliabilitätskoeffizienten geprüft werden soll, ohnehin nicht möglich.[76)]

Hinzu kommt, daß die Offenheit qualitativer Methoden den individuellen Ausdrucksmöglichkeiten der AP bewußt viel Spielraum gewährt und damit ein Datenmaterial erzeugt, daß sich nur schwerlich exakt wiederholen läßt. "The main *doubts* about the reliability of qualitative research methods are that their *inherent* characteristics (their flexibility and the absence of rigid experimental control) are not conducive to replicability."[77)] Die mangelnde Reliabilität qualitativer Marktforschung läßt sich somit weniger als "Unvollkommenheit" qualitativer Methoden verstehen, sondern liegt vielmehr in den spezifischen Charakteristika der Methoden und der Vielschichtigkeit sozialer Realitäten, d.h. im Untersuchungsgegenstand selbst begründet.

---

73) Siehe Volmerg (1983), S. 126 und Lamnek (1988), S. 166.
74) Vgl. Lamnek (1988), S. 167.
75) Siehe Kap. 5.1.1.2.
76) Siehe Sykes (1990), S. 309.
77) Sykes (1990), S. 309.

5.1.2.2.1 Alternativen zu Objektivität und Reliabilität im qualitativen Forschungsansatz

Da die Beurteilung quantitativer und qualitativer Untersuchungen hinsichtlich ihrer Güte nicht unabhängig von der Untersuchungsphase zu sehen ist, sollen die weiteren Überlegungen zur Objektivität und Reliabilität für die Phasen der Daten*erhebung* und der Daten*auswertung* getrennt angestellt werden.[78)]

Bei der Datenerhebung werden im Rahmen quantitativer Untersuchungen aufgrund bestimmter Vorüberlegungen ausgewählte Merkmale auf den Grad ihrer Ausprägung hin überprüft. Der qualitative Forschungsansatz versucht dagegen, eine solche Vorselektion möglichst zu vermeiden, und überläßt es weitgehend den AP selbst, sich zu den problemrelevanten Sachverhalten auf die aus ihrer Sicht angemessene Weise zu äußern.[79)]

Ziel qualitativer Marktforschung muß es deshalb sein, die verschiedenen Problemdimensionen möglichst *umfassend* zu erforschen und zu analysieren. Die Objektivität läßt sich daher auch ausdrücken als Grad der *Umfassendheit*, mit der die aus Sicht der AP relevanten Inhalte unter Berücksichtigung der einfließenden situativen Kontextfaktoren erhoben werden.[80)] Verbunden ist hiermit die Forderung nach einer entsprechenden *Angemessenheit* der Methoden, die relevanten Untersuchungsinhalte auch wirklich umfassend erheben zu können.[81)] Der Weg dahin ist allerdings nicht zwingend festgelegt, sondern kann je nach Erhebungsinstrument und Untersuchungssituation variieren. Dieser Spielraum macht denn auch eine Reproduktion des Erhebungsablaufes wenig wahrscheinlich, Reliabilitätskontrollen wie im quantitativen Ansatz spielen eine nur untergeordnete Rolle.[82)] An ihre Stelle tritt im qualitativen Ansatz die Forderung nach einer ausreichenden *Transparenz* des Erhebungsablaufes, so daß die Bedingungen von Aufbau und Ablauf der Erhebung offengelegt werden. So ist es für die Überprüfung, inwieweit eine wirklich umfassende Untersuchung des Problembereichs gelungen ist, vor allem von Bedeutung, daß der gesamte Unter-

78) Ähnlich auch Lamnek (1988), S. 144 und S. 164 f.

79) Vgl. Lamnek (1988), S. 173. Leithäuser/Volmerg bemerken hierzu: "'Objektive Erkenntnis' der gesellschaftlichen Realität, gemessen an dem Objektivitätspostulat der Naturwissenschaften, d.h. Ergebnisse, die unabhängig von der Person des Forschers und der spezifischen Situation sind, in der sie gewonnen wurden, dürften schwerlich herstellbar sein". Leithäuser/Volmerg (1981), S. 127.

80) Siehe Lamnek (1988), S. 162 f. und S. 167.

81) Vgl. hierzu auch die Ausführungen zu den methodischen Besonderheiten in Kap. 3 und zu den aufgabenspezifischen Einsatzschwerpunkten qualitativer Methoden Kap. 4.2.2.

82) Vgl. Kirk/Miller (1986), S. 42. Auf die geringe Chance einer Reproduzierbarkeit von Tiefeninterviews verweist auch Salcher (1978), S. 52 f.

suchungsablauf entsprechend aufgezeichnet und seine Entstehungsbedingungen festgehalten werden.[83] Die Forderung nach Zuverlässigkeit im Sinne einer Reproduzierbarkeit des Datenmaterials wird demnach durch die Forderung nach *Transparenz* der Erhebung ersetzt.[84]

Aufgabe der Datenauswertung im qualitativen Ansatz ist es, anhand einer typisierenden Analyse alle problemrelevanten Inhalte zu kategorisieren und sie einer anschließenden Interpretation zugänglich zu machen.[85] Da sich qualitative Untersuchungen stets darum bemühen, nahe am Datenursprung zu bleiben und dabei nicht auf statistische Auswertungs- und Analyseverfahren zurückgreifen, ist die Errechnung von Reliabilitätskoeffizienten auch hier nahezu unmöglich. Im Gegensatz zur quantitativen Forschung bestehen bei qualitativen Untersuchungen keine vorab festgelegten Zuordnungsregeln.[86] Zuverlässigkeit und Objektivität der Auswertung hängen in hohem Maße von der Sorgfalt und fachlichen Kompetenz des Forschers ab.[87] Die Zuverlässigkeit der Ergebnisse kann auch hier durch eine entsprechende *Offenlegung* aller Auswertungsschritte derart unterstützt werden, daß sie für einen anderen Forscher zumindest *nachvollziehbar* bleiben.[88]

Die Interpretation von Untersuchungsergebnissen besitzt letztendlich immer einen gewissen subjektiven Spielraum. Allerdings basieren Interpretationen quantitativ erhobener Daten zu einem Großteil auf den vorab gemachten Annahmen, was den Interpretationsspielraum deutlich einengt und die Reliabilität der Ergebnisse erhöhen kann.[89] Im Rahmen qualitativer Marktforschung werden dagegen die Interpretationsansätze erst auf Basis der erhobenen Informationen gebildet. Je nach Eindeutigkeit oder Heterogenität der Daten kann sich hier ein weiteres Spektrum an

83) Siehe hierzu Atteslander (1984), S. 155 und Walker (1985b), S. 184 f.
84) Vgl. Sykes (1990), S. 311 f. Gleiches fordert Atteslander für die Methode der Beobachtung insgesamt, da, v.a. bei der Beobachtung dynamischer Sachverhalte, eine Zuverlässigkeitsprüfung nur retrospektiv erfolgen kann oder mindestens zwei Beobachter eingesetzt werden müssen. "Das Gütekriterium der Zuverlässigkeit muß also bei der Beobachtung häufig durch das Kriterium der *Nachvollziehbarkeit* ersetzt werden." Atteslander (1984), S. 155.
85) Hierzu wird bspw. die qualitative Inhaltsanalyse herangezogen. Vgl. Kap. 3.1.3.
86) Siehe Mühlfeld/Windolf/Lampert et al. (1981), S. 331.
87) Diese Abhängigkeit ist auch der hauptsächliche Grund für den Vorwurf mangelnder Reliabilität, der qualitativen Methoden in der Phase der Datenauswertung gemacht wird. Dabei muß jedoch bedacht werden, daß diese Auswahl und Kategorisierung problemrelevanter Inhalte im Vorfeld quantitativer Untersuchungen ebenfalls vorgenommen wird, wenn auch auf abstrakterem Niveau. Vgl. Mühlfeld/Windolf/Lampert et al. (1981), S. 331. Nur Reliabilitätsprüfungen, die bereits hieran ansetzten, wären im Grunde denen der Datenauswertung qualitativer Untersuchungen vergleichbar.
88) Vgl. Kirk/Miller (1986), S. 72, Sykes (1990), S. 311.
89) Siehe Sykes (1990), S. 311.

möglichen Interpretationen eröffnen.[90] Die Objektivität und Zuverlässigkeit einer Auswertung qualitativer Untersuchungen steigt mit der Möglichkeit, mit der die vorgenommene Interpretation nachvollzogen werden kann. Auch hier gilt es demnach, alle Überlegungen und Interpretationsschritte transparent zu machen.[91]

Eine weitere Möglichkeit, die Objektivität und Zuverlässigkeit einer Interpretation zu steigern, besteht v.a. darin, mehrere Forscher anhand des gleichen Informationsmaterials eine Interpretation vornehmen zu lassen und somit einen *multipersonalen Diskurs* anzustreben.[92] Dabei kann z.B. eine Interpretation in der Gruppe vorgenommen werden, was den Vorteil besitzt, daß die individuelle Meinung des einzelnen Interpreten in der Gruppe jeweils argumentativ begründet werden muß.[93] Zumindest aber sollten die voneinander unabhängig angefertigten Ergebnisse wenigstens zweier Interpreten miteinander verglichen werden.[94]

Insgesamt kann somit folgendes festgehalten werden: Objektivitäts- und Reliabilitätsüberprüfungen im herkömmlichen Sinne lassen sich auf qualitative Methoden *nicht übertragen*, da sie wesentlichen Zielen qualitativer Forschung widersprechen.[95] Auch sind die erforderlichen Überlegungen im Rahmen der Datenerhebung und -auswertung bei qualitativen Untersuchungen von grundsätzlich anderer Natur als bei quantitativen Untersuchungen. Aus diesem Grund wird der Reliabilitätsprüfung im üblichen Sinne eine nur untergeordnete Rolle zugewiesen.[96] Dahinter stehen nicht nur verschiedene methodisch-technische Aspekte, sondern auch eine *unterschiedliche Realitätsauffassung*:

Die quantitative Marktforschung strebt, wie beschrieben, eine weitgehende Kontrolle der Untersuchungssituation insbesondere durch Maßnahmen der Standardisierung an. Damit hofft sie auf die Möglichkeit einer stärkeren Vergleichbarkeit und Reproduzierbarkeit der Untersuchungen. Die traditionellen Prüfungen der Objektivität

90) Allerdings können verschiedene Interpretationen desselben Datenmaterials nicht nur als methodischer Nachteil, sondern auch als Chance für zusätzliche Erkenntnisfortschritte gewertet werden. Vgl. zu dieser Auffassung Sykes (1990), S. 310.

91) Vgl. Volmerg (1983), S. 153. So soll eine unbeteiligte, jedoch entsprechend qualifizierte Person in die Lage versetzt werden, die Entscheidungen, die zur vorliegenden Interpretation geführt haben, zu verstehen. Für den Fall, daß von zwei Interpreten unterschiedliche Interpretationsvorschläge präsentiert werden, sollen beide Argumentationsgänge so nachvollziehbar sein, daß eine begründete Auswahl einer der Vorschläge möglich wird. Siehe hierzu Griggs (1987), S. 15.

92) Mayring (1985), S. 207, spricht in diesem Zusammenhang von einer "Interkoderreliabili- tät".

93) Siehe Lamnek (1988), S. 165 und S. 169 f.

94) Vgl. hierzu Gabriel (1990), S. 516.

95) Vgl. Volmerg (1983), S. 126, Goldman/McDonald (1987), S. 10 und Lamnek (1988), S. 166 f.

96) Ähnlich argumentiert Sykes (1990), S. 310.

und Reliabilität sind denn auch konsequenterweise eng mit dieser Zielsetzung verbunden. Eine solche Vergleichbarkeit und Reproduzierbarkeit von Untersuchungen setzt jedoch nicht nur die Konstanz des Untersuchungsablaufes voraus, sondern impliziert gleichzeitig eine Konstanz des Untersuchungsobjektes. Damit wird jedoch auch die gegebene Veränderlichkeit der Realität und ihr prozeßhafter Charakter, der den verschiedensten situativen Einflüssen unterliegt, nicht als Datum akzeptiert, sondern als Problem bzw. Störfaktor angesehen.[97]

Demgegenüber versucht die qualitative Marktforschung, insbesondere vor dem Hintergrund ihrer speziellen Zielsetzung und den damit verbundenen Aufgaben, diese Veränderlichkeit der Realität als gegeben (und als forschungsrelevant) zu betrachten. Dies hat zur Konsequenz, daß die entsprechenden situativen Einflüsse in der Untersuchung mitberücksichtigt werden.

Aus dieser Perspektive erscheint es dann auch notwendig und sinnvoll, die Forderung nach Zuverlässigkeit und Objektivität für qualitative Untersuchungen wie oben beschrieben zu ersetzen. Danach kommen für die Beurteilung der formalen Genauigkeit qualitativer Marktforschungsuntersuchungen die Kriterien der ***Umfassendheit*** und ***Transparenz*** im Rahmen der Erhebung einerseits sowie die ***Nachvollziehbarkeit*** aller die Untersuchung betreffenden Vorgänge und Entscheidungen und der ***multipersonale Diskurs*** bzgl. der Interpretation andererseits in Betracht (vgl. Abb. 31).

quantitativ	qualitativ
Objektivität Reliabilität	Umfassendheit Transparenz Nachvollziehbarkeit Multipersonaler Diskurs

Abb. 31: Kriterien zur Beurteilung der formalen Genauigkeit quantitativer und qualitativer Untersuchungen

97) Siehe hierzu Müller (1979), S. 43 und Semeonoff (1973), S. 112 f.

5.1.2.2.2 Zur Beurteilung der verschiedenen qualitativen Erhebungsmethoden

In einem weiteren Schritt bleibt nun zu prüfen, inwieweit die verschiedenen Gruppen qualitativer Methoden hinsichtlich ihrer Objektivität und Zuverlässigkeit im oben beschriebenen Sinne zu beurteilen sind. Ein direkter Vergleich der unterschiedlichen Methoden bzgl. ihrer Güte kann allerdings nur eingeschränkt erfolgen, da immer auch ihre Angemessenheit hinsichtlich verschiedener Aufgabenbereiche beachtet werden muß.[98)]

Qualitative Interviews weisen im Hinblick auf ihre Beurteilung nur wenige Probleme oder Besonderheiten auf, die über das oben Gesagte hinausgehen. Durch die Konzentration auf eine einzelne Person kann hier besonders *umfassend* nachgefragt werden. Neben der Formulierung der Leitgedanken zum Forschungsproblem, die z.T. auch in den Interviewleitfaden einfließen, ist es für die *Nachvollziehbarkeit* und *Transparenz* der Untersuchung wichtig, daß alle Ausgangsfaktoren und Bedingungsdimensionen der Interviewsituation offengelegt werden.[99)] Dies gilt vor allem für die Auswertung. Im Rahmen einer Inhaltsanalyse wird die Zuverlässigkeit der Auswertung in erster Linie von der Eindeutigkeit der Zuordnungsregeln für die erhobenen Informationen bestimmt.[100)]

Wie wichtig dies für die Beurteilung der Untersuchungsergebnisse sein kann, zeigt sich etwa in dem von *Sykes* (1990) angeführten Beispiel, bei dem die Aufzeichnungen verschiedener Tiefeninterviews zwei unterschiedlichen Instituten zur Interpretation vorgelegt wurden, die daraus recht konträre Schlüsse zogen.[101)] Um diese unterschiedlichen Interpretationen beurteilen zu können, müßten die hierzu getroffenen Überlegungen und Entscheidungen Schritt für Schritt nachvollziehbar sein und eine Beurteilung ihrer Plausibilität erlauben.[102)] Ist dies nicht der Fall, so kann nicht von einer zuverlässigen und objektiven Auswertung gesprochen werden. Scheinen beide Ansätze plausibel, dann besteht die Gefahr einer wenig zuverlässigen oder nicht umfassenden Datenerhebung.[103)]

---

98) Vgl. hierzu Kap. 4.2.2.
99) Siehe hierzu Mühlfeld/Windolf/Lampert et al. (1981), S. 330.
100) Ähnlich auch Kromrey (1980), S. 176 und S. 214.
101) Vgl. zu weiteren Einzelheiten Sykes (1990), S. 309 und die dort angegebene Literatur.
102) Siehe Griggs (1987), S. 15.
103) Um die Vergleichbarkeit qualitativer Interviews in der Auswertungsphase zu verbessern, wird auch der Einsatz automatischer Textverarbeitungsprogramme für die Kategorisierung der erhobenen Daten vorgeschlagen. Vgl. z.B. Pfaffenberger (1988), S. 56 ff. Allerdings sind diesem Vorgehen Grenzen gesetzt, da sich zum einen Kodierregeln nicht vollständig operationalisieren lassen und zum anderen bei solchen standardisierten Verfahren die Gefahr erheblicher Informationsverluste besteht. Siehe hierzu auch bereits Kohli (1978), S. 17.

Im Gegensatz zum qualitativen Interview ist die Gruppendiskussion in der Erhebungsphase weniger gut steuerbar. Die Auslotung aller möglichen Problemdimensionen und somit auch die Umfassendheit der Untersuchung erfordert noch mehr Aufmerksamkeit seitens des Moderators als das Interview. Allerdings besteht gerade wegen der gegenseitigen Stimulation in der Gruppe auch die Chance, das Themengebiet besonders *umfassend* ansprechen zu können.[104)] Für die *Transparenz* der Erhebungssituation ist es wichtig, die auftretenden Gruppeneffekte und damit den situativen Kontext der Diskussionsinhalte auch aufzuzeichnen.[105)]

Da sich nicht alle Diskussionsteilnehmer in Qualität und Quantität ihrer Beiträge gleich stark einbringen, gestaltet sich auch die Auswertung einer Gruppendiskussion weniger eindeutig.[106)] Die erfaßten Aussagen müssen demnach immer vor dem Hintergrund ihres Zustandekommens in der Gruppe, also kontextbezogen, gedeutet werden.[107)] Um so wichtiger ist es hier, die Auswertung so zu gestalten, daß die situationsabhängige Deutung der Aussagen *nachvollziehbar* bleibt.

Die Besonderheit projektiver und assoziativer Verfahren, vorbereitete Stimuli zu verwenden, mit denen gewisse Annahmen über ihre Wirkungsweisen verbunden sind, hat häufiger als bei anderen qualitativen Erhebungsmethoden dazu geführt, sie den Zielen und Anforderungen quantitativer Marktforschung anzupassen. So wird in vielen Fällen vorgeschlagen, sie zu Zwecken einer höheren Objektivität, Reliabilität bzw. Vergleichbarkeit stärker zu standardisieren, mit geschlossenen Fragen zu arbeiten und auch nach Möglichkeit quantitativ auszuwerten (z.B. mittels der Frequenzanalyse).[108)]

Hierbei gilt es jedoch zu bedenken, daß gerade die freie Gestaltbarkeit und die vielfältigen Ausdrucksmöglichkeiten, die insbesondere projektive Verfahren offenlassen, eine wichtige methodische Besonderheit dieser Verfahren darstellen, die die

104) Vgl. Mangold (1973), S. 230.
105) Vgl. Dreher/Dreher (1982), S. 144 und Mangold (1973), S. 251 f.
106) Siehe Dreher/Dreher (1982), S. 143 f.
107) Hier wird besonders deutlich, wie die Zielsetzung qualitativer Methoden der (quantitativen) Forderung nach Vergleichbarkeit und Reproduzierbarkeit der Erhebungssituation widerspricht.
108) Siehe z.B. Lienert (1969), S. 443 ff. oder Tull/Hawkins (1990), S. 409. In bezug auf das in Kap. 3.3.1.2.2.1 beschriebene Einkaufslistenverfahren von Haire (1950) wurde bspw. von Robertson/Joselyn (1974) Kritik bzgl. der in jeder Hinsicht "umständlichen" offenen Fragengestaltung geübt. Sie schlagen stattdessen die Verwendung geschlossener Fragen vor. Vgl. Robertson/Joselyn (1974), S. 29 f.

Projektion der problembezogenen Sachverhalte unterstützen soll.[109] Aufgrund dieser Freiheitsgrade kann im Rahmen der Datenerhebung die Art und Weise der Darbietung der Informationen je nach Situation und persönlicher Verfassung der AP deutlich variieren.[110] Während dadurch die Vergleichbarkeit erschwert wird, sind diese Freiheiten für die *Umfassendheit* der Untersuchung hingegen von großer Bedeutung.

Wichtig für die *Transparenz* der Erhebungssituation ist weiterhin eine Darlegung der Angemessenheit der verwendeten Stimuli für das Untersuchungsproblem und die sorgfältige Aufzeichnung der gesamten Erhebung. Die Konstruktion und Darbietung der Stimuli besitzt in diesem Falle auch verstärkte Bedeutung für die Phase der Auswertung und Interpretation. Auf jeden Fall müssen auch hier die getroffenen Annahmen bzgl. des Stimulusmaterials und ihrer Bedeutung für die Auswertung *nachvollziehbar* bleiben.[111] Da gegebenenfalls verschiedene Theorien zur Interpretation der Daten herangezogen werden können, erlangt gerade bei projektiven Techniken der *multipersonale Deutungsprozeß* an Wichtigkeit.[112]

Die Beurteilung einer Untersuchung auf Basis der qualitativen Beobachtung gestaltet sich eher problematisch. Die *Umfassendheit* der Beobachtung kann dabei bereits in der Phase der Datenerhebung vor allem dadurch gefährdet sein, daß das beobachtete Geschehen, also das Datenmaterial, ausschließlich von der subjektiven Wahrnehmungsfähigkeit des Beobachters abhängt.[113] Hinzu kommt, daß die Beobachtung im Feld, insbesondere bei sehr dynamischen Sachverhalten, die Schaffung einer *transparenten* Erhebungssituation deutlich erschwert.[114]

---

109) Semeonoff bemerkt hierzu: "Two points, however, must be made. First, that in most projective techniques aspects of response that go beyond what is readily classifiable are often more informative than an array of frequencies." Semeonoff (1973), S. 112. Siehe auch Kap. 3.3.

110) Vgl. Semeonoff (1973), S. 113.

111) Siehe Lamnek (1980), S. 102.

112) Vgl. hierzu Kassarjian (1974), S. 95.

113) Siehe Atteslander (1984), S. 184 und Kap. 3.4. Während die quantitative Beobachtung mittels apparativer Techniken in diesem Zusammenhang wenig problematisch ist, kann auch die Zuverlässigkeit der standardisierten und persönlichen Beobachtung darunter leiden, daß bspw. die Kategorien nicht fein genug strukturiert sind und der Beobachter bei der Zuordnung der Beobachtungen einen hohen Interpretationsaufwand leisten muß. Vgl. Atteslander (1984), S. 179.

114) Auch hier wird deutlich, wie wenig angemessen die Forderung nach einer auf Reproduzierbarkeit abzielenden Reliabilitätsüberprüfung für qualitative Methoden ist. Siehe hierzu auch Atteslander (1984), S. 155 und S. 184.

Um eine größtmögliche Umfassendheit und Transparenz im Rahmen qualitativer Beobachtung zu ermöglichen, ist eine entsprechend qualifizierte Schulung der Beobachter unumgänglich. Diese muß insbesondere darauf abzielen, eine von eigenen Interpretationen zunächst unabhängige Aufnahme wichtiger Beobachtungsinhalte zu trainieren und sich möglicher Selektionsmechanismen bewußt zu werden.[115] Weiterhin kann auch der Einsatz von wenigstens zwei Beobachtern die Güte der Untersuchung günstig beeinflussen, wenngleich dies einen erhöhten Aufwand bedeutet. Die Forderung nach einer *Multipersonalität* erstreckt sich bei der qualitativen Beobachtung somit ebenfalls auf die Erhebungsphase.[116]

Darüber hinaus gilt es auch hier, die Aufzeichnungen so detailliert anzufertigen, daß ihre Nachvollziehbarkeit und Transparenz durch qualifizierte Dritte gewährleistet ist. "Eine Beobachtungsaufzeichnung ist dann nachvollziehbar, wenn ihre Entstehungsbedingungen offengelegt werden. Offenlegen bedeutet zum einen die Auflistung aller Schritte bis hin zur Beobachtungsaufzeichnung selbst, also von der Problemstellung, der Wahl der Untersuchungseinheiten, der jeweiligen Beobachtungsform, der Umweltreize, denen Aufmerksamkeit geschenkt wird, der Beziehung zwischen Beobachter und Beobachteten, bis hin zur eigentlichen Technik des Aufzeichnens (...). Offenlegen bedeutet andererseits, daß die Gründe genannt werden, die zum jeweiligen Schritt geführt haben (z.B. die Gründe für die Entscheidung für verdeckte statt offene Beobachtung)."[117] Neben diesen Besonderheiten der Erhebung im Rahmen einer qualitativen Beobachtung gelten für die Phase der Datenauswertung im wesentlichen die gleichen Forderungen wie bspw. für das qualitative Interview.

5.1.2.3 Die Validität qualitativer Marktforschung

5.1.2.3.1 Erste Überlegungen zur Gültigkeit qualitativer Untersuchungen

Die Validität, also die Gewißheit darüber, daß mit Hilfe der eingesetzten Methoden tatsächlich das für die Problemstellung relevante Phänomen realitätsgetreu erfaßt wurde, besitzt auch für die qualitative Marktforschung große Bedeutung. Es wurde jedoch bereits weiter oben darauf hingewiesen, daß die Gültigkeit von Untersuchun-

115) Dies gilt aufgrund der erschwerten Aufzeichnungsbedingungen v.a. für die verdeckte Beobachtung. Vgl. hierzu ausführlich Atteslander (1984), S. 184 ff. Siehe auch Stafford/Stafford (1993), S. 65.

116) Dies betonen auch Stafford/Stafford (1993), S. 65, Atteslander (1984), S. 155 und Grümer (1974), S. 57.

117) Atteslander (1984), S. 155.

gen letztendlich nicht wirklich beweisbar ist. Es existieren jedoch verschiedene Verfahren, die mehr im Sinne einer *Plausibilitätsüberlegung* darüber Auskunft geben sollen, ob die vorliegende Untersuchung in einem gewissen Umfang als valide angenommen werden kann oder nicht.[118)]

Dies gilt in ähnlicher Weise auch für qualitative Erhebungsmethoden. Während (aus quantitativer Sichtweise) die Reliabilität qualitativer Marktforschung zu Recht als gering eingeschätzt wird, fällt aufgrund solcher Plausibilitätsüberlegungen die Beurteilung ihrer *Validität* eher günstig aus.[119)] Die Gründe hierfür sollen nun einer näheren Betrachtung unterzogen werden.

Die in der quantitativen Forschung häufig verwendete Unterscheidung in *externe* und *interne* Validität ist dabei allerdings wenig hilfreich, da sie zu speziell auf die Besonderheiten des Experiments abstellt.[120)] Auch die in der quantitativen Sozialforschung geläufige Trennung von *logischer* und *empirischer* Gültigkeit ist vorrangig auf die Problematik quantitativer Untersuchungen zugeschnitten.[121)] Die logische Gültigkeit befaßt sich dabei mit der Operationalisierung theoretischer Begriffe. Sie fragt also, inwieweit die Überführung *theoretischer Begriffe* in *empirische Begriffe* bzw. beobachtbare Indikatoren gelungen ist. Demgegenüber bezieht sich die empirische Gültigkeit auf den Zusammenhang zwischen Operationalisierungs- und Realitätsebene. Sie betrachtet die Güte des Meßvorgangs selber, d.h. die Güte der Transformation von realen Phänomenen auf die Operationalisierungsebene.[122)]

---

118) Vgl. Kap. 5.1.1.3.

119) Vgl. z.B. Schub v. Bossiazky (1992), S. 5, Kirk/Miller (1986), S. 42 und Groening (1981), S. 53.

120) Auch in der quantitativen Marktforschung stellen Ausführungen zur internen und externen Validität direkt auf die Beurteilung von (Feld- bzw. Labor-) Experimenten ab, während allgemeine Überlegungen zur Gültigkeit von Messungen hiervon getrennt diskutiert werden. Siehe bspw. Böhler (1992), S. 39 f. und S. 102 ff. sowie Churchill (1988), S. 109 f. und S. 319 ff.

121) Unglücklicherweise ist dieses Begriffspaar ebenfalls unter der Bezeichnung "interne" und "externe" Gültigkeit bekannt, obwohl kein inhaltlicher Zusammenhang zu den oben beschriebenen, auf das Experiment bezogenen Kriterien besteht. Siehe Gadenne (1976), S. 6. Um Verwechslungen zu vermeiden, soll hier nur von "logischer" und "empirischer" Gültigkeit gesprochen werden. Vgl. zu dieser Problematik Hossinger (1982), S. 30 sowie Lamnek (1988), S. 147.

122) Siehe Lamnek (1980), S. 108; Grümer (1974), S. 61 f.

Hierin spiegelt sich das deduktive Vorgehen quantitativer Forschung wider: Ausgehend von theoretischen Überlegungen und Begriffen wird zunächst eine Operationalisierung in empirische Begriffe und Indikatoren vorgenommen, die anschließend zur Erfassung der sozialen Realität eingesetzt werden. Umgekehrt versucht die qualitative Forschung auf induktivem Wege, zunächst die sozialen Phänomene umfassend abzubilden, um sie dann möglichst direkt einer Transformation in wissenschaftliche Begriffe zugänglich zu machen.[123] Abb. 32 faßt diese unterschiedlichen Vorgehensweisen zusammen:

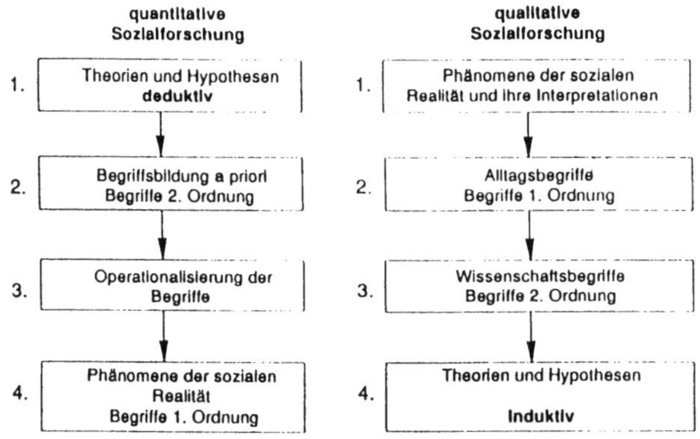

Abb. 32: Die Begriffsbildung in quantitativer und qualitativer Sozialforschung (Quelle: Lamnek (1988), S. 134.)

Die <u>empirische Gültigkeit</u> müßte sich aus qualitativer Sicht demnach der Frage widmen, inwieweit die interessierenden Phänomene der Realität im Rahmen der Untersuchung umfassend abgebildet werden konnten. Hiermit werden Fragen der Angemessenheit der eingesetzten Methoden und ihrer sorgfältigen Anwendung in der Phase der *Datenerhebung* berührt. Die Annahme einer vergleichsweise hohen empirischen Validität kann dabei mit dem Bemühen qualitativer Erhebungsmethoden nach einer realitätsnahen, offenen, kommunikativen und flexiblen Untersuchung begründet werden.[124]

123) Vgl. Lamnek (1988), S. 132 ff. und die dort angegebene Literatur.

124) Siehe hierzu das Bsp. bei Salcher (1978), S. 53. Eine Gefährdung der empirischen Validität kann bspw. dann angenommen werden, wenn eine Gruppendiskussion zur Beurteilung von alternativen Ideen herangezogen wird, ohne daß ihre gruppendynamischen Effekte genügend berücksichtigt werden. Siehe auch Kap. 3.2.3.

Einen in diesem Zusammenhang interessanten Aspekt liefert der Ansatz der "*ökologischen Validität*".[125] Hier wird die Verhaltensweise einer AP in der Erhebungssituation als ein situationsabhängiges Element eines umfassenden Verhaltenssystems gewertet. Es wird angenommen, daß die AP eine Vielzahl unterschiedlicher Verhaltensweisen aufweist, die durch ein Set von Stimulusvariablen bestimmt werden. Jede Erhebungssituation wird dabei eine andere Kombination solcher Stimulusvariablen aufweisen und trotz gleicher Untersuchungsfrage u.U. verschiedene Verhaltensweisen und Reaktionen hervorrufen. Eine "ökologisch" gültige Erhebung ist aus diesem Grund nur dann gegeben, wenn die Untersuchungssituation eine unverzerrte Stichprobe der Verhaltensweisen bieten kann, die im sozialen Lebensraum des Befragten vorkommen.[126] Daß heißt, die Untersuchung muß der AP so viele verschiedenartige Stimuli bieten, daß eine möglichst breite Palette des individuellen Verhaltensrepertoires abgebildet wird.[127] In diesem Sinne können die besonders offenen und flexiblen Methoden qualitativer Marktforschung ein eher breites Verhaltensspektrum abdecken und gelten im allgemeinen als ökologisch valide.

Der gleichen Überlegung folgend, wie sie gerade für die empirische Gültigkeit aufgestellt wurde, kann auch die logische Gültigkeit dem qualitativen Forschungsansatz angepaßt werden. Hier interessiert weniger die Überführung theoretischer in empirische Begriffe, sondern eher umgekehrt die Güte der Transformation der erhobenen Alltagsbegriffe in wissenschaftliche Begriffe und damit die Gültigkeit der vorgenommenen Aufbereitung und Interpretation der Daten. Diese hängt vorrangig von der Präzision des Hypothesenrasters und der Zuordnung des sprachlichen Materials ab: "Je 'feiner' die Abstimmung von Hypothesenraster und Interpretationskonzept, desto gültiger die Ergebnisse."[128]

Wegen der zunächst umfassend angelegten Datenerhebung erscheint jedoch die Gefahr eines irreparablen systematischen Fehlers weniger groß als in einer quantitativen Untersuchung. Dort kann ein systematischer Fehler, der z.B. aufgrund ungenauer oder nicht zutreffender Voraussetzungen entsteht, die gesamte nachfolgende Untersuchung in Frage stellen. Zwar werden auch im Rahmen einer qualitativen

---

125) Siehe zu diesem Ansatz v.a. Bronfenbrenner (1981), S. 46 sowie Mühlfeld/Windolf/ Lampert et al. (1981), S. 346 f. "Ökologisch" bedeutet hierbei die stärkere Berücksichtigung sozialer Umwelteinflüsse auf das jeweilige Verhalten der AP.
126) Vgl. Mühlfeld/Windolf/Lampert et al. (1981), S. 346.
127) Siehe Bronfenbrenner (1981), S. 46.
128) Mühlfeld/Windolf/Lampert et al. (1981), S. 330. Siehe zur Problematik valider Inhaltsanalysen Kromrey (1980), S. 214 f.

Untersuchung gewisse Vorannahmen getroffen, die zu solchen systematischen Fehlern führen können. Ihr Umfang und ihre Bedeutung sind jedoch eher gering. Dadurch ist es aufgrund der erst vergleichsweise spät einsetzenden Selektion problemrelevanter Informationen möglich, im Falle unbefriedigender Ergebnisse das vorliegende Datenmaterial einer erneuten, verbesserten Auswertung zu unterziehen.[129)]

Abschließend läßt sich festhalten, daß die Auffassung über die *grundsätzliche Bedeutung* der Validität, im Gegensatz zu den Überlegungen hinsichtlich der Objektivität und Reliabilität, in quantitativer und qualitativer Forschung weitgehend übereinstimmt. Während die Gefährdung der Gültigkeit bei quantitativen Untersuchungen v.a. in der Erhebungsphase gesehen werden kann, trifft dies für qualitative Untersuchungen stärker auf die Auswertungsphase zu.[130)] Insgesamt wird jedoch die Validität qualitativer Marktforschung als vergleichsweise hoch eingeschätzt. Inwieweit diese Annahme in der Forschungspraxis jedoch konkret überprüft werden kann, soll im folgenden anhand verschiedener Ansätze zur Abschätzung der Validität diskutiert werden.

5.1.2.3.2 Ansätze zur Überprüfung der Validität qualitativer Marktforschung

Es stellt sich nun die Frage, ob die vorgeschlagenen Ansätze der Validitätsprüfung auch auf qualitative Untersuchungen übertragbar sind bzw. welche alternativen Möglichkeiten in diesem Zusammenhang diskutiert werden können. Den Ausgangspunkt der folgenden Überlegungen bilden auch hier die Inhalts-, Kriteriums- und Konstruktvalidität.[131)]

Es gilt jedoch zu bedenken, daß sich nur die Grundüberlegungen dieser Ansätze übertragen lassen. Ihre eine Quantifizierung fordernde Umsetzung zur Berechnung vergleichbarer Korrelationskoeffizienten kann aus bekannten Gründen nicht geleistet werden. Die Einschätzung von Ähnlichkeiten muß im Rahmen qualitativer Marktforschungsuntersuchungen immer anhand verbaler Daten erfolgen.[132)]

129) Ähnlich auch Volmerg (1983), S. 128 f.
130) Siehe Lamnek (1988), S. 145.
131) Vgl. Kap. 5.1.1.3.
132) Hinzu kommen bspw. bildliche Darstellungen (Psychodrawing) oder auch nonverbale Elemente.

Die Inhaltsvalidität basiert weitgehend auf Plausibilitätsannahmen und läßt sich recht problemlos auch auf qualitative Untersuchungen anwenden. Mit ihrer Forderung nach einer inhaltlich-semantischen Übereinstimmung von Meßinstrument und Konstrukt kommt sie der bereits oben angesprochenen Forderung nach einer *Angemessenheit* der Methoden für das Forschungsproblem entgegen. Zwar beziehen sich die Überlegungen zur Überprüfung der Inhaltsvalidität im quantitativen Ansatz vorrangig auf die Erhebungsphase, einer Übertragung auf die Auswertungsphase steht jedoch im Grunde nichts entgegen. Die *offensichtliche* Gültigkeit einer Untersuchung (Face-Validität) kann dabei auch für qualitative Untersuchungen festgestellt werden.[133] Ebenfalls sinnvoll erscheint hier das Heranziehen von Experten zur Überprüfung der Angemessenheit der Methoden oder auch zur Beurteilung der Auswertungsschritte (Expertenvalidität).

Ebenso wie für quantitative Untersuchungen muß sich die Inhaltsvalidität jedoch den Vorwurf einer erhöhten Subjektivität gefallen lassen, wenn nicht Anzahl, Auswahl und Vorgehen dieser Experten ebenfalls als valide nachgewiesen werden kann.[134] Sowohl für die Beurteilung des gesamten Untersuchungsablaufes als auch für die Validierung der Interpretation kann die Überprüfung jedoch durch eine bewußte Offenlegung aller Beurteilungsschritte und eine entsprechend fundierte Argumentation nachvollziehbarer gestaltet werden.[135]

Die Unzufriedenheit mit der Expertenvalidität aus Sicht qualitativer Marktforschung liegt vor allem in der Tatsache begründet, daß eine Einigung über die Gültigkeit qualitativ erhobener Daten nur im Forscherkreis und unter Ausschluß der beteiligten AP stattfindet. Dies hat zur Entwicklung darüber hinausgehender Validierungskonzepte geführt, die sich um das Urteil der in die Untersuchung involvierten AP über die Gültigkeit der Ergebnisse bemühen.[136]

Ein Ansatz hierzu ist die sog. "kommunikative Validierung". Hier tritt der Forscher erneut in einen Kommunikationsprozeß mit den entsprechenden AP und überprüft an deren Reaktion auf die präsentierten Untersuchungsergebnisse die Gültigkeit seiner Erklärungs- und Deutungsprozesse. Dieser Ansatz macht somit die Gültigkeit einer

133) Siehe Lamnek (1988), S. 147.

134) Ähnlich argumentiert auch Lamnek (1980), S. 109.

135) Offenlegung und Argumentation im Validierungsprozeß sind denn auch die Basis für das Konzept der sog. "argumentativen Validierung". Siehe zu diesem Ansatz Terhart (1981). Hierin kann eine Parallele zur oben besprochenen Zuverlässigkeitsprüfung qualitativer Untersuchungen im Sinne von "Nachvollziehbarkeit" gesehen werden.

136) Diese Vorgehensweise könnte als eine Form der erweiterten Expertenvalidität betrachtet werden, in der die AP als Quasi-Experten gelten.

Interpretation davon abhängig, inwieweit diese durch eine Übereinstimmung zwischen Interviewten und Interpreten bestätigt wird.[137] Eine weitergehende Fassung schlägt eine Rückkopplung mit allen am Forschungsprozeß Beteiligten, also auch aller Forscher und ggf. der als Zuschauer/Zuhörer anwesenden Klienten, vor.[138] Diese Erweiterung hängt jedoch in starkem Maße von ihrer tatsächlichen Durchführbarkeit sowie von zeitlichen und finanziellen Möglichkeiten ab. Problematisch erscheint auch, daß die Einbeziehung der AP voraussetzt, daß diese in der Lage sind, die nun aufbereiteten, oft abstrahierten und theoretisch unterstützten Ergebnisse entsprechend beurteilen zu können. Die Grenzen der kommunikativen Validierung sind demnach dann erreicht, wenn es sich bei der Untersuchung um solche unbewußten, verdrängten oder tabuisierten Bedeutungszusammenhänge handelt, wie sie im Rahmen einer indirekten Befragung (z.B. durch projektive Verfahren) ermittelt werden.[139] Zusätzlich ist zu beachten, daß der nachfragende Forscher in hohem Maße die Fähigkeit besitzen kann, argumentativ zu überzeugen. Es besteht somit die Gefahr, Validierung durch Überredung zu erzeugen.[140] Trotz dieser Einschränkungen erscheint es dennoch sinnvoll, das Konzept der kommunikativen Validierung zumindest als begleitende Maßnahme zur Validitätsprüfung heranzuziehen.

Neben der Inhaltsvalidität kann auch die Kriteriumsvalidität, also die Messung eines adäquaten Vergleichskriteriums, der Gültigkeitsprüfung dienen.[141] Aufgrund der Umfassendheit qualitativer Methoden, der vielfältigen inhaltlichen Dimensionen und der fehlenden Standardisierung ist dieses Vorgehen jedoch nicht ganz unproblematisch.

Die Übereinstimmungsvalidität kann z.B. mit Hilfe von *Known-groups*, also einer hinsichtlich der interessierenden Sachverhalte ausreichend bekannten Gruppe von AP, überprüft werden.[142] Aufgrund der fehlenden Standardisierung qualitativer Methoden werden auch hier noch Interpretationsspielräume offen bleiben. Festgestellt werden kann lediglich, ob die wahrgenommenen Unterschiede zwischen den

137) Vgl. zu diesem Ansatz ausführlich Lechler (1982), Köckeis-Stangl (1980), S. 362 f. und Klüver (1979), S. 69 ff.
138) Siehe Köckeis-Stangl (1980), S. 362. Diesem erweiterten Verständnis der kommunikativen Validierung entsprechen die Ansätze der "consultative validity" von Sykes (1990), S. 296 f. und des "credibility test" von Gabriel (1990), S. 515.
139) Siehe hierzu Lechler (1982), S. 248.
140) Vgl. Lechler (1982), S. 248.
141) Siehe Stephan (1961), S. 169 und Cline/Richards (1965), S. 573.
142) Einen ähnlichen Vorschlag liefert Gabriel (1990), S. 515, mit seinem "transferability test".

Gruppen so offensichtlich sind, um Verdacht zu erregen oder eben nicht.[143] Eine weitere Möglichkeit bietet auch ein Vergleich mit quantitativen Untersuchungen. *Reynolds/Johnson* (1978) nehmen in diesem Zusammenhang einen Vergleich zwischen den Ergebnissen vor, die zu demselben Thema mit Hilfe einer Reihe von Gruppendiskussionen einerseits und standardisierten Interviews andererseits ermittelt wurden. Sie stellen dabei eine deutliche Übereinstimmung in den wesentlichen Aussagen fest, betonen jedoch gleichzeitig die Unterschiedlichkeit, mit der diese Daten dann genutzt werden können.[144]

Neben der Übereinstimmungsvalidität kann auch die Vorhersagevalidität qualitativer Untersuchungen geprüft werden. Dabei müßte aufgrund der erhobenen Daten ein bestimmtes Verhalten der relevanten Zielgruppe prognostiziert werden. Die zu einem späteren Zeitpunkt vorzunehmende Verhaltensprüfung bestimmt dann den Grad der Vorhersagegültigkeit. Dies setzt jedoch voraus, daß die durch qualitative Methoden erhobenen Informationen auch Rückschlüsse auf das zukünftige Verhalten zulassen.[145] Darüber hinaus besteht durch die Sensibilisierung der AP für die Untersuchungsinhalte die Gefahr einer "self-fulfilling prophecy" bzw. "self-destroying prophecy".[146]

Die Konstruktvalidität beschreibt das Ausmaß, in dem Größe und Richtung einer bestimmten Auswahl von Eigenschaften eines Konstruktes gemessen werden können. Zugleich bestimmt sie den Grad, mit dem diese Messungen frei sind von Überlagerungen erfaßter Merkmale anderer Konstrukte und systematischer Fehler.[147] Damit stellt sie auf die spezielle Problematik der *Indikatorisierung* und *Operationalisierung* quantitativer Untersuchungen ab.[148] Die grundsätzliche Überlegung der Konstruktvalidität, also das Hinzuziehen allgemein anerkannter Hypothesensysteme zur Beurteilung der erhobenen Daten, könnte jedoch (aufgrund ihres hypothesensuchenden Charakters) für die Auswertungsphase qualitativer Untersuchungen von Interesse sein.

---

143) Siehe Gabriel (1990), S. 515 f.
144) Vgl. Reynolds/Johnson (1978), S. 22-24.
145) So sind ja erwiesenermaßen nicht alle Einstellungen auch handlungsrelevant. Vgl. zu dieser Problematik z.B. Kroeber-Riel (1992), S. 161 ff. Im Grunde müßte hierbei immer auch der Nachweis geführt werden, inwieweit die rekonstruierten Kognitionen tatsächlich das beobachtbare Verhalten steuern. Wahl (1982) stellt hierzu das Konzept der "Handlungsvalidierung" vor. Hier stellt sich dann allerdings die Frage nach dem vertretbaren Aufwand einer solchen Untersuchung, ein Problem, auf das Wahl (1982), S. 267, selbst hinweist.
146) Siehe Lamnek (1988), S. 148.
147) Vgl. Hildebrandt (1984), S. 43 sowie Kap. 5.1.1.3.
148) Siehe auch Kap. 5.1.2.1.

In diesem Zusammenhang kann auch die kumulative Validierung genannt werden, die in einem sukzessiven Prozeß versucht, Verbindungen zu anderen anerkannten Untersuchungsergebnissen und den dahinterstehenden Hypothesensystemen herzustellen.[149)]

Es kann festgehalten werden, daß die gängigen Konzepte zur Validitätsprüfung teilweise auch auf qualitative Untersuchungen übertragen werden können.[150)] Zusätzlich konnten weitergehende Validierungsansätze identifiziert werden, die den Besonderheiten qualitativer Marktforschung in höherem Maße Rechnung tragen. Insgesamt wird die stärker *meßtechnisch ausgerichtete Fokussierung* aufgegeben zugunsten einer mehr *interpretativ-kommunikativ* geprägten Überprüfung.[151)] Damit kann auch eine entsprechend stärkere Beachtung der Validitätsprüfung in der Auswertungsphase qualitativer Untersuchungen realisiert werden.

Letztendlich hat sich jedoch auch gezeigt, daß Validität vor allem das Ergebnis sorgfältiger Forschungsarbeit darstellt und der Fähigkeit, den Nachfrager der Untersuchung von dieser Sorgfalt und damit von der Gültigkeit der Ergebnisse zu überzeugen.[152)] Eine Steigerung der Validität ist damit gewöhnlich mit einem erhöhten Forschungsaufwand verbunden, ihr Nutzen somit auch von der Bedeutung der hiermit verbundenen Entscheidungen abhängig. Die Gültigkeit von Untersuchungen muß damit i.d.R. in Verbindung mit Überlegungen zur Praktikabilität validitätserhöhender Maßnahmen sowie zeitlichen und finanziellen Restriktionen gesehen werden.[153)]

5.1.2.3.3 Zur Validität der verschiedenen qualitativen Erhebungsmethoden

Da sich die Überlegungen zur Validitätsproblematik qualitativer Methoden vorrangig auf die Auswertungsphase beziehen, konnten die meisten der hier interessierenden

149) Siehe zu diesem Konzept Köckeis-Stangl (1980), S. 362.
150) Vgl. Gabriel (1990), S. 517.
151) Siehe Lamnek (1988), S. 155.
152) Vgl. Gabriel (1990), S. 517.
153) Siehe z.B. Hammann/Erichson (1990), S. 75. In diesem Zusammenhang erscheint auch der sog. "confirmability test" von Gabriel (1990), S. 516, interessant. Dieser verlangt "the use of auditors whose job it is to review the documentation, notes, methodological statements and any other available documents. Their job is to assess the extent to which they believe that the conclusions are the most reasonable ones obtainable from the data." Gabriel (1990), S. 516. Die Überwachung des gesamten Untersuchungsablaufes von einer "Meta-Ebene" aus kommt dem Grundgedanken des (Marketing-) Audits recht nahe. Siehe hierzu insbesondere Köhler (1993a), S. 397 ff. So nimmt bspw. das sog. "Verfahrens-Audit" eine formale Beurteilung der zugrundeliegenden Verfahrenskonzeptionen sowie der eingesetzten Techniken vor. Vgl. Köhler (1993a), S. 398.

Aspekte *methodenübergreifend* abgehandelt werden. Im folgenden soll nun kurz dargelegt werden, inwieweit sich für die verschiedenen qualitativen Methoden noch darüber hinausgehende Besonderheiten anführen lassen.

Das qualitative Interview entspricht weitgehend den oben beschriebenen Sachverhalten. Während jedoch für ein exploratives Expertengespräch Aspekte der Inhaltsvalidierung im Vordergrund stehen werden, rückt mit zunehmendem psychologischen Komplexitätsgrad auch eine Überprüfung der Kriteriums- bzw. Konstruktvalidität in den Vordergrund. Wird zur Auswertung die Inhaltsanalyse herangezogen, ist der Gültigkeitsgrad insbesondere von der Erstellung des Kategorienschemas abhängig.[154)]

Die Validität von Gruppendiskussionen kann vor allem durch die hier auftretenden gruppendynamische Effekte beeinträchtigt werden. So besteht die Gefahr, daß die erhobenen Informationen stärker durch soziale Normen als durch individuelle Meinungen geprägt sind.[155)] Dies ist nur dann weniger problematisch, wenn es Aufgabe der Gruppendiskussion ist, hinsichtlich eines bestimmten Themas insbesondere eine solche Gruppenmeinung zu erfassen. Gerade die Gültigkeit von Gruppendiskussionen ist damit auch abhängig von der genauen Zwecksetzung der Untersuchung.[156)] Zumindest scheint es unter Validitätsgesichtspunkten von entscheidender Bedeutung zu sein, dem *situativen Kontext* der Diskussion verstärkt Beachtung zu schenken. Dazu muß bei der Beurteilung aller Äußerungen der Teilnehmer immer wieder Bezug zum Diskussionsverlauf genommen werden, um die Verbindlichkeit der Argumente besser einschätzen zu können.[157)] Die Deutung einzelner Wortäußerungen bedarf hier somit einer stärkeren Kontextbetrachtung, als dies beim qualitativen Interview der Fall ist.

Die projektiven und assoziativen Techniken zeichnen sich vor allem durch die Verwendung von bestimmten Stimuli aus, die eine problemorientierte Projektion oder Assoziation bei den AP provozieren sollen.[158)] Die Wahl dieser Stimuli kann die Validität der Untersuchung zusätzlich beeinflussen. Während die in der psychologischen Forschung verwendeten projektiven und assoziativen Techniken dabei in der Regel *geeicht* sind, ist dies in der Marktforschung nur selten gegeben.[159)] Die Sti-

154) Siehe Kromrey (1980), S. 214 f.
155) Vgl. Sykes (1990), S. 298 f. sowie Mangold (1973), S. 235.
156) Siehe Peterson (1975), S. 148.
157) Vgl. Mangold (1973), S. 251.
158) Siehe Kap. 3.3.
159) Vgl. Atteslander (1984), S. 132.

muli werden hier für die verschiedenen Untersuchungszwecke *fallweise* entwickelt.[160] Je konkreter nun die Stimuli konstruiert sind, desto mehr Aufmerksamkeit muß ihnen unter Validitätsgesichtspunkten gewidmet werden.

Eine Überprüfung der *Inhaltsvalidität* kann u.U. nicht alle notwendigen Aspekte berücksichtigen und wird hier evtl. nicht genügend konkret. Auch das Heranziehen der *kommunikativen Validierung* erscheint wenig vielversprechend, da insbesondere projektive Techniken ja gerade solche psychologischen Sachverhalte zu erfassen suchen, die die AP nur schwer verbalisieren können, die ihnen nicht bewußt sind oder die sie aus verschiedenen Gründen nicht preisgeben möchten.[161] Ein nachträgliches Gespräch mit den AP über die Interpretationsergebnisse, wie es die kommunikative Validierung vorschlägt, ist aus diesen Gründen wenig sinnvoll.

Angemessener scheint es, die *Kriteriumsvalidität* heranzuziehen.[162] So könnte die Wirkung der Stimuli z.B. mit Hilfe der *Extremgruppenvalidierung* überprüft werden. Dazu müßten dann zwei Gruppen von AP untersucht werden, deren Einstellungen zu dem interessierenden Sachverhalt bekannt sind und die sich zudem in dieser Hinsicht deutlich voneinander unterscheiden.[163] Schließlich können auch die theoretischen Überlegungen hinsichtlich der Wirkungsweise solcher Stimuli im Rahmen der *Konstruktvalidität* einer Überprüfung unterzogen werden. Dies ist gerade im Falle projektiver und assoziativer Verfahren von großer Bedeutung, da die Angemessenheit der Stimuli die Gültigkeit der erhobenen Inhalte bereits in der Erhebungsphase stark beeinflußt und somit eine Quelle für systematische Fehler darstellen kann.

Aufgrund der Besonderheiten der Beobachtung im allgemeinen sind im Vergleich zu den übrigen qualitativen Erhebungsmethoden für die Validitätsbeurteilung der qualitativen Beobachtung noch zusätzliche Aspekte zu berücksichtigen.

Zum einen werden im Falle der persönlichen Beobachtung die Untersuchungsinhalte durch den Beobachter aufgenommen und aufgezeichnet, er wird damit zum *Erfassungsinstrument*. Aufgrund der fehlenden Zuordnungsmöglichkeit zu vorgegebenen Kategorien kann dieser Beobachtereinfluß die Validität der qualitativen Beobachtung

160) Eine ausgeprägte Verwendung solcher Stimuli findet sich dabei v.a. bei den Ergänzungs- und Konstruktionstechniken wieder, während die expressiven Verfahren stärker das Spektrum der Informationsdarbietung durch spielerische Ausdrucksformen erweitern. Siehe hierzu Kap. 3.3.

161) Vgl. Sykes (1990), S. 301.

162) Siehe hierzu bereits Stephan (1961), S. 169 und Cline/Richards (1965), S. 573.

163) Siehe auch Selltiz/Jahoda/Deutsch et al. (1972b), S. 100 f. Vgl. zur Extremgruppenvalidierung z.B. Müller (1979), S. 38 f. und Lienert (1969), S. 280 ff.

stärker beeinträchtigen als bei quantitativen Beobachtungen.[164] Die hier notwendige Überprüfung der Gültigkeit der Beobachterwahrnehmung ist zudem außerordentlich schwierig. Diese Gefahr kann eigentlich nur durch den Einsatz von zwei Beobachtern und durch eine entsprechende Schulung dieser Mitarbeiter vermindert werden.[165]

Die zweite Besonderheit der Beobachtung betrifft die Tatsache, daß bei der Auswertung von Beobachtungsaufzeichnungen von dem beobachteten Geschehen auf die zugrundeliegenden Intentionen der Personen geschlossen werden muß, ihr Handeln bedarf damit einer *nachträglichen Deutung*. Dies gilt für quantitative und qualitative Beobachtungen gleichermaßen.[166] Allerdings besteht bei der qualitativen Beobachtung die Möglichkeit, das Zustandekommen des Geschehens in Abhängigkeit von situativen Kontextfaktoren zu beschreiben und dies bei der Auswertung entsprechend zu berücksichtigen.

Diese Ausführungen lassen bereits vermuten, daß sich die Überprüfung der Validität qualitativer Beobachtungen nicht unproblematisch gestaltet. Das Heranziehen von *Experten* zur Beurteilung der Inhaltsvalidität findet hier nur wenig Ansatzpunkte. Dagegen ist ein Einsatz der *kommunikativen Validierung*, also ein Nachbefragen der beobachteten Personen, dann denkbar, wenn die AP ihr (vorher beobachtetes) Verhalten auch genügend reflektieren und deuten können. Eine Überprüfung der *Kriteriumsvalidität* stößt häufig auf das Problem, geeignete Vergleichsuntersuchungen zu finden, da die Beobachtung gerade dann zum Einsatz kommt, wenn andere Methoden nicht benutzt werden können.[167] Die *Konstruktvalidität* kann vor allem dann herangezogen werden, wenn im Rahmen der Auswertung Beziehungen zwischen den beobachteten Sachverhalten und den dahinter vermuteten Intentionen herzustellen sind.

---

164) Vgl. Grümer (1974), S. 61 f. Hier steht dann die Prüfung der Validität des Kategorienschemas im Vordergrund.

165) Dabei muß der Beobachter einerseits die reaktiven Effekte seiner Tätigkeit, also die Veränderung des zu untersuchenden Sachverhaltes durch den Beobachtungvorgang, berücksichtigen lernen. Zum anderen ist er angehalten, die Beobachtungsinhalte möglichst frei zu halten von vorschnellen eigenen Interpretationen, wie sie bspw. aufgrund seiner persönlichen Erfahrung und kulturellen Denkschemata auftreten können (sog. "Ethnozentrismus") oder aus einer Überidentifikation mit den beobachteten Personen heraus entstehen können (sog. "going native"). Vgl. zu dieser Problematik ausführlich Atteslander (1984), S. 156 ff., Grümer (1974), S. 64 f., McCall (1969), S. 132 ff. und auch Kap. 3.4.2.

166) Siehe z.B. Atteslander (1984), S. 157 f. und Kap. 3.4.2.

167) Vgl. Grümer (1974), S. 62.

Damit sind die Überlegungen zur Übertragung der Hauptgütekriterien quantitativer Forschung auf qualitative Marktforschungsmethoden abgeschlossen. Es hat sich herausgestellt, daß sie in ihrer ursprünglichen Form keinen geeigneten Beurteilungsmaßstab für qualitative Methoden darstellen. Sie sind vielmehr im Hinblick auf die spezielle Zielsetzung qualitativer Marktforschung und den damit verbundenen Problemlösungspotentialen entsprechend zu modifizieren oder gar zu ersetzen. Insbesondere durch die Relativierung der Kriterien "Objektivität" und "Reliabilität" wird die im quantitativen Ansatz postulierte Abhängigkeit der Validität von diesen beiden Kriterien aus qualitativer Sicht aufgehoben.

5.2 Qualitative Marktforschung und Repräsentanz

Ein weiteres Gütekriterium, das häufig zur Beurteilung von Marktforschungsmethoden herangezogen wird, ist die *Repräsentanz* der Ergebnisse. Hier stellt sich also die Frage, inwieweit die aus der Untersuchung gezogenen Schlüsse verallgemeinert werden können. Das ist deshalb von Bedeutung, weil die aufgrund solcher Untersuchungen zu treffenden Entscheidungen im Falle einer Teilauswahl über die Gruppe der AP hinaus auch auf die gesamte interessierende Zielgruppe übertragbar sein sollen.[168)]

Diese Forderung nach einer Generalisierbarkeit der Ergebnisse betrifft weniger die einzelne Erhebungsmethode, sondern in erster Linie das zugrundeliegende Auswahlverfahren. Allerdings besteht ein eindeutiger Zusammenhang zwischen der Frage nach Repräsentanz und den Charakteristika quantitativer bzw. qualitativer Marktforschung. Im folgenden soll diskutiert werden, wie sich das Repräsentanzproblem aus qualitativer Sicht gestaltet und welche Auswahlverfahren hier zugrundegelegt werden.

5.2.1 Statistische und inhaltliche Repräsentanz

Ein häufig formulierter Vorwurf ist die fehlende Repräsentanz qualitativer Marktforschungsmethoden.[169)] Dieser Aspekt soll nun etwas differenzierter betrachtet werden. Repräsentanz erlangt dann Bedeutung, wenn im Rahmen von Marktforschungs-

---

168) Siehe Bausch (1990), S. 31 ff.

169) Siehe hierzu bspw. McDaniels/Gates (1991), S. 174, Zikmund (1989), S. 130, Bellenger/Bernhardt/Goldstucker (1976), S. 43.

untersuchungen eine *Teilerhebung* durchgeführt wird.[170] Im allgemeinen ist vor der Durchführung von Teilerhebungen zunächst die Grundgesamtheit zu bestimmen, dann die erreichbare Auswahlbasis zu identifizieren, der Stichprobenumfang festzulegen und schließlich über das einzusetzende Auswahlverfahren zu entscheiden.[171] Als Auswahlverfahren stehen dabei Verfahren der *Zufallsauswahl*, der *bewußten Auswahl* und der *willkürlichen Auswahl* zur Verfügung.

Bei der willkürlichen Auswahl wird die Stichprobe nach freiem Ermessen ("aufs Geratewohl") an einem beliebigen, häufig entsprechend stark frequentierten Ort gezogen.[172] Die willkürliche Auswahl kann als Grenzbereich wissenschaftlich-systematischen Vorgehens gewertet werden, da sie sowohl jeder (stichproben-) theoretischen Grundlage entbehrt, als auch keinerlei Auswahlplan zugrunde legt.[173] Sie soll aus diesem Grund im weiteren vernachlässigt werden.

Bei der bewußten Auswahl wird das Sample aufgrund bestimmter untersuchungsrelevanter Merkmale konstruiert.[174] Dazu müssen die interessierenden Merkmale zunächst festgelegt und anschließend solche Untersuchungseinheiten ausgewählt werden, die diese Merkmalsausprägungen besitzen. In diesem Falle wird also dem *Forscher* das Urteil darüber überlassen, durch welche Anteile von Merkmalsausprägungen ein solches Sample als repräsentativ einzuschätzen ist. Dem Vorteil, daß bei der bewußten Auswahl jede Untersuchungseinheit auf ihre sachlich-inhaltliche Untersuchungsrelevanz hin geprüft wird, steht der Nachteil gegenüber, daß die Auswahlmerkmale der subjektiven Einschätzung des Forschers unterliegen. Zudem kann der hier auftretende Sample-Fehler nicht berechnet werden.[175]

Auch wenn Verfahren der bewußten Auswahl in der Marktforschungspraxis große Bedeutung besitzen, gelten Verfahren der Zufallsauswahl als exakter bzw.

---

170) Die Frage nach der Repräsentanz qualitativer Untersuchungen erübrigt sich somit im Falle einer Vollerhebung. Diese ist immer dann eine sinnvolle Alternative, wenn die interessierende Grundgesamtheit entsprechend klein ist. Insbesondere im Investitionsgüterbereich mit einer häufig überschaubaren Anzahl an Marktteilnehmern sind Vollerhebungen zumindest nicht ungewöhnlich. Vgl. Tull/Hawkins (1990), S. 462, Chisnall (1986), S. 47, Böhler (1992), S. 126. Vgl. zu den Vor- und Nachteilen der Teil- gegenüber der Vollerhebung Böhler (1992), S. 126 f., Tull/Hawkins (1990), S. 462-464 sowie Kinnear/Taylor (1987), S. 199 f.

171) Siehe hierzu z.B. Böhler (1992), S. 127 ff.

172) Vgl. Churchill (1988), S. 396 f., Kinnear/Taylor (1987), S. 205.

173) Vgl. Böltken (1976), S. 20.

174) Wichtig sind hier das Konzentrationsverfahren (mit den Möglichkeiten des Cut-off-Verfahrens und der typischen Auswahl) sowie das Quota-Verfahren. Vgl. z.B. Hammann/ Erichson (1990), S. 112 f. sowie Meffert (1992), S. 191 f. Auf diese Verfahren soll in Kap. 5.2.3 noch näher eingegangen werden.

175) Siehe hierzu ausführlich Böltken (1976), S. 24 und Tull/Hawkins (1990), S. 473-477.

"repräsentativer". Sie basieren auf wahrscheinlichkeitstheoretischen Überlegungen, die jedem Element der Grundgesamtheit eine *berechenbare* Chance einräumen, in die Stichprobe zu gelangen.[176)] Mit zunehmender Größe der Stichprobe steigt auch die Wahrscheinlichkeit, daß diese der Zusammensetzung der Grundgesamtheit entspricht und damit verallgemeinerbare Ergebnisse erbringen kann.

Der große Vorteil der Zufallsauswahl liegt dabei einerseits darin, daß ihre Auswahlmechanismen theoretisch abgesichert sind und andererseits darin, daß sich Stichproben- bzw. Zufallsfehler mathematisch berechnen lassen.[177)] Korrekter ist es denn auch, in diesem Falle von einer *statistischen* Repräsentanz zu sprechen. An den Vorteilen, die eine solche statistische Repräsentanz bieten kann, werden in der Regel auch die übrigen Verfahren der bewußten Auswahl gemessen.[178)] Ihre Nachteile oder Grenzen geben dagegen Anlaß für die folgenden Überlegungen.

Wenn qualitativen Methoden mangelnde Repräsentanz vorgeworfen wird, so ist damit in erster Linie ihre mangelnde *statistische Repräsentanz* gemeint. Diesem Vorwurf kann allerdings nicht uneingeschränkt zugestimmt werden, da hierbei häufig der Eindruck entsteht, daß statistische Repräsentanz für *qualitative Methoden* grundsätzlich nicht erreichbar ist, im Rahmen von Marktforschungsuntersuchungen generell jedoch immer möglich und erwünscht sei. Hierzu sind folgende Einwände anzuführen:

<u>Erstens</u> ist es in vielen Fällen grundsätzlich schon möglich, repräsentative Stichproben mit Hilfe der Zufallsauswahl auch für qualitative Untersuchungen zu ziehen. Der erforderliche Stichprobenumfang[179)] liegt meist jedoch deutlich über der Zahl der als vertretbar angesehenen Anzahl qualitativer Untersuchungen.[180)] Dies liegt insbesondere an dem mit qualitativen Erhebungsmethoden verbundenen hohen Arbeits- und Zeitaufwand.[181)] Zudem würde in groß angelegten Untersuchungen das erfaßte Da-

176) Vgl. Berekoven/Eckert/Ellenrieder (1993), S. 48.

177) Siehe Chisnall (1986), S. 62.

178) Vgl. z.B. Krug/Nourney (1982), S. 95 f.

179) Die Höhe des Stichprobenumfangs bestimmt sich dabei nach der erwünschten Vertrauenswahrscheinlichkeit (Sicherheitsgrad) und der Einhaltung einer bestimmten Fehlerspanne (Konfidenzintervall). Vgl. ausführlich Böltken (1976), S. 145 ff., Tull/Hawkins (1990), S. 494 ff. sowie Hammann/ Erichson (1990), S. 118 f. Siehe zu alternativen und mehr pragmatisch ausgerichteten Methoden zur Bestimmung des Stichprobenumfangs Tull/ Hawkins (1990), S. 492-494.

180) Hammann/Erichson schätzen den in der Marktforschungspraxis üblichen Stichprobenumfang auf eine Zahl zwischen 150 und 3000. Siehe Hammann/Erichson (1990), S. 119.

181) Vgl. Tull/Hawkins (1990), S. 409, Lamnek (1988), S. 222 f. und Bellenger/Bernhardt/ Goldstucker (1976), S. 42.

tenmaterial aufgrund der mangelnden Datenreduktion einen riesigen Umfang annehmen und schnell unüberschaubar werden. Schließlich sind qualitative Erhebungsmethoden häufig auch mit einem größeren Engagement seitens der AP verbunden, so daß es sich im Hinblick auf ergiebige Untersuchungen kaum empfiehlt, an zufällig ausgewählte Personen heranzutreten. Eine größere Zahl von Ausfällen würde den Repräsentationsschluß erheblich gefährden.[182)] Festzuhalten bleibt, daß die Verwendung repräsentativer Stichproben in vielen Fällen zwar grundsätzlich möglich, nicht aber unbedingt ökonomisch sinnvoll ist.

Eine zweite Einschränkung muß dahingehend gemacht werden, daß trotz der Möglichkeit einer Zufallsauswahl diese aufgrund der besonderen Aufgabenstellung qualitativer Untersuchungen nicht sinnvoll ist. So erscheint es doch zweifelhaft, ob zur Erstellung *qualitativer Prognosen* eine (statistisch) repräsentative Auswahl an Experten getroffen werden sollte. Auch zur *Ideengenerierung* werden i.d.R. bewußt ausgewählte und nicht per Zufallsauswahl bestimmte AP herangezogen.[183)] Darüber hinaus werden durch diese speziellen Aufgaben die Methoden qualitativer Marktforschung entsprechend geprägt und würden eine Zufallsauswahl noch erschweren bzw. unmöglich machen. So muß im Rahmen von Gruppendiskussionen zusätzlich zu der Auswahl der Einzelpersonen auch auf die *Gruppenzusammensetzung* geachtet werden.[184)] Die qualitative Beobachtung erfordert ganz andere Überlegungen, da hier das Beobachtungsfeld vorrangig nach zeitlichen und inhaltlichen Gesichtspunkten ausgewählt wird.[185)]

Drittens kann eine Zufallsauswahl nicht möglich sein, wenn die hierfür erforderlichen Kenntnisse über die Grundgesamtheit bzw. über eine zugängliche Auswahlbasis fehlen.[186)] Der ausgeprägt suchende und hypothesenbildende Charakter qualitativer Methoden erlangt vor allem in den Fällen Bedeutung, in denen eben nur wenig Informationen über den Untersuchungsgegenstand vorliegen.[187)] Hier muß auch die Auswahl der AP dem steigenden Erkenntnisfortschritt flexibel angepaßt werden.[188)] Dies ist im Rahmen der Zufallsauswahl nicht möglich, da der Reprä-

182) Ein Problem, das allerdings auch bei quantitativen Untersuchungen eine nicht zu unterschätzende Bedeutung besitzt. Vgl. hierzu Böltken (1976), S. 201 ff.
183) Vgl. hierzu ausführlich Lender (1991), S. 98 ff. Siehe auch Dommermuth (1975), S. 21 sowie Aaker/Day (1980), S.292.
184) Vgl. Mendes de Almeida (1980), S. 117 f. sowie Kap. 3.2.1.
185) Siehe Grümer (1974), S. 68 f.
186) Vgl. Aaker/Day (1980), S. 292.
187) So z.B. bei Aufgaben der Strukturierung wenig bekannter Untersuchungsfelder.
188) Siehe Bellenger/Bernhardt/Goldstucker (1976), S. 42 f., McCracken (1988), S. 17.

sentationsschluß nur dann zulässig ist, wenn die vorab nach Art, Größe und Zusammensetzung festgelegte Stichprobe unverändert bleibt.

Insgesamt kann festgehalten werden, daß die Forderung nach statistischer Repräsentanz den Charakteristika und Aufgaben qualitativer Marktforschung nur wenig entspricht. Ein statistisch abgesicherter Repräsentationsschluß auf Basis der Zufallsauswahl kann in den meisten Fällen nicht geleistet werden. Zugleich ist diese Feststellung jedoch aufgrund der besonderen Fragestellungen, denen sich qualitative Methoden widmen, nicht so tragisch wie bei quantitativen Methoden.

Zwar zielt auch die qualitative Marktforschung darauf ab, Ergebnisse zu produzieren, die über die untersuchte Auswahl von AP hinaus Gültigkeit besitzen. Sie strebt dabei jedoch eher eine inhaltliche Repräsentanz an. Inhaltliche Repräsentanz umfaßt in diesem Sinne das Bemühen, nach solchen Inhalten zu suchen, die typisch für eine bestimmte Problemstellung sind.[189)] Das können bspw. gemeinsam geteilte Sichtweisen oder Deutungs- und Handlungstypen sein.[190)]

Qualitative Methoden dienen somit nicht der exakten Beschreibung von Häufigkeiten und Merkmalsverteilungen, sondern entwickeln vielmehr Hypothesen, entdecken Strukturen, stellen Gemeinsamkeiten fest, kurz, sie sollen *typisierende Existenzaussagen* liefern.[191)] Die Generalisierbarkeit solcher Aussagen ist jedoch anders als bei der statistischen Repräsentanz kein mathematisch-statistisches Problem, sondern eine Frage der Güte der Untersuchungsergebnisse sowie ihres Geltungsbereiches.

Für eine Beurteilung der Güte qualitativer Untersuchungen kann dabei auf das vorangegangene Kapitel verwiesen werden. Der Geltungsbereich einer Untersuchung hängt davon ab, unter welchen sozialen Gegebenheiten die Untersuchungsergebnisse ermittelt wurden. Dazu zählen v.a. der gesellschaftliche Kontext der Untersuchung und die spezifischen Merkmale der AP.[192)] Diese Faktoren bestimmen dann, auf welche Untersuchungsobjekte die Ergebnisse übertragen werden können. Eine Angabe darüber, wie wahrscheinlich ihre Gültigkeit bei den so bestimmten Personen sein wird, kann allerdings nicht gemacht werden.

---

189) Vgl. Kap. 2.4.2.2.
190) Siehe Lamnek (1988), S. 175.
191) Vgl. Lamnek (1988), S. 223.
192) Siehe z.B. Atteslander (1984), S. 40.

5.2.2 Ansätze zur Konkretisierung der inhaltlichen Repräsentanz: "theoretical sampling" und "dimensional sampling"

Da sich gezeigt hat, daß die inhaltliche Repräsentanz nicht unbedingt als die zwangsläufig schlechtere Alternative, sondern vielmehr als sinnvolle Ergänzung zur statistischen Repräsentanz betrachtet werden kann, sollen nun zwei Ansätze vorgestellt werden, die sich der Problematik nicht- (statistisch) repräsentativer Auswahlverfahren aus qualitativer Sicht widmen: Das "theoretical sampling" nach *Glaser/Strauss*[193] und das "dimensional sampling" nach *Arnold*.[194]

Die "grounded theory" nach *Glaser/Strauss* stellt ein Konzept zur Bildung von Theorien im Rahmen der Soziologie dar.[195] Ziel dieses Ansatzes ist es, "gegenstandsbezogene" Theorien mit direktem Bezug zur empirischen Realität zu formulieren und diese dann in allgemeinere formale Theorien zu überführen. Grundlage ist die Vorstellung, den Schwerpunkt wissenschaftlicher Forschung von der Theorienprüfung hin zur *Entdeckung neuer Theorien* zu forcieren.[196] Die Suche nach theoriebildenden Zusammenhängen wird von *Glaser/Strauss* durch die Gleichzeitigkeit der Sammlung und Analyse von Daten gekennzeichnet, wobei sie zur Erhöhung der Glaubwürdigkeit solcher Untersuchungen den Einsatz geeigneter Vergleichsgruppen fordern.[197]

Im vorliegenden Zusammenhang interessiert vor allem die hiermit verbundene Stichprobenbildung: Die zu untersuchenden AP werden *nicht* nach ihrer Eigenschaft als repräsentatives Mitglied aller empirisch vorfindbaren Fälle im Sinne statistischer Repräsentanz ausgewählt, sondern aufgrund ihres möglichen Beitrags für bestimmte theoretische Annahmen bzw. aufgrund ihrer Relevanz für auf diese Weise theoretisch begründete Kategorien. *Glaser/Strauss* sprechen daher auch von einem "theoretical sampling", d.h. von einem Auswahlverfahren, daß ausschließlich auf die weitere Ausdifferenzierung des interessierenden Theoriengerüstes abstellt.[198] Solcherart gebildete Samples sind dann "ihrem Anspruch nach repräsentativ für das Spektrum empirisch begründeter theoretischer Konzepte, in dem sich die empirischen Gegebenheiten angemessen abbilden lassen. Man könnte daher sinnvollerweise

193) Vgl. Glaser/Strauss (1967), S. 45 f.
194) Siehe Arnold (1970).
195) Vgl. Glaser/Strauss (1967), Glaser/Strauss (1979a) und Glaser/Strauss (1979b). Der Begriff "grounded theory" bezeichnet dabei eine auf empirischen Daten und Einsichten beruhende bzw. eine in der Empirie verankerte Theorie. Siehe auch Lamnek (1988), S. 107.
196) Vgl. Glaser/Strauss (1979b), S. 91 und Lamnek (1988), S. 120.
197) Siehe Glaser/Strauss (1979b), S. 92 ff.
198) Vgl. Glaser/Strauss (1967), S. 48 f.

von *theoretischer Repräsentativität* sprechen."[199] Durch die im Laufe der Untersuchung erzielten Erkenntnisfortschritte können dann weitere theoretische Kategorien ermittelt werden, die ihrerseits zusätzliche Stichproben nach sich ziehen.

"Theoretical sampling" kann demnach als offenes, sich dem Wissensstand der Forscher anpassendes Auswahlprinzip angesehen werden, das sich nach Möglichkeit nur solchen empirischen Beobachtungen und Fällen widmet, die die Theorienbildung vorantreiben.[200] Dies darf allerdings nicht bedeuten, daß nur theoriebestätigende Fälle betrachtet werden, sondern muß vielmehr auch potentielle theoriewiderlegende Fälle mit einschließen.[201]

Während das "theoretical sampling" vornehmlich auf das Problem der Theorienbildung bei geringem Kenntnisstand und größtmöglicher Unvoreingenommenheit des Forschers abstellt, setzt das sog. "dimensional sampling" in noch stärkerem Maße bereits vorgefaßte theoretische Annahmen voraus.[202] Das "dimensional sampling" versucht dabei, Rahmenbedingungen für Untersuchungen mit *geringen Fallzahlen* auf Basis bewußter Auswahlverfahren aufzustellen. Dazu werden drei Schritte vorgeschlagen:[203]

Als erstes ist der erwünschte Geltungsbereich festzulegen, d.h. es sind Vorstellungen über die Reichweite der angestrebten Generalisierung zu entwickeln. Daraufhin sind in einem zweiten Schritt beschreibende Merkmale der interessierenden Zielgruppe zu systematisieren. Hierfür müssen solche Merkmale zunächst identifiziert werden, d.h. es sind gewisse Vorkenntnisse über untersuchungsrelevante Eigenschaften der potentiellen AP erforderlich. Mit Hilfe dieser Merkmale werden dann Typologien in Matrixform erstellt, deren Zellen die möglichen Kombinationen aller Merkmale umfassen.[204] Schließlich soll in der Untersuchung jede Zelle mit wenigstens einem Fall gefüllt werden. Mit diesem Vorgehen wird sichergestellt, daß alle für den vorab fest-

199) Hermanns (1992), S. 116.
200) Vgl. Hermanns (1992), S. 116.
201) Dies ist notwendig, um der Gefahr einer "self-fulfilling prophecy" zu begegnen. Möglichkeiten hierzu bieten die in Kap. 5.2.3 erläuterten Auswahlverfahren wie z.B. das "extreme case sampling" oder das "critical case sampling".
202) Siehe Arnold (1970), S. 149.
203) Vgl. Arnold (1970), S. 147 und Witzel (1982), S. 80.
204) Dieses Vorgehen ähnelt dem Quota-Verfahren. Anders als dieses dienen hier die Quotierungsmerkmale jedoch nicht der soziodemographischen Kennzeichnung der AP mit dem Ziel, einer "richtigen" Zufallsauswahl möglichst nahe zu kommen. Es wird vielmehr die Identifizierung inhaltlich relevanter Merkmale angestrebt. Vgl. die Beispiele bei Arnold (1970), S. 148 sowie Kap. 5.2.3.

gelegten Geltungsbereich typischen Fälle erfaßt wurden.[205] Allerdings kann mit wachsendem Geltungsbereich die Zahl der relevanten Merkmale so ansteigen, daß die sich hieraus ergebenden Kombinationsmöglichkeiten und damit die Anzahl der erforderlichen Fälle ein akzeptables Maß übersteigen.

Es bleibt festzuhalten, daß die hier vorgestellten Ansätze beide auf Basis der bewußten Auswahl eine inhaltliche Repräsentanz im oben beschriebenen Sinne anstreben. Während jedoch das "theoretical sampling" ganz im Sinne qualitativer Forschung idealerweise eine möglichst geringe Prädeterminiertheit von Forscher und Untersuchungsaufbau fordert, ist das "dimensional sampling" eher forschungspragmatisch ausgerichtet.

Beide Ansätze können jedoch einen Beitrag zur Auswahlproblematik im Rahmen qualitativer Marktforschung leisten: Bei nur geringem Kenntnisstand des Forschers und/oder besonderen Aufgabenstellungen (z.B. Aufgaben der Strukturierung oder der qualitativen Prognose) können die Überlegungen des "theoretical sampling" herangezogen werden. Mit fortschreitendem Wissensstand und zunehmenden Vorstellungen über die (problemrelevanten) beschreibenden Merkmale der interessierenden AP wird es dann möglich, im Sinne des "dimensional sampling" zu verfahren. Beide Ansätze versuchen jedoch in erster Linie, *konzeptionelle Rahmenbedingungen* für die bewußte Auswahl im Rahmen qualitativer Untersuchungen zu formulieren. Es bleibt somit noch zu klären, welche konkreten Auswahlverfahren hierbei zur Verfügung stehen können.

5.2.3 Auswahlverfahren im Rahmen qualitativer Marktforschung

Die bisherigen Ausführungen haben deutlich gemacht, daß im Rahmen qualitativer Marktforschung insbesondere Verfahren der *bewußten Auswahl* von Bedeutung sind. Zu den bewußten Auswahlverfahren zählen dabei üblicherweise das Quota-Verfahren und das Konzentrationsverfahren.[206]

205) Vgl. Arnold (1970), S. 148 f.

206) Vgl. Hammann/Erichson (1990), S. 112 f. sowie Meffert (1992), S. 191 f. Diese Autoren fassen das Abschneideverfahren und die typische Auswahl unter dem Begriff "Konzentrationsverfahren" zusammen. Vgl. zu anderen Systematisierungen z.B. Berekoven/Eckert/ Ellenrieder (1993), S. 56 oder Nieschlag/Dichtl/Hörschgen (1991), S. 686. Einen Überblick über die Bedeutung der verschiedenen Verfahren der bewußten Auswahl und der Zufallsauswahl in der Marktforschungspraxis gibt Bausch (1990), S. 70 f.

Dem Quota-Verfahren liegt die Annahme zugrunde, daß es bei Kenntnis aller untersuchungsrelevanten Merkmale, deren Ausprägungen und Verteilung in der Grundgesamtheit möglich wäre, hieraus eine Stichprobe zu konstruieren, die ein repräsentatives Abbild dieser Grundgesamtheit darstellt. Da i.d.R. eine solche vollkommene Information nicht vorliegt, werden meist einige ausgewählte, untersuchungsrelevante Merkmale herangezogen und auf ihre Verteilung in der Grundgesamtheit (Quote) hin geschätzt. Die Zusammensetzung der Stichprobe soll dann dieser Verteilung genau entsprechen.[207)]

Das Quota-Verfahren gilt gemeinhin als flexible und kostengünstige Alternative zur Zufallsauswahl im Rahmen quantitativer Untersuchungen, obwohl es aufgrund einer Reihe von Verzerrungsmöglichkeiten an die Genauigkeit von Zufallsstichproben nicht heranreichen kann.[208)] Da es in seiner Zielsetzung vor allem nach *statistischer Repräsentanz* strebt, gelten hinsichtlich seiner Relevanz für qualitative Marktforschungsuntersuchungen die gleichen Bedenken wie sie weiter oben für die Zufallsauswahl geäußert wurden.[209)]

Allerdings ist es beim Quota-Verfahren prinzipiell möglich, eine entsprechend kleine Stichprobe zu ziehen und dabei die Quoten als Orientierungshilfe für die Stichprobenzusammensetzung zu nutzen. Dies wird für qualitative Untersuchungen auch häufig genutzt.[210)] Ein Repräsentationsschluß ist dann jedoch mit entsprechend größeren Gefahren behaftet. Wichtig erscheint es deshalb, die Quotierungsmerkmale stärker an den Untersuchungsinhalten im Sinne des "dimensional sampling" festzumachen, als lediglich eine soziodemographische Kennzeichnung der AP anzustreben.[211)]

Häufig erscheint es nicht zweckmäßig, alle Kombinationen, die durch problemrelevante Merkmale gebildet wurden, in die Stichprobe aufzunehmen. Wird bei der Sample-Auswahl aufgrund bestimmter Überlegungen oder Kriterien nur ein Teil der grundsätzlich möglichen Auswahleinheiten berücksichtigt, konzentriert sich die

207) Vgl. zum Quota-Verfahren ausführlich Berekoven/Eckert/Ellenrieder (1993), S. 53 ff. oder Hammann/Erichson (1990), S. 110 ff.
208) Vgl. die Beurteilung von Berekoven/Eckert/Ellenrieder (1993), S. 55 und Rogge (1981), S. 168-170.
209) Vgl. Kap. 5.2.1.
210) Siehe hierzu die Beispiele von Gordon/Langmaid (1988), S. 24-28.
211) Vgl. Arnold (1970), S. 148 und Kap. 5.2.2. Unger (1989), S. 133, hält auch für quantitative Untersuchungen die stärkere Verwendung psychographischer Merkmale bei der Quotierung für erstrebenswert.

Stichprobe also auf einige ausgesuchte Fälle, so liegt das Konzentrationsverfahren vor.[212)]

Eine Form der Konzentration auf ausgesuchte Fälle stellt die typische Auswahl (*typical case sampling*) dar. Hierbei werden solche Fälle herausgegriffen, die als charakteristisch oder typisch für die vorliegende Problemstellung gelten können.[213)] Die Beurteilung darüber, was als typisch anzusehen ist, obliegt dabei dem Urteil eines Experten. Typische Fälle eignen sich insbesondere für Aufgaben der Strukturierung sowie für die Ideengenerierung und Ursachenforschung.[214)]

Neben der typischen Auswahl kann das Sample auch eine Auswahl besonders ergiebiger Fälle darstellen. Da hier aufgrund bestimmter Kriterien nur ein Teil der Auswahleinheiten betrachtet wird, die restlichen dagegen unbeachtet bleiben, wird auch vom sog. "Abschneideverfahren" (*cut-off technique*) gesprochen.[215)] Die Kriterien, nach denen hierbei "abgeschnitten" wird, können unterschiedlicher Art sein.

Beim criterion sampling werden ein einziges oder einige wenige Auswahlkriterien formuliert, die besondere Charakteristika der Auswahleinheiten fordern. Im Rahmen des *Lead-user-Ansatzes* werden zu Zwecken der Ideengenerierung bspw. Informationen nur von solchen AP eingeholt, die als "trendanführende Verwender" und damit als besonders innovativ gelten.[216)] Ähnlich problemorientierte Kriterien werden für die Auswahl von Experten zur Erstellung qualitativer Prognosen zugrunde gelegt. Das criterion sampling beschränkt sich demnach also möglichst auf solche Fälle, die besonders viele Informationen zur vorliegenden Problemstellung liefern können.

Eine noch weitergehende Einschränkung der zu betrachtenden Fälle verfolgt das extreme case sampling: Hier werden im Hinblick auf das Untersuchungsproblem nur besonders *extreme Fälle* ausgewählt. So können bspw. durch die Gegenüberstellung der Meinungen sehr zufriedener und sehr unzufriedener Kunden aufschlußreiche Informationen über mögliche Problemursachen gewonnen werden.[217)] Dies kann sowohl bei der Strukturierung als auch bei der Ursachenforschung von großem Nutzen sein.

---

212) Siehe Hammann/Erichson (1990), S. 112 f. und Meffert (1992), S. 191 f. In der englischsprachigen Literatur werden in diesem Zusammenhang das "judgement sample" und das "purposive sample" unterschieden.
213) Vgl. Hammann/Erichson (1990), S. 112 f. sowie Patton (1987), S. 54.
214) Siehe Patton (1987), S. 54 und Churchill (1988), S. 398.
215) Siehe Hammann/Erichson (1990), S. 112.
216) Vgl. v. Hippel (1986), S. 796 sowie Kap. 4.3.1.3.
217) Siehe Patton (1987), S. 52 f.

Das critical case sampling schließlich widmet sich besonders kritischen Fällen unter der Annahme, daß Probleme, die hier identifiziert bzw. erklärt werden, das Spektrum der weniger kritischen Fälle gleich mit abdecken können.[218] Neben der Ursachenforschung eignet sich das critical case sampling besonders auch für das Screening. Wenn eine Grobauswahl von Alternativen bspw. durch als besonders anspruchsvoll geltende AP vorgenommen wird, kann der Erfolg auch bei weniger anspruchsvollen Kunden angenommen werden.

Neben diesen kriterienbezogenen Auswahlverfahren existiert noch eine weitere Möglichkeit der Sample-Bildung, die insbesondere bei sehr geringem Kenntnisstand des Forschers über problemrelevante Kriterien der AP Anwendung findet: Das snowball sampling.[219] Hierzu wird zunächst eine kleine "Startmenge" von AP bestimmt, die untersuchungsrelevant erscheinen oder zumindest hilfreiche Informationen über untersuchungsrelevante Personen besitzen könnten.[220] Diese AP werden dann auch darüber befragt, ob sie weitere Personen mit den entsprechend untersuchungsrelevanten Merkmalen oder Eigenschaften benennen können. Auf diese Weise wird das Sample schrittweise erweitert.[221] Sinnvoll ist dieses Vorgehen immer dann, wenn es sich bei der betrachteten Zielgruppe um eine überschaubar große, aber nur schwer identifizierbare Gruppe handelt, die sich durch ganz spezielle Merkmale auszeichnet.[222]

Schließlich soll noch ein Auswahlverfahren genannt werden, daß erst in einer späten Phase der Untersuchung relevant wird und ergebnisbestätigenden Charakter besitzt: Das confirmatory sampling.[223] Hier wird bewußt nach solchen Fällen gesucht, die erwartungsgemäß die Untersuchungsergebnisse bestätigen müßten. Je nach Grad der Bestätigung (oder Widerlegung) können Rückschlüsse auf die Gültigkeit der bisherigen Ergebnisse gezogen werden.[224]

---

218) Vgl. Patton (1987), S. 54 ff. Ein Beispiel hierfür ist ein Spielzeughersteller, der im Rahmen von Beobachtungsstudien solche Kinder auswählt, die besonders häufig die unternehmenseigenen Spielzeuge zerstören. Siehe Weiers (1988), S. 104.

219) Vgl. z.B. Chisnall (1986), S. 292, McDaniel/Gates (1991), S. 448.

220) Das snowball sampling ist auch als eine Sonderform der Zufallsauswahl bekannt. Hier wird die erforderliche Startmenge an AP durch eine Zufallsauswahl bestimmt. Siehe Hüttner (1989), S. 97 sowie Green/Tull/ Albaum (1988), S. 328. Dies wird im vorliegenden Zusammenhang nicht angestrebt.

221) Vgl. Churchill (1988), S. 399, McDaniel/Gates (1991), S. 448.

222) Siehe hierzu das Beispiel über die Besitzer einer seltenen ausländischen Automarke bei Rogge (1981), S. 171.

223) Vgl. Patton (1987), S. 56 f.

224) Siehe Patton (1987), S. 57.

Zusammenfassend läßt sich festhalten, daß die hier dargestellten Verfahren der bewußten Auswahl vorrangig inhaltlichen und damit auch stärker subjektiven Kriterien unterliegen. Dabei sollte jedoch bedacht werden, daß auch ein Großteil der quantitativen Untersuchungen den strengen Anforderungen einer echten Zufallsauswahl meist nicht genügen kann.[225] Das häufig (nicht zuletzt aus Kostengründen) alternativ verwendete Quota-Verfahren kann aufgrund einer in vielen Fällen nur unvollständigen Kenntnis aller untersuchungsrelevanten Merkmale ebenfalls nur als Kompromiß betrachtet werden.[226]

Diese Probleme wiegen umso schwerer, als daß quantitative Methoden das Ziel statistisch repräsentativer Aussagen explizit anstreben. Dagegen wurde weiter oben bereits darauf hingewiesen, daß für viele Aufgabenbereiche, die mit Hilfe qualitativer Marktforschungsmethoden bewältigt werden, eine Zufallsauswahl nicht sinnvoll oder gar unmöglich ist. Aus diesem Grund wird hier auch weniger eine statistische, sondern vielmehr eine inhaltliche Repräsentanz der Untersuchungsergebnisse angestrebt.[227] Vor diesem Hintergrund können die hier genannten Auswahlverfahren, allerdings nur unter genauer Angabe ihres Geltungsbereichs, als zweckmäßig und inhaltlich begründet beurteilt werden.

---

225) Siehe z.B. Bausch (1990), S. 64 ff. und Tomczak (1992), S. 80.

226) Vgl. hierzu und zu weiteren Problemen des Quota-Verfahrens Berekoven/Eckert/ Ellenrieder (1993), S.53 ff. sowie Rogge (1981), S. 170.

227) Vgl. zu dieser Auffassung auch Bellenger/Bernhardt/Goldstucker (1976), S. 43.

6. Schlußbetrachtung: Das Verhältnis von qualitativer und quantitativer Marktforschung

Mit den bisherigen Ausführungen ist die im Einführungskapitel formulierte Zielsetzung einer umfassenden Betrachtung des qualitativen Forschungsansatzes und seiner von quantitativen Methoden zunächst unabhängigen Bedeutung im Rahmen der betrieblichen Marktforschung im Grunde abgeschlossen.

Dazu mußte zunächst eine Kennzeichnung erarbeitet werden, die eine methodenübergreifende Abgrenzung und Charakterisierung qualitativer Marktforschung erlaubt. Die hier gewählten Merkmale "Offenheit", "Kommunikativität" und "Typisierung" konnten dabei zugleich der Systematisierung der verschiedenen qualitativen Erhebungsmethoden dienen und deren differenzierter Betrachtung zugrunde gelegt werden. In einem weiteren Schritt sind dann fünf typische Aufgabenfelder qualitativer Marktforschung identifiziert und näher beschrieben worden: Die Strukturierung, die qualitative Prognose, die Ideengenerierung, das Screening und die Ursachenforschung. Bei der Betrachtung dieser Aufgabenbereiche wurde zum einen auf die oben genannten Merkmale zurückgegriffen, zum anderen konnte eine methodenspezifische Betrachtung erfolgen. Schließlich folgte eine Diskussion der verschiedenen Möglichkeiten zur Beurteilung der Güte qualitativer Marktforschung als solcher sowie einzelner Methoden (-gruppen). Insgesamt wurde hierdurch deutlich gemacht, daß qualitative Marktforschung einen eigenständigen Forschungsansatz darstellt, der innerhalb seiner spezifischen Zielsetzungen mit Hilfe der ihm zur Verfügung stehenden Methoden eine Reihe wichtiger Aufgaben im Rahmen des Marketing bewältigen kann.

Die hier vorgenommene *ausschließliche* Betrachtung des qualitativen Forschungsansatzes verfolgt dabei nicht das Ziel, die allgemeine Vorteilhaftigkeit qualitativer gegenüber quantitativer Marktforschung herauszustellen, denn es wurde ja bereits an mehreren Stellen dieser Arbeit erkennbar, daß durchaus Berührungspunkte zwischen beiden Ansätzen bestehen.[1] Diese in sich geschlossene Betrachtung bildet vielmehr eine Grundlage dafür, die unterschiedlichen Einsatzmöglichkeiten und Nutzungspotentiale beider Ansätze aufzuzeigen und sowohl qualitative als auch quantitative Methoden ihren zweckmäßigen Aufgabenbereichen zuzuführen. Je "gleichberechtigter" beide Ansätze dabei nebeneinander stehen, desto einfacher wird dieses Ziel zu erreichen sein.[2] Diese Schlußbetrachtung ist deshalb der Frage gewidmet,

---

1) Vgl. z.B. Kap. 4.1.
2) Vgl. zu dieser Auffassung auch Wilson (1982), S. 501.

wie ein solches gleichberechtigtes Nebeneinander quantitativer und qualitativer Marktforschung aussehen kann.[3)]

Die Frage, wann ein Einsatz quantitativer bzw. qualitativer Methoden sinnvoll ist, richtet sich offenbar vorrangig nach der *Art* des vorliegenden Untersuchungsproblems.[4)] Dabei besteht zum einen die Möglichkeit, daß die Untersuchung eine Aufgabenstellung beinhaltet, die die Verwendung ausschließlich quantitativer oder qualitativer Methoden nahelegt. Zum anderen kann es das Untersuchungsproblem jedoch erforderlich machen, zusätzliche Einsichten durch eine Verknüpfung quantitativer und qualitativer Studien zu gewinnen. Abhängig sind diese Möglichkeiten von der genauen Definition des Untersuchungsproblems, aus der sich die zu untersuchenden Aufgaben und Fragestellungen möglichst klar ableiten lassen.[5)] Hierzu sind eindeutige Vorgaben zwischen Entscheider (Informationsnachfrager) und Forscher (Informa- tionsanbieter) auszuhandeln. Im folgenden sollen die oben genannten Möglichkeiten kurz erläutert werden.

Der erste Fall betrifft Untersuchungsprobleme, die solche Fragestellungen aufwerfen, für die offensichtlich eine **nur auf quantitativen *oder* qualitativen Methoden** beruhende Untersuchung als ausreichend empfunden wird. Voraussetzung hierfür ist, wie oben bereits angedeutet, daß qualitativen Untersuchungen ein auch im wissenschaftlichen Verständnis eigenständiger Erkenntniswert zugeschrieben wird. Dies schließt ein, daß qualitative Methoden sehr wohl bestimmte Problemstellungen auch *unabhängig* von quantitativen Untersuchungen bewältigen können.[6)] Erst vor diesem Hintergrund macht es dann auch Sinn, Einsatzmöglichkeiten ausschließlich quantitativer *oder* qualitativer Untersuchungen zu diskutieren.

Der Einsatz ausschließlich quantitativer Methoden setzt dabei zum einen voraus, daß der problemrelevante Kenntnisstand genügend präzise ist, um die im Rahmen quantitativer Marktforschung notwendigen Schritte der Festlegung und Operationalisierung

3) Überlegungen zum Verhältnis quantitativer und qualitativer Forschung sind dabei, wenn auch unter etwas anderem Blickwinkel, bereits in Kap. 4.1 angesprochen worden. Dort wurde jedoch in noch recht allgemeiner Form vor allem auf das Verhältnis von explorativem, deskriptivem und experimentellem Forschungsansatz abgestellt. Dagegen sollen hier, gewissermaßen in Rückblick auf die gesamte vorliegende Arbeit, nochmals wesentliche Charakteristika qualitativer Marktforschungsmethoden im Hinblick auf Möglichkeiten ihrer Abgrenzung und ihrer Ergänzung zu quantitativen Methoden zusammengefaßt werden.

4) Vgl. dazu Reichardt/Cook (1979), S. 19, Wilson (1982), S. 501 sowie Köhler (1993b), Sp. 2798.

5) Siehe Walker (1985b), S. 178 f.

6) So auch Gordon/Langmaid (1988), S. 1 f. und S. 235 f., Köhler (1993b), Sp. 2799 sowie Bellenger/Bernhardt/Goldstucker (1976), S. 3 ff.

konkreter Untersuchungsinhalte vornehmen zu können.[7] Zum anderen sollte das Erkenntnisziel der Untersuchung vorrangig auf die Leistungspotentiale quantitativer Marktforschung abstellen: Diese betreffen v.a. Problemstellungen, die eine Deskription von Merkmalen und Tatbeständen erforderlich machen oder kausale Abhängigkeiten unter den strengen Anforderungen des Experiments untersuchen sollen.[8] Weiterhin sind insbesondere solche Untersuchungsinhalte betroffen, für die eine Quantifizierung möglich und auch sinnvoll ist.[9] Schließlich können auch Anforderungen hinsichtlich statistisch repräsentativer Ergebnisse einen Einsatz quantitativer Methoden notwendig machen.[10]

Daneben lassen sich jedoch auch Untersuchungsprobleme bzw. Aufgabenbereiche identifizieren, die mit Hilfe einer ausschließlich auf qualitativen Methoden beruhenden Untersuchung bewältigt werden können.[11] Als typische Aufgabenfelder qualitativer Marktforschung wurden dabei bereits weiter vorne die Strukturierung, die qualitative Prognose, die Ideengenerierung, das Screening und die Ursachenforschung vorgestellt.[12] Darüber hinaus wird vorausgesetzt, daß eine Quantifizierung der Untersuchungsinhalte sowie die Realisierung einer statistischen Repräsentanz der Ergebnisse nicht möglich sind oder nicht notwendig erscheinen.[13]

Es bleibt in diesem Fall unberücksichtigt, *welche* Methoden oder Methodenkombinationen gewählt werden, solange sie ausschließlich der quantitativen *oder* qualitativen Marktforschung zugerechnet werden können. Dabei ist zu vermuten, daß aufgrund von Vorteilen, die auf ähnlichen methodischen Anwendungsvoraus- setzungen beruhen, die Verwendung *nur* qualitativer bzw. *nur* quantitativer Methoden bei vergleichbarer Untersuchungsintensität gewisse kostendämpfende Synergieeffekte mit sich bringt.[14] Die Lösung einer rein quantitativen *oder* qualitativen Untersuchung wird vermutlich dann gewählt, wenn die so gewonnenen Informationen für die Entscheidungsbildung bereits *ausreichend* erscheinen bzw. die Entscheidung *keine so hohe Bedeutung* besitzt, als daß hierfür zusätzliche Kosten für eine Kombination in Kauf genommen werden.

7) Vgl. hierzu ausführlich Opp (1984), S. 55 ff. sowie Kap. 5.1.2.1.
8) Vgl. Amstad (1991), S. 23, Seymour (1988a), S. 20 f. und Kap. 4.1.
9) Siehe z.B. Weiers (1988), S. 376 sowie Kap. 5.1.2.1.
10) Vgl. zur Repräsentanz auch Kap. 5.2. Beispiele für die hier genannten Anwendungsfelder finden sich z.B. bei Seymour (1988a), S. 21 ff.
11) Vgl. Seymour (1988a), S. 29 f.
12) Siehe Kap. 4.2.1 und die dort angegebene Literatur.
13) Vgl. Amstad (1991), S. 23 sowie Kap. 5.
14) Dies gilt bspw. für die Sample-Bildung oder die unterschiedlichen Anforderungen an die Datenauswertung.

Erscheint aufgrund der Aufgabenstellung eine ausschließlich quantitative oder qualitative Untersuchung nicht angemessen, können verschiedene Kombinationsmöglichkeiten in Betracht gezogen werden.[15)]

Die **Kombination quantitativer und qualitativer Untersuchungen** stellt dabei ein auf den ersten Blick bekanntes Forschungsvorgehen dar. So macht die "klassische" quantitative Marktforschung zur Unterstützung ihrer Untersuchungen häufig Gebrauch von qualitativen Vorstudien. Neben der Generierung von Forschungshypothesen stehen dabei insbesondere die Ermittlung entscheidungsrelevanter Dimensionen zur Konkretisierung der zu verwendenden Items und die Überprüfung der inhaltlichen Relevanz geschlossener Antwortvorgaben im Vordergrund.[16)]

Allerdings besitzt dieses bisher geläufige Vorgehen einen gravierenden Mangel: Qualitativen Methoden wird hierbei lediglich die Funktion eines "*Hilfsmittels*" mit nur geringer wissenschaftlicher Bedeutung zugewiesen. Diese Sichtweise muß vor dem Hintergrund der bisherigen Ausführungen als zu einseitig abgelehnt werden.[17)]

Darüber hinaus stellt das Heranziehen qualitativer Methoden für Vorstudien und das gleichzeitige Verneinen ihrer wissenschaftlich-methodischen Bedeutung im Grunde einen Widerspruch dar: Eine quantitative Untersuchung, deren Itemselektion z.B. auf Basis qualitativer "Vorstudien" beruht, kann im Endergebnis nicht besser sein als ihre mit qualitativen Methoden ermittelte Grundlage.[18)]

Damit besitzen qualitative Methoden bereits in ihrer Funktion als Hilfsmittel eine Bedeutung, die häufig unterschätzt wird.[19)] Die hier vertretene Auffassung, die qualitative Marktforschung als eigenständigen Ansatz begreift, soll dieser einseitigen Sichtweise entgegenwirken. Damit sind natürlich auch entsprechende Pflichten hinsichtlich der Sorgfalt bei Planung und Umsetzung solcher Untersuchungen verbunden.[20)]

---

15) Siehe Scheffler (1992), S. 9.
16) Vgl. Jüttemann (1985), S. 10 f. sowie Freter/Hollstein/Werle (1991), S. 98.
17) Siehe auch Kap. 4.1.
18) Ähnlich auch de Groot (1986), S. 137 sowie Chisnall (1986), S. 21.
19) Zusätzlich besteht eine große Gefahr darin, daß sich eine solche untergeordnete Stellung qualitativer Marktforschung mit einer wenig sorgfältigen Konzipierung und Durchführung qualitativer Studien paart. Dies wiederum wird die Kritik an qualitativer Marktforschung und die Bildung weiterer Vorurteile noch zusätzlich unterstützen.
20) Siehe zu den verschiedenen Möglichkeiten, die Güte qualitativer Untersuchungen zu beurteilen, Kap. 5.

Insgesamt spiegelt sich die Problematik über die Wertigkeit qualitativer Marktforschung, wie bereits angedeutet, auch in ihrer Zuordnung zum *explorativen Forschungsansatz* wider. Möglichkeiten einer "Emanzipation" der Exploration und die damit verbundene Aufwertung qualitativer Marktforschung wurden bereits in Kapitel 4 ausführlich diskutiert.[21]

Die Kombination quantitativer und qualitativer Marktforschung soll im folgenden unter zwei Aspekten betrachtet werden: Zum einen interessiert hierbei die *Anordnung* bzw. Reihenfolge der Untersuchungen, zum anderen ihre *Verknüpfungsintensität*, also der Grad ihrer Integration. Im Hinblick auf die Anordnung der Untersuchungen ist dabei grundsätzlich eine ganze Reihe unterschiedlicher Kombinationsmöglichkeiten denkbar. Bei noch eher geringer Intensität der Verknüpfung kann hierbei zunächst die Beziehung zu verschiedenen *vor-* bzw. *nachgelagerten* Studien betrachtet werden.

So ist ein Fall denkbar, dessen Untersuchungsproblem vorrangig einen Anwendungsbereich quantitativer Marktforschung darstellt. Dies könnte eine standardisierte Repräsentativ-Befragung zur Ermittlung kaufentscheidungsrelevanter Einstellungen und Meinungen im Rahmen einer Studie zur Produktpositionierung sein.[22] Solche Einstellungen und Meinungen können entweder anhand vorgegebener Attribute z.B. mittels Ratingskalen erfragt werden, oder es können mit Hilfe dekompositioneller Verfahren lediglich globale Ähnlichkeitsurteile ermittelt werden.[23]

Eine Kombination mit einer *vorgelagerten qualitativen Studie* kann (wie oben bereits angedeutet) dann sinnvoll werden, wenn z.B. bei der Verwendung von Rating-Skalen aufgrund nur geringer Vorkenntnisse die Vorgabe von Antwortalternativen eine entsprechende Strukturierung des Untersuchungsfeldes voraussetzt.[24]

Eine *nachgelagerte qualitative Studie* kann etwa der Interpretation quantitativer Untersuchungsergebnisse dienen.[25] Ein Beispiel hierfür im Rahmen der

---

21) Vgl. Kap. 4.1.
22) Ziel ist es hierbei, eine Lagebestimmung von realen und idealen Produkten anhand subjektiv wahrgenommener und grundlegender Produkteigenschaften vorzunehmen und diese in einem mehrdimensionalen Wahrnehmungs- und Beurteilungsraum abzubilden. Siehe zur Produktpositionierung ausführlich Mayer (1984), S. 26 ff. und Freter (1983), S. 34 ff.
23) Vgl. Nieschlag/Dichtl/Hörschgen (1991), S. 154 f.
24) Siehe zur Aufgabe der Strukturierung Kap. 4.2.1.1.
25) Siehe Seymour (1988a), S. 37.

Produktpositionierung ist die Verwendung der multidimensionalen Skalierung (MDS) als dekompositionelles Verfahren. Diese nimmt eine globale Erfassung der Wahrnehmung von Objekten, z.B. nach ihrer Ähnlichkeit vor. Die Lage der Objekte soll dann in einem mehrdimensionalen Raum so bestimmt werden, daß ihre Positionen bzw. räumlichen Entfernungen den tatsächlichen Beurteilungen möglichst nahe kommen.[26)] Dabei werden die *inhaltlichen* Ursachen für die abgegebenen Ähnlichkeitsurteile nicht erfragt. Die Bedeutung der vorliegenden Dimensionen bleibt zunächst offen und bedarf einer nachträglichen Interpretation. Hierzu werden häufig (auf qualitativen Methoden beruhende) Expertenurteile eingeholt.[27)]

Umgekehrt kann der Fall auftreten, daß das Untersuchungsproblem eine qualitative Untersuchung erforderlich macht. Hierzu könnte bspw. im Rahmen der Neuproduktentwicklung für einen Hersteller von Personal Computern die Aufgabe formuliert werden, mit Hilfe von Gruppendiskussionen Problembereiche und Problemursachen im Umgang mit den bisherigen Produkten zu eruieren, um dadurch Einblick in die relevanten Bedürfnisstrukturen der Nachfrager zu gewinnen.[28)]

Zusätzliche Informationen einer *vorgelagerten quantitativen Studie* können hier hilfreich sein, um bspw. gewisse beschreibende Merkmale der angestrebten Zielgruppe zu liefern, die zum einen deren Auswahl (z.B. für die Zusammensetzung geeigneter Diskussionsrunden) erleichtern, zum anderen nützliche Informationen für die Diskussion bzw. den Diskussionsleitfaden erbringen.[29)]

Eine *nachgelagerte quantitative Studie* kann vor allem mit dem Ziel durchgeführt werden, zumindest einen Teil der gewonnenen Erkenntnisse auf bestimmte Häufigkeitsverteilungen hin zu überprüfen und so um statistisch-repräsentative Angaben zu ergänzen.

Die Trennung in Hauptuntersuchung und vor- bzw. nachgelagerte Studien bekommt mit einer Verschiebung der Bedeutungsgewichte der einzelnen Teilstudien einen etwas anderen Charakter: Mit zunehmendem Beitrag der Teilstudien zur Lösung des

26) Vgl. zur MDS ausführlich z.B. Mayer (1984), S. 158 ff.
27) Siehe Mayer (1984), S. 205 f., Berekoven/Eckert/Ellenrieder (1991), S. 242 f. sowie den Hinweis bei Köhler (1993b), Sp. 2799.
28) Vgl. hierzu das Fallbeispiel von Welch (1985), S. 251 f.
29) Für das genannte Beispiel wären hier über demographische Angaben der Kunden hinaus auch Informationen über die typischen Einsatzgebiete und Anwendungsbereiche der interessierenden Personal Computer interessant. Siehe auch Welch (1985), S. 252.

Gesamtproblems verlieren die vor- bzw. nachgelagerten Studien ihre reine *Unterstützungsfunktion* und entwickeln sich stärker zu einer gleichberechtigten *Untersuchungskombination*. Je umfassender die Untersuchung angelegt ist, desto mehr Kombinationsmöglichkeiten quantitativer und qualitativer Studien bieten sich an.

Greenway/de Groot (1983) beschreiben in diesem Zusammenhang eine solche Kombination qualitativer und quantitativer Marktforschung im Rahmen der Werbewirkungsforschung. Ziel war es hier, die Einzel- und die Gesamtwirkung von vier inhaltlich zusammenhängenden Werbespots einer Bank zu überprüfen. Dazu wurden in der Pretestphase kombinierte Gruppendiskussionen[30)] durchgeführt, die eine umfassende und intensive Erforschung der Deutungs- bzw. Interpretationsprozesse aller AP hinsichtlich der verschiedenen Werbeaussagen zum Ziel hatten.[31)] Die Werbeanzeigen wurden daraufhin nochmals überarbeitet. Nach Schaltung der Werbespots wurde eine standardisierte Befragung durchgeführt. Diese nahm zum einen einige kritische Inhalte der oben genannten Gruppendiskussion wieder auf, zum anderen wurden neue Fragestellungen integriert.[32)]

Je nach Eindeutigkeit der Untersuchungsergebnisse kann eine solche Kombination quantitativer und qualitativer Untersuchungen im Grunde solange fortgeführt werden, bis eine unter forschungsökonomischen Gesichtspunkten noch vertretbare Grenze erreicht ist.

Eine größere *Intensität* der Verknüpfung quantitativer und qualitativer Marktforschung ist schließlich dann erreicht, wenn die einzelnen Untersuchungsmethoden stärker integriert werden. Ein solcher methodenorientierter Ansatz wird insbesondere in der amerikanischen Sozialforschung unter dem Begriff der "Triangulation" diskutiert.[33)] Triangulation bedeutet dabei nach *Denzin* "the combination of methodologies in the study of the same phenomena".[34)]

---

30) Siehe zur kombinierten Gruppendiskussion Salcher (1978), S. 62 ff. und Kap. 3.2.4.
31) Siehe Greenway/de Groot (1983), S. 152 ff.
32) Vgl. Greenway/de Groot (1983), S. 158 ff. Weitere Beispiele zur Kombination quantitativer und qualitativer Untersuchungen finden sich bei Dickens (1987), S. 28 ff. sowie aus dem Bereich der allgemeinen Sozialforschung bei Freter/Hollstein/Werle (1991).
33) Vgl. Denzin (1978), S. 28 ff., Patton (1987), S. 60 ff. sowie Ianni/Orr (1979), S. 94 f. Der Begriff der "Triangulation" entstammt dabei der Militärstrategie bzw. der Navigation. Dort umfaßt er die Bestimmung der genauen Position eines Objektes mit Hilfe mehrerer Bezugspunkte nach Maßgabe grundlegender Prinzipien der Geometrie. Siehe Lamnek (1988), S. 232.
34) Denzin (1978), S. 291.

Für den vorliegenden Zusammenhang sind bei dieser Definition zwei Dinge bedeutsam:

Zum einen wird bewußt auf "Methodologien" abgestellt und hierdurch insbesondere das Ziel einer stärkeren Verknüpfung *quantitativer* und *qualitativer* Methoden unterstrichen.[35)]

Zum anderen sollen mit diesen Methodenkombinationen *dieselben* Phänomene betrachtet werden, d.h. daß eine bestimmte Problemstellung parallel sowohl mit geeigneten quantitativen als auch mit entsprechenden qualitativen Methoden zu untersuchen ist.[36)]

Damit wird eine *engere Verzahnung* der beiden Forschungsansätze und deren Methoden angedeutet, als sie bspw. bei einer losen Verknüpfung voneinander unabhängiger quantitativer und qualitativer Studien gegeben ist.[37)]

Die Überlegung, die hinter dieser Forderung steckt, basiert auf der Einsicht, daß jede Methode ihre Schwächen und auch ihren eigenen Relevanzbereich besitzt. Jede erfaßt die Realität damit aus einem etwas anderen Blickwinkel. Eine Kombination insbesondere quantitativer und qualitativer Methoden kann zu einer Kompensation der verschiedenen methodenimmanenten Schwächen beitragen und so ein multiperspektivisches Gesamtbild des Untersuchungsproblems schaffen.[38)]

Eine solche Forschungsstrategie ist allerdings mit hohen Kosten und einem entsprechenden Zeitaufwand verbunden, so daß ihr Einsatz in der Marktforschung lediglich für *besonders wichtige Entscheidungsprobleme* relevant erscheint.[39)]

Zudem sind quantitative und qualitative Methoden nicht für alle Untersuchungsprobleme gleich gut geeignet, so daß unter Berücksichtigung der Forderung nach einer Angemessenheit der eingesetzten Methoden ein paralleler Methodeneinsatz *nicht*

---

35) Siehe Denzin (1978), S. 291 f. und Lamnek (1988), S. 232.

36) Neben dieser methodologischen Triangulation fordert Denzin darüber hinaus noch die "data triangulation" (Nutzung unterschiedlicher Datenquellen), die "investigator triangulation" (Einsatz mehrerer Forscher) und die "theory triangulation" (Verwendung mehrerer unterschiedlicher Erklärungsansätze und Theorien bei der Auswertung). Vgl. Denzin (1978), S. 294 ff.

37) Die weiter vorne angesprochenen Methoden zur Überprüfung der Konstruktvalidität fordern aus einer ähnlichen Überlegung heraus ein solches multimethodisches Vorgehen. Siehe Kap. 5.1 sowie Seymour (1988b), S. 43.

38) Vgl. Denzin (1978), S. 28.

39) Siehe auch den Hinweis bei Patton (1987), S. 61.

immer zweckmäßig sein wird. Der Ansatz der Methodentriangulation liefert jedoch grundsätzlich zumindest wertvolle Anregungen für weitere Verknüpfungsmöglichkeiten quantitativer und qualitativer Marktforschungsmethoden.

Ansätze einer solchen Integration lassen sich allerdings im Rahmen der *Prognose* feststellen. Wegen der großen Bedeutung von Prognosen insbesondere für strategische Marketing-Entscheidungen sind in den letzten Jahren verschiedene kombinierte Prognosemodelle entwickelt worden, die sich sowohl qualitativer als auch quantitativer Prognosemethoden bedienen.[40] Weiterhin denkbar sind z.B. auch die parallele Verwendung von Laborexperimenten und projektiven Techniken oder von Gruppendiskussionen und standardisierten Interviews. Eine gemeinsame Betrachtung der hierdurch gewonnenen Ergebnisse kann wichtige Erkenntnisfortschritte bringen.[41]

Eine Kombination quantitativer und qualitativer Marktforschung erscheint somit zwar in vielen Fällen sinnvoll, ist zugleich aber nicht immer notwendig. Maßgabe ist hier das vorliegende Untersuchungsproblem und seine Bedeutung für das Marketing.

Für die Zukunft ist es wünschenswert, daß sich der Umgang mit Methoden der qualitativen Marktforschung selbstverständlicher gestaltet und die Bereitschaft und Flexibilität auch im Hinblick auf eine Kombination mit quantitativen Methoden weiter zunimmt. Insgesamt sollte das Potential qualitativer Marktforschung, wie es in der vorliegenden Arbeit aufgezeigt wurde, im Hinblick auf eine optimale Informationsbereitstellung von der betrieblichen Marktforschung noch stärker für ihre Zwecke genutzt werden.

40) Vgl. Reiner/Weßner/Wimmer (1991), S. 73 ff. Interessant ist hier, daß die Autoren ebenfalls die *sukzessive* Anwendung quantitativer und qualitativer Verfahren von einer *parallelen* Verwendung unterscheiden. Vgl. Reiner/Weßner/Wimmer (1991), S. 73. Siehe zur Prognose auch Kap. 4.2.1.2.

41) Vgl. in diesem Zusammenhang bereits die Untersuchung von Cooper/Branthwaite (1977).

VERZEICHNIS DER ABKÜRZUNGEN

Kurztitel	Zeitschrift/Handwörterbuch
ACR	Advances in Consumer Research
AJoP	American Journal of Psychology
AJoS	American Journal of Sociology
AoMR	Academy of Management Review
AS	American Sociologist
ASQ	Administrative Science Quartely
asw	Absatzwirtschaft
BH	Business Horizons
BM	Business Marketing
DBW	Die Betriebswirtschaft
ER	European Research
HBR	Harvard Business Review
HWA	Handwörterbuch der Absatzwirtschaft
HWB	Handwörterbuch der Betriebswirtschaft
HWPlan	Handwörterbuch der Planung
IMM	Industrial Marketing Management
JAV	Jahrbuch der Absatz- und Verbrauchsforschung
JoAR	Journal of Advertising Research
JoCM	Journal of Consumer Marketing
JoM	Journal of Marketing
JoMR	Journal of Marketing Research
JoMRS	Journal of the Market Research Society
JoPIM	Journal of Product Innovation Management
JoPSP	Journal of Personality and Social Psychology
JoSM	Journal of Services Marketing
KZSS	Kölner Zeitschrift für Soziologie und Sozialpsychologie
MA	Markenartikel
Marketing ZFP	Marketing Zeitschrift für Forschung und Praxis
MM	Manager Magazin
MN	Marketing News
MS	Marketing Science
MuV	Markt und Verbrauch
PA	Planung und Analyse
PB	Psychological Bulletin
POQ	Public Opinion Quarterly
SR	Sociological Review
SW	Soziale Welt
W&P	Werbeforschung & Praxis
WiST	Wirtschaftswissenschaftliches Studium
ZfB	Zeitschrift für Betriebswirtschaft
ZfbF	Zeitschrift für betriebswirtschaftliche Forschung
ZfhF	Zeitschrift für handelswissenschaftliche Forschung
ZP	Zeitschrift für Pädagogik
ZfS	Zeitschrift für Soziologie

LITERATURVERZEICHNIS

Aaker, D. A./Day, G. S. (1986): Marketing Research, 3. Aufl., New York u.a. 1986.

Abegglan, J. C./Stalk jr., G. (1986): Kaisha - Das Geheimnis des japanischen Erfolgs, Düsseldorf 1986.

Abell, D. F. (1980): Defining the Business. The Starting Point of Strategic Planning, Englewood Cliffs, New York 1980.

Abell, D. F./Hammond, I. S. (1979): Strategic Market Planning: Problems and Analytical Approaches, Englewood Cliffs, New York 1979.

Albert, H. (1973): Probleme der Wissenschaftslehre in der Sozialforschung, in: Handbuch der empirischen Sozialforschung, 1. Bd.: Geschichte und Grundprobleme der empirischen Sozialforschung (Hrsg.: König, R.), 3. Aufl., Stuttgart 1973, S. 57 - 102.

Allport, G. W. (1965): The Trend in Motivational Theory, in: Handbook of Projective Techniques (Hrsg.: Murstein, B. I.), New York 1965, S. 35 - 48.

Amstad, P. (1991): Die qualitativ-psychologische Marketingforschung gewinnt an Aktualität, in: Thexis, 8. Jg. 1991, Nr. 1, S. 22 - 25.

Ansoff, A. I. (1965): Corporate Strategy, New York u.a. 1965.

Arnold, D. O. (1970): Dimensional Sampling: An Approach for Studying a Small Number of Cases, in: AS, Vol. 5, 1970, S. 147 - 150.

Arnold, H. L./Sinemus, V. (Hrsg.) (1974): Grundzüge der Literatur- und Sprachwissenschaft, 2. Bd.: Sprachwissenschaft, München 1974.

Aschenbach, G./Billmann-Mahecha, E./Zitterbarth, W.(1985): Kulturwissenschaftliche Aspekte qualitativer psychologischer Forschung, in: Qualitative Forschung in der Psychologie (Hrsg.: Jüttemann, G.), Weinheim u.a. 1985, S. 25 - 44.

Athos, A. G./Pascale, R. T. (1981): The Art of Japanese Management, New York 1981.

Atteslander, P. (1984): Methoden der empirischen Sozialforschung, 5. Aufl., Berlin u.a. 1984.

Axelrod, M. D. (1979): Marketers Get an Eyeful when Focus Groups Expose Products, Ideas, Images, Ad Copy etc., in: Focus Group Interviews - A Reader (Hrsg.: Higginbotham, J. B./Cox, K. K.), Chicago 1979, S. 51 - 54.

Bänsch, A. (1993): Charakterisierung und Arten von Sales Promotion, in: Handbuch Marketing-Kommunikation (Hrsg.: Berndt, R./ Hermanns, A.), Wiesbaden 1993, S. 563 - 575.

Barth, H. (1974): Prognoseverfahren in den Sozialwissenschaften, Diss. Berlin 1974.

Barton, A. H./Lazarsfeld, P. F. (1979): Einige Funktionen von qualitativer Analyse in der Sozialforschung, in: Qualitative Sozialforschung (Hrsg.: Hopf, Ch./Weingarten, E.), Stuttgart 1979, S. 41 - 89.

Bartos, R. (1986): Qualitative Research: What it is and Where it Came from, in: JoAR, Vol. 26, 1986, Nr. 3, S. RC 3 - RC 6.

Batz, G. (1986): Erzähl' mir eine Geschichte: Eine Anwendung der TAT-Technik zur Antizipation von Werbewirkungen, in: Anticipation and Decision Making: The Need for Information (Hrsg.: E.S.O.M.A.R.), Monte Carlo 1986, S. 467 - 497.

Bausch, T. (1990): Stichprobenverfahren in der Marktforschung, München 1990.

Becker, J. (1992): Marketing-Konzeption. Grundlagen des strategischen Marketing-Managements, 4. Aufl., München 1992.

Becker, W. (1973): Beobachtungsverfahren in der demoskopischen Marktforschung, Stuttgart 1973.

Behrens, K. Ch. (1960): Objekt und Grundbegriffe der demoskopischen Marktforschung, in: ZfB, 30. Jg., 1960, Nr. 8, S. 481 - 493.

Bekmeier, S. (1992): Nonverbale Kommunikation, in: Vahlens Großes Marketing Lexikon (Hrsg.: Diller, H.), München 1992, S. 821 - 824.

Bellak, L. (1954): The Thematic Apperception Test and the Children's Apperception Test in Clinical Use, New York 1954.

Bellenger, D. N./Bernhardt, K. L./Goldstucker, J. L (1976): Qualitative Research in Marketing, Chicago 1976.

Berekoven, L./Eckert, W./Ellenrieder, P.(1993): Marktforschung. Methodische Grundlagen und praktische Anwendung, 5. Aufl., Wiesbaden 1991.

Berelson, B. (1952): Content Analysis in Communication Research, Glencoe, Ill. 1952.

Berth, R. (1968): Gibt es eine qualitative und eine quantitative Marktforschung?, in: Der Markt als Erkenntnisobjekt der empirischen Wirtschafts- und Sozial forschung (Hrsg.: Rembeck, M./Eichholz, G. P.), Stuttgart 1968, S. 206 - 238.

Böhler, H. (1983): Strategische Marketing-Früherkennung, Habil. Köln 1983.

Böhler, H. (1992): Marktforschung, 2. Aufl., Stuttgart u.a. 1992.

Böltken, F. (1976): Auswahlverfahren. Eine Einführung für Sozialwissenschaftler, Stuttgart 1976.

Bogart, L. (1984): Strategy in Advertising, 2. Aufl., Chicago 1984.

Bolliger, H. M./Schaer, N. (1985): Kreativ-Dynamischer Workshop: Die psychologische Marktforschung startet ins 21. Jahrhundert!, in: Thexis, 2. Jg., 1985, Nr. 4, S. 44 - 47.

Bonoma, T. V. (1985): Case Research in Marketing: Opportunities, Problems, and a Process, in: JoMR, Vol. 22, 1985, S. 199 - 208.

Branthwaite, A./Lunn, T. (1985): Projective Techniques in Social and Market Research, in: Applied Qualitative Research (Hrsg.: Walker, R.), Aldershot, England 1985, S. 101 - 121.

Brockhoff, K. (1977): Prognoseverfahren für die Unternehmensplanung, Wiesbaden 1977.

Brockhoff, K. (1979): Delphi-Prognosen im Computer-Dialog, Tübingen 1979.

Bronfenbrenner, U. (1981): Die Ökologie der menschlichen Entwicklung. Natürliche und geplante Experimente, Stuttgart 1981.

Bureau of Applied Social Research (1972): Das qualitative Interview, in: Das Interview - Formen, Technik, Auswertung (Hrsg.: König, R.), 7. Aufl., Köln 1972, S. 143 - 160.

Calder, B. (1977): Focus Groups and the Nature of Qualitative Marketing Research, in: JoMR, Vol. 14, 1977, S. 353 - 364.

Campbell, D. T. (1957): Factors Relevant to the Validity of Experiments in Social Settings, in: PB, Vol. 54, 1957, S. 297 - 312.

Campbell, D. T./Fiske, D. W. (1959): Convergent and Discriminant Validation by the Multitrait-Multimethod Matrix, in: PB, Vol. 56, 1959, S. 81 - 105.

Campbell, D. T./Stanley, I. C. (1966): Experimental and Quasi-Experimental Designs for Research, Chicago 1966.

Chisnall, P. T. (1986): Marketing Research, 3. Aufl., London u.a. 1986.

Churchill, G. A. (1979): A Paradigm for Developing Better Measures of Marketing Constructs, in: JoMR, Vol. 16, 1979, S. 64 - 73.

Churchill, G. A. (1988): Basic Marketing Research, Chicago u.a. 1988.

Cline, V. B./Richards, J. M. (1965): A Factor-Analytic Study of Religious Belief and Behavior, in: JoPSP, Vol.1, 1965, S. 569 - 578.

Colwell, J. (1990): Qualitative Market Research: a Conceptual Analysis and Review of Practitioner Criteria, in: JoMRS, Vol. 32, 1990, Nr. 1, S. 13 - 36.

Cooper, P. (1989): Comparison Between the UK and US: the Qualitative Dimension, in: JoMRS, Vol. 31, 1989, Nr. 4, S. 509 - 519.

Cooper, P./Branthwaite, A. (1977): Qualitative Techniken: Neue Gesichtspunkte bezüglich Messung und Bedeutung aufgrund qualitativer Untersuchungen, in: Fortschritte der Marktpsychologie, 1. Bd. (Hrsg.: Hartmann, K. D./Koeppler, K. F.), Frankfurt/Main 1977, S. 187 - 202.

Cooper, R. G. (1985): Selecting Winning New Product Projects: Using the NewProd System, in: JoPIM, Vol. 2, 1985, S. 34 - 44.

Cox, K. K./Higginbotham, J. B./Burton, J. (1976): Applications of Focus Group Interviews in Marketing, in: JoM, Vol. 40, 1976, Nr. 1, S. 77 - 80.

Crawford, C. M. (1992): Neuprodukt-Management, Frankfurt/Main u.a. 1992.

Crimp, M. (1985): The Marketing Research Process, 2. Aufl., Englewood Cliffs, New Jersey u.a. 1985.

Cristofolini, P. M./Thies, G. (1979): Verkaufsförderung. Strategie und Taktik, Berlin u.a. 1979.

Czayka, L. (1985): "Bedürfnisgerechte" Produktion als Informationsproblem, in: Information und Produktion, Festschrift zum 60. Geburtstag von W. Wittmann (Hrsg.: Stoppler, S.), Stuttgart 1985, S. 83 - 102.

Dalkey, N./Helmer, O. (1963): Am Experimental Application of the Delphi Method to the Use of Experts, in: MS, Vol. 9, 1963, S. 458 - 467.

Day, G. S./Shocker, A. D./Srivastava, R. K. (1979): Customer-Oriented Approaches to Identifying Product-Markets, in; JoM, Vol. 43, 1979, Nr. 4, S. 8 -19.

Deges, F. (1992): Der Einsatz von Testkunden im Einzelhandel, in: JAV, 38. Jg., 1992, S. 85 - 100.

Denzin, N. K. (1978): The Research Act. A Theoretical Introduction to Sociological Methods, 2. Aufl., New York u.a. 1978.

Dichter, E. (1960): The Strategy of Desire, New York 1960.

Dickens, J. (1987): The Fresh Cream Cakes Market: the Use of Qualitative Research as Part of a Consumer Research Programme, in: Applied Marketing and Social Research (Hrsg.: Bradley, U.), 2. Aufl., New York u.a. 1987, S. 23 - 68.

Dommermuth, W. (1975): The Use of Sampling in Marketing Research, Chicago, Ill. 1975.

Donath, B. (1986): Straight from the Buyer's Mouth, in: BM, Vol. 71, 1986, Nr. 10, S. 69.

Downs, C. W./Smeyak, G. P./Martin, E. (1980): Professional Interviewing, New York u.a. 1980.

Dreher, M./Dreher, E. (1982): Gruppendiskussion, in: Verbale Daten - Eine Einführung in die Grundlagen und Methoden der Erhebung und Auswertung (Hrsg.: Huber, G. L./Mandl, H.), Weinheim u.a. 1982, S. 141 - 164.

Durgee, J. (1985): Depth-Interview Techniques for Creative Advertising, in: JoAR, Vol. 25, 1985, Nr. 6, S. 29 - 37.

Durgee, J. (1986): Richer Findings from Qualitative Research, in: JoAR, Vol. 26, 1986, Nr. 4, S. 36 - 44.

Ebert, H. J./Lauer, H. (1988): Key Account-Management. Der Schlüssel zum Verkaufserfolg, Bamberg 1988.

E.S.O.M.A.R. (Hrsg.) (1990): Qualitative Research: How Are We Preparing for the Future?, Genf 1990.

Faivre, J.-P./Sanchez, C. (1975): The Validation of Marketing Models, in: Seminar on Market Modelling, Part 1 (Hrsg.: E.S.O.M.A.R.), Noordwijk aan Zee 1975, S. 133 - 191.

Fern, E. F. (1982): The Use of Focus Groups for Idea Generation, in: JoMR, Vol. 19, 1982, S. 1 - 13.

Filstead, W. J. (1979): Qualitative Methods. A Needed Perspective in Evaluation Research, in: Qualitative and Quantitative Methods in Evaluation Research (Hrsg.: Cook, T. D./Reichardt, Ch. S), Beverly Hills, Cal. u.a. 1979.

Fleury, P. (1985): Market Research in France, in: ER, Vol. 13, 1985, Nr. 2, S. 80 -81.

Freeman, G. L./Manson, G. E./Katzoff, E. T. et al. (1942): The Stress Interview, in: Journal of Abnormal and Social Psychology, 37. Jg., 1942, S. 427 - 447.

Freter, H. (1983): Marktsegmentierung, Stuttgart u.a. 1983.

Freter, H.-J./Hollstein, B./Werle, M. (1991): Integration qualitativer und quantitativer Verfahrensweisen - Methodologie und Forschungspraxis, in: ZUMA Nachrichten, 15. Jg., 1991, Nr. 29, S. 98 - 114.

Friedrichs, J. (1985): Methoden empirischer Sozialforschung, 13. Aufl., Opladen 1985.

Friedrichs, J./Lüdtke, H. (1973): Teilnehmende Beobachtung, 2. Aufl., Weinheim u.a. 1973.

Frink, G. (1992): Ein junger Klassiker - Bericht aus der qualitativen Forschung, in: PA, 19. Jg., Nr. 1, S. 12 - 15.

Fuller, L. (1984): Use of Panels for Qualitative Research, in: JoMRS, Vol. 26, 1984, Nr. 3, S. 206 - 220.

Gabriel, C. (1990): The Validity of Qualitative Market Research, in: JoMRS, Vol. 32, 1990, Nr. 4, S. 507 - 519.

Gadenne, V. (1976): Die Gültigkeit psychologischer Untersuchungen, Stuttgart u.a. 1976.

Geissler, J. (1964): Kann man Motivforschung noch ernst nehmen?, in: asw, 7. Jg., 1964, Nr. 20, S. 1168 - 1173.

Geschka, H. (1978): Delphi, in: Langfristige Prognosen (Hrsg.: Bruckmann, G.), Würzburg u.a. 1978, S. 27 - 45.

Geschka, H. (1986): Kreativitätstechniken, in: Das Management von Innovationen (Hrsg.: Staudt, E.), Frankfurt/Main 1986, S. 147 - 160.

Geschka, H. (1989): Voraussetzungen für erfolgreiche Innovationen. Beachtung von Hindernissen und Erfolgsfaktoren bei der Innovationsplanung, in: Die Gestaltung von Innovationsprozessen (Hrsg.: Corsten, H.), Berlin 1989, S. 57 - 69.

GfK (o. J.): Moderierte Kreativsitzung - Ein Instrument der GfK Marktpsychologie, unveröffentlichter Informationsdruck der GfK Marktforschung GmbH & Co. KG, Nürnberg o.J.

Girtler, R. (1984): Methoden der qualitativen Sozialforschung, Wien u.a. 1984.

Glaser, B. G./Strauss, A. L. (1967): The Discovery of Grounded Theory: Strategies for Qualitative Research, Chicago 1967.

Glaser, B. G./Strauss, A. L. (1979a): The Discovery of Grounded Theory: Strategies for Qualitative Research, 10. Aufl., Chicago 1979.

Glaser, B. G./Strauss, A. L. (1979b): Die Entdeckung gegenstandsbezogener Theorie: Eine Grundstrategie qualitativer Sozialforschung, in: Qualitative Sozialforschung (Hrsg.: Hopf, Ch./Weingarten, E.), Stuttgart 1979, S. 91 - 111.

Görgen, W. (1992): Strategische Wettbewerbsforschung, Bergisch Gladbach u.a. 1992.

Götze, U. (1991): Szenario-Technik in der strategischen Unternehmensplanung, Wiesbaden 1991.

Goldman, A. E./Mc Donald, S. (1987): The Group Depth Interview - Principles and Practice, Englewood Cliffs, New York 1987.

Goode, W./Hatt, P. K. (1962): Die Einzelfallstudie, in: Beobachtung und Experiment in der Sozialforschung (Hrsg.: König, R.), Köln 1962, S. 299 - 337.

Gordon, W. (1990): The Map is Not the Territory: The Application of a New Model of Communications to an Understanding of Brands, in: Seminar on Qualitative Research: How Are We Preparing for the Future? (Hrsg.: E.S.O.M.A.R.), Genf 1990, S. 89 - 101.

Gordon, W./Langmaid, R. (1988): Qualitative Market Research. A Practitioner's and Buyer's Guide, Aldershot u.a. 1988.

Green, P. E./Tull, D. S. (1982): Methoden und Techniken der Marketingforschung, 4. Aufl., Stuttgart 1982.

Green, P. E./Tull, D. S./Albaum, G. (1988): Research for Marketing Decisions, 5. Aufl., Englewood Cliffs, New Jersey 1988.

Greenbaum, T. L. (1988): The Practical Handbook and Guide to Focus Group Research, Lexington u.a. 1988.

Greenway, G./de Groot, G. (1983): The Qualitative-Quantitative Dilemma: What's the Question?, in: JoMRS, Vol. 25, 1983, S. 147 - 164.

Griggs, S. (1987): Analysing Qualitative Data, in: JoMRS, Vol. 29, 1987, S. 15 - 34.

Groening, G. (1981): Gruppendiskussionen in der Marktforschung, in: Handbuch der angewandten Psychologie, 3. Bd.(Hrsg.: Haase, H./ Molt, W.), München 1981, S. 53 - 66.

de Groot, G. (1986): Qualitative Research: Deep, Dangerous, or Just Plain Dotty?, in: ER, Vol. 14, 1986, Nr. 3, S. 136 - 141.

Grümer, K.-W. (1974): Beobachtung, Stuttgart 1974.

Grunert, K. G. (1989): Die Erhebung von Produktanforderungen, Produkterfahrungen und Produktwissen: Ein Schätzverfahren für qualitative Daten, in: JAV, 35. Jg., 1989, Nr. 2, S. 153 - 173.

Gutenberg, E. (1951): Grundlagen der Betriebswirtschaftslehre, 1. Bd.: Die Produktion, 1. Aufl., Berlin u.a. 1951.

Gutenberg, E. (1953): Zum "Methodenstreit", in: ZfbF, 5. Jg., 1953, S. 327 - 355.

Gutjahr, G. (1988): Gruppendiskussion oder Exploration?, in: PA, 15. Jg., 1988, S. 218 - 219.

Haase, H. (1989): Renaissance der qualitativen Marktforschung?, in PA, 16. Jg., 1989, S. 14 - 22.

Hänel, G. (1974): Verbraucher-Promotions. Taktisches Instrument der Marketing-Kommunikation, Wiesbaden 1974.

Haire, M. (1950): Projective Techniques in Marketing Research, in: JoM, Vol. 14, 1950, Nr. 2, S. 649 - 656.

Hammann, P. (1977): Marktforschung für Investitionsgüter, in: Anlagen-Marketing (Hrsg.: Engelhardt, W. H./Laßmann, G.), Opladen 1977, S. 87 - 101.

Hammann, P./Erichson, B. (1990): Marktforschung, 2. Aufl., Stuttgart u.a. 1990.

Hansmann, K.-W. (1983): Kurzlehrbuch Prognoseverfahren, Wiesbaden 1983.

Hansmann, K.-W. (1992): Stichwort "Szenario-Technik", in: Vahlens Großes Marketing Lexikon (Hrsg.: Diller, H.), München 1992, S. 1128.

Hansmann, K.-W. (1993): Prognose und Prognosemethoden, in: HWB, 2. Teilbd. (Hrsg.: Wittmann, W./Kern, W./Köhler, R. et al.), 5. Aufl., Stuttgart 1993, Sp. 3546 - 3559.

Haupt, K. (1987): Psychologische Marktforschung, in: W&P, 32. Jg., 1987, Nr. 2, S. 63 - 65.

Hauser, E. (1985): Unternehmenskultur. Analyse und Sichtbarmachung an einem praktischen Beispiel, Bern 1985.

Hauser, J. R./Clausing, D. (1988): The House of Quality, in: HBR, Vol. 66, 1988, Nr. 3, S. 63 - 73.

Hayes, T. J./Tatham, C. B. (Hrsg.) (1989): Focus Group Interviews: A Reader, 2. Aufl., Chicago, Ill. 1989.

Heidenreich, K. (1984a): Grundbegriffe der Meß- und Testtheorie, in: Sozialwissenschaftliche Methoden (Hrsg.: Roth, E.), München u.a. 1984, S. 352 - 384.

Heidenreich, K. (1984b): Die Verwendung standardisierter Tests, in: Sozialwissenschaftliche Methoden (Hrsg.: Roth, E.), München u.a. 1984, S. 399 - 416.

Heinen, E. (1987): Unternehmenskultur, München u.a. 1987.

Heisenberg, W. (1965): Das Naturbild der heutigen Physik, Hamburg 1965.

Henschel, H. (1979): Wirtschaftsprognosen, München 1979.

Hermanns, H. (1992): Die Auswertung narrativer Interviews. Ein Beispiel für qualitative Verfahren, in: Analyse verbaler Daten (Hrsg.: Hoffmeyer-Zlotnik, J.), Opladen 1992, S. 110 - 141.

Hermanns, H./Tkocz, Ch./Winkler, H. (1984): Berufsverlauf von Ingenieuren: Biografie - analytische Auswertung narrativer Interviews, Frankfurt/Main u.a. 1984.

Herstatt, C. (1991): Anwender als Quellen für die Produktinnovation, Diss. Zürich 1991.

Hess, J. M. (1971): Group Interviewing, in: Scientific Marketing (Hrsg.: Albaum, G. S./Venkatesan, M.), Glencoe, Ill. 1971, S. 229 - 237.

Heylen, J. P. (1990): Modelling Implicit Dynamics: A More Systematic Approach to Data Gathering and Interpretation, in: Qualitative Research: How Are We Preparing for the Future? (Hrsg.: E.S.O.M.A.R.), Genf 1990, S. 69 - 87.

Hildebrandt, L. (1984): Kausalanalytische Validierung in der Marketingforschung, in: Marketing ZFP, 6. Jg., 1984, Nr. 1, S. 41 - 51.

Hill, W. (1982): Marketing II, 5. Aufl., Bern u.a. 1982.

Hippel, E. v. (1978): Successful Industrial Products from Customer Ideas, in: JoM, Vol. 42, 1978, Nr. 1, S. 39 - 49.

Hippel, E. v. (1986): Lead Users: A Source of Novel Product Concepts, in: MS, 32. Jg., 1986, Nr. 7, S. 791 - 805.

Hoffmann-Riem, Ch. (1980): Die Sozialforschung einer interpretativen Soziologie - Der Datengewinn -, in: KZSS, 32. Jg., 1980, S. 339 - 372.

Holm, K. (1976): Die Gültigkeit sozialwissenschaftlichen Messens, in: Die Befragung 4 (Hrsg.: Holm, K.), München 1976, S. 123 - 133.

Holmes, C./Keegan, S. (1983): Generating Ideas From Consumers, in: Seminar on New Product Development - Research Contributions to Strategy Formulation, Idea Generation and Screening, Product Testing and Final Marketing (Hrsg.: E.S.O.M.A.R.), Athen 1983, S. 89 - 104.

Holt, K./Geschka, H./Peterlongo, G. (1984): Need Assessment: A Key to User-Oriented Product Innovation, Chichester u.a. 1984.

Homann, F. (1974): Ein System von Modellen zur Neuproduktplanung und -entscheidung, Diss. Gießen 1974.

Hopf, Ch. (1978): Die Pseudo-Exploration - Überlegungen zur Technik qualitativer Interviews in der Sozialforschung, in: ZfS, 7. Jg., 1978, Nr. 2, S. 97 - 115.

Hopf, Ch. (1982): Norm und Interpretation, in: ZfS, 11. Jg., 1982, Nr. 3, S. 307 - 329.

Hossinger, H.-P. (1982): Pretests in der Marktforschung, Würzburg u.a. 1982.

Hron, A. (1982): Interview, in: Verbale Daten - Eine Einführung in die Grundlagen und Methoden der Erhebung und Auswertung (Hrsg.: Huber, G. L./Mandl, H.), Weinheim u.a. 1982, S. 119 - 140.

Hüttner, M. (1986): Prognoseverfahren und ihre Anwendung, Berlin u.a. 1986.

Hüttner, M. (1989): Grundzüge der Marktforschung, 4. Aufl., Berlin u.a. 1989.

Huxold, S. (1990): Marketingforschung und strategische Planung von Produktinnovationen. Ein Früherkennungsansatz, Berlin 1990.

Ianni, F. A. J./Orr, M. T (1979): Toward a Rapprochement of Quantitative and Qualitative Methodologies, in: Qualitative and Quantitative Methods in Evaluation Research (Hrsg.: Cook, T. D./ Reichardt, Ch. S.), Beverly Hills, Cal. u.a. 1979, S. 87 - 97.

Iuso, B. (1975): Concept Testing: An Appropriate Approach, in: JoMR, Vol. 12, 1975, S. 228 - 231.

Jahoda, M./Deutsch, M./Cook, S. W.(1972): Beobachtungsverfahren, in: Beobachtung und Experiment in der Sozialforschung (Hrsg.: König, R.), 8. Aufl., Köln 1972, S. 77 - 96.

Johannsen, U. (1971): Das Marken- und Firmenimage, Berlin 1971.

Johannsen, U. (1974): Image, in: HWA (Hrsg.: Tietz, B.), Stuttgart 1974, Sp. 809 - 825.

Jüttemann, G. (1985): Vorbemerkungen des Herausgebers, in: Qualitative Forschung in der Psychologie (Hrsg.: Jüttemann, G.), Weinheim u.a. 1985, S. 7 - 22.

Jung, C. G. (1910): The Association Method, in: AJoP, Vol. 2, 1910, S. 219 - 269.

Kassarjian, H. H. (1974): Projective Methods, in: Handbook of Marketing Research (Hrsg.: Ferber, R.), New York u.a. 1974, S. 3-85 - 3-100.

Kelly, G. A. (1955): The Psychology of Personal Constructs, New York 1955.

Kerlinger, F. N. (1973): Foundations of Behavioral Research, 2. Aufl., New York u.a. 1973.

Ketelsen-Sontag, H. (1988): Empirische Sozialforschung im Marketing: Theorie und Praxis in der Marktforschung, Diss. Hamburg 1988.

Kinnear, T. C./Taylor, J. R. (1987): Marketing Research. An Applied Approach, 3. Aufl., New York u.a. 1987.

Kirk, J./Miller, M. L. (1986): Reliability and Validity in Qualitative Research, Beverly Hills, Cal. u.a. 1986.

Klüver, J. (1979): Kommunikative Validierung - einige vorbereitende Bemerkungen zum Projekt "Lebensweltanalyse von Fernstudenten", in: Lebensweltanalyse von Fernstudenten. Theoretische und methodologische Überlegungen zum Typus hermeneutisch-lebensgeschichtlicher Forschung (Hrsg.: Heinze, T.), Hagen 1979, S. 68 - 84.

Knoblich, H. (1972): Die typologische Methode in der Betriebswirtschaftslehre, in: WiST, 1. Jg., 1972, Nr. 4, S. 141 - 147.

Köckeis-Stangl, E. (1980): Methoden der Sozialisationsforschung, in: Handbuch der Sozialisationsforschung (Hrsg.: Ulich, D./Hurrelmann, K.), Weinheim 1980, S. 321 - 370.

Köhler, H. (1978): Zur Prognosegenauigkeit der Delphi-Methode. - Zugleich eine kritische Besprechung von Horst Albach: "Informationsgewinnung durch strukturierte Gruppenbefragung", in: ZfB, 48. Jg., 1978, Nr. 1, S. 53 - 60.

Köhler, R. (1987): Anforderungen des strategischen Marketing an die Marktforschung, in: Marktforschung für kreative Entscheidungen (Hrsg.: Berufsverband deutscher Markt- und Sozialforscher e. V.), Düsseldorf 1987, S. 39 - 56.

Köhler, R. (1991): Produkt-Innovationsmanagement als Erfolgsfaktor, in: Innovations- und Technologiemanagement (Hrsg.: Müller-Böling, D./Seibt, D./Winand, U.), Stuttgart 1991, S. 153 - 175.

Köhler, R. (1993a): Beiträge zum Marketing-Management: Planung, Organisation, Controlling, 3. erw. Aufl., Stuttgart 1993.

Köhler, R. (1993b): Marktforschung, in: HWB (Hrsg.: Wittmann, W./Kern, W./ Köhler, R. et al.), 2. Teilband, 5. Aufl., Stuttgart 1993, Sp. 2782 - 2803.

Köhler, R./Fronhoff, B./Huxold, S. (1988): Ansatzpunkte für ein Indikatorensystem zur strategischen Planung von Produktinnovationen, Arbeitsbericht des Instituts für Markt- und Distributionsforschung der Universität zu Köln, Köln 1988.

Köhler, R./Köller, Ch. (1988): Marketing-Assessment, in: DBW, 48. Jg., 1988, S. 800 - 802.

Köhler, R./Krautter, J. (1989): Marketingplanung, in HWPLAN (Hrsg.: Szyperski, N./Winand, U.), Stuttgart 1989, Sp. 1006 - 1020.

Köhler, R./Tebbe, K./Uebele, H. (1983): Der Einfluß objektorientierter Organisationsformen auf die Gestaltung absatzpolitischer Entscheidungsprozesse, Arbeitsbericht des Instituts für Markt- und Distributionsforschung der Universität zu Köln, Köln 1983.

Köller, Ch. (1992): Marketing-Assessment. Aufgaben, Probleme und Methoden der Marketing-Folgenabschätzung, Bergisch Gladbach u.a. 1992.

Kohli, M. (1981): Wie es zur "biographischen Methode" kam und was daraus geworden ist. Ein Kapitel aus der Geschichte der Sozialforschung, in: ZfS, 10. Jg., 1981, Nr. 3, S. 273 - 293.

Konegen, N./Sondergeld, K. (1985): Wissenschaftstheorie für Sozialwissenschaftler, Opladen 1985.

Koppelmann, U. (1991): Marketing. Einführung in Entscheidungsprobleme des Absatzes und der Beschaffung, 3. Aufl., Düsseldorf 1991.

Koppelmann, U. (1993): Produktmarketing: Entscheidungsgrundlage für Produktmanager, 4. Aufl., Stuttgart 1993.

Koschnik, W. J. (1989): Auf dem Weg zur Managementberatung - Marktforscher vor dem Aufbruch zu neuen Ufern, in: Markenartikel, 51. Jg., 1989, Nr. 1, S. 24 - 27.

Kotler, P. (1991): Marketing Management, 7. Aufl., Englewood Cliffs, N. Y. 1991.

Kracauer, S. (1952): The Challenge of Qualitative Content Analysis, in: POQ, 16. Jg., 1952, S. 631 - 641.

Kreikebaum, H. (1981): Strategische Unternehmensplanung, Stuttgart 1981.

Kreilkamp, E. (1987): Strategisches Management und Marketing: Markt- u. Wettbewerbsanalyse, Strategische Frühaufklärung, Portfolio-Mangement, Berlin u.a. 1987.

Kriz, J./Lück, H. E./Heidbrink, H. (1990): Wissenschafts- und Erkenntnistheorie, Opladen 1990.

Kroeber-Riel, W. (1992): Konsumentenverhalten, 5. Aufl., München 1992.

Kromrey, H. (1980): Empirische Sozialforschung. Modelle und Methoden der Datenerhebung und Datenauswertung, Opladen 1980.

Kropff, H. F. J. (1960): Motivforschung, Essen 1960.

Krug, W./Nourney, M. (1982): Wirtschafts- und Sozialstatistik: Gewinnung von Daten, München u.a. 1982.

Kubicek, H. (1977): Heuristische Bezugsrahmen und heuristisch angelegte Forschungsdesigns als Elemente einer Konstruktionsstrategie empirischer Forschung, in: Empirische und handlungstheoretische Forschungskonzeptionen in der Betriebswirtschaftslehre (Hrsg.: Köhler, R.), Stuttgart 1977, S. 3 - 36.

Küchler, M. (1983): "Qualitative" Sozialforschung - ein neuer Königsweg?, in: Brauchen wir andere Forschungsmethoden? Beiträge zur Diskussion interpretativer Verfahren (Hrsg.: Garz, D./ Kraimer, I.), Frankfurt/Main 1983, S. 9 - 30.

Kuhn, T. S. (1976): Die Struktur wissenschaftlicher Revolutionen, 2. Aufl., Frankfurt/Main 1976.

Lamnek, S. (1980): Sozialwissenschaftliche Arbeitsmethoden, Weinheim 1980.

Lamnek, S. (1988): Qualitative Sozialforschung, 1. Bd.: Methodologie, München u.a. 1988.

Lamnek, S. (1989): Qualitative Sozialforschung, 2. Bd.: Methoden und Techniken, München 1989

Laslett, B./Rapoport, R. (1975): Collaborative Interviewing and Interactive Research, in: Journal of Marriage and the Family, Vol. 37, 1975, S. 968 - 977.

Lautman, S. J. (1982): Focus Groups: Theory and Method, in: Advances in Consumer Research (Hrsg.: Mitchell, A. A.), Vol. 9, Ann Arber 1982, S. 52 - 56.

Lawton, L./Parasuraman, A. (1980): So You Want Your New Product Planning to Be Productive, in: BH, Vol. 23, 1980, Nr. 6, S. 29 - 35.

Lazarsfeld, P. F. (1944): The Controversy over Detailed Interviews - An Offer for Negotiation, in: POQ, Vol. 8, 1944, S. 38 - 60.

Lechler, P. (1982): Kommunikative Validierung, in: Verbale Daten. Eine Einführung in die Grundlagen und Methoden der Erhebung und Auswertung (Hrsg.: Huber, G./Mandl, H.), Weinheim u.a. 1982, S. 243 - 258.

Leithäuser, T./Volmerg, B. (1981): Die Entwicklung einer empirischen Forschungsperspektive aus der Theorie des Alltagsbewußtseins, in: Entwurf zu einer Empirie des Alltagsbewußtseins (Hrsg.: Leithäuser, T./ Volmerg, B./Salje, G. et al.), 2. Aufl., Frankfurt/Main 1981, S. 11 - 162.

Lender, F. (1991): Innovatives Technologie-Marketing, Göttingen 1991.

Levy, S. J. (1981): Interpreting Consumer Mythology: A Structural Approach to Consumer Behavior, in: JoM, Vol. 45, 1981, Nr. 3, S. 49 - 61.

Lienert, G. A. (1969): Testaufbau und Testanalyse, 3. Aufl., Weinheim u.a. 1969

Lindzey, G. (1959): On the Classification of Projective Techniques, in: PB, Vol. 56, 1959, Nr. 2, S. 158 - 168.

Lindzey, G. (1961): Projective Techniques and Cross-Cultural Research, New York 1961.

Linstone, H. A./Turoff, M (1975): Introduction, in: The Delphi-Method. Techniques and Applications (Hrsg.: Linstone, H. A./Turoff, M.), Reading 1975, S. 1 - 12.

Lisch, R./Kriz, J. (1978): Grundlagen und Modelle der Inhaltsanalyse, Reinbek 1978.

Lück, H. E. (1976): Testen und Messen von Eigenschaften und Einstellungen, in: Techniken der empirischen Sozialforschung, 5. Bd.: Testen und Messen (Hrsg.: van Koolwijk, J./Wieken-Mayser, M.), München 1976, S. 77 - 103.

Maaß, K./Hußmann, H./Manschwetus, U. (1990): Marktforschung für Investitionsgüter in den neunziger Jahren, in: Investitionsgütermarketing: Positionsbestimmung und Perspektiven (Hrsg.: Kliche, M.), Wiesbaden 1990, S. 93 - 112.

Makridakis, S./Reschke, H./Wheelwright, S. C. (1980): Prognosetechniken für Manager, Wiesbaden 1980.

Mangold, W. (1973): Gruppendiskussionen, in: Handbuch der empirischen Sozialforschung, 2. Bd. (Hrsg.: König, R.), Stuttgart 1973, S. 228 - 259.

Maus, H. (1973): Zur Vorgeschichte der empirischen Sozialforschung, in: Geschichte und Grundprobleme der empirischen Sozialforschung, 1. Bd. (Hrsg.: König, R.), 3. Aufl., Stuttgart 1973, S. 21 - 56.

Mauthe, K. D. (1984): Strategische Analyse, München 1984.

Mayer, R. U. (1984): Produktpositionierung, Köln 1984.

Mayring, P. (1983): Qualitative Inhaltsanalyse. Grundlage und Techniken, Weinheim 1983.

Mayring, P. (1985): Qualitative Inhaltsanalyse, in: Qualitative Forschung in der Psychologie (Hrsg.: Jüttemann, G.), Weinheim u.a. 1985, S. 187 - 211.

McCall, G. J. (1969): Data Quality Control in Participant Observation, in: Issues in Participant Observation (Hrsg.: Mc Call, G. J./ Simmons, J. L.), Reading, Mass. 1969, S. 128 - 141.

McCracken, G. (1988): The Long Interview, Newbury Park u.a. 1988.

McDaniel, C./Gates, R. (1991): Contemporary Marketing Research, St. Paul u.a. 1991.

Meffert, H. (1986): Marketing. Grundlagen der Absatzpolitik, 7. Aufl., Wiesbaden 1986.

Meffert, H. (1992): Marketingforschung und Käuferverhalten, 2. Aufl., Wiesbaden 1992.

Melchers, Ch. (1993): Das Image qualitativer Methoden, in: PA, 20. Jg., 1993, S. 46 - 51.

Mellerowicz, K. (1952): Eine neue Richtung in der Betriebswirtschaftslehre? Eine Betrachtung zu dem Buch von E. Gutenberg: "Grundlagen der Betriebswirtschaftslehre", 1. Bd.: Die Produktion, in: ZfB, 22. Jg., 1952, S. 145 - 161.

Mendes de Almeida, P. (1980): A Review of Group Discussion Methodology, in: ER, Vol. 8, 1980, Nr. 3, S. 114 - 120.

Merton, R. K. (1987): The Focussed Interview and Focus Groups: Continuities and Discontinuities, in: POQ, Vol. 51, 1987, S. 550 - 566.

Merton, R. K./Coleman, J. S./Rossi, P. H. (Hrsg.) (1979): Qualitative and Quantitative Social Research, New York u.a. 1979.

Merton, R. K./Fiske, M./Kendall, P. L. (1956): The Focused Interview. A Manual of Problems and Procedures, Glencoe, Ill. 1956.

Merton, R. K./Fiske, M./Kendall, P. L. (1990): The Focused Interview. A Manual of Problems and Procedures, 2. Aufl., New York u.a. 1990.

Merton, R. K./Kendall, P L. (1946): The Focused Interview, in: AJoS, Vol. 51, 1946, S. 541 - 557.

Merton, R. K./Kendall, P. L. (1979): Das fokussierte Interview, in: Qualitative Sozialforschung (Hrsg.: Hopf, Ch./Weingarten, E.), Stuttgart 1979, S. 171 - 204.

Miles, M. B./Huberman, A. M. (1984): Qualitative Data Analysis - A Sourcebook of New Methods, Beverly Hills, Cal. u.a. 1984.

Mohler, P. (1981): Zur Pragmatik qualitativer und quantitativer Sozialforschung, in: KZSS, 33. Jg., 1981, S. 716 - 734.

Molinari, G. F. (1971): Das Tiefeninterview in der Absatzforschung, Winterthur 1971.

Moreno, J. L. (1958): Psychodrama, Vol. 2, Beacon, N. Y. 1958.

Morgan, C. D./Murray, H. A. (1953): Thematic Apperception Test, in: Explorations in Personality (Hrsg.: Murray, H. A.), 5. Aufl., New York 1953, S. 530 - 545.

Morgan, D. L. (1988): Focus Groups as Qualitative Research, Newbury Park u.a. 1988.

Morgan, G./Smircich, L. (1980): The Case for Qualitative Research, in: AoMR, Vol. 5, 1980, Nr. 4, S. 491 - 500.

Morton-Williams, J. (1985): Making Qualitative Research Work: Aspects of Administration, in: Applied Qualitative Research (Hrsg.: Walker, R.), Aldershot 1985, S. 27 - 42.

Moser, K. (1990): Werbepsychologie, München 1990.

Mühlfeld, C./Windolf, P./Lampert, N. et al. (1981): Auswertungsprobleme offener Interviews, in: SW, 32. Jg., 1981, S. 325 - 352.

Müller, U. (1979): Reflexive Soziologie und empirische Sozialforschung, Frankfurt/Main 1979.

Müller-Hagedorn, L./Sewing, E./Toporowski, W. (1993): Zur Validität von Conjoint-Analysen, in: ZfbF, 45. Jg., 1993, Nr. 2, S. 123 - 148.

Müllers, A. (1988): Die Gewinnung innovationswirksamer Informationen mittels Anbieter-Nachfrager-Kommunikation, Frankfurt/Main u.a. 1988.

Murray, H. A. (1965): Uses of the Thematic Apperception Test, in: Handbook of Projective Techniques (Hrsg.: Murstein, B. J.), New York 1965, S. 425 - 532.

Nieschlag, R./Dichtl, E./Hörschgen, H. (1991): Marketing, 16. Aufl., Berlin 1991.

Oevermann, U./Allert, T./Konan, E. et al. (1983): Die Methodolgie einer "objektiven Hermeneutik", in: Aspekte qualitativer Sozialforschung. Studien zu Aktionsforschung, empirischer Hermeneutik und reflexiver Sozialtechnologie (Hrsg.: Zedler, P./ Moser, H.), Opladen 1983, S. 95 - 123.

O'Meara, J. T. jr. (1961): Selecting Profitable Products, in: HBR, Vol. 39, 1961, Nr. 1, S. 83 - 89.

Oostveen, J. C. J./Pilling, J. (1990): The ESOMAR Annual Market Study: The State of Marketing Research, in: MRT, Vol. 18, 1990, Nr. 4, S. 235 - 238.

Opp, K.-D. (1984): Wissenschaftstheoretische Grundlagen der empirischen Sozialforschung, in: Sozialwissenschaftliche Methoden (Hrsg.: Roth, E.), München u.a. 1984, S. 47 - 71.

Osterloh, M. (1988): Methodische Probleme einer empirischen Erforschung von Organisationskulturen, in: Organisationskultur. Phänomen - Philosophie - Technologie (Hrsg.: Dülfer, E.), Stuttgart 1988, S. 139 - 151.

Ott, W. (1989): Konsumforschung für Marketingentscheidungen, in: Handbuch des Marketing (Hrsg.: Bruhn, M.), München 1989, S. 69 - 102.

Patton, M. Q. (1987): How to Use Qualitative Methods in Evaluation, Newbury Park u.a. 1987.

Payne, M. S. (1989): Preparing for Group Interviews, in: Focus Group Interviews: A Reader (Hrsg.: Hayes, T. J./Tatham, C. B.), 2. Aufl., Chicago,Ill. 1989, S. 49 - 51.

Pendry, C./Holmes, M. (1986): Unusual Research for Unusual Advertising, Mixing Methods and Minds, in: Qualitative Methods of Research: A Matter of Interpretation (Hrsg.: E.S.O.M.A.R.), Amsterdam 1986, S. 141 -160.

Peter, U. (1991): Psychologie der Marketing-Kommunikation, Crocifisso, Savosa 1991.

Peterson, K. I. (1975): The Influence of the Researcher and his Procedures on the Validity of Group Sessions, in: Combined Proceedings AMA, Chicago 1975, S. 146 - 148.

Pfaffenberger, B. (1988): Microcomputer Applications in Qualitative Research, Newbury Park u.a. 1988.

Poringer, M. (1980): Der bedarfsorientierte Produktinnovationsprozeß als Grundlage erfolgreicher Unternehmensführung, Diss. Innsbruck 1980.

Proesler, H. (1939): Zur Problematik des Verstehens, in: MuV, 11. Jg., 1939, Nr. 4, S. 157 - 165.

Quitt, H. (1976): Quantitative Marktforschung, in: Marketing (Hrsg.: Poth, L.), Neuwied 1976, Kap. 2.1, S. 1 - 82.

R & D Sub-Committee (1979): Qualitative Research - A Summary of the Concepts Involved, in: JoMRS, Vol. 21, 1979, Nr. 2, S. 107 - 124.

Raffée, H./Wiedmann, K.-P. (1984): Wenn Werte wichtig werden, in: MM, 14. Jg., 1984, Nr. 3, S. 172 - 178.

Raffée, H./Wiedmann, K.-P. (1985): Wertewandel und gesellschaftsorientiertes Marketing - Die Bewährungsprobe strategischer Unternehmensführung, in: Strategisches Marketing (Hrsg.: Raffée, H./ Wiedmann, K.-P.), Stuttgart 1985, S. 552 - 611.

Reichardt, Ch. S./Cook, T. D. (1979): Beyond Qualitative Versus Quantitaive Methods, in: Qualitative and Quantitative Methods in Evaluation Research (Hrsg.: Cook, T. D./Reichardt, Ch. S.), Beverly Hills, Cal. u.a. 1979, S. 7 - 31.

Reinecker, H. (1984): Einzelfallanalyse, in: Sozialwissenschaftliche Methoden (Hrsg.: Roth, E.), München u.a. 1984, S. 277 - 291.

Reiner, M./Weßner, K./Wimmer, F. (1991): Strategische Prognose von Markt- und Absatzentwicklungen durch kombinierten Einsatz quantitativer und qualitativer Verfahren, in: JAV, 37. Jg., 1991, Nr. 1, S. 71 - 87.

Reynolds, F. D./Johnson, D. K. (1978): Validity of Focus-Group Findings, in: JoAR, Vol. 18, 1978, Nr. 3, S. 21 - 24.

Reynolds, T. J./Gutman, J. (1984): Advertising is Image Management ... Translating Image Research to Image Strategies, in: JoAR, Vol. 24, 1984, Nr. 1, S. 27 - 37.

Ritsert, J. (1972): Inhaltsanalyse und Ideologiekritik. Ein Versuch über kritische Sozialforschung, Frankfurt/Main 1972.

Robertson, D. H./Joselyn, R. W. (1974): Projective Techniques in Research, in: JoAR, Vol. 14, 1974, Nr. 5, S. 27 - 31.

Robson, S. (1989): Group Discussions, in: Qualitative Research in Action (Hrsg.: Robson, S./Foster, A.), London u.a. 1989, S. 24 - 46.

Robson, S. (1991): Ethics: Informed Consent or Misinformed Compliance?, in: JoMRS, Vol. 33, 1991, S. 19 - 28.

Robson, S. (1993): Analysis and Interpretation of Qualitative Findings. Report of the MRS Qualitative Interest Group, in: JoMRS, Vol. 35, 1993, S. 23 - 35.

Robson, S./Burns, Ch. (1989): The Life History of a Qualitative Research Project, in: Qualitative Research in Action (Hrsg.: Robson, S./ Foster, A.), London u.a. 1989, S. 1 - 14.

Robson, S./Hedges, A. (1993): Analysis and Interpretation of Qualitative Findings, in: JoMRS, Vol. 35, 1993, S. 23 - 35.

Rogers, E. M./Shoemaker, F. F. (1971): Communications of Innovations, New York 1971.

Rogge, H.-J. (1981): Marktforschung. Elemente und Methoden betrieblicher Informationsgewinnung, München u.a. 1981.

Rogge, H.-J. (1990): Werbung, 2. Aufl., Ludwigshafen am Rhein 1990.

Rorschach, H. (1941): Psychodiagnostik, Bern 1941.

Rosenstiel, L. v./Neumann, P. (1982): Einführung in die Markt- und Werbepsychologie, Darmstadt 1982.

Rosenzweig, S. (1949): Psychodiagnosis, New York 1949.

Rostky, G. (1986): Unveiling Market Segments With Technical Focus Research, in: BM, Vol. 71, 1986, Nr. 10, S. 66 - 68.

Rust, H. (1980): Struktur und Bedeutung. Studien zur qualitativen Inhaltsanalyse, Berlin 1980.

Sabisch, H. (1991): Produktinnovationen, Stuttgart 1991.

Salcher, E. F. (1978): Psychologische Marktforschung, Berlin u.a. 1978.

Salcher, E. F. (1987): Innovationsbegleitende Forschung, in: Marktforschung für kreative Entscheidungen (Hrsg.: Berufsverband deutscher Markt- und Sozialforscher e. V.), Düsseldorf 1987, S. 313 - 336.

Sampson, P. (1970): Can Consumers Create New Products?, in: JoMRS, Vol. 12, 1970, S. 40 - 52.

Sampson, P. (1978): Qualitative Research and Motivation Research, in: Consumer Market Research Handbook (Hrsg.: Worcester, R. M./ Downham, J.), 2. Aufl., New York u.a. 1978, S. 25 - 48.

Sampson, P. (1985): Qualitative Research in Europe: The State of the Art and the Art of the State, in: ER, Vol. 13, 1985, Nr. 4, S. 163 - 169.

Sampson, P./Bhaduri, M. (1986): Getting the Basics Right. Qualitative Data: Interpretation or Misinterpretation?, in: Seminar on Qualitative Methods of Research: A Matter of Interpretation (Hrsg.: E.S.O.M.A.R.), Amsterdam 1986, S. 29 - 71.

Scheffler, H. (1992): Qualitativ oder Quantitativ - Definitionsversuche und Überlegungen zu einem Dauerthema - , in: PA, 19. Jg., 1992, S. 6 - 9.

Schillinger, M. (1988): "New Qualitative Research", in: Marktforschung im magischen Viereck (Hrsg.: Berufsverband der deutschen Markt- und Sozialforscher e. V.), Offenbach 1988, S. 369 - 389.

Schlackman, B. (1989): Projective Tests and Enabling Techniques for Use in Market Research, in: Qualitative Research in Action (Hrsg.: Robson, S./ Foster, A.), London 1989, S. 58 - 84.

Schlackman, W. (1984): A Discussion of the Use of Sensitivity Panels in Market Research, in: JoMRS, Vol. 26, 1984, S. 191 - 208.

Schlicksupp, H. (1977): Kreative Ideenfindung in der Unternehmung. Methoden und Modelle, Berlin u.a. 1977.

Schlicksupp, H. (1980): Innovation, Kreativität & Ideenfindung, Würzburg 1980.

Schmalen, H. (1992): Kommunikationspolitik. Werbeplanung, 2. Aufl., Stuttgart u.a. 1992.

Schmitz-Dräger, R. (1985): Kennzahlen für den Marketing-Erfolg, in: Thexis, 2. Jg., 1985, Nr. 3, S. 35 - 38.

Schnell, R./Hill, P. B./Esser, E. (1988): Methoden der empirischen Sozialforschung, München u.a. 1988.

Schoch, R. (1969): Der Verkaufsvorgang als sozialer Interaktionsprozeß, Winterthur 1969.

Schreiber, K. (1958): Zum Methodenstreit in der Marktforschung, in: Werbe-Rundschau, 17. Jg., 1958, Nr. 27, S. 13 - 18.

Schröder, H.-H. (1989): Technologische Vorhersagen, in: HWPLAN (Hrsg.: Szyperski, N./Winand, U.), Stuttgart 1989, Sp. 2015 - 2026.

Schub von Bossiazky, G. (1992): Psychologische Marketingforschung, München 1992.

Schütze, F. (1976): Zur Hervorlockung und Analyse von Erzählungen thematisch relevanter Geschichten im Rahmen soziologischer Feldforschung - dargestellt an einem Projekt zur Erforschung von kommunalen Machtstrukturen, in: Kommunikative Sozialforschung (Hrsg.: Arbeitsgruppe Bielefelder Soziologen), München 1976, S. 159 - 260.

Schütze, F. (1978): Die Technik des narrativen Interviews in Interaktionsfeldstudien - dargestellt an einem Projekt zur Erforschung von kommunalen Machtstrukturen, 2. Aufl., Bielefeld 1978.

Schützenberger, A. (1976): Einführung in das Rollenspiel, Stuttgart 1976.

Schuster, H.-W. (1987): Dem Trend auf der Spur, in: asw, 30. Jg., 1987, Nr. 5, S. 70 - 78.

Selltiz, C. A./Jahoda, M./Deutsch, M. et al. (1972a): Untersuchungsmethoden der Sozialforschung, Teil I, Neuwied u.a. 1972.

Selltiz, C. A./Jahoda, M./Deutsch, M. et al. (1972b): Untersuchungsmethoden der Sozialforschung, Teil II, Neuwied u.a. 1972.

Selltiz, C. A./Wrightsman, L. S./Cook, S. (1981): Research Methods in Social Relations, 4. Aufl., New York u.a. 1981.

Semeonoff, B. (1973): New Developments in Projective Testing, in: New Approaches in Psychological Measurement (Hrsg.: Kline, P.), London u.a. 1973, S. 89 - 118.

Semeonoff, B. (1976): Projective Techniques, London u.a. 1976.

Seymour, D. T. (1988a): Marketing Research. Qualitative Methods for the Marketing Professional, Chicago, Ill. 1988.

Seymour, D. T. (1988b): Soft Data - Hard Data: The Painful Art of Fence-Sitting, in: JoSM, Vol. 2, 1988, Nr. 4, S. 41 - 48.

Sidow, H. D. (1991): Key-Account-Management: Wettbewerbsvorteile durch kundenbezogene Verkaufsstrategien, Landsberg/Lech 1991.

Silberer, G. (1985): Wertewandel und Marketing, in: WiST, 14. Jg., 1985, S. 119 - 124.

Silverstein, M. (1988): Two-Way Focus Groups Can Provide Startling Information, in: MN, Vol. 22, 1988, Nr. 1, S. 31.

Simon, M. (1987): Physician Focus Groups Require Special Techniques, in: MN, Vol. 21, 1987, Nr. 3, S. 21 - 22.

Solomon, O. (1990): Semiotics and its Application to International Qualitative Research: The Specificity of the Approach, in: Seminar on Qualitative Research: How Are We Preparing for the Future? (Hrsg.: E.S.O.M.A.R.), Genf 1990, S. 45 - 55.

Stafford, M. R./Stafford, T. F. (1993): Participant Observation and the Pursuit of Truth: Methodological and Ethical Considerations, in: JoMRS, Vol. 35, 1993, S. 63 - 77.

Stephan, E. (1961): Methoden der Motivforschung. Befragung und projektive Verfahren, Nürnberg 1961.

Sykes, W. (1990): Validity and Reliability in Qualitative Market Research: A Review of the Literature, in: JoMRS, Vol. 32, 1990, S. 289 - 328.

Sykes, W. (1991): Taking Stock: Issues From the Literature on Validity and Reliability in Qualitative Research, in: JoMRS, Vol. 33, 1991, S. 3 - 12.

Szybillo, G. J./Binstok, S./Buchanan, L. (1979): Measure Validation of Leisure Time Activities: Time Budgets and Psychographics, in: JoMR, Vol. 16, 1979, S. 74 - 79.

Szyperski, N. (1962): Zur Problematik der quantitativen Terminologie in der BWL, Berlin 1962.

Taylor, S./Bogdan, R. (1984): Introduction to Qualitative Research Methods, Syracuse u.a. 1984.

Terhart, E. (1981): Intuition - Interpretation - Argumentation. Zum Problem der Geltungsbegründung von Interpretationen, in: ZP, 27. Jg., 1981, Nr. 5, S. 769 - 793.

Thurow, L. C. (Hrsg.) (1985): The Management Challenge: Japanese Views, Cambridge, Mass. 1985.

Tomczak, T. (1992): Forschungsmethoden in der Marketingwissenschaft. Ein Plädoyer für den qualitativen Forschungsansatz, in: Marketing ZFP, 14. Jg., 1992, Nr. 2, S. 77 - 87.

Tressin, J. M. (1993): Prognosen im strategischen internationalen Marketing, Berlin 1993.

Trommsdorff, V. (1980): Image als Einstellung zum Angebot, in: Grundbegriffe der Wirtschaftspsychologie (Hrsg.: Hoyos, C./ Kroeber-Riel, W./ Rosenstiel, L. v. et al.), München 1970, S. 117 - 128.

Trommsdorff, V. (1989): Konsumentenverhalten, Stuttgart u.a. 1989.

Tull, D. S./Hawkins, D. I. (1990): Marketing Research. Measurement & Method, 5. Aufl., New York 1990.

Uebele, H. (1988): Zur Praxis der Kreativitätstechniken - Anwendungserfahrungen bei der Produktinnovation, in: DBW, 48. Jg., 1988, Nr. 6, S. 777 - 785.

Umminger, P. (1990): Einsatzmöglichkeiten qualitativer Prognoseverfahren im Produktmarketing, Köln 1990.

Unger, F. (1989): Marktforschung. Grundlagen, Methoden und praktische Anwendungen, Heidelberg 1989.

Urban, G. L./Hippel, E. v. (1988): Lead User Analysis for the Development of New Industrial Products, in: MS, 34. Jg., 1988, S. 569 - 582.

Van Koolwijk, J. (1974): Die Befragungsmethode, in: Techniken der empirischen Sozialforschung, 4. Bd.: Erhebungsmethoden: Die Befragung (Hrsg.: Van Koolwijk, J./Wieken-Mayser, M.), München u.a. 1974, S. 9 - 23.

Van Maanen, J. (1979): Reclaiming Qualitative Methods for Organizational Research: A Preface, in: ASQ, Vol. 24, 1979, S. 520 - 526.

Vershofen, W. (Hrsg.) (1940): Handbuch der Verbrauchsforschung, 2. Bd.: Gesamtauswertung, 1. Teil, Berlin 1940.

Volmerg, U. (1983): Validität im interpretativen Paradigma, in: Aspekte qualitativer Sozialforschung (Hrsg.: Zedler, P./Moser, H.), Opladen 1983, S. 124 - 143.

Volmert, J. (1979): Politischer Kommentar und Ideologie. Ein inhaltsanalytischer Versuch an vier frühen Nachkriegszeitungen, Stuttgart 1979.

Wahl, D. (1982): Handlungsvalidierung, in: Verbale Daten. Eine Einführung in die Grundlagen und Methoden der Erhebung und Auswertung (Hrsg.: Huber, G./Mandl, H.), Weinheim u.a. 1982, S. 259 - 274.

Walker, R. (1985a): An Introduction to Applied Qualitative Research, in: Applied Qualitative Research (Hrsg.: Walker, R.), Aldershot 1985, S. 3 - 26.

Walker, R. (1985b): Evaluating Applied Qualitative Research, in: Applied Qualitative Research (Hrsg.: Walker, R.), Aldershot 1985, S. 177 - 196.

Wallace, K. M. (1984): The Use and Value of Qualitative Research Studies, in: IMM, Vol. 13, 1984, S. 181 - 185.

Watkins, N. (1991): Analysis and Interpretation of Qualitative Data, in: Researching Business Markets (Hrsg.: Sutherland, K.), London 1991, S. 237 - 252.

Webb, J. R. (1992): Understanding & Designing Marketing Research, London u.a. 1992.

Weber, K. (1975): Prognose und Prognoseverfahren, in: HWB (Hrsg.: Grochla, E./Wittmann, W.), Stuttgart 1975, Sp. 3188 - 3203.

Weiers, R. M. (1988): Marketing Research, 2. Aufl., Englewood Cliffs, N. Y. 1988.

Weis, H.-Ch./Steinmetz, P. (1991): Marktforschung, Ludwigshafen am Rhein, 1991.

Welch, J. L. (1985): Researching Marketing Problems and Opportunities With Focus Groups, in: IMM, 14. Jg., 1985, S. 245 - 253.

Westmeyer, H. (1979): Wissenschaftstheoretische Grundlagen der Einzelfallanalyse, in: Einzelfallanalyse (Hrsg.: Petermann, P./Hehl, F. J.), München 1979, S. 17 - 34.

Weuthen, I. G.(1988): Werbestile - Zur Analyse und zum produktspezifischen Einsatz ganzheitlicher Gestaltungskonzepte, Diss. Köln 1988.

Whyte, W. F. (1943): Street Corner Society, Chicago 1943.

Wicher, H. (1986): Strategien organisationaler Innovation, in: Die Unternehmung. Schweizerische Zeitschrift für betriebswirtschaftliche Forschung und Praxis, 40. Jg., 1987, S. 348 - 355.

Wild, J. (1974): Grundlagen der Unternehmungsplanung, Reinbek 1974.

Wilson, T. P. (1982): Qualitative "oder" quantitative Methoden in der Sozialforschung, in: KZSS, 34. Jg., 1982, S. 487 - 508.

Winand, U. (1989): Erfolgspotentialplanung, in: HWPLAN (Hrsg.: Szyperski, N./Winand, U.), Stuttgart 1989, Sp. 440 - 452.

Wind, Y. J. (1982): Product Policy: Concepts, Methods, and Strategy, Reading, Mass. u.a. 1982.

Windhorst, K.-G. (1985): Wertewandel und Konsumentenverhalten, Münster 1985.

Witzel, A. (1979): "da hab' ich mich einfach hängen lassen..." - Haupt- und Realschüler über die Rolle der Schule bei der Berufsfindung, in: Schulmanagement, 10. Jg., 1979, Nr. 2, S. 36 - 39.

Witzel, A. (1982): Verfahren der qualitativen Sozialforschung. Überblick und Alternativen, Frankfurt/Main 1982.

Witzel, A. (1985): Das problemzentrierte Interview, in: Qualitative Forschung in der Psychologie (Hrsg.: Jüttemann, G.), Weinheim u.a. 1985, S. 227 - 255.

Wolf, J. (1988): Marktforschung, Landsberg am Lech 1988.

Wollnik, M. (1977): Die explorative Verwendung systematischen Erfahrungswissens - Plädoyer für einen aufgeklärten Empirismus in der Betriebswirtschaftslehre - in: Empirische und handlungstheoretische Forschungskonzeption in der Betriebswirtschaftslehre (Hrsg.: Köhler, R.), Stuttgart 1977, S. 37 - 64.

Wyss, W. (1991): Marktforschung von A - Z, Adligenswil/Luzern 1991.

Zahn, E. (1989a): Mehrebenenansatz der Planung, in: HWPLAN (Hrsg.: Szyperski, N./Winand, U.), Stuttgart 1989, Sp. 1080 - 1090.

Zahn, E. (1989b): Strategische Planung, in: HWPLAN (Hrsg.: Szyperski, N./ Winand, U.), Stuttgart 1989, Sp. 1903 - 1916.

Zentes, J. (1992): Grundbegriffe des Marketing, 3. Aufl., Stuttgart 1992.

Zikmund, W. G. (1989): Exploring Marketing Research, 3. A., Chicago u.a. 1989.

Zober, M. (1956): Some Projective Techniques Applied to Marketing Research, in: JoM, Vol. 20, 1956, Nr. 4, S. 262 - 268.

28604160R00163

Printed in Poland
by Amazon Fulfillment
Poland Sp. z o.o., Wrocław